柳田方言学の現代的意義

あいさつ表現と方言形成論

小林 隆 ［編］

ひつじ書房

まえがき
柳田方言学の継承と展開

　本書は、柳田国男の没後50年を記念して編まれた論文集である。1875(明治8)年、兵庫県神東郡田原村で生まれた柳田は、1962(昭和37)年、東京でその生涯を閉じている。
　柳田が日本の近代方言学に大きな足跡を残したことは疑う余地がない。柳田の研究、すなわち、柳田方言学はその後どのように発展し、今の方言学に流れ込んでいるのだろうか。本書では、方言学における柳田の現代的な意義を明らかにし、今後の研究の可能性を考えることにしたい。柳田にあらためて方言研究の土俵に上がってもらい、その胸を借りながら新たな取り口、つまりこれからの研究のテーマや手法を学び取ろうというもくろみである。
　柳田が没してから50年後の今、本書を刊行するのは、それがちょうど切りのよい節目の年数にあたるからだけではない。さらに重要な点は、柳田方言学の流れが、現代方言学の主要なテーマとして次第に大きな潮流となってきているからである。現在、方言学の興味はさまざまな方向に向かっているものの、表現法や言語行動への関心と、方言の形成についての関心とは、その最先端の位置にあると言ってよい。このうち、表現法・言語行動の研究は、言語の構造面から運用面への興味の拡大に伴い、方言学の新しい分野を開拓しようという流れに乗って、活性化の兆しを見せている。一方、方言の形成についての研究は、近年の全国資料の充実を基盤に、原理面での再考、対象の拡大、社会的視点の導入などによって、新たな研究のうねりを作り出しつつある。そして、それらの新しい研究動向を遡ると、その主たる源流がいずれも柳田方言学に発していることに気付くのである。
　この理由から、本書では、柳田方言学の現代的な意義とそこからの発展を、表現法・言語行動の研究と、方言形成の研究との2つについて考えてみることにする。特に前者では、あいさつ表現の研究を取り上げることにした

い。本書の副題を「あいさつ表現と方言形成論」と付けたのはそのためである。また、本書を2部構成とし、第1部を「あいさつ表現」、第2部を「方言形成論」としたのも以上のことが理由である。

*

「第1部　あいさつ表現」には7篇の論文を収めた。

まず、町博光氏のものは、あいさつ表現の体系と研究の視点について論じたものである。柳田が『毎日の言葉』などで先鞭を付けたあいさつ論は、その後、広島大学の藤原与一によって体系化され、研究が本格化していった。町氏は柳田のあいさつ論が藤原の中でどのように発展したかを示しながら、「あいさつ」それ自体のとらえ方について検討する。この町氏の論考が理論的なものだとすれば、瀬戸口修氏の論考は具体論である。すなわち、種子島方言というフィールドで、あいさつ表現の体系に沿った詳細な記述が実践される。その圧倒的な量の用例を目にすると、あいさつ表現の世界の豊かさを実感するとともに、その世界にどう切り込むか、いろいろなアイデアが浮かんでくる。

以上の2篇があいさつ表現の全体像を対象にしたものであるとすれば、残りの5篇は具体的な場面や表現をテーマにしたものである。田島優氏は「感謝のあいさつ」を、中西太郎氏は「日中の出会いのあいさつ」を、灰谷謙二氏は「仕事からの帰り道でのあいさつ」を、そして、小林隆が「入店のあいさつ」を取り上げる。それらの中には、すでに『毎日の言葉』の中で柳田が言及したものも含まれるが、本書では現在の方言学の手法で統一的・網羅的なデータ収集がなされ、より精度の高い分析が行われている。

さらに、田島氏以下の論に共通しているのは、具体的な形式の背後にある表現の発想法にまで踏み込んで現象をとらえようという姿勢である。また、都市化や人間関係のあり方など、社会的要因との関係を探ろうとする視点も各論に共通する。それらは、柳田が漠然と指摘したものを、研究の着眼点としてより鮮明に打ち出したものと言える。「発想法」と「社会的要因」の2つは、今後のあいさつ研究のキーワードになることはまちがいない。また、これらの論は、いずれも地理的な広がりを対象とし、通時的な変化の様相を扱っているが、この点は第2部の興味とも通じる。

第 1 部の最後に収めた沖裕子氏の論は、あいさつ表現との関連で依頼表現を扱ったものである。上にも述べたように、方言研究の関心は今や表現法や言語行動に広がりつつある。その意味で、沖氏の論考は今後の研究の 1 つの方向性を示すものとなっている。

*

「第 2 部　方言形成論」は 10 篇の論文から構成される。

　方言形成に関わる柳田の研究では、なによりも「方言周圏論」が挙げられる。方言学は、根本的に地域差とその成立の論であり、その意味で、方言周圏論は方言学の基本原理として、長らく学界に君臨し続けてきた。もちろん、この理論に対する議論がなかったわけではない。しかし、対抗理論である「方言孤立変遷論」や「多元的発生の仮説」が提出されたあとは、しばらく、そうした議論が影をひそめていたように見える。ところが、近年、あらためて方言周圏論をめぐる議論が活発になってきた。それらは、さらに大きな枠組みである「方言形成論」の中でこの理論を相対化し、同時に、より具体的・実際的に把握しようという試みである。

　まず、大西拓一郎氏の論は、方言周圏論を言語地理学や方言区画論といった方言学の主要な研究分野、さらには、民俗学という隣接科学との関係の中でとらえ直そうとする。方言学の学問体系にも言及することで、今後の研究の指針を示そうとするものである。こうした原理的な検討は熊谷康雄氏の論にも見られる。すなわち、方言周圏論の着想のもとになったと言われるチューネンの『孤立国』についての考察が含まれる。ただ、熊谷氏の論はそれにとどまらず、現代の科学が獲得したコンピュータ・シミュレーションの技法で、周圏論を実験的に理解しようとする。一方、有元光彦氏の論は、方言周圏論の適用範囲を、個別の単語のレベルから言語規則（ルール）のレベルに拡大できるかを検討するものである。形態音韻論のレベルで観察される体系的な現象についての検討は、周圏論をめぐる伝播論と自律変化論の相克を、具体的な事例を基に精密に論じ直すものでもある。

　方言周圏論では、新しい言語現象が文化の中心から周辺へ広まると考える。鑓水兼貴氏、岸江信介氏、日高水穂氏の 3 人の論は、いずれもこの伝播の中心性について独自の角度から掘り下げている。まず、鑓水氏は、伝播の

中心として一般に想定される京都のほかに東京を取り上げ、同じく中心であるといっても、両者からの伝播・拡散の様相が異なることを明らかにする。また、岸江氏は、動詞否定形式を例として、近畿・四国地方の方言の動態を分析する。柳田の時代にはもちろんなかった綿密な分布地図を武器に、近畿圏における周圏分布の形成過程を詳細に描き出す。さらに、同じく近畿地方の動詞否定形式を取り上げる日高氏は、周圏論が想定する中心から周辺へという言葉の流れを逆行するような伝播が起こる可能性を指摘する。中心地の優位性が絶対視されてきたことに対する反論である。以上、3つの論に共通するのは、周圏論という極めて抽象度の高い理論を、具体的な言語環境や社会条件の備わった実際のフィールドに適用してみるとどうなるか、という興味である。現代における方言形成論の1つの関心のあり方がここに現れている。

　かつて、民俗学との関わりの強かった方言学は、近年、文化・社会との関係の中で方言形成を論ずるという方向で、あらためて活性化しつつある。小川俊輔氏の論は、外来文化の土着化が言葉の面でどのように成し遂げられるかをテーマとしたものであり、「Jesus（イエス）」ほかのキリシタン語彙の受容と定着について、方言形成と関わらせて論じている。これに対して、中井精一氏の論は、高知市での調査をもとに、単純化された敬語運用の背景に、中央とは異なる価値観をもつ高知市の社会特性があることを述べる。都市化社会としての性格の強弱が敬語運用と関わるとする点は、第1部で話題にされるあいさつ表現の発達とも呼応するところがある。研究の題材として選ぶにせよ、要因や背景として追求するにせよ、文化的・社会的な現象を研究の視野に取り込むことは、今後の方言形成論にとって重要な課題となりそうである。

　方言形成論はさしあたり日本国内の諸方言を対象とするが、渋谷勝己氏の論は海外に進出した方言を扱う点で特徴的である。具体的にはハワイ日系一世の日本語変種を対象に、その成立を言語接触論の立場から論ずる。柳田の視界には入らなかった海の向こうでの方言接触の有り様は、日本国内の方言形成を研究する際にも多角的な視点を提供してくれる。

　第2部の最後に掲げた小林隆の論は、柳田の方言周圏論を軸に据え、現在

の方言形成論が抱える問題を包括的に鳥瞰したものである。この分野の研究の到達点と課題を知るための、総合的なガイドになることが期待される。

*

　本書の編集にあたって、『毎日の言葉』や『蝸牛考』といった柳田の著作を読み返してみると、それらがいかに創見に満ちたものであるか、あらためて気付かされる。また、柳田の論を発展させるためのヒントは、柳田自身が文章の端々にそれとなく忍ばせていることにも驚かされる。漫然と読み飛ばすのではなく、その語るところにじっくりと耳を傾ければ、今後のあいさつ研究や方言形成論が掘り起こすべき課題が、自然と浮かび上がって来るようにも思えてくる。

　本書に参加してくださった15名の方々も、実はそんなことを考えながら原稿を執筆されたのではないかと想像する。読者のみなさまも、本書の論考に導かれながら、あらためて柳田の研究に触れることで、その現代的意義を発見していただければと思う。

　　　　　　　　　　　　　　　　　　　　　　　　　　小林　隆

目　次

まえがき　柳田方言学の継承と展開 ... iii

第1部　あいさつ表現 ... 1

あいさつ表現の体系　　　　　　　　　　町博光 ... 3

1. 「あいさつことば」か「あいさつ表現」か ... 3
2. あいさつことばの記述 ... 4
3. 『毎日の言葉』のあいさつ表現 ... 5
4. 藤原の「あいさつことばの分類」 ... 6
5. 表現法の中のあいさつ表現 ... 8
6. 『毎日の言葉』から
　『ゆたかな言語生活のために：方言から見た国語』へ ... 9

あいさつ表現法の実態　種子島方言の今昔：表現法の消長
　　　　　　　　　　　　　　　　　　瀬戸口修 ... 13

1. はじめに ... 13
2. 「あいさつ表現」の定義 ... 13
3. 2回の調査による記述 ... 14
4. おわりに ... 35

感謝のあいさつ表現　　　　　　　　　　田島優 ... 37

1. はじめに ... 37
2. 感謝表現についての柳田の論 ... 37

3.　文献から見た感謝表現の発想の変遷　　　　　　　　　　41
　　4.　感謝表現の発想と分布状況　　　　　　　　　　　　　　51
　　5.　今後のあいさつ表現研究や分布解釈における発想の応用について　55

柳田が導く日中の出会いのあいさつ表現研究の可能性
　　　　　　　　　　　　　　　　　　　　　　　中西太郎　59
　　1.　はじめに　　　　　　　　　　　　　　　　　　　　　　59
　　2.　時間ごとのあいさつ表現に対する柳田の指摘　　　　　　61
　　3.　本論のねらいと資料について　　　　　　　　　　　　　63
　　4.　各語形の分布、及びその特徴　　　　　　　　　　　　　67
　　5.　あいさつ表現形成論への視座　　　　　　　　　　　　　71
　　6.　まとめ及び今後の研究課題　　　　　　　　　　　　　　75

「田畑からの帰り道でのあいさつ」にみられる
表現発想と都市化　　　　　　　　　　　　　　灰谷謙二　79
　　1.　はじめに　　　　　　　　　　　　　　　　　　　　　　79
　　2.　「田畑からの帰り道でのあいさつ」　　　　　　　　　　 81
　　3.　広島市太田川流域の分布にみる都市化傾向　　　　　　　86
　　4.　まとめ　　　　　　　　　　　　　　　　　　　　　　　91

あいさつ表現の発想法と方言形成　入店のあいさつを例に
　　　　　　　　　　　　　　　　　　　　　　　小林隆　　99
　　1.　本論のねらい　　　　　　　　　　　　　　　　　　　　99
　　2.　柳田の考察と課題　　　　　　　　　　　　　　　　　 100
　　3.　新たな調査から見えてくるもの　　　　　　　　　　　 101
　　4.　入店のあいさつの方言形成　　　　　　　　　　　　　 107
　　5.　発想法から見た方言形成　　　　　　　　　　　　　　 116
　　6.　まとめ　　　　　　　　　　　　　　　　　　　　　　 122

方言にみる頼みかたの表現と発想　　　　　　　　　沖裕子　125

1. 日本語の「あいさつ」 125
2. 柳田国男『毎日の言葉』の現代的意義と本論の目的 126
3. 頼みかたの組み立ての地域差 128
4. 頼みかたの表現類型の地理的変異 130
5. 地理的分布と密度 134
6. 頼みかたにみる現代日本語の表現と発想 136
7. 依頼表現研究における資料の位置づけ 138
8. おわりに 139

第2部　方言形成論　　　　　　　　　　　　　　　　　　143

言語地理学と方言周圏論、方言区画論　　　　　大西拓一郎　145

1. はじめに 145
2. 方言学と方言周圏論、方言区画論 145
3. 方言周圏論 149
4. 方言区画論 154
5. 言語地理学 156
6. むすび 159

方言周圏論の発想とシミュレーションという方法
　　　　　　　　　　　　　　　　　　　　　　　熊谷康雄　163

1. 柳田国男の方言周圏論からシミュレーションにどうつながるか 163
2. 柳田国男の読んだチューネンの『孤立国』 164
3. 周圏論的発想と「孤立国」の形態 167
4. シミュレーション 169
5. 空間的な拡散のシミュレーション 169
6. 似たもの同士による空間的な領域の形成のシミュレーション 171
7. なぜ方言の多様性が出現するか―Nettle のシミュレーション 172

8.	言語変化における中心と周辺の役割 ―Fagyal et al. のシミュレーション	175
9.	おわりに	181

音韻ルールの方言周圏論　　　　　　　　　　有元光彦　189

1.	はじめに	189
2.	テ形音韻現象とは？	190
3.	テ形音韻現象の周圏性	191
4.	まとめ	201
5.	方言形成のシナリオ	202
6.	おわりに	203

中心地の言語的影響力　『方言文法全国地図』データベースを用いて
　　　　　　　　　　　　　　　　　　　　　　鑓水兼貴　209

1.	はじめに	209
2.	LAJ による先行研究	210
3.	『方言文法全国地図』による分析	213
4.	「鉄道距離」による分析	215
5.	まとめ	224

近畿・四国地方における言語変化　動詞否定形式を例として
　　　　　　　　　　　　　　　　　　　　　　岸江信介　227

1.	はじめに	227
2.	近畿中央部にみられる変化	228
3.	近畿地方における動詞否定形式の分布と特徴	231
4.	近畿圏外への言語伝播―四国方言を例として	238
5.	おわりに	243

近畿地方の方言形成のダイナミズム　寄せては返す「波」の伝播
日高水穂　245

1. はじめに 245
2. 近畿地方の社会構造 246
3. 動詞否定辞の伝播の動態 249
4. ヤン類の由来 254
5. 「来る」の否定形の動態 256
6. 寄せては返す伝播の「波」 258
7. おわりに 261

キリシタン文化と方言形成　Jesus の歴史社会地理言語学
小川俊輔　265

1. はじめに 265
2. Jesus の文献史 267
3. キリシタン文化と方言形成（1）—Jesus の方言分布 276
4. キリシタン文化と方言形成（2）—戦後の新しい方言形成 284
5. おわりに—柳田方言学の現代的意義 287

敬語意識とその説明体系の地域性　　中井精一　291

1. はじめに 291
2. 共同調査から見えてきた城下町高知 294
3. 高知市における敬語運用の実態 298
4. 敬語意識の形成とその背景 306
5. 敬語のあり方から見えるいくつもの日本 311

接触言語学から構想する方言形成論
ハワイの日系人日本語変種を例にして　　渋谷勝己　317

1. はじめに 317
2. 先行研究と問題のありか 318

3. ハワイ日系人日本語変種と分析データ　　　　　　　　　322
　　4. ハワイの日系人日本語の実態　　　　　　　　　　　　327
　　5. 方言形成論の展開に向けて　　　　　　　　　　　　　338

方言形成論の到達点と課題　方言周圏論を核にして（改定版）
小林隆　341
　　1. はじめに　　　　　　　　　　　　　　　　　　　　　341
　　2. 方言周圏論の考え方　　　　　　　　　　　　　　　　342
　　3. 伝播の局面について　　　　　　　　　　　　　　　　344
　　4. 受容の局面について　　　　　　　　　　　　　　　　358
　　5. 保存の局面について　　　　　　　　　　　　　　　　368
　　6. おわりに　　　　　　　　　　　　　　　　　　　　　383

あとがき　　　　　　　　　　　　　　　　　　　　　　　387
索引　　　　　　　　　　　　　　　　　　　　　　　　　389
執筆者紹介　　　　　　　　　　　　　　　　　　　　　　395

第1部

あいさつ表現

あいさつ表現の体系

町博光

1. 「あいさつことば」か「あいさつ表現」か

　「あいさつ」は会話の起点と考えられる。あいさつなしに会話をはじめることはできない。たとえ、声に出さなくとも会話の始めにはあいさつがおこなわれている。あいさつという語は比較的に新しく、あいさつをすることは「物を言う」ことと同義だとの指摘がなされている。あいさつすることを「言葉をかける」または「声を掛けた」などと言っていたことが、柳田『毎日の言葉』(p.108)に述べられている。方言のあいさつ表現をみていくことは、方言会話の基本をおさえることにつながるものだろう。

　また、あいさつことばは「じっさいには、個々の文表現としてあらわれている。」(藤原1963　p.258)ものである。「あいさつことば」は「あいさつ表現」の文中で捉えられる。現状では、「あいさつことば」と「あいさつ表現」は同義のものとしてつかわれていよう。

　現代において、「あいさつことば」はすでに固定化した表現として定型のパターンを有する。あいさつことばか非あいさつことばかを区別する方策はかならずしも明確でない。このような、あいさつことばの型としての不明確さについては、むしろ「しかし、表現法の、かならずしも固定的でないところが、あいさつことばとして、重要である。」(藤原1992　p.6)との指摘もなされている。以下に問題とする「あいさつ表現」は、地域社会で、ある程度固定的な表現とされているものと考えたい。

2. あいさつことばの記述

藤原(1992 p.8)では、あいさつことばの記述を、
　発想
　表現型
　分布(方言界での)
の3点・3見地からおこなうべきものだと述べている。あいさつことばの発想の研究は、『毎日の言葉』のなかでも、オハヨーやコンニチワなど表現の特異なおおかたのものに解釈が加えられている。

　『毎日の言葉』の中でも、中国のあいさつことばの「飯を食ったか」の発想について「あちらでは人がその人たちの大きな問題だからと解するのは思いちがいで、むしろそれ以外に共同の関心事、すなわち頃合いの話柄が見つからぬため」(p.114)としている。その一方で、日本には、労働と勤勉、天気模様のよし悪しの二題の共通の題目があるとしている。日本での天候のあいさつと労働の勤勉さについてのあいさつの多彩さを簡潔に示している。

　表現型についても、オハヨーやコンニチワなどの短縮や省略などのパターンが各地のあいさつことばから引用されて示されている。各地での発想法の違いについて、藤原は「あいさつ表現法の特異性は、待遇表現法にあるとみることができよう」(1992　p.5)とも述べている。日常のあいさつと特別時のあいさつの表現型の違いは、待遇表現の差となって典型的に表れている。

　日本各地でのあいさつことばについては、藤原の『あいさつことばの世界』をはじめ、『方言研究年報』第六巻「特集　あいさつことば」などで報告がおこなわれているが、統一的な調査は、方言研究ゼミナールの『方言資料叢刊第1巻　祝言のあいさつ』(1991)、同『方言資料叢刊第7巻　方言の待遇表現』(1997)以外におこなわれていない。これらは「祝言のあいさつ」「朝の出会いの場面」にかぎったものである。近年、江端「日本のあいさつ表現とあいさつ行動の地理言語学的研究」(『社会言語科学』第3巻第2号 2001)のように、地方と都市の居住空間の差によるあいさつ行動の違いを明らかにしたものもある。(江端には『あいさつ表現習俗フィールド』2002などもある)あいさつ表現を解釈するには、まさに江端が説くように、社会生

活の変化に即応したダイナミックな見方や感性が必要とされるものであろう。

3. 『毎日の言葉』のあいさつ表現

　『毎日の言葉』のなかの「あいさつの言葉」を取りあげ、藤原の『あいさつことばの世界』と比較していこう。『毎日の言葉』には、「あいさつの言葉」が2類に分けて述べられている。1つは、「毎日の言葉」の章に「オ礼ヲスル」「アリガトウ」「スミマセン」「モッタイナイ」「イタダキマス」が別立てされている。これらの感謝のあいさつは、日常の時間枠にしばられないものである。もう1つは、「あいさつの言葉」として取りあげられているものである。
　では「あいさつの言葉」はどのように分類されているのだろうか。『毎日の言葉』の（p.107〜p.130）なかでは、「物言いの言葉」として以下のように分類されている。
　　臨時（よそ行きのもの）
　　　婚礼誕生、その他の一生の大事件、盆正月節句祭礼訪問のおりの物いい
　　常体（ふだんのもの）
　　　早朝の言葉（朝起きを賞讃）→人が仕事に身を入れている処（勤勉の礼讃）→昼の食事の前後（骨折りさこそ）→晩方近く（思いやりの意味）→日が沈んで手もとのうす暗くなるころ（働いても働いてもまだ仕事が残ったろうと、いたわられるような感じ）
　　訪問辞（時刻に相応した途上の挨拶）
　基本的に、平時と特別時とに分類し、平時は時間軸にそい、臨時はその行事によって分類している。つまり、『毎日の言葉』のなかでは、あいさつ表現は、あいさつのおこなわれる場面によって分類されているのである。
　ただ、「日常時のあいさつ」と「特別時のあいさつ」を区別する必要は、単純に場面を分けるということだけでもないと考えられる。日常のあいさつで、「コンニチワ　よい天気でございます」が「コンニチワ」と単純化すると、敬意度は相対的に下がっていく。一方、「特別時のあいさつ」では、単

純化されないことが多い。たとえばお悔やみ場面での、

> 聞きますれば、お宅様には、ご不幸がおありだったとのこと。たいへんでございました。お寂しゅうなりました。

などは、単純化しないていねいな表現をとることが特別時の重々しさを感じることになる。ここには「日常時のあいさつ」と「特別時のあいさつ」を区別する必然も感じられる。

4. 藤原の「あいさつことばの分類」

　いっぽう、藤原も基本的にこの二分法を踏襲している。『方言研究年報』第六巻「特集　あいさつことば」の「『あいさつことば』の研究について」では、大きく、

　　日常時
　　特別時

に分けている。さらに、日常時の中に、

　　日常勤労面
　　そのほか

があるとする。さらに「そのほか」の中は、

　　衣→食→住→
　　朝→昼→晩→

のように見分けていくことができるとされる。

　基本的に、『毎日の言葉』の枠組みであることが了解されよう。さらに、『続(昭和→平成)日本語方言の総合的研究　第3巻　あいさつことばの世界』1992)では、

> 地方地方はまた、民俗の多彩の認められる地方地方である。あいさつことばの分布の記述は、民俗学的手法を要請する。　　　　　(p.10)

とあるように、「民俗学的手法によらざるを得ない」ことを力説している。ようやく藤原は、『続（昭和→平成）日本語方言の総合的研究　第３巻　あいさつことばの世界』1992)で、この分類から離れようとしている。

　　第一章　朝のあいさつ　　第二章　日中のあいさつ
　　第三章　晩のあいさつ　　第四章　途上の別辞
　　第五章　謝礼のあいさつ　第六章　一般的な「ことわり」のあいさつ
　　第七章　途上出あいでのあいさつ　第七′章　途上別れのあいさつ
　　第八章　出かける時のあいさつ　　第八′章　帰着のあいさつ
　　第九章　人家訪問のあいさつ　　　第十章　人家辞去のあいさつ
　　第十一章　親類づきあいのあいさつ
　　第十二章　近所づきあいのあいさつ
　　第十三章　天気・時候のあいさつ
　　第十四章　労作関係のあいさつ
　　第十五章　年中行事関係のあいさつ
　　第十六章　物売りの声
　　第十七章　買い物ことば
　　第十八章　返事ことば

章立ては、日常時と特別時を分けずに、日常時を中心に場面ごとに分類したものとなっている。第一章から第十八章まで場面ごとに分類されているが、それぞれの章ごとの記述の方法としては、あいさつことばの発想や表現類型を中心に見ている。たとえば「第一章　朝のあいさつ」では、「お早う。」「よい朝。」「天候を言うもの」「起きたことを言うもの」「朝の食を言うもの」「どこへ行く？」「疲労・元気を言うもの」「ただ今。」の八つの表現類型に分けて説明している。さらに、それぞれの発想類型の中で、琉球から北海道へと方言分布をおさえて記述を進めている。

　発想類型で分類するということは、たとえば「第十四章　労作関係のあいさつ」で、
　　一　「朝も早く」
　　二　「作業を問う」
　　三　「精出す」

四　「気ばって」
　　　五　「お稼ぎ」
　　　六　「いそがしいことを言うもの」
　　　七　「ご苦労」
　　　八　「きつい」
　　　九　「えらい」
　　　　……
　　　十九　天気を言う、作を言う
まで「あいさつことばの発想」の観点から細かく分類されている。表現以前の「どういう点に注目してことばを作るか」の関心・観点のありかが発想だと考えられる。

　あいさつことばを、特別時と日常時とに分けてみていくと、あいさつことばがどうしてもことばの分類ではなくなり、場面の分類となってしまう。藤原は、(『続(昭和→平成)日本語方言の総合的研究　第3巻　あいさつことばの世界』)において、表現類型や発想法に注目した「あいさつことばの分類」を試みようとしているものと考えられる。

5.　表現法の中のあいさつ表現

　『毎日の言葉』の中で、あいさつは「言葉をかける」または「声を掛けた」と同義だと説明され、会話の起点になるとの指摘がなされている。藤原の表現法研究のなかで、あいさつ表現はどのような位置を占めているのだろうか。以下に『昭和日本語の方言　第1巻　昭和日本語の記述―愛媛県喜多郡長浜町櫛生の方言―』(1973)の記述体系を見ていこう。同書では、「文表現の訴え性」を分類する立場で表現法の体系が立てられている。①呼びかけの表現から⑯感嘆の表現まで16に分類されているが、それぞれの相互関係は説明なされていない。試みに、大きく4グループに分けてみよう。
　Ⅰグループ
　　①呼びかけの表現　②挨拶の表現　③応答の表現
　Ⅱグループ

④説明の表現　⑤判断の表現　⑥所懐の表現　⑦意志の表現　⑧抗弁の表現　⑨想像の表現
　Ⅲグループ
　　⑩問尋の表現　⑪勧誘の表現　⑫命令の表現　⑬勧奨の表現　⑭依頼の表現　⑮制止の表現
　Ⅳグループ
　　⑯感嘆の表現

　方言生活では、会話は、人と人とが出会うところからなされる。出会ったら、まず「呼びかけ」がなされる。次に挨拶が続く。それに対して応答がなされる。ここまでがⅠグループで、会話の導入部と考えられる。Ⅱグループは、「文表現の訴え性」が、自己の領域にとどまるものである。Ⅲグループは、訴え性が自己の領域を超えて、相手の具体的な行動を要求するものである。Ⅳグループは、会話の枠を超えた感情表出の表現である。それぞれのグループ内での配列も、自己の領域にとどまるものから相手の領域に及ぶものへと工夫している。

　人と人とが出会って、呼びかけ・挨拶がなされるところから始まり、具体的な反応要求によって会話が終結するとの考えである。会話が一連の流れとして捉えられているのである。

　これらの表現法の体系が、はたして文法(表現法)の体系と言えるのだろうか。藤原はその疑問のために、「文構造の成分とその機能」を立てている。いわゆる「文法」は話部ごとに詳細に記述していくとの考えである。

　藤原の表現法の記述は、あくまで「日々の表現の生活」の諸相を捉えていこうとするものである。

6．『毎日の言葉』から『ゆたかな言語生活のために：方言から見た国語』へ

　『毎日の言葉』の緒言に、「国語の知識を一つの新しい学問とするために、私たちは毎日の言葉から、注意してかかろうとしております」とある。ここに、柳田が、「毎日の言葉」を重要視している気持ちが凝縮されていよう。

毎日の言葉を注意することによって、国語の知識が積みかさねられ、未来の国語の美しさを作り出していくものだとの考えである。

　藤原に『これからの国語』(1953)『毎日の国語教育』(1955)『ことばの生活のために』(1967)『ゆたかな言語生活のために：方言から見た国語』(1969)の文庫本の著作がある。いずれも柳田とおなじく「毎日の言葉」を大切にして、国語の将来をゆたかなものにしていこうとの思いから書かれたものである。

　柳田の学問にとって、言語（方言）は民俗と同じように重要なものであった。(『毎日の言葉』沢木幹栄による解説)それにもかかわらず、『蝸牛考』以来、民俗学と方言研究は、袂を分かつかたちになっている。方言研究が言語科学的研究を志向し、言語の体系性を追求した結果が現在の学問分野の乖離を生じさせたと考えられる。このような状況を受けて、中井(2002)では、方言研究と隣接諸科学との「地域性研究」を通しての協同の可能性が検討されている。

　方言学と民俗学は、お互いに相補うものであって、別々の方向性を持っているものではない。ことばを通して人間の営み、思考の方法を解明していく試みは、方言学、民俗学両分野ともに堅持していくべき課題である。

　毎日のことばを見ていくことによって、将来のゆたかな国語を形作っていこうとする柳田と藤原の思いは軌を一にしている。

参考文献

江端義夫(2001)「日本のあいさつ表現とあいさつ行動の地理言語学的研究」『社会言語科
　　　学』第3巻第2号
江端義夫(2002)『あいさつ表現習俗フィールド』広島大学教育学部国語文化教育研究室
中井精一(2002)「方言学と民俗学」『21世紀の方言学』国書刊行会
藤原与一(1963)「『あいさつことば』の研究について」『方言研究年報』第六巻　「特集
　　　あいさつことば」広島大学方言研究会
藤原与一(1953)『これからの国語』角川書店
藤原与一(1955)『毎日の国語教育』福村出版

藤原与一(1967)『ことばの生活のために』講談社
藤原与一(1969)『ゆたかな言語生活のために：方言から見た国語』講談社
藤原与一(1973)『昭和日本語の方言　第1巻　昭和日本語の記述―愛媛県喜多郡長浜町櫛生の方言―』三弥井書店
藤原与一(1992)『続(昭和→平成)日本語方言の総合的研究　第3巻　あいさつことばの世界』武蔵野書院
方言研究ゼミナール(1991)『方言資料叢刊第1巻　祝言のあいさつ』
方言研究ゼミナール(1997)『方言資料叢刊第7巻　方言の待遇表現』
柳田国男(2004)『毎日の言葉』教育出版株式会社

あいさつ表現法の実態

種子島方言の今昔：表現法の消長

瀬戸口修

1. はじめに

　あいさつ表現法についての柳田国男の研究は、示唆に富むものではある。だが、現代では、さらに研究の深化が必要となっている。ある特定の地域について徹底的に調査し、網羅的な記述を行うことが、その1つの課題である。また、同時に、時代とともに移り変わる表現法の変化の様相をとらえることも、重要な課題と言える。

　私は、長年にわたり、郷里方言（＝種子島方言）の文表現法研究にとりくんでいる。ここでは、その一環として、この方言の「あいさつ表現法」をとり立てることにする。

　種子島方言の「あいさつ表現」については、以前から、当該方言特有の〈メ「ッカリモーサ」ン[1]。オ「ジャ」リモー「セ」ー[2]。〉などが、しばしばとり立てられてきた。今回は、過去の2度にわたるフィールドワークによる、当該方言の「あいさつ表現法の消長」という観点から、分析・考究した。具体的には、瀬戸口修（1977、p.53〜p.75）の記述と、瀬戸口修（2009）の記述をあらためて紹介し、そのあと両者を比較する。

2.「あいさつ表現」の定義

　「あいさつ表現」は、人々の現実の言語表現の生活で、「相手とあいさつを交わす機能を果たすもの」である。習慣化された「あいさつコトバ」が、特定の訴えの表現として、現出する。

その定義には、瀬戸口俊治(1976)の以下の記述が、きわめて示唆的である。

> 日常のあいさつ表現は、会う人ごとにまた別れる人ごとに、そのつど相手を意識し、相手の健康を気づかい、勤勉さをたたえ、労をねぎらい、相手に同情し、感謝し、陳謝し、祝福をささげる、生々しい人間の生活表現である。 (p.118)

3. 2回の調査による記述

3.1. 瀬戸口修(1977)による、種子島方言の「あいさつ表現法」の記述

＊(資料について)…文表現例の表示は、カタカナによる音声記述とし、アクセントを核表示(「　 ̄」)で、文末声調を(⌒)で示す。

(1) 朝のあいさつ(お早うございます)
　　○ケ「ソ ̄ー　メ「ッカリモーサ ̄ン。〈老男→老男〉
　　けさは、〈まだ〉お目にかかりません。──お早うございます。
　　○ケ「ソ ̄ー　メ「ッカラ ̄ン。〈老男→老男〉
　　けさは、〈まだ〉お目にかかりません。

　これらは、「まだ、あなたにはお目にかかっていません。〈お会いするのは、今(＝けさ)が初めてです〉。」という意のもので、相手との「出会い」を重視する農耕社会特有の表現心意がみてとれる。この発想は、薩隅方言に特徴的な表現である。(＊○ケ ̄サ　マダジャイモシタ ̄ー。○ケ ̄サ　マダッ　ゴワシ ̄タ。けさは〈お会いするのがまだでした。〉揖宿郡山川町徳光方言)現在では、中・老年層にのみ使用され、衰退傾向にある。前者は、丁重なもの言いで、後者は、親しい仲間同士の心やすいもの言いであるが、待遇品位は、両者とも上品位である。

(2) 昼のあいさつ(こんにちは)
　　○キョ ̄ーワ　メ「ッカリモーサ ̄ン。〈老男→老男〉

　　　　きょうは、〈まだ〉お目にかかりません。——こんにちは。
　　○キョーワ　メッカリモーサン　ニョー。〈老男→老男〉
　　　　きょうは、〈まだ〉お目にかかりませんよ。——こんにちは。
　　○キョーワ　メッカラン。〈老女→老男〉
　　　　きょうは、〈まだ〉お目にかかりません。——こんにちは。
　　○コンチワ。〈中男→中女〉
　　　　こんにちは！
（３）　晩のあいさつ（こんばんは）
　　○コンニョー　メッカリモーサン。〈老男→老女〉
　　　　今夜は、〈まだ〉お目にかかりません。——こんばんは！
　　○コンニョー　メッカラン。〈老男→老女〉
　　　　今夜は、〈まだ〉お目にかかりません。——こんばんは！
（４）　通常の出会い（＝時が不定）のあいさつ
　　a. 久しぶりの出会い
　　　○トードーシュー　ゴザリモシタ。〈老男→老女〉
　　　○トーローシュー　ゴザリモシタ。〈老男→老女〉
　　　　　遠々しく〈＝お久しぶりで〉ございました。

　これらは、中・老年層に限定的なもので、待遇品位も上品位で、目上または同世代に向けてなされる。形容詞「遠々しい」の連用形＋「ゴザリ申した」の形で、相手との時間的距離が「遠かった」こと、すなわち、久しぶりの出会いの表現である。

　　　　○アバ　シバラクデ　ゴザリモース。〈老女→老女〉
　　　　　あらまあ、しばらくぶりでございますね。
　　　　○ダレモ　メシモーサンジー　ゲンキジェ　ゴザリモーシタ　キラー。
　　　　　〈老女→老男〉
　　　　　お疲れにもならないで、お元気でしたねえ、ほんとに。
　　　　○イツ　オジャッチェ　オジャリモーシタ　カ。〈老男→老女〉
　　　　　いつ、おいででございましたか？

これらは、主に老年層に用いられ、目上に対する極上の待遇品位のものである。〈オジャリモーシタ（＝おいでなさいました）〉に、さらに〈オジャッチェ〉を重ねた、待遇度（敬意）の、より一層高い表現となっている。

  b. 日常の出会いがしらのあいさつ
   ○キョーワ　チッター　コラ、ヨカ　テンキー　ナリモシタ　ナー。
   〈中女→老女〉
    きょうは、少しはねえ、良い天気になりましたねえ。

（５）　訪問時のあいさつ
  a. 訪問客→家人へ〈呼びかけのあいさつ〉
   ○オジャリモース　カイ。〈老女→老男〉
    おいでなさいますか？〈＝ごめんください〉
   ○オジャンス　カー。〈中女→老女〉
    おいでなさいますか？
   ○オイ　カイ　アラ、アサジョーワ。〈老女→老女〉
    居るかねえ、アサばあさんは？
  b. 家人→訪問客へ〈出迎え：応答のあいさつ〉
   ○オジャリモーセ。〈老女→老男〉
    おいでなさいませ。
   ○オジャリモーセー。〈老女→老男〉
    おいでなさいませー。
   ○ヨーコソ　オジャリモーシタ。〈老男→老男〉
    ようこそ、おいでくださいました。
   ○チレチェイバッチェ。〈老女→筆者〉
    散らかっているけれど。〈お上がりください〉

この一連の訪問時の「あいさつ表現」には、いわゆる「オジャルことば」が、重要な働きをしている。〈オジャリ＋申セー（・ス）〉という慣用化した形が見られる。さらに、中・老年層に、やや心やすい、親しみを込めた〈オジャンス〉と撥音便化したものもある。

（6） 別れ(＝辞去)のあいさつ
　　イ．訪問客→家人へ
　　a1.〈また、会おう〉
　　　　○マ￢タ　メ￢ッカリモーソ￣ー。〈老女→老男〉
　　　　　また、お会いいたしましょう。
　　　　○マ￢タ　ア￢オ￣ーカラ。〈老男→老男〉
　　　　　また、会おうから。──さようなら。
　　a2.〈明日、会おう〉
　　　　○ア￢シタ　メ￢ッカリモーソ￣ー。〈老女→老男〉
　　　　　明日、お会いいたしましょう。
　　　　○ア￢シタ　ヨ￣ー。〈老男→老男〉
　　　　　明日、[会おう] よ。
　　a3.〈後で、会おう〉
　　　　○ノ￢ッチ　ヨ￣ー。〈青男→青男〉
　　　　　後「＝のち」で、[会おう] よー。

〈ノチ〉が促音便化して〈ノッチ〉となり、さらに強く「ヨー」文末詞と呼応し、固定化している。また「●○○　●○」のような頭高の文アクセントが特有のリズム(＝抑揚波)を形成している。この文抑揚が'説明調'をはなれ、「感声的」な'呼びかけ調'を創出している。

　　a4.〈また、行くから〉
　　　　○マ￢タ　ク￢イカ￢ラ。〈老男→老女〉
　　　　　また、来る(─→行く)から。──さようなら
　　ロ．家人→訪問客へ〈応答のあいさつ〉
　　a. 〈また、来なさい〉
　　　　○マ￢タ　オ￢ジャリモ￣ーセー。〈老男→老女〉
　　　　　また、おいで下さいませ。──さようなら。
　　　　○マ￢タ　オ￢ジャン￢セ。〈中女→中男〉
　　　　　また、おいで下さい。──さようなら。

     ○マター コイ ヨー。〈老男→複数〉
     また、来いよー！――さようなら。
     ○マタ コイ ヨー。〈老男→複数〉
     また、来いよー！――さようなら。
  b. 〈元気で〉
     ○ゲンキー シチェレー。〈老男→青女〉
     元気にしていなさい！――さようなら。
     ○ゲンキデ マー。〈老男→老女〉
     元気で ねえ。――さようなら。
     ○ワーモ マー キバッチェ モロレ ヤ。〈老女→老女〉
     あなたもねえ、元気でお帰りよ。――さようなら。
  c. 〈どうも～〉＝失礼
     ○ソイジャ ドーモ ナー。〈中男→中男〉
     それでは、どうも(＝失礼)ねえ。――さようなら。
  d. 〈お疲れさま〉
     ○オツカレジェ ゴザンシタ。〈老男→老男〉
     お疲れでございました。――さようなら。

　この「別れ(＝辞去)のあいさつ」表現には、さまざまな表現意図(＝発想法)がみてとれる。すなわち、訪問客は、〈また、会おう・明日、会おう・後で会おう・また、行くから〉など、再会を期した表現のものを使用し、それに対し、家人は、〈また、来なさい〉など、再会を期したものに、〈元気で・どうも・お疲れさま〉と、相手の健康を祈ったり、相手をねぎらったりするものなどを使用する。お互いに、相手との密接な人間関係を保持しようとする表現心意が、色濃く表現に窺える。

(7)　謝辞のあいさつ
　　a.　〈大きに〉
　　　　○オーキニ。〈青女→中女〉
　　　　ありがとう。

　　　　○「オーキニ　ナー。〈老女→中女〉
　　　　　ありがとうねえ。
　　　　○「オーキン　ナー。〈中女→中女〉
　　　　　ありがとうねえ。
　　b.　〈ありがとう〉
　　　　○ア「リ」ガ「トー　ゴ「ザ」リ「モー」シタ　ナー。〈中女→中女〉
　　　　　ありがとうございましたねえ。
　　　　○モー　ア「リ」ガ「トー　ゴ「ザ」イ「モシタ　ナー。〈中女→老男〉
　　　　　もう(＝たいへん)ありがとうございましたねえ。
　　　　○ア「リ」ガ「トー　ゴ「ザ」イマシタ　ナーモー「コラ。〈中女→老女〉
　　　　　ありがとうございましたねえ、ほんとに。
　　　　○ア「リ」ガ「トー　ゴ「ザ」ンシタ　ナー。〈中女→老女・老男〉
　　　　　ありがとうございましたねえ。
　　　　○オ「ジ」サン　ド「ー」モ　アリ「ガ」ト「ー」シタ　ナー。〈中女→老男〉
　　　　　伯父さん、どうもありがとうございましたねえ。
（8）　仕事から先に帰る時のあいさつ
　　　　○キ「バ」ッテ　ア「ター　ヤ「ッチェ　オク「ジャリモーセ。〈老男→老女〉
　　　　　がんばって、あとはおやりになってくださいませ。
　　　　○キ「バ」ッテ　シ「モー」テ　コンバ　ヨ。〈老男→老女〉
　　　　　がんばって、仕舞うて(＝仕事を片づけて)、来なければ(＝来なさい)よ。
（9）　詫び(＝謝罪)のあいさつ
　　　　○コ「リ」ャー　イ「ケ」ンジャ「ッ」タ。〈老女→老男〉
　　　　　これは、良くなかった。(＝ごめんなさい！)
　　　　○バ「ー」サン　ス「マ」ンジャッタ　ナー。〈老男→老女〉
　　　　　おばあさん、すみませんでしたねえ。
（10）　座・席などを勧める時のあいさつ
　　　　○ミン「ナ　コ「レー　オ「ジャリモー「セ。〈老男→複数〉
　　　　　みなさん、どうぞこちらへおいでなさいませ。
　　　　○ザ「キサ」ナー　ツ「メ」テ　オク「ジャリモー「セ。〈老男→複数〉

　　　　　先の方へ、おつめくださいませ。
　　　　　○ウエノ　ホーエ　ッメテ　オクリャンセ。〈老男→複数〉
　　　　　上の方へ、おつめくださいませ。
（11）　帰宅を告げる時のあいさつ
　　　　　○タダイマ。〈中女→複数〉
　　　　　唯今、（＝今、帰ったよ。）
（12）　食事の時のあいさつ
　　　　　○イタラキマース。〈老男→複数〉
　　　　　いただきます！
　　　　　○ゴッソーサマ。〈中女→複数〉
　　　　　ごちそうさま。
（13）　辞退のあいさつ
　　　　　○イエイエ　ナッシェ　カイ。〈中女→中男〉
　　　　　いえいえ、どうして（＝そんなことをするの）か？――困ったことだ。
（14）　就寝時のあいさつ
　　　　　○ジャ　モー　オヤスミ　ヨ。〈老男→複数〉
　　　　　それでは、もう、お休みなさいよ。
（15）　結婚式・祝宴に招かれてのあいさつ
　　　　　○オヤドノ　ムスコサンモ　オヨロコビガ　ゴザリモーシチェ　マコトニ　オメデトー　ゴザリモース。〈老男→当家の主人〉
　　　　　お宅のお子様もお慶びがございまして、まことにおめでとうございます。
　　　　　○オヨロコビガ　アッチェデ　ゴザンシタ　キリャー。〈老男→当家のご主人〉
　　　　　お慶びがございましたことですね。ほんとに。（おめでとうございます。）

3.2.　瀬戸口修（2009）による、種子島方言の「あいさつ表現法」の記述
（１）　朝のあいさつ

○オハヨーゴザイマス。おはよう。
○オハヨー。おはよう。
○チワー。おはよう。
○ケソー メッカリモーサン。けさは、〈まだ〉お目にかかりません。
○メッカリモーサン。まだ、お目にかかりません。
(2) 昼のあいさつ
○コンニチワ。こんにちは。
○キョーワ メッカリモーサン。きょうは、〈まだ〉お目にかかりません。こんにちは。
(3) 晩のあいさつ
○コンバンワ。こんばんは。
○コンニョー メッカリモーサン。今夜は、(まだ)お目にかかりません。——こんばんは。
○コンヨー メッカリモーサン。同上
○コンヤ メッカリモーサン。同上
(4) 通常の出会い(＝時が不定)のあいさつ
 a. 久しぶりの出会い
○トードーシカッタ ナー。遠々しかったねえ。(遠々しい＝お久しぶり)
○トーローシカッタ ナー。同上
○トードーシカ ナー。遠々しいねえ。——お久しぶり
○ヒサイブリ。お久しぶり。
○ヒサシブリヤ ナー。久しぶりだねえ。
○ヒサシブリ ナー。久しぶりだねえ。
○エーッ ヒサシブリ ナー。あら、久しぶりだねえ。
○オヒサシューゴザイマス。お久しぶりでございます。
○ヒサシブリヤッタ ガー、ナゴー アワン ジー。久しぶりだったねえ、長いこと会わないで！
○ナゴー アワンジャッタ ガー。長いことお会いしなかったねえ。
○ナンカ コト アワン ジーナー。長いこと会わなかったねえ！

○メズラシカ ナー。(お会いするのが)珍しいねえ——お久しぶり
○ゲンキジャッタ。元気でしたか？
○ゲンキヤッタ ナー。元気でしたか？
○アバッ ワーモ キトイ。あらまあ、あなたも帰ってきていましたか？
○キチェッタ カ。帰ってきていましたか？
○キチェッタ カイ。帰ってきていたか？
○エー キタ カ。あら、帰ってきたか？

b. 日常の出会いがしらのあいさつ
○ドケー イカレモース。どちらへいらっしゃいますか？
○ドケー イカレマス。どちらへいらっしゃいますか？
○ドケー イキョール。どこへ行こうとしているの？
○ドケー イキョール カイ。どこへ行こうとしているのか？
○アバ ドケー イキョール。あらまあ、どこへ行こうとしているの？
○ドケー イク カ。どこへ行くのか？
○ドケー イッ カイ。どこへ行くのか？
○キョーワ ドケー イッ カイ。きょうは、どこへ行くのか？
○ドケー アッピー イッ カイ。どこへ遊びにいくのか？
○ドケー オジャンス カー。どちらへいらっしゃいますか？
○ドケー イタ トカ。どこへ行ったのか？
○ドコマデデス カ。どちらまで(いらっしゃい)ますか？
○ヨカ テンキ ナー。良い天気ですねえ。
○ナニ ゴト。何事(です)か？
○ナイ ゴド カイ。何事(です)か？
○キョーワ アツカ ナー。きょうは暑いねえ！
○アツカ ナーコラ。暑いねえ(もう)！
○コンニチワ。こんにちは！
○ゲンキヤッタ カイ。お元気でしたか？

この一連の「あいさつ表現」で、土地人の日常生活の一端が垣間見られる。それに、どういう発想の元にこのような表現を仕立てているのかが、明確になる。すなわち、土地人の、日常の出会いがしらのあいさつに、「相手の動向やその土地の気象条件やそれについての気分や雰囲気」を話題にもち出し、相手との意思の疎通を図ろうとする表現心意である。

（5）　訪問時のあいさつ
　　a. 訪問客→家人へ
　　　○オジャリモース　カ。いらっしゃいますか？
　　　○オジャイモース　カイ。いらっしゃいますか？
　　　○オジャリモース　カイ。いらっしゃいますか？
　　　○オジャンス。いらっしゃる？
　　　○オラレモース　カコラ。いらっしゃいますかー？
　　　○オリマス　カ。いらっしゃる？
　　　○オリモース　カイ。いらっしゃいますか？
　　　○イエー　オイ　カイ。家にいますか？
　　　○オル　カー。いるか？
　　　○オイ　カー。いるか？
　　　○オル　カイ。いるか？
　　　○オイ　カイ。いるか？
　　　○ワゴー　オイ　カイ。あなたは、いるか？
　　　○オーイ。おーい！
　　　○オーイ　オル　カイ。おーい！いるか？
　　　○オーイ　オイ　カイ。おーい！いるか？
　　　○ゴメンナリモーセー。ごめんくださーい！
　　　○ゴメンクダサイ。ごめんください！
　　　○コンニチワ。こんにちは！
　　　○コンニチワ　ゲンキー。こんにちは、元気ですか？
　　b. 出迎えのあいさつ
　　　○オーイ、ダイ　カイ。はーい！誰ですか？

○オン ド。いるよ！
○オン ロ。いるよ！
○オル ヨー。いるよ！
○イル ヨー、ハイッテ コイ。いるよ、入って来い！
○オジャリモース ヨ。いますよ！
○オジャリモーセ。いらっしゃいませ！
○オジャリモーセー。いらっしゃいませ！
○オジャイモーセ。いらっしゃいませ！
○オジャンセー。おいでなさいませー！
○ナニー オジャリモーシタ カ。何の用でいらっしゃいましたか？

　この一連の「オジャルことば」による「あいさつ表現」は、依然として土地人の生活に密接にかかわっている。そこには、相手を丁重にもてなそうとする心意がみてとれる。

○マー ワゴー キタ カイ。あらまあ、あなたは来たんですか？
○イラッシャイ。いらっしゃい！
○ナイ。何(ーの用事)？
○ナイ ゴト カイ。何事ですか？
○ナイ ゴト カー。何事ですか？
○ナイ ゴトー。何事？
○ハーイ。ナイ ゴト カイ。はーい、何事ですか？
○ナンカ ヨー カ。何か用事ですか？
○ドーゾ コショー カケヤンセー。どうぞ、腰をおかけなさいませ！

(6) 別れ(＝辞去)のあいさつ
　イ．訪問客→家人へ
　　a.〈また、会おう〉
　　　○マタ メッカリモーソー。また、お会いいたしましょう。
　　　○マタ アイモーソー。また、お会いしましょう。

○マタ　アオー　ワイヨ。また、会おうよ（＝さようなら）
　　○マタ　アオーカラ。また、会おうから（＝さようなら）
　　○マタ　コンロ　アオーカラ。また、今度、会おうから（＝さようなら）
　　○マタ　アイマショー。また、会いましょう。
　　○マタ　ナー。また、ねえ。（＝さようなら）
　　○マタ　ネー。また、ねえ。（＝さようなら）
b.　〈明日、会おう〉
　　○アシタ　ヨー。明日、（会おう）よ！
　　○マタ　アシタ。また、明日（会おう）
　　○マタ　アシタ　ナー。また、明日（会おう）ねえ。
　　○アシタ　アオーカラ。明日、会おうから。
　　○アシタ　メッカリモーソー。明日、お会いいたしましょう。
c.　〈後で、会おう〉
　　○ノッチ　ヨー。後「＝のち」で、（会おう）よー！
　　○ノッチー　ヨー。後「＝のち」で、（会おう）よー！
　　○ノッチ　ヨナー。後「＝のち」で、ねえ！
　　○ノッチ　ヨ。マタ　クラー。後「＝のち」でよ、また、来る（＝行く）よ！
d.　〈また、行くから〉
　　○マタ　クイカラ。また、来る（行く）から──さようなら
　　○マタ　クイカラ　ナー。また、来る（＝行く）からねえ。
　　○マタ　クルカラ。また、来る（＝行く）からね。
　　○マタ　クッカラ　ナー。また、来る（＝行く）からねえ。
e.　〈ありがとう〉
　　○オーキン　ナー。ありがとうねえ。──さようなら
　　○オーキニ　ナー。ありがとうねえ。──さようなら
　　○アリガトーゴザイモーシタ　ナー。ありがとうございましたねえ。
f.　〈お世話になりました〉
　　○オシェワニ　ナリマシタ　ナー。お世話になりましたねえ。

- ○ヤッカーニ ナッタ ナー。お世話になりましたねえ。
- ○ヤッカイニ ナリモーシタ。お世話になりましたねえ。
- ○ワゼー ヤッカーニ ナッタ ナー。たいへんお世話になったねえ。
- ○ゴヤッカイサマデ ゴザリマシタ ナー。お世話さまで、ございましたねえ。

g. 〈迷惑をかけました〉
- ○メーワゴー カゲタ ナー。ご迷惑をかけましたねえ。

h. 〈さようなら〉
- ○サヨーナラ。さようなら！
- ○バイバイ。さようなら！

i. 〈遊びに来ます〉
- ○マタ アソビー クラー。また、遊びに来ます！

ロ．家人→訪問客へ〈応答のあいさつ〉

a. 〈また、来なさい〉
- ○マタ オジャリモーセー（・ナー）。また、おいでくださいませねえ。――さようなら
- ○マタ オジャイモーセー。また、おいでくださいませ。――さようなら
- ○マタ コイ ヨー。また、来いよー！――さようなら
- ○マタ イラッシャイ。また、いらっしゃい。
- ○ジャー マタ ナー。では、またねえ。

b. 〈お元気で〉
- ○ゲンキデ ナー。元気でねえ。――さようなら
- ○ゲンキー シチェレー。元気にしていなさい。――さようなら
- ○マタ ゲンキー シチェレー。では、元気にしていなさい。
- ○マー ヤマン ゴト ナー。では、病気しないようにねえ。（＝お元気で）

c. 〈どうも〜〉＝失礼
- ○ドーモ ナー。まあ、どうも（＝失礼）ねえ。――さようなら

d. 〈お疲れさま〉
　　○オ「ツカレサマ。お疲れさま。——さようなら
　　○ゴ「クローサマ。ご苦労さま。——さようなら
e. 〈お気をつけて〉
　　○キ「ョ　ツ」ケテ　ナ「ー。気をつけてねえ。——さようなら
　　○キ「ョ　ツ」ケテ　イ「カンバ　ナ「ー。気をつけて、行かないとねえ。（＝行きなさいよ）——さようなら
f. 〈遊びに来なさい〉
　　○ア「ソビー　コ」イ　ナ「ー。また、遊びにこいねえ。——さようなら

（７）謝辞のあいさつ
a. 〈大きに〉
　　○オ「ーキニ。ありがとう！
　　○オ「ーキ「ニー。ありがとう！
　　○オ「ーキン　ナ「ー。ありがとうねえ。
　　○オ「ーキニ　ナ「ー。ありがとうねえ。
　　○ド「ーモ　オ「ーキニ　ナ「ー。どうも、ありがとうねえ。
b. 〈ありがとう〉
　　○ア「リガト」ーゴ「ザイモ「ーシタ。ありがとうございました。
　　○ア「リガト」ーゴ「ザイマ「シタ。ありがとうございました。
　　○ア「リガト」ーシタ　ナ「ー。ありがとうねえ。
　　○ア「リガト」ー。ありがとう。

（８）仕事から先に帰る時のあいさつ
　　○サ「キー　モ「ドイカラ。先に帰るから！
　　○サ「キー　モ「ドッカラ。先に帰るから！
　　○サ「キー　モ「ドリヨルカラ。モ「ー　イ「ットキ　キ「バッチェ　コ「イヨ「。先に帰っていますから、もう少しがんばって来いよ！
　　○オ「ラー　ハ「ヨー　モ「ドイカラ。私は、早く（＝お先に）帰るから！
　　○ド「マー　モー　モ「ドッカラ。私は、もう帰るから！
　　○サ「キー　モ「ドイカラ　キ「バッテ　ナ「ー。先に帰るから、がんばってねえ。

○モ˹ドッカラ、ヤ˹マン˺ ゴ˹ト セ˥ー ヨ˥ー。帰るから、疲れないようにしなさいよー！
○サ˹キ˥ー イ˹ッカラ ナ˥ー。先に帰るからねえ！
○オ˹ラ˥ー モ˥ー サ˹キ˥ー イ˹ッコイカラ˺。モ˥ー イ˹ットキ ヤ˹ッテ コ˥イ。
私はもう、先に（帰って）行っていますから、もう少しやって（＝がんばって）来いよ。
○オ˹サキニ。お先に（失礼）
○モ˥ー イ˹ク˥ ロ˥ー。もう行く（＝帰る）よー！
○ダ˹レン ゴ˥ト ガ˹ンバレ ロ˥ー。疲れないように、がんばってねえ！
○ダ˹レン ゴ˥ト セ˥ー ヤ˥。疲れないようにしろよ！
○モ˥ー イ˹ットキ キ˹バッテ コ˥イ ヤ˥ー。もう少しがんばって来いよ！
○マッ イ˹ットキ キ˹バッチェ シ˹チェ コ˥イ。もう少しがんばってして来い！
○マ˥ー キ˹バレ ナ˥ー。まあ、がんばってねえ。
○キ˹バッチェク˹レ˥ー。がんばってくれー！
○ワ˹ンタチャ˥ー キ˹バッテ コ˥イ ヨ˥ー。あんたたちは、がんばって来なさいよー！
○ワ˹ンチャ˥ー モ˥ー イ˹ットキ キ˹バッチェ コ˥イ ヨ˥ー。あんたたちは、もう少しがんばって来いよー！
○ワ˹ンタチャ˥ー キ˹バッチェ シ˹チェ コ˥イ ヨ˹ナ˥ー。あんたたちは、がんばってして来なさいよー！
○ワ˥ーモ イ˹ッキ˥ー コ˥イ ヨ˥ー。あんたも、すぐに帰って来いよー！
○ク˹ロ˥ー ナ˹ラン˺ ウ˹チ˥ー カ˹エ˥レ ヤ。暗くなる前に、帰りなさいよ！
○ヒ˹ヲ˺ ク˹ラサンジ˥ー カ˹エッテ コ˥イ ヨ˥ー。日暮らしをしないで（＝暗くなる前に）、帰って来なさいよー！

　　　　○ハヨー　カエラン　カイ。早く、帰れよー！
（9）詫び（＝謝罪）のあいさつ
　　　　○カンニン　ナー。堪忍（＝ごめん）ねえ！
　　　　○カンニン。堪忍（＝ごめん）！
　　　　○スマン　ナー。すみませんねえ！
　　　　○スマンジャッタ　ナー。すみませんでしたねえ！
　　　　○スミモーサンジャッタ　ナー。すみませんでしたねえ！
　　　　○スミマセン　ナー。すみませんねえ！
　　　　○スミマセン。すみません！
　　　　○スンマセン。すみません！
　　　　○スマン。すみません！
　　　　○ツマラン　コトー　シテ　ナー。良くない（＝悪い）ことをしてねえ。──すみません
　　　　○ゴメン　ナー。ごめんねえ！
　　　　○ゴメン　ネー。ごめんねえ！
　　　　○ゴメン。ごめん！
　　　　○キェーッ　ゴメン　ナー。まあ、（どうも）ごめんねえ！
　　　　○ゴメンナサイ。ごめんなさい！
（10）座・席などを勧める時のあいさつ
　　　　○ココサナー　オジャリモーセ。こちらへおいでなさいませ。──どうぞ！
　　　　○ハヨー　カケー　マー。早くかけろよー！
　　　　○コケー　カケー。ここへかけろ！
　　　　○カケラレーバ。腰かけなされ！
　　　　○アガラレーバ。お上がりなさい！
　　　　○アガレバ。お上がり！
　　　　○アガレ　ヤ。上がれよ！
　　　　○ドーゾ　アガレ　ヤ。どうぞ上がれよ！
　　　　○イットキ　アガレ。少しの間（＝しばらく）上がれよ！
　　　　○アガッチェクレー　ヤ。お上がり下さい！

○ア̄ガッチェ　ア̄ソンデ　オ̄ジャンセ。上がって遊んで行きなさいよ。
○ア̄ガッテ　ア̄ソベー。上がって遊べ！
○イ̄ラッシャイ　ア̄ガレー。いらっしゃい、お上がり！
○オ̄アガリクダサイ。お上がり下さい！
○エ̄ンリョセンデ　ア̄ガイナサイ。遠慮しないで、お上がりなさい！
○ス̄ワッチェ　オ̄クランセ。座って下さいませ！
○ス̄ワレ　ヤ。座れよ！
○ド̄ーゾ　コ̄ゲー　ス̄ワレ　ヤ。どうぞ、こちらへ座れよ！
○ド̄ーゾ　ス̄ワレ　ヤ。どうぞ、座れよ！
○コ̄シカケー　ヤ。腰かけなさい！
○オ̄カケヤンセー。おかけなさいませ！
○ユ̄ックリ　シェー　ヤ。（どうぞ）、ゆっくりなさい！
○ソ̄ガン　エ̄ンリョスンナ　ヤ。そのように遠慮しなさんな！

(11) 帰宅を告げる時のあいさつ
○イ̄マヤッタ　ヨ̄（ヨー）。今、帰ったよー！　←→　○イ̄マヤッタ　カイ。今、でしたか？
○イ̄マヤッタ　ロ̄ー。今でしたよー！　←→　○ゴ̄クローサマ。ご苦労さま！
○イ̄マジャッタ　ヨ̄ー。今でしたよー！
○イ̄マジャッタ　ロ̄ー。今でしたよー！
○イ̄マジャッ　ト̄ー。今でしたよー！
○イ̄マ　モ̄ドッタ。今帰ったー！
○オ̄イ　イ̄マ　モ̄ドッタ。おい、今帰ったぞー！
○イ̄マ　モ̄ドッ　ト̄ー。今帰ったぞー！
○イ̄マ　モ̄ドッチェキタ　ロ̄ー。今帰ってきたよー！
○イ̄マ　ヨ̄ー。今よー！――ただいま
○イ̄ンマ　ヨ̄ー。今よー！――ただいま　←→　○オ̄ソカッタネー。遅かったねえ！
○イ̄マ　キ̄タ。今帰った！

　　　　○モ̅ド̅ッタ　ロ̅ー。帰ったよー！
　　　　○タ̅ダイマ。ただいま！
(12)　食事の時のあいさつ
　　　　○イ̅タダキマ̅ス。いただきます。
　　　　○ゴ̅ッソーニ　ナ̅リマス。ごちそうになります。――いただきます
　　　　○ド̅ーゾ　タ̅モイヤン　セ̅ー。どうぞ、お召し上がりください。
　　　　○タ̅モイヤン　セ̅ー。お召し上がりください！
　　　　○タ̅モラン　カ̅。食べなさい！
　　　　○ナ̅ニモ　ナイケ̅ド　ア̅ガイヤン　セ̅。何もないが、お食べなさい！
　　　　○エ̅ンリョ̅センデ　タ̅ベン　カ̅ー。遠慮しないで、食べないか！
　　　　○ゴ̅ッソーサン。ごちそうさま！
　　　　○ゴ̅ッツォーサン。ごちそうさん！
　　　　○ゴ̅ッソーサマ。ごちそうさま！
　　　　○ゴ̅チソーサマ。ごちそうさま！
　　　　○オ̅イシカ̅ッタ。おいしかった。――ごちそうさま
(13)　辞退のあいさつ
　　　　○モ̅ー　ヨ̅カ。もう、結構です。
　　　　○モ̅ー　ヨ̅ッカラ。もう、いいから！
　　　　○シェ̅ワー　ヤ̅カンジ̅ー　モ̅ー　ヨ̅ッカラ。世話をやかないで、もう、結構だから！
　　　　○モ̅ー　ヨ̅カ　ロ̅。もう、いいよー！
　　　　○オ̅ーキニ　モ̅ー　ヨ̅コー。ありがとう、もう、いいですよ！
　　　　○モ̅ー　イ̅ー　ヨ̅。もう、いいよー！
　　　　○ヨ̅カ　ヤモ̅ー。いいよ、もう！
　　　　○ヨ̅ッカラ。いいから！――要らないよ
　　　　○モ̅ー　ケ̅ッコー。もう、結構だ！
　　　　○キ̅ノロク　ヤ̅。気の毒だ！――もう、いいです
　　　　○シェ̅ワヤク　ナ̅。世話をやくな！――もう、いいです
(14)　就寝時のあいさつ
　　　　○サ̅キー　ヌ̅イカラ。先に休むから。

- ○サキー ヌン ド。先に寝るよ！
- ○ヌン ロ。寝るよ！
- ○サー ヌン ド。さあ、寝るよ！
- ○ニョー モ。寝るよ、もう！
- ○サキニ ネル ヨ。先に寝るよ！
- ○サキー ネルカラ。先に寝るから！
- ○モー ネン ド。もう、寝ますよー！
- ○モー ネン ロ(ロー)。もう、寝ますよー！
- ○モー ネヨー。もう、寝よう！
- ○モー ヤスムカラ。もう、休むから！
- ○モー ヨコワンバ ジャ。もう、休まないと！──休もう
- ○モー オヤスミ ナー。もう、お休みなさいよー！
- ○オヤスミナサイ。お休みなさい！

(15) 結婚式・祝宴に招かれてのあいさつ

- ○キョーワ ヨイコビガ アイチューテ オメデトーゴザイマス。きょうは、お慶び(＝結婚式)があるということで、おめでとうございます。
- ○キョーワ オイワイガ アッチェ オメデトーゴザリモーシタ。きょうは、お祝い(＝結婚式)があって、おめでとうございました。
- ○キョーワ ヨカ ヒニ ナッテ オメデトーゴザイマス。きょうは、良い日(＝結婚式)になって、おめでとうございます。
- ○キョーワ ヨイ ヒデ オメデトーゴザイマス。きょうは、良い日(＝結婚式)で、おめでとうございます。
- ○キョーワ アメモ フランジー ヨカ テンキー ナリマシタナー。きょうは、雨も降らずに、良い天気になりましたねえ。
- ○キョーワ ヨカ ホーデ ゴザイモース キリャー。きょうは、良い方(＝結婚式)でございますねえ！
- ○キョーワ オメデトーゴザイマス。きょうは、おめでとうございます。
- ○オメデトー ヨカッタ ナー。おめでとう、よかったですねえ。

○オメデトーゴザイマス。おめでとうございます。
　　○ヨカ　コオ　モロータ　ナー。良い子(＝お嫁さん)をもらいました
　　　ねえ！

　これらの「あいさつ表現」は、過去の瀬戸口修(1977)の調査に比べて、少しく変容している。すなわち、結婚に対する祝意の「表現形式」が、現代風になっている。つまり、〈ヨイコビ・オイワイ・ヨカホー・ヨカヒ・ヨイヒ・アメモフランジー〉などの表現が、それである。

(16)　弔問のあいさつ
　　○ザンネンジャッタ　ナー。残念でしたねえ。
　　○ゲンキー　ナラズニ　ザンネンジャッタ　ナー。元気になれずに残
　　　念でしたねえ。
　　○カナシューナッタ　ナー。(亡くなって)悲しくなったねえ。
　　○コノタビワ　ツマラン　コトデ…。この度は、とんでもないことで
　　　(＝死去を悼んで)
　　○ツマラン　コトヤッタ　ナー。たいへんなことでしたねえ。
　　○ツマラン　コトジャッタ　ナー。たいへんなことでしたねえ。
　　○ツマランジャッタ　ケラー。たいへんだったことですねえ。
　　○ツマランカッタ　ナー。たいへんでしたねえ。
　　○ツマラン　コトガ　アイモシタ　ナー。たいへんなことがありまし
　　　たねえ。
　　○イケン　コトガ　ゴザイマシタ　ナー。良くないことがありました
　　　ねえ。
　　○イケンジャッタ　ナー。ダメでしたねえ。
　　○ヤッパイ　イケンジージャッタ　ナー。やっぱり、ダメでしたねえ。
　　○イケンヤッタ　キリャー。ダメだったんですねえ。
　　○イケンジャッタ　ケラーナー。ダメだったんですねえ。
　　○イケンジャッタ　チューナー。ダメだったんですねえ。
　　○イケンジャッタ　バッテー　〜。ダメだったんですって〜！

○モー イッタ キャーナー。もう、お亡くなりなさったことですねえ。
○ゴーラシ ナー。かわいそうにねえ。
○ゴーラシナゲー ナー。かわいそうにねえ。
○コノ タビワ サミシー コトニ ナリマシタ ナー。この度は、さみしいことになりましたねえ。
○タイヘンナ コテー ナッタ ナー。たいへんなことになったねえ。
○タイヘンジャッタ ナー。たいへんでしたねえ。
○ホントニ マー タイヘンジャッタ ナー。ほんとうにまあたいへんでしたねえ。
○フコーガ アッテ タイヘンジャッタ ナー。不幸があってたいへんでしたねえ。
○ウンメージャッタ ナー。運命でしたねえ。

　この一連の「弔問のあいさつ表現」にも、以前の瀬戸口修(1977)に見られるような特殊慣用化した表現形式のほかに、さまざまに現代風の新しい「形式」が用いられている。これは、「弔意」の表現形態が単に変化したのではなく、現代の土地人の生活場面に即した「表現形式」が、土地人の創意・工夫のもと、創出されているものと思量される。

3.3. 2回の調査による記述の比較・対照
　3.1.と3.2.で取り上げた新・旧の調査結果を分析し、比較・対照してみると、以下のことが指摘できる。
（1）古い表現形式が、いまだに、残存している。
①〈メッカリモーサン〉の形式が、「朝・昼・晩のあいさつ」に遺存している。瀬戸口修(1977)の記述では、中・老年層に限定的に使用されていて、やがて消えていこうとしていた。それが、同(2009)になると、わずかに高年層(80歳以上)が、回顧的に使用するだけで、現実の生活場面ではほとんど出現しない。したがって、〈メッカラン〉のような簡略形などの派

生的な表現形式は、もはや見られない。
② 〈オジャリモーセー(モース)〉のいわゆる「オジャルことば」が、一連の「訪問時のあいさつ表現」に、いまだに根強く用いられている。
（２）古い形式が、新しいものに変化している。
　〈ゴザリモース・モーシタ・モシタ・モス〉などの形式が、〈ゴザイマス・マシタ・マス〉などの、新しいものに変化している。
（３）ある特定の分野では、依然として従来の形式を保持している。
　これには、別れ(＝辞去)のあいさつの〈○ノッチ ヨー。など〉や、謝辞のあいさつの〈○オーキニ、○オーキン　ナー。etc〉などが該当する。この分野のあいさつ表現は、人々の毎日の言語表現の生活でも、切実で欠かせないものなのかもしれない。
（４）ある特定の分野では、新しい表現形式を創出している。
　すなわち、結婚式・祝宴に招かれてのあいさつや弔問のあいさつなど、ハレの場面のあいさつには、従来の特定・慣用化された形式を捨てて、今の時代に合った、祝意や弔意を表わす様々な場面にふさわしい、新しい表現形式を創出しているものが見られる。

4.　おわりに

　この32年の時を隔てた、「あいさつ表現法」の比較・対照研究で、土地の人々の言語表現の生活のさまざまな変化を窺うことができる。古態の表現形式から、あらたな表現心意を加えた新しい表現形式を創出する人々の創意・工夫も見てとれる。今も時々刻々、変化していっているものと思量する。

注
1　〈お目にかかり申さん〉＝まだ、お目にかかっていません。―「お会いするのは、今が初めてです」の意。相手との出会いを重視する、表現心意。
2　オジャルことば：〈オジャリ(＝オイデアルが出自)申セー〉＝「いらっしゃいませ」の意。

参考文献

瀬戸口修(1977)『種子島方言の文表現法研究』(広島大学提出　修士学位論文)

瀬戸口修(2009)「種子島方言のあいさつ表現法研究―part2―(前編)」『鹿児島女子短期大学紀要』第44号

瀬戸口俊治(1976)「鹿児島県揖宿郡山川町徳光方言の方言表現法　第1章　あいさつ表現法」藤原与一『方言研究叢書第6巻　方言文表現法』三弥井書店

藤原与一(1976)『方言研究叢書　第6巻　方言文表現法』三弥井書店

藤原与一(1990)『続昭和(→平成)日本語方言の総合的研究　第3巻　あいさつことばの世界』武蔵野書院

感謝のあいさつ表現

田島優

1. はじめに

　感謝のあいさつは、人間関係を円滑に進める上で欠かせない言語行動である。この感謝のあいさつに用いられる表現について調べていくと、既に柳田国男が『毎日の言葉[1]』の中で本質的なことを大筋述べていることに気づく。本論では、柳田の「感謝のあいさつ表現」の研究を紹介するとともに、感謝表現の研究の方向性、並びにそこから発展させられる新たな研究の可能性について、次のような手順で述べていくことにする。

　次の第2節では、柳田国男の『毎日の言葉』における「感謝のあいさつ表現」に関わる3項目、「アリガトウ」「スミマセン」「モッタイナイ」を対象として、柳田の論を紹介し、その要点を整理する。第3節においては、文献から見た中央語における感謝表現の発想の変遷について述べる。第4節では、柳田の論や文献による発想法の変遷について、『方言文法全国地図』(GAJ)270図や、『全国方言資料』(日本放送協会編)を参考にしながら、感謝表現の変遷や地方への広がりについて考える。第5節では、あいさつ表現研究の方向性や、分布図解釈における発想の観点の導入について提案する。

2. 感謝表現についての柳田の論

2.1. 『毎日の言葉』の記述について

　『毎日の言葉』の最初の方に「アリガトウ」「スミマセン」「モッタイナイ」の3項目が並んでいる。このことから柳田にとって、辞儀、特に感謝表現が日常生活において重要な役割を担っている表現であると認識していたことが窺われる。この本には感謝表現を考える上で示唆的な多くのことが記されて

いるが、一般の女性向けに書かれたエッセイであるため、網羅的また体系的な記述をそこに期待するのは無理である。その点を考慮しながら順番に見ていきたい。

2.2.「アリガトウ」の項の要約
「アリガトウ」では多くの興味深い記述が見られる。

> 最初は今日の子供のように、多分顔で喜びを表し、またはただ「好いな」とか「うれしいな」とか言っていたものと思いますが、それに定まった形の文句ができたのは礼儀であります。　　　　　　　　　　(p.18)

まずここでは、態度→言語化（感情の表明）→定型化という感謝表現の発生並びにその発達について述べられている。そしてダンダン・オーキニ・ドーモといった表現の粗略化が行われていること。また、感謝表現の発想についても、『蝸牛考』のように周圏的分布の観点からその解釈を試み、神の威徳の賞賛→行為の評価による悦び→相手への批評といった変遷を考えている。

> 北陸地方から岐阜県、滋賀県などで物をもらってウタテイだのオトマシイだのというのは、それ（田島注：カブンなどの思いのよらぬ悦び）からまた一歩を進めて、そんな必要もないのにあなたは無益なことをなされるという、批評のような形をとった言葉ですが、これも後には自分でも意味を知らずに使うようになりました。　　　　　　　　(p.20)

最後のところに述べられているように、そのことばが使用されていくうちにその発想法は次第に忘れられていく。例えば、富山県の方言番付[2]でキノドクナが横綱（第一位）になっているのも、その語の発想法が忘れられてしまったことにより、その表現を奇異に感じているからである。
さらに、感謝という行為のシステムに変化が生じたことを述べている。

> これらはいずれも自分より目上の人に対して、わが身をへりくだってい

う言葉であったのが、後には対等の人どうし、またはときには低い地位の者にもこれを使うようになって、もとの感じがなくなりました。

(p.20)

近世になると、これまでの下位者から上位者への言語行動であった感謝という行為が、上位者から下位者へも行われるようになり、双方向の言語行動システムへと変化した。なお、このようなシステムの変化が生じる以前は、上位者からは感謝ではなく、ヨクシタやヨウヤのような褒め言葉による労りがなされていたことも、そこに述べられている。

2.3. 「スミマセン」の項の要約

この項では、まず近世における感謝表現の双方向化に伴う、下位者の新表現の必要性、並びに表現の粗略化による敬意の逓減について言及されている。

> そういう場合(田島注：お礼の場合)には目上の人に対しても、皆カタジケノウゴザルといっていたものだそうであります。ところが近世は上から下に向かって、カタジケナイまたはオカタジケという語のみが残って、身分の低い者が高い人に感謝するには、もっぱら「ありがと存じます」を用いるようになっていたのですが、それがまた最近には簡略なアリガトウに変わって、同輩以上に対してそういうのは、なんだか失礼なような感じがするようになってきました。
> (p.21)

そして、そのような状況においてより丁寧な表現としてスミマセンが使用されるようになる。つまり、感謝表現において、恐縮という発想〈カタジケナイ〉から困惑という発想〈カンブン・オショウシナ・コマルワ・ホンジネなど〉へ、さらに困惑に関連する気がすまないという発想〈スマン・スミマセン〉へという、発想の連関が認められる。

> 東京でもつい近ごろまで、オヒカエナサイマシだの、オヨシナサレバヨ

イノニだのという、お礼の挨拶がよく聴かれました。まさかそうですかと持ってかえる人はありませんが、つまりそうでも言わぬと気が澄まぬほど、予期せざる大きな幸福だということを示すのであります。
(pp.22–23)

そしてさらにスミマセンが謝罪表現として使用されると、丁寧な表現として、他の謝罪表現や断り表現が利用されるようになった。

私は先年東海道のある駅の茶店で、茶代を置いておかみさんから、「申しわけございません」と言われてびっくりしたことがあります、申しわけは弁解のことで、これはお詫びをする必要のない場合であります。つまりはこれもスミマセンを、もう一段と念入りに言おうとした、新工夫であったので、
(p.23)

2.4.「モッタイナイ」の項の要約

感謝表現は、初めから感謝を表すために作られた語ではなく、既存の語を利用したものであることが、まず述べられている。

ありがたいをお礼の言葉にしたのが新しいことであるように、カタジケナイもまた最初から、人に対する感謝の語ではなかったようであります。
(pp.23–24)

そして、感謝表現は既存の語が状況によって感謝の意と解される語用論的なものであることが指摘されている。

すなわち相手方には、こちらが非常に悦んでいるという意味に取られる言葉でも、それ自身を単独で聴いて、ちっともありがたくないものがよく用いられているのはそのためであります。
(p.27)

感謝表現専用の定型表現になるまでは、それらの語は使用される状況に

よって意味が異なる多義的な語であった。

3. 文献から見た感謝表現の発想の変遷

3.1. 感謝表現であるかの判断

　柳田が述べているように、最初から感謝を表すために作られた語(表現)はなく、既存の語(表現)が状況によって次第に感謝を示すようになったのである。そのことによって、その語の初出と感謝表現としての使用との間にはかなりの時間的な差が生じている。また、感謝表現は状況に依存している表現であるために、慣用化されていないと、感謝表現かの判断が困難な場合がある。

　中古や中世前期において感謝表現として広く使用されていたカタジケナイも、奈良時代の『日本書紀』や平安初期の『続日本紀』『日本霊異記』などに用例が認められるが、恐れ困惑する気持ちや恥ずかしさを表す語であった。感謝の意が見られるのは『源氏物語』頃からである[3]。

　感謝の意であるのか判断が困難なため、意味が記述されている中世末期の日本語を扱っている『日葡辞書』(1603–04 年)を用いて、感謝を表していると思われる語を抜き出してみる。

3.2. 『日葡辞書』に見られる表現

3.2.1. 感謝表現(下位者から上位者への表現)

　中世後期になると、貴族の日記などの古記録や古文書に使用されていた漢語の表現が口語化してくる。『日葡辞書』には、カタジケナイやアリガタイ以外に、クヮブンナ(過分な)やミャウガモナイ(冥加もない)といった漢語系感謝表現が見られる[4]。なお、『日葡辞書』の引用は『邦訳日葡辞書』(岩波書店　1980 年)による。

　　Catajiqenai. カタジケナイ(辱い・忝い)　お礼の言葉。あるいは、ある
　　　　事に対して謝意を表する語。
　　Arigatai. アリガタイ(有難い)　神聖な(もの)、または、感謝や尊敬に値

するような(もの)。¶ また、珍しくて手にいれにくい(もの)。

Arigataya. アリガタヤ(有難や) 尊敬、崇敬、感謝の意を示す語。

Quabunna. クヮブンナ(過分な) 豊富な(もの)、または、沢山な(もの)。¶ また、比喩。ありがたく思って謝意を表す言葉。

Quabunni. クヮブンニ(過分に) 副詞。豊富に、あるいは、沢山に。¶ quabunni zonzuru(過分に存ずる)。深く感謝する、あるいは、非常にありがたく思う。

Miŏga. ミャウガ(冥加) よい運命。例、Miŏgamonai fito.(冥加も無い人)不運な人、または、不仕合わせな人。¶ Miŏgano tçuqita fito.(冥加の尽きた人)同上。この語は、時には、ある人が自分に相応した以上に、あるいは予期した以上に恩恵や厚誼を受けたのに対して、深く感謝する場合にも用いられる。例、Miŏgamonai coto.(冥加もないこと)。

　その当時の一般的な感謝表現は以前と変わらずカタジケナイであったことがわかる。アリガタイも使用されるが、アリガタイには感謝の意の他にも尊敬や崇敬の意があり、また珍しいものも表す多義語であった。漢語のカブンナが感謝の意を表すのは比喩であり、「カブンニゾンズル」という表現で感謝の意を表していたようである。ミャウガモナイは、「自分に相応した以上に、あるいは予期した以上に恩恵や厚誼を受けた」時に、相手に感謝の意を表すのに「ミャウガモナイコト」と表現されていたようである。なお、『天草版平家物語』の「ことばのやわらげ」において、「Miŏgamo nai. Mottaimo naitoyŭ coto.」と記載されており、ミャウガモナイとモッタイナイとが同義であったことが確認できる。ただし、これは『天草版平家物語』の次の箇所の注記である。

QI.　Ha,coreua catajiqenai:miŏgamo nai vochade coso gozare: gocuto miyemaraxite gozaru.　　　　　　　　　　　　　　　　　　(巻4)

　なおモッタイナイは『日葡辞書』では次のように説明されており、そこに

は感謝の意は見られない。

> Mottainai. モッタイナイ（勿体ない）　堪えがたい（こと）、または、不都合な（こと）。

ミャウガモナイもモッタイナイと同じく本来は堪えがたいという意味であり、相手の行為に対して自分は「堪えがたいこと」であると表明することによって、相手に感謝の意を示していたのであろう。

3.2.2. 上位者の表現

まだこの時代においては、柳田が指摘するように感謝という行為は下位者から上位者への言語行動であった。次の語は『日葡辞書』の記述に感謝の意を表すと記されているが、同時代の虎明本狂言集の用例によってその表現が上位者からの表現であることが確認できる。

> Medetai. メデタイ（目出たい）　喜ばしい（こと）、または、上首尾である（こと）。¶ また、何事かについて感謝の意や祝意を述べるのに使う語。
> Manzocu. マンゾク（満足）　満ち足りる、十分であること、あるいは、満足であること。例、Manzocu Xita.（満足した）私は喜ばしく満ち足りている。¶ また、これはある人が、ある物事に対する喜びとか感謝とかの心をあらわすのに用いる言葉である。
> Vrexij. ウレシイ（嬉しい）　喜ぶ、あるいは、嬉しがる。または、自分が喜ぶような（こと）、あるいは、感謝するような（こと）。

いずれも喜びの表現である。上位者は、下位者に対して自分の喜びのさまを表明することによって、下位者への労りを示していたようである。

3.2.3. 同時代の他の表現

『日葡辞書』には感謝の意が記されていないが、虎明本狂言集において下

位者から上位者への感謝の表現や、上位者からの労りの表現として使用されているものがある。それらの表現における『日葡辞書』での意味を示しておく。まず感謝表現として使用されていたものに次のものがある。

> Rioguai. リョグヮイ（慮外）　Vomoino foca.（おもひの外）はからずも、または、思っていたのと違って。
> Rioguaina. リョグヮイナ（慮外な）　思っていたのと違って起こった（こと）。文書語。
> Vosoregamaxiy. ヲソレガマシイ（恐・畏れがましい）人が気恥ずかしさや尊敬の念を抱くとか、畏れ敬う態度を取るとかするような（こと）。

リョグヮイ（慮外）という意外さを示す漢語と、恥ずかしさを示すオソレガマシイが先に挙げたものに加わる。一方、上位者の表現としてお誉めを表すと思われるデカイタがある。

> Decaxi,su,ita　デカシ、ス、イタ（出かし、す、いた）　物事をし終える。¶ また、それを完全になし遂げる。

3.2.4. 中世の感謝表現について（まとめ）

　中世において使用されていた感謝表現をまとめてみる。本来なら起こることのない上位者からの厚意的な行為に対して、下位者は感謝表現としてカタジケナイのような恥ずかしさを表明することによって、感謝の意を示していた。このような恥ずかしさによる感謝表現としては、他にオソレガマシイがある。ミャウガモナイやモッタイナイは相手の行為に対して堪えがたいという苦痛を、またアリガタイやリョグヮイは意外性を表明することによって、相手に感謝の意を示しているのである。上位者への恥ずかしさ・苦痛・意外さの表明はいずれも話者の〈困惑〉を表しているといえよう。
　一方、上位者にとって下位者からの行為は当然なことであるが、メデタイやマンゾクシタ、ウレシイのような喜びの表現や、デカイタというお誉めのことばを用いて、下位者への労りを表していた。

3.3. 近世上方における感謝表現
3.3.1. 労り表現の発生
　感謝という言語行動は、上位者から下位者への厚意的な行為、これは稀にしか生じない行動に対して、下位者から上位者へのお礼のあいさつであった。しかし近世になると、商業経済という社会システムの転換によるものか、柳田が指摘するように、上位者から下位者に対してもお礼のあいさつが行われるようになる。このような上位者からの言語行動を生み出すきっかけとなったと思われる相手への労りの表現として、ゴタイギナやゴクローが江戸前期すなわち18世紀頃から定着してくる。

　　　色を悟りて女房是は夜更けて御たいぎな。先づお上がりなされませ
　　　　　　　　　　　　　　　　　　　　　　　（『心中重井筒』1707年）
　　　「只今戻りまして御ざる」「やれやれ御たいぎな」
　　　　　　　　　　　　　　　　　　　　　（虎寛本狂言「察化」1792年）
　　　是は何れ様、近頃御苦労に存じまする　　（虎寛本狂言「右近左近」）

　このような労りの意識が言語化される世の中において、下位者から上位者への表現であった感謝表現も、上位者から下位者へも、また同位者同士においても使用されるようになった。すなわち、お礼のあいさつが双方向の言語行動へと変化したのである。

3.3.2. 修飾の程度副詞の独立化
　感謝表現が上位者から下位者にも使用されるにつれて、柳田が指摘しているように、両者が同じ表現を使用することは下位者にとっては相手に対して失礼な表現と感じるようになる。そこで、下位者の発話では「存じます」を付加して丁寧に表現したり、感謝表現の前に程度の甚だしさを表す程度副詞を添加するようになる。一方、親しい者同士の場合であれば、そのような丁寧な表現は必要ない。その場合、感謝表現を粗略化する方法と、丁寧表現として用いられていた程度副詞だけで感謝を表すという方法とが用いられたようである。まず後者が現れてくる。

ダンダンといった感謝表現に添加した程度副詞が単独で感謝の意を表すようになるのは、18世紀後期頃である。なお、ダンダンは天明期(1781-89年)頃に京都の遊里でのあいさつ表現として広まったようである。

 人に対する言葉をも、みなまで言て居ず、今日はというて御苦労と聞かせ、段々というて有難と響かせ　　（人情本『当世真々乃川』1785年）
斗量さん、だんだん　　　　　　　　（洒落本『うかれ草子』1797年）
夜前はモシだんだん　　　　　　　　（洒落本『阿蘭陀鏡』1798年）

　関西を中心に西日本や北陸・東北地方日本海側でも広く使用されているオーキニの単独での使用は、明治時代になってからのようである。『角川古語大辞典』には次のように説明されている。

　「大きにありがとう」を略した謝辞としての「おほきに」は、近世の上方語にはいまだ用例を見ない。

　なお、熊本県で感謝表現として用いられているチョージョーも修飾の程度副詞が独立化したものである。このチョージョー単独での使用は上方では17世紀中頃から見え始める。最初は感動詞的な独り言的な用法であった。チョージョー単独使用はダンダンやオーキニなどの程度副詞の独立化のさきがけといえようか。ただし、上方語では感謝表現というよりも喜びの表現として用いられていた。

　　やあ是に小袖が有。是はちやうぢやうのことじや
　　　　　　　　　　　　　　　　　（狂言記「子盗人」1660年）

　「狂言記」の例は独り言である。相手のいる場での使用は18世紀中頃からであろうか。相手がいる場面で使用されると、中世における上位者の表現スタイルのように喜びによって感謝の意を表していると感じられる。

感謝のあいさつ表現　47

是は重畳、昨日は堺で日を暮し、今日は大坂へ参る所、よい所で其元の
お目にかかり　　　　　　　　　　　（浄瑠璃『夏祭浪花鑑』　1745 年）
家屋舗も次第に増えるげな。重畳重畳目出たふござる

（談義本『教訓続下手談義』1753 年）

　チョージョーとダンダンが感謝表現として使用されている熊本県の出身である徳富蘆花の『思出の記』(1900–01 年)には、「先夜は重畳、生憎銭入を忘れたから」のように「重畳」に「だんだん」という振り仮名が施されている。

3.4.　江戸における感謝表現
　近世も文化の中心が江戸に移り、江戸を中心とした新しい表現が広がる。まずカタジケナイを粗略化したオカタジケがある。オカタジケは江戸中期の当時の流行好きの若い女性のはやりことば(流行語)であったようである。『方言文法全国地図』(GAJ)の「ありがとう」の言語地図などによると、オカタジケは甲信地方に分布が見られ、江戸から関東周辺に広がったことが確認できる。

かの羽織着る娘子ども、三十年已前まで聞もおよばぬ言葉づかい。「見ない」、「きない」、「よしな」、なんどゝ舌をなやしてぬかしおるいやらさしさ。忝といふべきを、「おかたじけ」と、勘略する心から、いらぬ羽織の着事なるべし　　　　　（談義本『当世下手談義』　1752 年）
舞鶴(おいらん)たばこをすいつけアイおあんなんし
忠兵衛(客)こりヤァおかたじけトうつむけにおきかえてのむ

（洒落本『廓宇久為寿』　1818 年）

　そして 19 世紀初頭には、ハバカリサマや、新潟県や北陸地方などで感謝表現として広く使用されているゴチソーサマの用例が見え始める。

これはこれははばかり様、お手をいただきます。これはもう有りがたうございます。　　　　　　　　　　（滑稽本『浮世風呂』　1809–13 年）

其節はいろいろ御馳走さまになりまして　　　　　　　　（『浮世風呂』）

　ハバカリサマは、「はばかりながら」という前置き表現が以前から用いられていたように、中世に見られた恐縮の意の語を感謝表現として利用した流れを汲むものであろう。現在関西では、ハバカリサマはゴクローサマ（御苦労様）やオセワサマ（御世話様）のような労りの表現として使用されているようである。またゴチソーサマは『浮世風呂』に見られるように食後のお礼のあいさつ表現として用いられている。それが北陸地方などでは感謝表現として使用されているのは食事以外の領域への使用拡大と考えられるが、伝播の状況からはそのように解釈するよりは、「馳走」には世話をするや面倒を見るという意味があることから、ハバカリサマと同様に、お世話様のような、すなわち労り（思い遣り）の表現と考えたい。

3.5. 近代における感謝表現

　明治時代以降の表現として興味深いのはスミマセンである。この表現の定着によって、モーシワケナイやゴメンナサイといった他の謝罪表現も感謝表現として利用されるようになる。柳田が述べているように、これらはスミマセンをより丁寧に言った表現といえよう。また柳田が挙げているが、オヒカエナサイマセとか、オヨシニナレバヨイノニなどといった断り表現を感謝表現の前置き表現として使用するのも、より丁寧な表現を使用しようと意図したものである。

　スミマセン自体は近世後期頃より使用されるが、もともとは他人に対して自分の気が納まらないという困惑の表現であった。それが、自分の行為によって相手に迷惑をかけた場合に、自分の困惑さを相手に表明する謝罪表現として使用された。そして、さらに相手からの親切な行為は相手に迷惑をかけた上でなされたものであると意識することによって、感謝表現として用いられるようになった。このような配慮表現の発達は、近世における相手への労り（思い遣り）の発想に基づく延長上にある。

　　　はいはい心得ましたが、昨夜はどうも、商にお出なすつて多分のお茶代

を戴いて済みません。　　　　　（三遊亭円朝『塩原多助一代記』 1885 年)
皆さん色々心配して頂きまして、誠にすみません
　　　　　　　　　　　　　　　　（菊池幽芳『乳兄姉妹』 1903 年)
「取つて上げよう。待つて御覧」「どうもすみませんでございます」
　　　　　　　　　　　　　　　　（鈴木三重吉『桑の実』 1913 年)

　先にオーキニが明治時代から使用されたことを述べたが、分布の状況からするとオーキニは関西から広まったものといえよう。文献からは江戸時代には遡れないが、後に扱う日本海側の分布の様相を見ると、関西の文化がまだ強かった江戸時代に既にオーキニ単独の用法があったと考えてみたくなる。オーキニと同様に、修飾副詞が独立化したものとして東京から広まったものにドーモがある。ただし、オーキニが感謝表現としてしか使用できないのに対し、ドーモはスミマセンと同様に感謝表現としてもまた謝罪表現としても使用でき、さらに曖昧な、また安易なあいさつ表現としても使用されている。ドーモを感謝表現として使用することについて、柳田は彼の父がその使用に対し違和感を抱いていたことを述べている。

　　したがって、これは当世流行の珍しい語だからおかしいというよりも、むしろ十二、三、四の女の児などが、口にするのがおかしかったので、いわば一種の老人語、思慮ある階級に属する者がもったいらしく、どうしても、いかに考えてみてもと、さも終局の判断らしく付け添えていた言葉を、「ありがたい」のような問題のない文句に、心軽く結び付けたのが、古いならわしを知っている者には、何べん聴いても笑わずにはいられなかったのだ、というふうにも私には考えられる。　　　（p.132）

3.6. 近世・近代における感謝表現について(まとめ)
　中世の感謝表現が話者の〈困惑〉を表明することによって相手への感謝の意を示していたのに対し、近世になると様々な方法で感謝が示されるようになる。ダンダンやオーキニといったアリガトーをより丁寧に表現するために使用された程度副詞がそれ単独で感謝表現として活用された。また、下位者

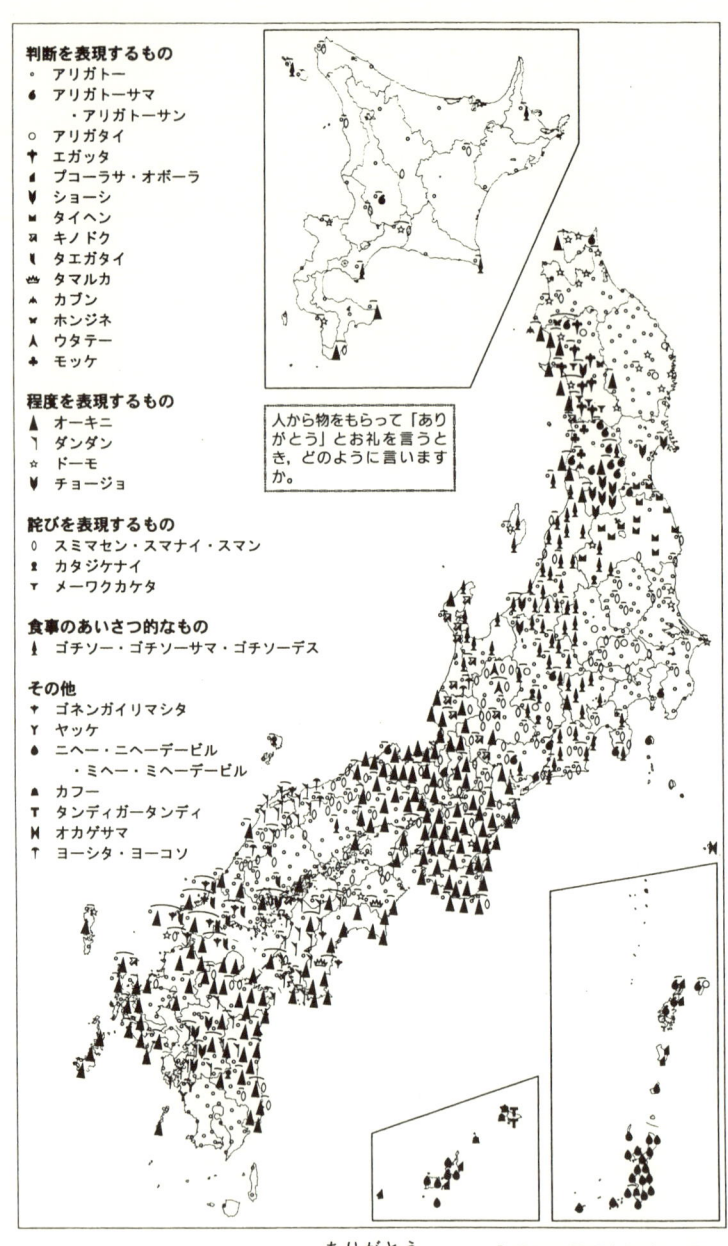

50 第1部 あいさつ表現

判断を表現するもの
- アリガトー
- アリガトーサマ
  ・アリガトーサン
- アリガタイ
- エガッタ
- ブコーラサ・オボーラ
- ショーシ
- タイヘン
- キノドク
- タエガタイ
- タマルカ
- カブン
- ホンジネ
- ウタテー
- モッケ

程度を表現するもの
- オーキニ
- ダンダン
- ドーモ
- チョージョ

詫びを表現するもの
- スミマセン・スマナイ・スマン
- カタジケナイ
- メーワクカケタ

食事のあいさつ的なもの
- ゴチソー・ゴチソーサマ・ゴチソーデス

その他
- ゴネンガイリマシタ
- ヤッケ
- ニヘー・ニヘーデービル
  ・ミヘー・ミヘーデービル
- カフー
- タンディガータンディ
- オカゲサマ
- ヨーシタ・ヨーコソ

人から物をもらって「ありがとう」とお礼を言うとき，どのように言いますか。

ありがとう

『方言文法全国地図』第5集270図より
略図作成：大西拓一郎

図1　(佐藤亮一 (2006) による)

から上位者への言語行動であった感謝表現が、近世になると上位者から下位者へも行われるようになり、双方向の言語行動へと変化した。それに伴い労りの表現も発達し、さらに近代になると感謝表現においても相手を労るという思い遣り(配慮)の意識が生じた。それを表すのに、断り表現が前置き表現として使用されたり、謝罪の表現であったものが感謝表現としても利用されるようになる。

4. 感謝表現の発想と分布状況

4.1. 感謝表現の全国的状況を知るための資料

　先に述べたように、『方言文法全国地図』(以下 GAJ) には感謝表現の「ありがとう」を扱った言語地図がある。図1はその「ありがとう」の総合図である GAJ270 図を大西拓一郎氏が略図化したものである[5]。この図を利用しながら分布を見ていくが、図1を補うものとして GAJ270 図の解説書の回答一覧と、日本放送協会編『全国方言資料』を用いる。『全国方言資料』(以下 NHK)にはお祝いとお悔やみの場面などが設定されており物を貰った時の感謝表現が出現する。この NHK には GAJ では地点数が少ないために地図化されていない表現や、GAJ には見られない表現を拾うことができる。例えば、中世において上位者の喜びの表現であったウレシーは、GAJ の一覧表では長野県の1地点でしか報告されていないが、NHK では山形県・甲信地方・北陸地方・飛騨の談話資料に現れている。また労りのゴタイギも GAJ 一覧表では岐阜県の1地点だけであるが、NHK では愛知県や新潟県、島根県、大分県にも見られる。なお佐渡の談話には、レカシマシタ、ドーナルヤラ、ナンノコッタロ、カネマシといった他の地域には報告されていない興味深い独特の表現が多く現れている。

4.2. 発想から見た分類

　感謝表現にはこれまで見てきたように様々な発想に基づいた表現がある。図1においても、地図化するにあたり全国に見られる表現を〈判断を表現するもの〉〈程度を表現するもの〉〈詫びを表現するもの〉〈食事のあいさつ的

なもの〉の4つに分類し、それに当てはまらないものを〈その他〉として処理している。ただし、この分類は現在の意味に基づいた分類と考えられる。ここでは、発想の歴史的な変遷の観点を入れて分類してみる。ただし、恐縮や困惑の意味は変化しやすい。自分を中心に考えると困ったや辛いの意が生じる。そしてその場合他の人の目を意識することによって恥ずかしいとなろう。また、相手を中心に考えると気の毒だやかわいそうだとなる。したがって同じ形式の表現であっても、地域によって意味が異なっている場合もあると思われる。それに加え歴史的に変化も生じているので、その表現を受け入れた時点と現在とでの意味の受け取り方が異なっている場合も考えられる。すなわち一地点で再解釈が行われていることも考えられよう。感謝表現は、柳田が指摘しているように、ある表現がある状況において感謝の意を表す、いわゆる語用論的なものである。その表現が他にどのような意味があるのかを調べることによって、感謝の意がどのように生じてきたのかを推測できよう。例えば、山形県や宮城県では感謝表現としてオショーシが用いられている。これは漢語の「笑止」が口語として使用されているのであるが、「消滅する方言語彙の緊急的調査研究」(小林隆・篠崎晃一)の一項目であるショーシの意味のデータを分析した東北大学大学院生の小原雄次郎氏によると[6]、東北の方では恥ずかしい、北陸の方では気遣いの意味が中心であるという。歴史的には、柳田征司(1967)が指摘しているように、ショーシもキノドクナもともに、困ったの意から気遣いの意味に変化している。現在気遣いと解釈されているものも、ここでは恐縮・困惑(苦痛)に分類しておく。

　　喜び……エガッタ、ウレシヤ
　　お誉め……ヨーシタ、ヨーコソ、レカシマシタ
　　恐縮・困惑(苦痛)……カタジケナイ、オカタジケ、ホンジネ、カネマシ、
　　　　タエガタイ、ショーシ、ウタテー、オトマシー、キノドクナ
　　困惑(意外・驚き)……アリガトー、アリガタイ、タマルカ、カブン、モッ
　　　　ケ、ナンノコッタロ、ローナルヤラ
　　労り(気遣い)……ゴタイギ、メーワクカケタ、タイヘンデシタ、ワル
　　　　イ、ゴチソーサマ、ゴネンガイリマシテ(修飾表現)

謝罪表現の利用……スミマセン、スマン
程度副詞の独立……ダンダン、オーキニ、ドーモ、チョージョ

4.3. 分布の状況

　これらの表現について全国の分布の状況と合わせて考えてみる。分布を見ると、中世においては下位者からの表現であったものと上位者の喜びの表現であったものとが混在している。また上位者の喜びの表現であったウレシヤは甲信地方と北陸地方に、そしてエガッタが東北地方の日本海側に見られる。お誉めによる表現であるヨーシタ・ヨーコソは石川県南部と島根県・鳥取県に、レカシマシタは佐渡に見られ、いずれも日本海側で使用されている。

　恐縮や困惑（苦痛）による表現も、共通語的だったカタジケナイや山口県を中心に広島県と島根県の山口県寄りに分布の見られるタエガタイを除くと、ほとんどの表現が東北地方の日本海側と北陸地方ならびにその周辺での表現である。ホンジネは秋田県、カネマシは佐渡で報告されている。ショーシは山形県から宮城県にかけて、そしてウタテイは柳田が述べているように奥飛騨での使用が確認できる。そしてキノドクナは北陸地方に広く分布している。

　困惑（意外・驚き）による表現では、アリガトー類は共通語となっているので全国的に単独あるいは他の表現とともに使用されている。タマルカは高知県と徳島県で使用されているが、その他の表現は主に東北地方の日本海側や佐渡での表現である。カブンは秋田県と山形県の日本海側で報告されている。モッケも山形県の日本海側に分布があり、ナンノコッタロやローナルヤラは佐渡で報告されている。なお柳田の『毎日の言葉』によれば、カブンは信州の北部から越後にかけても使用されていたようである。

　労り（気遣い）の表現では、ゴタイギはGAJでは地図化されていないが、一覧表では愛知県や岐阜県で報告されている。NHKでは新潟県や島根県・大分県で見られる。メーワクカケタはGAJでは秋田県南部にまとまった分布が見られる。NHKでも青森県や宮城県で使われているが、アリガトーゴザイマス系の表現とともに使用されており、感謝表現としての独立性が弱く、ゴネンガイリマシテと同様に前置き表現的な役割であろう。なお青森県

ではメワグだけで感謝表現として使用されているという。迷惑のもともとの意味はどうしてよいのか迷うことであり、労り(気遣い)の表現ではなく困惑(苦痛)による表現だったのではないだろうか。タイヘンデシタは福島県や宮城県南部に分布がある。ゴチソーサマは、甲信越地方を中心に、北は群馬県から福島県南部、西は富山県から石川県に至る広い分布域を持っている。ワルイは図1には記号化されていないがGAJ270図には静岡県に3地点見られ、NHKでは愛知県東部の南設楽郡で使用されている。ゴネンガイリマシテは、山口県や島根県に見られるが、ゴネンガイリマシテオタエガトーゴザイマス(山口県美祢市)やゴネンノイリマシテ タイガタイコトダリマス(島根県邑智郡)のように使用されていることから、前置き表現だと考えられる。

　謝罪表現であるスミマセン・スマンの感謝表現としての利用は、東京ならびに関西周辺の広い地域で行われている。特に日本の中央部で分布が密であることから、明治時代になって東京と関西という2つの文化の中心から広がったように思われる。

　程度副詞の単独での感謝表現として使用は、ダンダンが九州や四国、中国地方といった西日本で広い分布域を持っている。チョージョは熊本県特有の表現であり、ダンダンと併用している地点が多いことから、チョージョは関西からの地を這うような伝播によるものではなくダンダンが入ってきたことによって使用されるようになった表現であると考えられる。オーキニはダンダン同様に九州四国中国地方で使用されており、さらに北陸地方や東北地方の日本海側にもその勢力が及んでいる。オーキニが西日本の共通語であることが確認できる。ドーモは東日本に見られるが、まとまった分布にはなっておらず、伝播によるものとはいえないであろう。

4.4. 分布と感謝表現の発想の歴史

　このような分布の状況から感謝表現の発想の変遷を考えてみる。文献に見られたように、まずカタジケナイといった恐縮の表現やショーシやキノドクナといった困惑(苦痛)、アリガタイを代表とする困惑(意外・驚き)の表現が広がった。各地で様々な表現が狭い分布域を持つことから、「困惑」を表す表現で感謝を述べるという発想のもとで、そのような意味の既存の語がそれ

それの地域で利用されたようである。

　近世前期に「労り（気遣い）」の表現であるゴタイギが関西から広がり、またこの発想のもとに江戸からはゴチソーサマが広がったと思われる。またその周辺ではワルイやタイヘンデシタが使用された。その発想をさらに発展させた謝罪表現のスミマセン・スマンが、明治時代に入り関西や東京という2つの中心から周辺へと広がっていったようである。

　それとは別に、丁寧さを表していた程度副詞のダンダンが江戸時代中期に単独で感謝の意を表すようになり、関西から西日本に広がり、さらにオーキニも関西から広がった。それを模倣して東日本でもドーモが使用されるようになった。なお、熊本県のチョージョはダンダンが伝播してきたことによって、最初はダンダンを修飾していたが、同じ発想によって単独でも使用されるようになったものであろう。

　このような変遷過程を見ていくと、北陸地方で広い分布域を持つキノドクナは、当初は困惑（苦痛）によって感謝を表していたのが、近世以降労り（気遣い）表現が広がったことによって、この表現も気遣い表現のように再解釈されているのではないかと考えられる。

　なお、喜びやお誉めの表現が東北地方の日本海側や北陸地方にしか見られないことについては今後の課題にしたい。

5.　今後のあいさつ表現研究や分布解釈における発想の応用について

5.1.　見習うべき柳田の研究姿勢

　柳田は他人の資料を積極的に活用している。藤原与一氏もあいさつ研究において『全国方言資料』を活用しているし、教え子の調査資料も利用している。全国的に考える場合には、自分一人だけの力では限界があるので、信頼できる資料をもっと利用すべきであろう。特にあいさつ表現においては、談話資料は欠かせない。我々が使用する感謝表現は1つだけではない。実際の会話では、状況によって使い分けたり、同時に複数の表現が用いられている。『全国方言資料』を聞くと、一地点の1つの談話の中で複数の感謝表現が併用されている。あいさつ表現研究において活用できる談話資料として

は、この『全国方言資料』(1955年前後)や、国立国語研究所による『方言談話資料』(1975年前後)、文化庁による「各地方言収集緊急調査」(1980年前後)のテープや文字化資料(国立国語研究所所蔵)があり、それぞれにあいさつの様々な場面が設定されており、有効な資料になる。

5.2. あいさつ表現研究の新しい観点

あいさつ表現の場合、他の言語変化と異なり、新しい表現が出現しても以前からの表現が消滅せずに併用されていることが多い。また丁寧なあいさつ表現には修飾表現などが用いられており会話は長くなる。そこには、基幹となる感謝表現に、断り表現や前置き表現の付加、また感謝表現の重ね合わせが行われている。そこで使用された程度副詞や前置き表現が、後に単独で感謝表現として用いられていく可能性がある。

談話を分析することによって、どのような前置き表現が使用されているのか、複数の感謝表現が用いられている場合の出現順、またどのような配慮的な言語行動が行われているのかなどについて、明らかにできる点があると思われる。そのパターンから見た地域差、年齢差、男女差などを知ることができるかもしれない。

5.3. 伝播に見られる発想の共通性と発想の転換による新しい伝播

言語地図を扱う場合、語の変遷や分布状況を解釈することが中心となる。そのように習ってきたし、そのようにこれまで行ってきた。柳田の言うような古い語と新しい語との命名の連関、言い換えればその発想の連関についてはあまり考えてこなかった。

例えば、次のような語形(表現)交替があったとする。

$$A \to B \to C \to D \to E \to F$$

この交替には次のような発想の変遷があったかもしれない。

$$発想 I (A \to B) \to 発想 II (C \to D \to E) \to 発想 III (F)$$

発想という観点を含めることによって、それぞれの発想における共通点や相違点を探り、そこから発想の連関や転換などを明らかにすることができよう。図1には、狭い分布を持った多くの表現が見られる。それらは ABA という周圏分布になっていないので、地域での独自語形として処理されてしまい、全体を解釈する場合には無視されかねない。しかし、地域独自語形と考えられていたものと周辺の語形との発想の関係から、同じ発想のもとでの発生かどうかの判断が可能となろう。

　あいさつ表現のような既存の語や表現の利用の場合、すべてのものを関西あるいは江戸・東京からの伝播と考える必要はない。同じ発想のもとでは、偶然に同じ語形や表現が利用されることも考えられる。

　このような発想の観点を導入して、『日本言語地図』(LAJ)などの言語地図を解釈し直すことによって、語形交替に見られる人々の考え方の変遷を窺い知ることができよう。

注

1　『毎日の言葉』は『婦人公論』1942 年 9 月号から連載が始まった。1946 年 7 月に創元社選書として刊行された。のちに 1956 年 7 月に同じく創元社選書として「どうもありがとう」などを増補した新版が刊行された。ここではこの新版を底本として 2004 年に刊行された教育出版版を利用した。引用のページ数もこれによる。

2　「富山県方言番付表」(編集担当　簑島良二氏　監修　中井精一氏　2006 年　富山県商工会議所)

3　藤原浩史「平安和文の感謝表現」(『日本語学』12–12　1994 年)

4　田島優「漢語系感謝表現の源流」(『日本文学ノート』47　宮城学院女子大学日本文学会　2012 年)

5　佐藤亮一「ありがとう」(『月刊言語』35–12　2006 年)

6　私信による。

参考文献

池田広司・北原保雄(1972–83)大蔵虎明狂言の研究：本文編上中下(表現社)

北原保雄他編(1982-89)大蔵虎明本狂言集総索引全8巻(武蔵野書院)
国立国語研究所編(2002)方言文法全国地図　第5集(国立国語研究所、財務省印刷局)
佐藤亮一(2006)ありがとう(『月刊言語』35-12　大修館書店)
田島優(2011)北陸地方など日本海側に見られる感謝表現(『宮城学院女子大学大学院　人文学会誌』12)
田島優(2012)漢語系感謝表現の源流(『日本文学ノート』47　宮城学院女子大学)
土井忠生他編訳(1980)邦訳日葡辞書(岩波書店)
日本放送協会編(1966-72)全国方言資料　第1巻-第11巻(ソノシート付　日本放送出版会)最初は、『全国方言資料　1-9』(1959-66　録音資料なし　非売品)として刊行され、先のソノシート版、さらに『カセットテープ　全国方言資料　全11巻』(1981　日本放送出版会)、『CD-ROM版　全国方言資料　全12巻』(1999　日本放送出版会)のように、音源再生媒体の変化により、4回出版されている。文字化資料の内容は同一である。本論ではソノシート版の文字化資料を用いた。
福島邦道解説(1976)天草版平家物語上・下(勉誠社)
藤原浩史(1994)平安和文の感謝表現(『日本語学』12-12　明治書院)
簑島良二・中井精一編(2006)富山県方言番付表(富山県商工会議所)
柳田国男(1930)蝸牛考(刀江書院)
柳田国男(1956)毎日の言葉新版(創元社)　ここでは教育出版版(2004)を利用した。
柳田征司(1967)虎明本狂言と虎寛本狂言との語彙の比較(『安田女子大学紀要』1　後に『室町時代語による基本語詞の研究』武蔵野書院　1991年　所収)

付　記

本論は、日本方言研究会第95回研究発表会(2012年11月2日　富山大学)のシンポジウム「柳田国男没後50周年シンポジウム　あいさつ表現の方言学—『毎日の言葉』を読む—」において、「あいさつ表現の変遷—感謝のあいさつ—」のタイトルで発表した内容をまとめたものである。

柳田が導く日中の出会いの
あいさつ表現研究の可能性

中西太郎

1. はじめに

　あいさつ表現の研究が、他の研究分野に比べて遅れを見せる中で、「オハヨー」「コンニチワ」「コンバンワ」といった、1日の時間ごとの出会いのあいさつ表現は、比較的、資料の蓄積が多い。それは、出会い時に交わすことばこそ、もっとも基本的なあいさつ表現だからであろう。

　あいさつ表現の研究の先駆者たる柳田は、『毎日の言葉』の「あいさつの言葉」の中で、その1日の時間ごとの出会いのあいさつ表現について、様々な俚言形の紹介をしながら、次のような指摘をしている。

（1）　まず第一には早朝の言葉、これは今ほとんどオハヨウの一つに統一しかかっていて、それは何を言うつもりなのかも不明になりかかっていますが、本来は早く起き出したねと、相手の勤勉を感嘆する意味でありました。　　　　　　　　　　　　　（柳田 2004: 117、下線引用者）

　（1）は、柳田が『毎日の言葉』を書いていた昭和の初め頃には、朝の出会いの場面において、「オハヨー」という言葉が広く浸透していたという指摘である。このことは、方言学の研究が発展し、朝の出会いの場面での表現が収集されることで、実証されることになった。

　国立国語研究所が手掛けた、全国の方言を鳥瞰する『方言文法全国地図』（以降 GAJ と略する）には、朝の出会いの場面での表現の分布を示す言語地図がある。図1は、その GAJ の第349図「朝の出会いの場面」のデータを

60　第1部　あいさつ表現

方言文法全国地図 第349図
（朝、近所の目上の人に道で出会ったとき、どんなあいさつをしますか。ふつうよく使う言い方を教えて下さい。）

● オハヨー類
（オハヨー、オハヨーゴザイマス、オハヨーガス等）
／ オハヨー類以外の表現

図1　朝の出会いの場面に見られる「オハヨー」類の広がり

もとに、筆者が、「オハヨー」類の表現か、「オハヨー」以外の表現かという観点で地図化を行ったものである。

　図1を見ると、黒丸の「オハヨー」の記号が、沖縄県などの一部の地域を除き、全国一帯に広まっている様子が確認できる。「オハヨー」の趨勢を指摘した柳田の観察の確かさが窺える。しかも、(1)には、「オハヨー」が当時の時点で、実質的な意味をほとんど持っていなかったとの指摘も見える。すなわち、『毎日の言葉』における柳田の観察には、あいさつ表現研究にとって重要な示唆が含まれているということである。

　この論文では、柳田の『毎日の言葉』におけるあいさつ表現への指摘をたよりにして、これまで注目が薄かったあいさつ場面の研究を再検討する。それにより、あいさつ表現の研究に新たな展開の可能性が拓けることを主張するとともに、そこに柳田のあいさつ表現の観察・記述の意義を見出す。

2. 時間ごとのあいさつ表現に対する柳田の指摘

　先に出会いのあいさつ表現は資料の蓄積が多いと述べたが、こと研究となると、1日の時間ごとのあいさつ表現に偏りがある。朝の出会いのあいさつ表現の研究が特に盛んで、日中や晩の表現の研究が少ない。これは、朝のあいさつ表現として目立つ「オハヨー」が、あいさつ表現としての成熟度が高いからだと考えられる。事実、朝のあいさつ表現の研究によって、他の場面のあいさつ表現に通底するような特徴的な性質が多く明らかにされてきた。一方で、その進展のおかげで「出会い」の場面から明らかにできる事実というのが尽くされたかのような印象を残した。しかし、柳田は、朝のあいさつ表現ばかりでなく、日中や晩のあいさつ表現についても言及している。

（2）　現在我々の用いている<u>「今日は」や「今晩は」などは、形としては不完全で、外国人ならばたいてい不審に思うのですが</u>、事によるとこれも使用の区域が広くなったために、はっきりとしまいまで言ってしまうことのできぬ事情があったのかもしれません。試みに<u>今日はどうしたのだと聞き返すと、答えられぬ人が都会にはあり</u>、
　　　　　　　　　　　　　　　　　　（柳田 2004: 115、下線引用者）
（3）　<u>田舎ではさすがにその言おうとすることを意識せぬ者はなく、また必ず天気のことを説いて、それがその日の作業に都合が良いことを喜び合っております。</u>　　　（柳田 2004: 115–116、下線引用者）
（4）　<u>午後から夕方になるほどずつ、だんだんと労働の話題が出るのもまことに自然であります。</u>　　　　（柳田 2004: 116、下線引用者）
（5）　このように<u>刻限に応じて物言いの内容をちがえていくのは、その言葉が活きて働いている証拠とも見られるのに</u>、<u>人によってはもう「今日は」の一点ばりで、幼い子供にまでただこの一つだけを言わせようとするのは、なんだか少し物足らぬような感じがします。</u>
　　　　　　　　　　　　　　　　　　（柳田 2004: 116、下線引用者）

　(2)は、日中のあいさつ表現として使われる「コンニチワ」等に関する指

摘で、やはりこれも実質的な意味を意識せずに使われる例があるということを述べている。(3)(4)では、日中の出会いの場面では、天候、労働のこと等が話題に出ると述べており、日中のあいさつ表現の多様性を示唆している。また、(5)では、「コンニチワ」という定型的表現ばかり述べるあいさつに対する違和感を述べており、刻限に応じて活きて働くあいさつ表現がふさわしいとの気持ちが窺える。すなわち、「コンニチワ」という定型的表現のあいさつ表現が完全には定着しきっていないということだろう。

　このように柳田の記述の端々に、日中の出会いの場面では、定型的あいさつ表現と、非定型のあいさつ表現が混在しているということが読み取れる。つまり、日中の出会いのあいさつ表現の実態を詳細に把握し、考察することで、非定型のあいさつ表現から定型的あいさつ表現へと推移する、あいさつ表現の形成過程を考えることができる。

　一方、日中のあいさつ表現の研究がこれまでどれほど行われてきたかというと、日中のあいさつ表現を扱った代表的な方言学的研究には、真田(1981)や藤原(1992)などがある。それぞれ、全国的な視点で日中のあいさつ表現の地域差を分析している。しかし、その関心は、俚言のあいさつ表現の地域差にあるように見え、あいさつ表現の形成という見地からのアプローチは十分とは言えない。また、全国を対象に日中のあいさつ表現の地域差を捉えた資料として、GAJの調査資料のうち、質問項目238(「日中のあいさつ」)のデータがある。しかし、このデータを地図化し、あいさつ表現形成の立場で考察した研究は、管見の限りない。

　そこで筆者は、日中の出会いのあいさつ場面を対象にして、全国の表現を鳥瞰できるデータをもとに言語地図を作成し、日中の出会いのあいさつ表現の地域差を明らかにする。さらに、柳田の指摘を踏まえ、あいさつ表現の形成論の立場から言語地図を解釈し、あいさつ表現の形成過程を明らかにする。また、朝の出会いの場面の研究先導で行われてきたあいさつ表現の形成過程の探究は、他場面での形成過程の考察を通した検証が不十分である。本論では、朝の出会いの場面と日中の出会いの場面の対照も行う。

　なお、ここで断っておきたいのは、あいさつ表現の形成過程を考えるのに、文献ではなく、まず方言分布に注目する理由である。すでに配慮表現の

通時的研究などで指摘されていることだが、形式ではなく場面に着目して表現の変遷を追う場合、場面の認定や形式の選別など、様々な困難がある。まして、日中の出会いの場面は、多様な表現が見られることが予想され、膨大な労力を要すると思われる。したがって、方言の分布から変遷過程に当たりをつけ、しかる後、文献に臨むのがよいと筆者は考えるからである。

3. 本論のねらいと資料について

以上のような問題意識を受けて、この論文で取り組む具体的な課題を整理すると(6)のようになる。

（6）　①全国的な方言分布：日中の出会いの場面の表現を収集した大規模なデータを用いて、言語地図を作成し、全国的な地域差を把握する。
　　　②日中のあいさつ表現の形成：①で把握した分布を通時的に解釈し、日中の出会いのあいさつ表現の形成過程について考察する。
　　　③あいさつ表現の形成モデル：②で考察した日中の出会いのあいさつ表現の形成過程と朝の出会いのあいさつ表現の形成過程の異同を明らかにし、複数場面に通底するあいさつ表現の形成過程を明らかにする。

本論で全国の分布を見るために使用する資料は、先に述べた、GAJ の質問項目 238（「日中のあいさつ」質問文 "日中、働いている人のそばを通りかかったとき、どのように声をかけますか"）のデータを用いる。

地図化に際して、それぞれの表現に記号を割り当てるため、主要部の意味内容による小分類を行った。例えば「オセーガデマスネー」、「ゴセーガデマス」、「シェーガデマスナ」、「セガデヤンスノ」といったものは、「精が出る」を意味しているため、「セーガデル」類としてまとめた（以降、「セーガデル」のように表記する）。また、小分類のうち、「実質的表現」とは、その場その場に応じて、相手の様子など見たままを述べる表現のうち、「タウエシテイルナ」などのまとまった数が見られる表現以外をまとめたものである。

さらに、小分類を、表現の類型の違いでまとめ、大分類を設けた。例えば、「セーガデル」や、「イッショーケンメー」、「ガンバル」などは、いずれも相手の作業する所作を誉める表現なので「作業誉め」、「タイヘンダ」、「ナンギ」、「キビシー」、「ホネオル」などは、相手の作業の大変さを思いやり共感する表現なので、「大変さ共感」といった具合である（以降、大分類を小分類と区別するため、【　】で括り、【作業誉め】のように示す）。この大分類は、あいさつ表現としての性格を考慮した分類も含めている。例えば、「オツカレサマ」、「ゴクロー」などは、他のあいさつ場面での表現として定着している。意味内容の面で言えば、「大変さ共感」と通じるところがあるが、慰労の場面に主として用いられる点に配慮し、【慰労】として分類してある。
　このような大分類を設けるのは、あいさつ表現の形成段階を考えるのに有用だと考えられるからである。例えば、朝のあいさつ表現については、全国的な分布から、「オキタカ／イーテンキダ／ドコエイクカ」、「ハヤイネ」、「オハヨー」などといった変遷の過程が推定されている。これはすなわち、相手の様子見たままを描写したり、共感を求めたり、相手を気遣う表現から、相手の所作を誉める表現へ推移し、それが定型化して定着していくという流れとして捉えられる。つまり、あいさつ表現として確立されるまで、どのような表現の類型の変遷を経たかを示すものと言える。このような類型的な分類を考えることで、あいさつ表現の形成を考える視座を持つことができる。
　以上の手続きで立てた分類は、12の大分類、62の小分類である。大分類と小分類、それぞれの具体例を挙げながら示すと以下の通り。なお、分類名のあとに付した（ ）の数字は、その分類の回答数を示している。また、総数が5未満の小分類については、具体例の紹介を割愛する。

【作業誉め】（582）
セーガデル（224） オセーガデヨリマスナ、ゴセーガデマスネー、セーデマンナ
イッショーケンメー（100） イッショーケンメーダナ、イッショケンメイジャヒナ、エッショケンメダネス
キバル（94） オキバリヤス、キバイジャスナー、キバイミセーサヤー
ヨクヤッテル（38） エライヤリヨルノー、ヨーヤリヨルノー、ヨクヤルネー

ガンバル(36)ガンバッテラナー、ガンバッテルドガンス、ガンバッテルナー
ガマダス(20)オガマダシデゴザイマス、ガマダスノー、ナンガマダスカイタ
セワヤク(10)シェワガヤケマシネー、シェワヤキダネー
ヨクハタラク(8)ユーハタラッカタナー、ヨクハタラクネ
ゴーセ(7)ゴーセナネ、ゴーセニシテルノ、ゴーセヤノー
ハリコム(7)ハリコミョーリンサルナー、ハリコミヨンノー
セッカク(6)オセッカク、セッカクシナハルナー
シンケン(5)シンケンダネ、シンケンダノッシ
ハマル(5)ハマチケカダゴワイナー、ハマンセーサヤー
セッコーイー(3)、マメ(3)、アセル(2)、ガンジョー(2)、ケッパル(2)、チカライレル(2)、フンバル(2)、ホンキ(2)、リキム(2)、タンセー(1)、ミヤマシー(1)
【稼ぎ誉め】(46)
カセーデル(45)オカセギデアンス、カセーデルナー、カヘデルゴド
モーケル(1)
【進行誉め】(7)
ハカドル(6)シゴトノハカドリマスナー、ハガイグナヤ
サバク(1)
【大変さ共感】(128)
エライ(53)エラーナモ、エライコッチャナー、オエローゴザンショー
タイヘンダ(26)タイヘンダナー、タイヘンデスナー、テーヘンダナエ
キツイ(8)オキツーゴザッショ、キツイナモ、キツカロナー
ナンギ(7)ゴナンギニゴザイマショー、ナンギダナ、ナンギダゴド
ヒドイ(7)オヒドーゴザイマショー、ヒドイナー、ヒドカッペ
イソガシー(7)イソガスゴザスナー、エソガシガスネー、オイソガシーネ
キビシー(4)、ガマン(3)、シンドイ(3)、ホネオル(3)、コタエル(2)、セツナイ(2)、タイギ(2)、クタビレル(1)
【時間】(135)
コンニチワ(129)コンチャー、コンツワー、コンニチワ
ハヤイ(2)、コンニチワマダ(2)、オガム(2)

【慰労】(164)
ゴクローサマ(152)ゴクローサマデス、ゴクローサン、ゴクローハンデ
オツカレサマ(12)オチカレデショー、オツカレサンデス、ツカレベー
【謝罪】(3)
ゴメン(2)、ゴメンナシテ(1)
【呼びかけ】(122)
呼びかけ(106)アー、オイ、オース、ハイサイ、ヤー、ヨーイ
呼称(6)アナタ、アンマー、オバー
【休息促し】(23)
ヤスメ(17)オヤスミヨー、チターヤスマレヨー、ヤスミナハイヤー
アガレ(6)オアガンナー
【描写】(303)
ヤッテル(82)ヤッジョルンジャナー、ヤッテラナ、ヤリンサルノー
実質的表現(57)イネカリカノ、オマイイマクサトイナー、ヒルヤゾ
タウエ(48)ウエカタナー、タウエカ、タウェシテラスカ
ハタラク(18)ハタラキジャガ、ハタラッカタナ、ファダラギデガンスナオ
天気(98)アツイナー、イーヤンバイデスネー、サムーガンスノー
【〜伺い】(55)
ゲンキ(19)イッツモゲンキイースナー、ゲンキカ、ゲンチゴワスナー
ナニシテル(25)ドステレ、ナニステラバ、ナンショルカン
ドーダ(9)ドージェー、ドーデッカ、ドンデー
ドコエ(1)、イツ(1)
【その他】(3)(文脈が読めず、意味が確定しないもの)

　分類結果を踏まえ、これらの表現の特徴を見ると、朝の出会いのあいさつ表現に比べて、はるかに多様な種類が存在すると言える。
　その中でも、日中の出会いの場面での表現としては【作業誉め】と【大変さ共感】が、24種、14種と、特にバリエーションが豊かであることが分かる。さらに使用数から見ると、この場面の各分類の使用割合は大変興味深い。
　例えば、GAJ349図の朝の出会いのあいさつ表現を同様の観点から分類

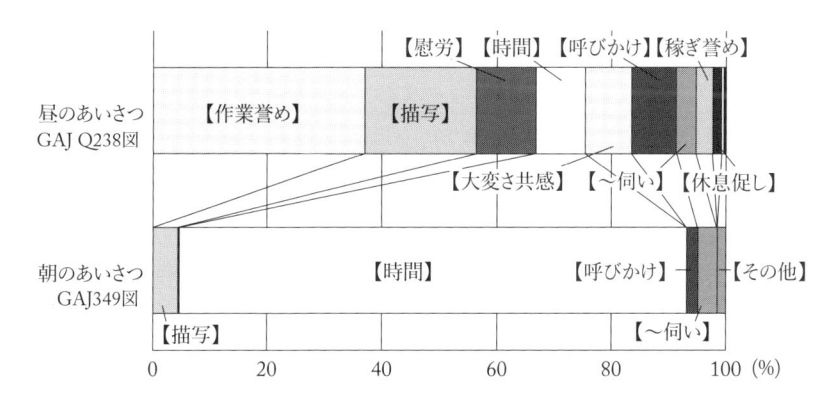

図2 GAJ朝と日中の出会いの表現の使用割合の比較

し、大分類の単位で使用される表現の割合を比較すると、図2のようになる。

朝の出会いに比べ日中の出会いでは、【時間】の表現が全体の10%程度と圧倒的に少なく、【作業誉め】、【描写】、【慰労】などの表現が際立っているのがよく分かる。もちろん、この背景には、日中の場面の質問文の"働いている人のそばを通りかかったとき"という設定が大きく影響している。しかし、それを差し引いても【時間】の表現の使用割合の少なさは特徴的と言える。

なぜなら、質問文の設定は、【時間】の表現の、例えば「コンニチワ」などの使用を制限するものではないからである。この図の使用割合が意味するところは、例えば「コンニチワ、セーガデルネー」と【時間】と【作業誉め】を組み合わせて声をかけても良い所で、「φ　セーガデルネー」と【作業誉め】のみで声かけが済んでしまうことも少なからずあるという事を物語っている。

このように見ると、柳田の示唆するとおり、日中の場面では定型的表現に限らない活きた表現が行われているということも首肯できる。

4. 各語形の分布、及びその特徴

ここでは、日中の出会いのあいさつ表現の地理的分布を把握する。前節で行った分類に従って、記号を割り当てて地図化した結果が図3である（以

68 第1部 あいさつ表現

質問項目238
（日中、働いている人のそばを通りかかったとき、どのように声をかけますか）

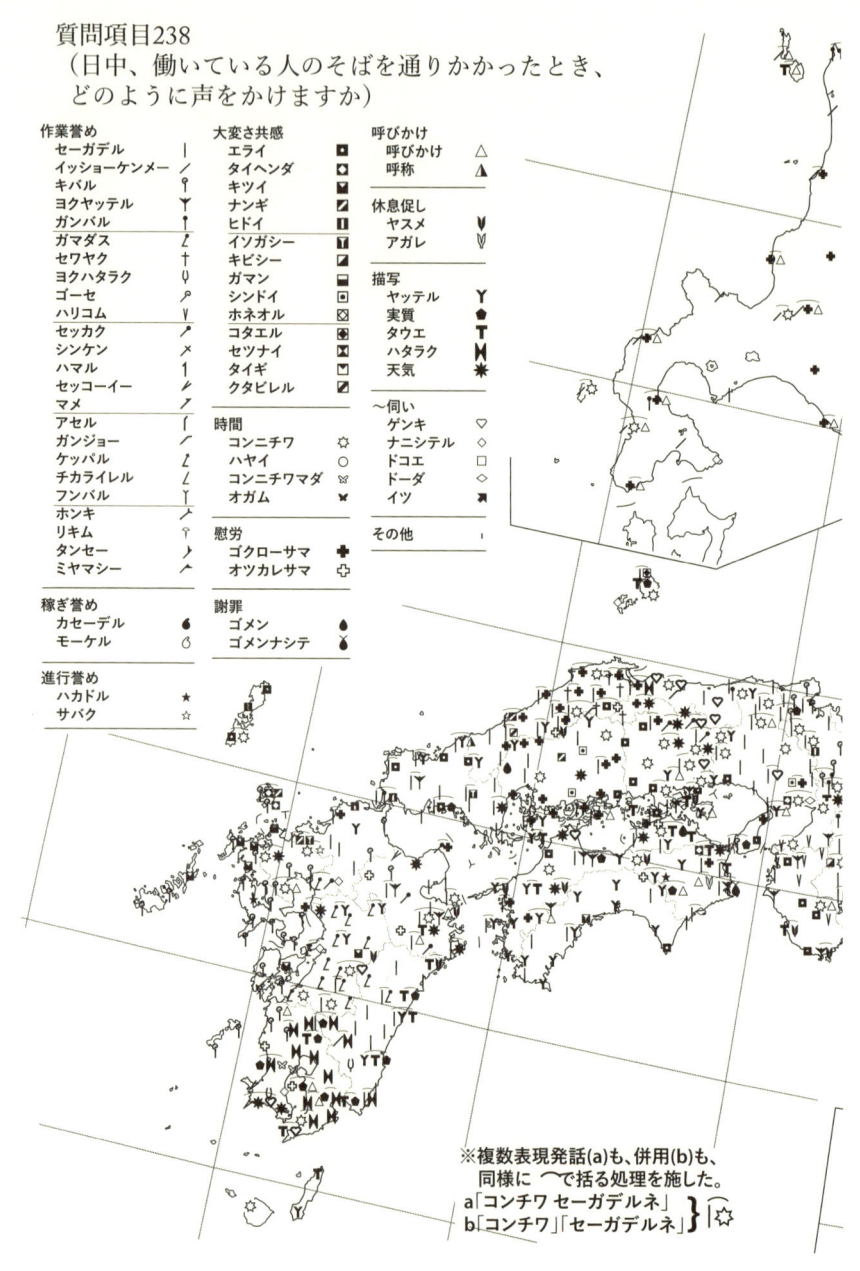

作業誉め		大変さ共感		呼びかけ	
セーガデル		エライ	■	呼びかけ	△
イッショーケンメー	／	タイヘンダ	◆	呼称	▲
キバル	♀	キツイ	✚	休息促し	
ヨクヤッテル	Ｙ	ナンギ	▨	ヤスメ	▼
ガンバル	｜	ヒドイ	◢	アガレ	▲
ガマダス	Ｚ	イソガシー	▤	描写	
セワヤク	†	キビシー	▥	ヤッテル	Ｙ
ヨクハタラク	♪	ガマン	▬	実質	●
ゴーセ	♮	シンドイ	▢	タウエ	Ｔ
ハリコム	∀	ホネオル	▦	ハタラク	Ｍ
セッカク	／	コタエル	⊞	天気	✱
シンケン	✕	セツナイ	▨	〜伺い	
ハマル	｜	タイギ	▤	ゲンキ	▽
セッコーイー	｜	クタビレル	▨	ナニシテル	◇
マメ	／	時間		ドコエ	□
アセル	／	コンニチワ	✿	ドーダ	◇
ガンジョー	／	ハヤイ	○	イツ	➤
ケッパル	／	コンニチワマダ	✻	その他	｜
チカライレル	／	オガム	✦		
フンバル	／	慰労			
ホンキ	／	ゴクローサマ	✚		
リキム	／	オツカレサマ	✜		
タンセー	／				
ミヤマシー	／	謝罪			
稼ぎ誉め		ゴメン	◉		
カセーデル	◉	ゴメンナシテ	◉		
モーケル	◎				
進行誉め					
ハカドル	★				
サバク	☆				

※複数表現発話(a)も、併用(b)も、
同様に 〜 で括る処理を施した。
a「コンチワ セーガデルネ」
b「コンチワ」「セーガデルネ」 ☆

図3　GAJ 質問項目238をもとにした

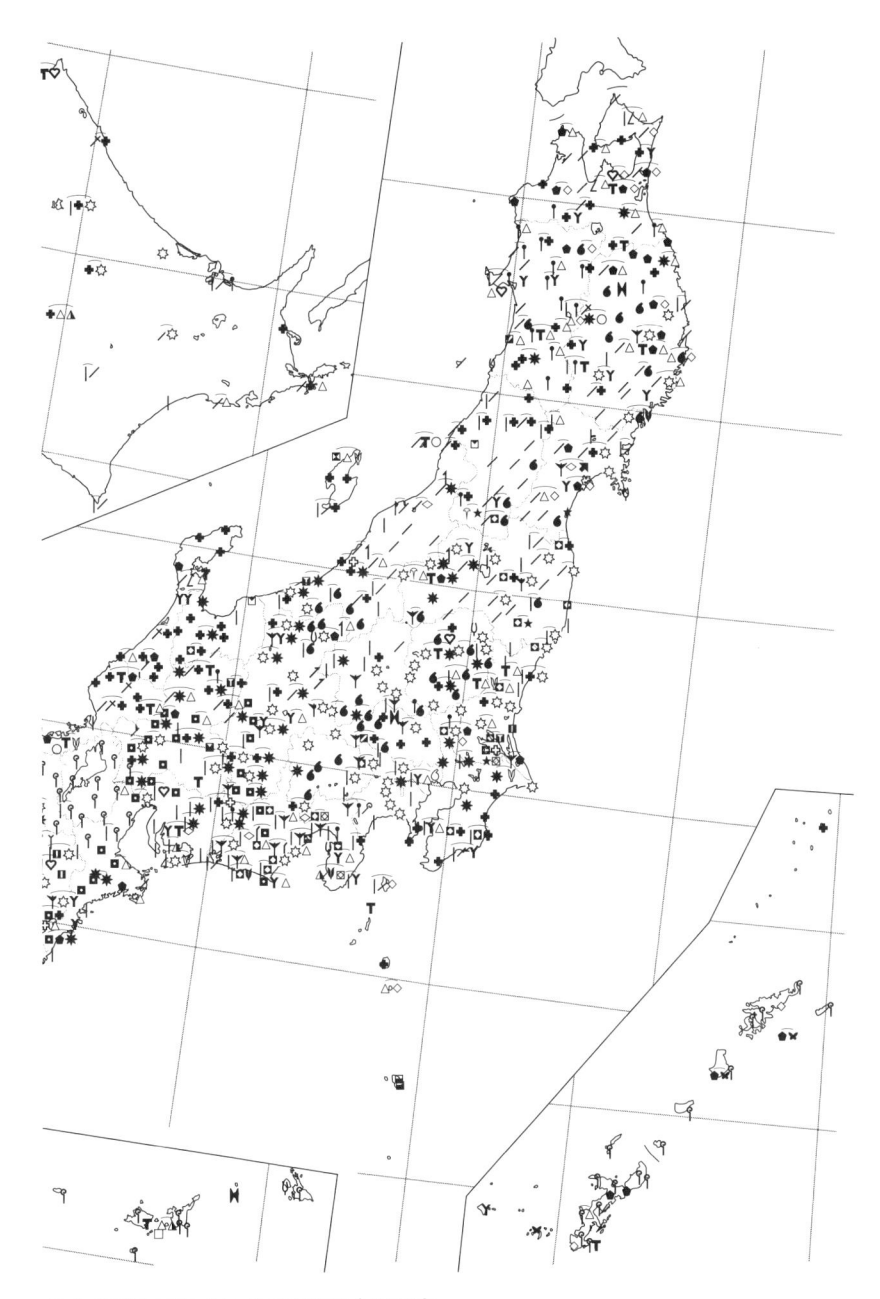

柳田が導く日中の出会いのあいさつ表現研究の可能性　69

日中の出会いのあいさつ表現の全国分布

降、本論では「Q238図」と呼ぶ)。前節で多様な表現が使用されていることを指摘したが、多様な表現のいくつかは地理的にまとまっており、日中の出会いのあいさつ表現には一定の地域差が認められた。本節では、まとまって特徴的な分布を示す表現について、大分類ごとに言及する。

【作業誉め】ほぼ全国に分布している。「セーガデル(│)」が最も広く、東北地方中部から九州地方中部まで広い範囲で見られる。また、北日本では、秋田を中心に「ガンバル(╎)」、東北6県と北海道に「イッショケンメー(╱)」が多い。一方、近畿地方、九州西部、沖縄地方には「キバル(♀)」が分布している。これらの「キバル」の語形の内容を見ると、近畿地方に固まって分布する「キバル」は「オキバリヤス」という決まりきった形なのに対し、周辺部では「キバイナー」「チバミシェーミ」のように、表現のバリエーションが多い。さらに、和歌山の「ハリコム(▽)」、熊本の「ガマダス(乙)」のように、地域特有語形でのまとまりが見られる点も特徴的である。

【稼ぎ誉め】関東地方以東に偏って「カセーデル(●)」が分布している。

【大変さ共感】「エライ(■)」が最も広く分布し、その分布は中部地方から中国地方にまで及んでいる。関東地方とその周辺には「タイヘンダ(◆)」が窺える。これらの有力な分布の外、周辺部には、相手の大変さに共感するような表現が見られない。

【時間】「コンニチワ(✿)」が近畿地方や関東地方中心に広く分布する。

【慰労】「ゴクロー(✚)」は、【作業誉め】の「セーガデル」に次いで多く、分布域も広い。北海道、東北地方の日本海側、関東地方、北陸地方、中国地方に特に分布が多い。

【呼びかけ】中部地方と東日本、特に北東北地方に、「オーイ」等の「呼びかけ(△)」が多く分布している。

【休息促し】全体の数こそ少ないものの、各地に散見される。四国地方など、太平洋側にやや多く分布している。

【描写】「ヤッテル(Y)」は高知、「ハタラク(⋈)」は鹿児島に多く、「アミキューリイッショーケンメーヤッテルノガ(網の修理、一生懸命やってるのか)」などのような「実質的表現(⬟)」は岩手・青森と鹿児島、その他、離

島や列島周辺部などにも分布が見られる。「天気(✹)」は中部地方、関東地方周辺部や、中国・四国地方にまとまって見られる。
【〜伺い】数として多くはないが、中国地方に「ゲンキゴワッシカ」のような「調子伺い(♡)」がまとまって見られる。

5. あいさつ表現形成論への視座

　ここでは、前節で述べたそれぞれの表現の分布の特徴を踏まえて、あいさつ表現の形成という見地で日中のあいさつ表現の分布から形成過程を考える。注目すべきは、あいさつ表現として成熟した定型的表現「コンニチワ」の分布領域と、その分布の狭さである。この場面では「コンニチワ」が、近畿地方や関東地方中心に分布しており、全国に広まり切っていない。

　その分布から形成過程を読み解くために、ここでいったん、GAJ349 図、朝の出会いのあいさつ表現の分布から指摘される事実に注目する。朝の出会いのあいさつ表現の分布では、定型的表現の「オハヨー」が近畿地方を中心に広く分布する。そして、その東西両周辺に分布する非定型表現「ハヤイネ」や、その外側の「天気」などは、「オハヨー」の前段階、前々段階の表現として解釈されている（三井 2007）。つまり、中央の定型的表現と周辺の非定型表現という軸で周圏論的解釈が成立し、周辺の表現は古態と推定されている。

　一方、日中の出会いの場面でも、近畿や関東中心の分布という意味で、中央には定型的あいさつ表現「コンニチワ」が一定の分布を築いており、その表現の周辺には、いくつかのまとまった表現の分布が見られる（図4）。

　例えば、関東地方とその周辺を見れば、文化的中心地の東京を中心に「コンニチワ」が広く分布し、その周辺に「天気」が特に多く分布している。

　ここで、東京を中心にした伝播の過程を具体的に想定して「コンニチワ」と「天気」の関係を考えてみよう。新古でいうと、中心側の「コンニチワ」が新形式、外側の「天気」が古形式ということになる。まず、「キョーワテンキガエーナー」などの、その日の天気を述べて共感をする形でのあいさつ表現が文化的中心地の東京で流行ったと考えられる。そして、その表現が周

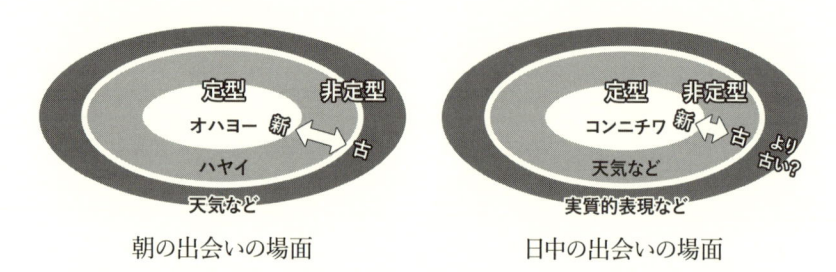

図4 朝の出会いの場面と日中の出会いの場面の分布解釈モデル図

辺にも伝わり徐々に広がる。それとともに、中心地では次第に使い慣らされた「天気」の表現が、あいさつ表現に頻繁に起こる変化である実質的意味を失う漂白化、そして形が短くなる磨滅化にさらされる。やがて、東京では、述部を省略して表現する「コンニチワ　φ」の形での定着をみる。さらに、東京で定着した「コンニチワ」が、広まった「天気」の表現を追うようにして周辺にも広がり始める。このようにして、「コンニチワ」とそれを囲む「天気」の層ができたとすれば、あいさつ表現に起きる変化を想定しつつ、日中のあいさつ表現の分布の在り方の一部を整合的に解釈することができる。

　そして「コンニチワ」、「天気」の層の延長で、その周りの表現に周圏論的解釈が当てはまるとすれば、そこには日中の出会いの場面のあいさつ表現が定型化する以前の状態が現われているとも読める。では、「天気」のさらに外側に位置する表現は、類型の変遷という面から見てどう捉えるべきか、それを段階的に捉えるために、文化的中心地からどれくらい外側にまで分布が及んでいるかという観点から、一定程度の分布を持つ表現を整理する。すると、おおむね次の(7)a～dの4種にまとめられる。

(7)　a.　列島中央に分布
　　　　「コンニチワ」「(定型的)キバル」「ハリコム(西)」
　　　　（東西どちらかに偏りがあるものを以降「～(東／西)」のようにして示す。）
　　b.　中心部周辺に分布
　　　　「天気」「アガレ・ヤスメ」「タイヘンダ(東)」「エライ(西)」「調

子伺い(西)」
   c. 中心部周辺の外側に分布
      「セーガデル」「ゴクロー」「イッショーケンメー(東)」「ガンバル(東)」「カセーデル(東)」「ガマダス(西)」
   d. 周縁部に分布
      「実質的表現」「呼びかけ」「ヤッテル(西)」「ハタラク(西)」「(非定型)キバル」

　これら(7)a〜dの分布の仕方を反映した分類は、その内実に注目した時、あいさつ表現形成に関して示唆に富むものとして捉えられる。
　aに属する表現には、定型的表現が多い。この場面でのあいさつ表現として最も新しい、成熟したあいさつ表現として捉えてよいだろう。
　bに属する表現には、先に述べた「天気」に加え、「タイヘンダ」「エライ」のように相手の大変さを気遣い、体調について触れる「調子伺い」や、休息を促す「アガレ・ヤスメ」というように、相手の事を直接気遣う表現が多い。
　cに属する表現は、「セーガデル」「イッショーケンメー」など、相手の作業の様子を誉めたり、「ゴクロー」と労を労う表現が目立つ。
　dの周縁部に分布する表現の主流を占める「実質的表現」「ヤッテル」などの【描写】は、相手の作業を見たそのままの形で表現している。このdの表現は、内容の面からみてcの表現と対比的に捉えられる。cは、相手の作業について話し手の評価を含み、dには、評価を含まない表現が多い。評価を含む表現というのは、積極的に相手を誉めて人間関係の構築に影響を与えるという意味で、あいさつの目的の１つである人間関係構築の志向が強く、評価を含まない表現というのは、その志向が弱い未加工の表現として捉えてよいだろう。また、「呼びかけ」というのも、評価などの加工がなく、相手の注意喚起を促す機能に特化した表現で、人間関係構築の志向が弱い表現と言える。そして、人間関係構築志向の弱い、言ってみればあいさつとして未熟な表現が、周圏論的解釈で古態と想定される最周縁の地域にまとまって存在するということも、周圏論的解釈適用の妥当性を支持するものと言える。
　なお、dの中で、唯一、評価を含む表現の、沖縄地方の非定型の「キバル」

だが、評価を含む他の表現と連続的に分布していない点などを考えると、独自に変化した可能性が考えられる。

　以上を踏まえ、分布形成過程を考えると、まず、dの表現がこの場面の表現として基層にあったものと考える。それに、話者の評価が加わったcのような表現が、文化的中心地で早く発達し広まっていった。さらに、その次に相手を気遣うbのような表現が起こって広まり、最後に、社交的なあいさつとしての変化を遂げたaが文化的中心地で起こり、Q238図のような分布が完成した。ただし、この、伝播を想定した分布形成は、各地での独自の変化の可能性を排除するものではない。いち早く表現の変化が進んだ文化的中心地から近い地域ほど、伝播によってその変化の刺激を早く受ける。その速度が、自発的な変化の速度に勝ったからこそ、周圏論的解釈が可能な分布になったと考える。そのため、文化的中心地からの影響を受ける前に、独自に変化を遂げた沖縄地方の「キバル」のような例があっても不自然ではない。

　そして、このようにして分布が形成されたとすると、日中の出会いの場面のあいさつの表現の形成過程についても、次のように推定される。

（8）　日中の出会いのあいさつ表現の形成過程
　　　相手の様子を見たまま描写する　＞　相手の所作を誉める　＞　共感を求める／相手を気遣う　＞　定型化したあいさつ表現

　ここに至って、3節で言及した朝の出会いのあいさつ表現の形成過程との異同が注目される。その流れは次のように捉えることができるものであった。

（9）　朝の出会いのあいさつ表現の形成過程
　　　相手の様子を見たまま描写する／共感を求める／相手を気遣う　＞　相手の所作を誉める　＞　定型化したあいさつ表現

　こうして見ると、(8)(9)いずれも、相手の様子を見たまま描写するというのが起点であるということが分かる。さらに、相手の所作を誉めたり、共

感を求めたりする表現を経て、定型化した表現に至ると言える。このように、場面間の変遷の関係を射程に入れ、あいさつ表現の形成の流れを考えるという形に発展させ、総合的に、あいさつ表現形成に潜む原理を明らかにしていくことが、今後、求められるだろう。

6. まとめ及び今後の研究課題

　最後に、ここまでの考察を、3節で述べた(6)の課題に沿ってまとめる。この論文で明らかにしたことは次のようにまとめられる。

(10)　①全国的な方言分布：日中の出会いの場面の表現には、【作業誉め】【描写】【慰労】【時間】【大変さ共感】【呼びかけ】などを中心に、様々なバリエーションの表現が分布し、「セーガデル」(【作業誉め】)など、それぞれの類型の中の主たる表現には、一定の地理的分布が認められる。

　　　②日中のあいさつ表現の形成：【実質的表現】などの相手の様子を見たまま表現する表現から、【作業誉め】などの相手の所作を誉める表現へ、さらに【大変さ共感】など、相手を気遣う表現へと推移した後、定型化したあいさつ表現の形成に至ったと考えられる。

　　　③あいさつ表現の形成モデル：朝の出会いと日中の出会いのあいさつ表現、いずれの形成にも共通する流れとして、相手の様子を見たまま描写するという表現を起点にして、相手の所作を誉めたり、共感を得たりする表現を経て、定型化したあいさつ表現に至る。

改めて振り返ると、本論で、日中のあいさつ表現の考察に至った着想は、2節で述べた柳田の指摘の中にある。柳田の記述に端を発して進めた、本論の考察から、あいさつ表現の研究について次のような研究の展望が見えた。

(11)　①定型的あいさつ表現以外が見られる場面を積極的に扱うことで、あいさつ表現形成過程に関わる、より深い示唆を読み取ることができ

る。
②多様な場面を扱い、相互に比較し異同を明らかにする視点を持つことで、あいさつ表現の形成を総合的に考えることができる。

　つまり、『毎日の言葉』には、今後のあいさつ表現研究の視点・仮説となりうる、様々な記述・観察が含まれているということである。
　例えば、日中の出会いのあいさつ表現について、注目すべき指摘がある。前掲(3)の「田舎では（中略）必ず天気のことを説いて、それがその日の作業に都合が良いことを喜び合っております。<u>すなわち形式化はまだ都会地ほどはなはだしくはないのであります。</u>（下線引用者）」、そして、その指摘に関連して、別の箇所では、以下のようにも述べている。

(12)　ただ表を通る人たちの好いあんばいです。なんだかはっきりしません。<u>降ってきましたねや、困った天気ですね等々を耳にするのは、まだこの付近が実は村であるため</u>かと思っております。

（柳田 2004: 118、下線引用者）

　柳田は、日中の出会いのあいさつ表現について、都市化と定型化に関係があることを示唆している。一部の場面については、すでに実証されている都市化と定型化の関係（江端 2001）について、あいさつ表現全般について検証し、広げていくための頼りとなる指摘と言える。
　最後に、紙面の都合で深く紹介するには至らなかったが、『方言文法全国地図』に見られる語形と柳田の収集した語形を比べた結果から、柳田の収集した俚言記述の価値について触れ、その意義について補足する。柳田の集めた俚言の中には、Q238図に見られない「オカマケナンショイ」「アオミマシテクダンセ」など、この場面の表現としては、衰退し消えていった希少な俚言形のあいさつ表現が多く見られる。特に「アガレ」については、そのバリエーション、分布域について、他の語より豊富な記述がみられる。しかも、その使用地域は方言文法全国地図の分布と重なり、柳田の観察の正確さが窺われる。こういった記述を残していることも、柳田の記述の大きな意義

と言える。

　この本論では、柳田の観察・記述をたよりにして、これまでの研究で注目が薄かった日中の出会いのあいさつ表現を考察し、あいさつ表現の形成論の新たな展開の可能性を導き出すことができた。このような価値ある記述を多く秘めていることこそが、柳田の観察・記述の意義と言えよう。

参考文献

江端義夫(2001)「日本のあいさつ表現とあいさつ行動の地理言語学的研究」『社会言語科
　　学』3-2 社会言語科学会
国立国語研究所編(2006)『方言文法全国地図第 6 集』国立印刷局
真田信治(1981)「あいさつ言葉の地域差」文化庁編『あいさつと言葉』大蔵省印刷局
藤原与一(1992)『続昭和(→平成)日本語方言の総合的研究第三巻あいさつことばの世界』
　　武蔵野書院
三井はるみ(2007)「おはようございます、こんばんは」『月刊言語』35-12 大修館書店
柳田国男(2004)『毎日の言葉』教育出版株式会社

付　記

言語地図作成にあたっては、国立国語研究所による言語地図作成用プログラム(プラグイン)及びデータを利用した。本論は、学術研究助成基金助成金若手研究(B)(課題番号24720203)「待遇的観点から見た日本語あいさつ表現の研究」(研究代表者：中西太郎)による成果の一部である。

謝　辞

本論は第 95 回日本方言研究会(2012 年 11 月 2 日)におけるシンポジウムの発表に加筆・修正したものです。発表に際して皆様から貴重なご意見を賜りました。ここに記して感謝申し上げます。

「田畑からの帰り道でのあいさつ」にみられる表現発想と都市化

灰谷謙二

1. はじめに

　あいさつ表現では、柳田国男の『毎日の言葉』[1]をはじめとした分析が示すように、まずはその語源・造文発想と形式の乖離が問題になり、定型・形式化のさまが具体的な対象になる。一方でその社会的機能に目をむける分析がありうる。たとえば渡辺友左は、『国語学研究事典』の記述中、次のようにあいさつを定義づけている。

> 人間が他人との間に親和的な社会関係を設定するために、または、すでに設定されている親和的な社会関係に基づいて、それを維持強化するために行う社交・儀礼的な行動様式の一つを「あいさつ」という。(中略)しかし、社交・儀礼的であるということのために、どの場合もなんらかの程度において定型化、紋切型化されていることが多い。あいさつは、お辞儀・会釈・握手・抱擁・さらに微笑といった言葉以外の行動様式ですることも多いから、ことばによるあいさつの調査研究は、これらことば以外のあいさつとの関連においてなされなければならない傾向もある。(p.198)

　諸家のあいさつの定義のなかでも社会的関係の設定・維持・強化の面を強調したものになっている。言語形式に加えて社会的機能に目をむければ、当然、定型性という枠組みでこれを定義づけすることが難しくなってくる。柳田国男は「あいさつの言葉」[2]の中で、漢語の「挨拶」が入る以前、これを「も

のを言う」という行為でとらえていたであろうと推察した。

> 今でも挨拶という語を使わぬ人が、稀ならずいるから気をつけてごらんなさい。そういう人たちは通例そのかわりに、「言葉をかける」または「声を掛けた」などといっております。たとえば今誰それがここを通ったが、声もかけずに行ったのはどうしたのだろうなどと言います。これが少なくともある時代の一つの用語であったのです。
> （「あいさつの言葉」p.84）

どのような形であれ、相手と言葉を交わし、変わらぬ関係を確認・維持・強化するための行為であるというあいさつ行動の本質を、鋭くとらえていたことになるであろう。このようなあいさつの多義・多様性・社会的機能を踏まえ、藤原1992では、社会関係のなかである特定の形式をもつにいたったやりとりがひろくあいさつととらえられる。

> 考えてみれば、人の会話はみなあいさつである。（「挨拶」とは「おしあって進む」の意のものであるという。）会話の特定化したものが、いわゆるあいさつことばである。―あいさつ表現の形式である。　　　　（p.1）

このようなある種のあいさつの際限のない外延の例として、たとえば自分とおなじように家庭菜園レベルの農作業をしている隣人にむかって「白菜ですか」と語りかけて話し始める状況などをあげてみる。よく見知った相手が自分と同じように農作業をしている、定型的なあいさつとは言えないが、本当に「つくっているのが白菜かどうか」を切実に知ろうと欲して問うているわけではない。「なにかものをいう行為」として聞いてみただけであるようなものも、確かにあいさつであろう。このようなものをひろいあげる発想である。

人と人とが初めて出会い永の別れをするまでには、ちいさな出会いが断続される。それを一本の紐としてつなぐために、別れの場面では次の出会いを約束し、再会時には、その関係のあい変わらぬことを確認しあう。そして二人の関係という文脈は続いていく。その繰り返される接着点にどのような言

語行動をおくかはさまざまで、定型化・内容の形骸化のレベルも一定ではない。

あいさつと非あいさつの境界を定めることのむずかしさについてはここでいうまでもないし、そこに、表現発想と表現類型の2つの観点が必須になること、その分布の存在から地域性が明らかにされうることも、柳田国男や藤原1992をはじめとする諸研究が指摘したことである。本論もそのような立場にたって、造文発想とその潜在的機能の観点からあいさつの地理的分布を描き、そこに都市と非都市社会のありかたの違いが反映することを明らかにしたい。

2. 「田畑からの帰り道でのあいさつ」

『瀬戸内海言語図巻』(以下 LAS と略)が設定したあいさつ場面の1つに「田畑からの帰り道でのあいさつ[3]」がある。これは「大人の女の人が、夕方、田畑からの帰り道、道ばたで仕事をしている近所のこころやすい一人の女の人にどのようにあいさつしますか」という質問文で規定される。

筆者は先に『瀬戸内海言語図巻』における広島県旧佐伯郡能美島集落22地点の調査結果と、同島内の大君集落との25年後の変化状況を調査し、さらに広島市南部の宇品において調査をおこない、三者の結果を相互に比較検討した。その結果は、一集落内の生活形態の変化、ならびに島と都市との生活形態の差を示すものであった。

顔見知りの同性の友人に、夕方仕事の帰りがけに声をかける場面でのあいさつであるが、双方が畑仕事という同じ仕事をしているという前提のある設定となる。追跡調査においては、仕事の帰りに同僚に声をかけるあいさつとして、都市部ではやや設定をゆるめ、同様の調査をした。少年層はさらに、学校の掃除や、クラブ活動のかえりなどを場面として例にだした場合もある。

2.1. 瀬戸内海一島嶼集落における LAS 以降の変化

筆者の1989年の LAS 追跡調査のかたちをとった能美島大君集落内の10

歳刻みの世代差調査では、次の5類型の発想にもとづく文例が現れた。

　　A　もう帰ろう(やめよう)
　　B　帰れよ(やめろよ)
　　C　まだやっているのか
　　D　よく働くね
　　E　(実内容の失われかたの著しいもの)

いま、個別の文例から表現としての類型をつくるプロセスを確認するために、それぞれの例を詳しく挙げれば、次のようなものになる。(数字は10歳刻み世代)

A　もう帰ろう
10　ハーカエローヤー。
20　ハーヤメヨーデー。
30　カエローヤー。
40　イッショニカエランカイ。
50　ハーシマオーヤー。
　　ハ　イノーヤー。
60　ハーイノージャナー。
70　イノーヤー。
　　ハ　イノーヤー。
80　ハーオソイケンカエローヤー。

B　帰れよ
50　ヤメンヤイヤー。
70　ソロソロヤリンサイ。
70　ヤメンヤイヤー。

C　まだやっているのか?
20　マダヤルン。
40　マダヤリョールンカー。
70　マダヤリヨルンケー。
80　アンターマダヤリヨルンケ。

D　よく働くね
20　モーケルノー
30　ヨーセーダスネー。
40　ヨーセーダスノー。
　　セーダスネー。
50　ヨーセーダスノー
60　オソーマデヤッタンジャノー
80　ヨーハタライテンジャノー。

E　実内容のうしなわれた声掛け
10　バイバイ／オサキニ
30　オサキニ
70　オサキニ

A類は一緒に帰ることを勧奨するもので、同じく仕事をやめるよう呼びかけ

ると言う点では、Bの「帰れ」も命令表現をとったぞんざいな勧奨ともいえる。相手への行動要求のストレートさ、働きかけの一方的性質からAとは区別される。Cはまだやっているのかと、相手の姿を認知したことを表出するもの、Dは「よく働くね」と相手の働きぶりを褒めるものである。Eは形式化と実内容の喪失が著しいと認められるものである。

これらの5類の現れ方について世代の観点からみると、次の表1のようになる。

表1 「田畑〜あいさつ」の類型と世代分布

	10代	20代	30代	40代	50代	60代	70代	80代
A 勧奨	○	○	○	○	○	○	○	○
B 命令					○		○	
C 認知		○		○			○	
D 賞賛		○	○	○	○	○		○
E その他	○					○		

世代による分布差をみると、Aは全世代、Bは50代以上となる。「帰ろう？」と誘うより「帰れ」と強くうながす言い方はより世代的に上のものになっていることがわかる。相手の姿を認め、賞賛し、形式的な表現で辞去するのはおおきくは世代差がない。LASの場合は1地点のインフォーマントは老若で2パターンとなるため、当該集落の含まれる能美島の22地点のデータをとり、上記の5類型に沿った形で量的に整理すると以下の表2のようになる。

表2 LAS能美島22地点の「田畑〜あいさつ」の類型と回答地点数

	A 勧奨	B 命令	C 認知	D 賞賛	E その他
老年層	18	2	2	0	0
少年層	8	0	10	3	1

Aの勧奨タイプの表現を基盤にしながら、B、Cがわずかにみられる老年層

に対し、Bの命令を持たず、CとAを中心とした表現に分散していく少年層という図式がよみとれる。Aタイプの勧奨「もう帰ろう」が主たる表現であるのは、この島嶼部集落の基本となっており、そのうえで、Dの賞賛タイプが、LAS時点の少年層や90年代の同地域に多くなってきていたという変化があった。

いま、AからEの類型をばらばらのものとしてみず、一連の文脈をもった表現の集合[4]として考える。これは無秩序に配置できない。つまり、相手の姿を認め、それを褒め、さらに共に終え帰宅することを(勧める・強いる)という流れになる。C→A(まだやっているのか。もうかえろう。)D→B(よくやるね。もうかえれよ。)のようなかたちになったとしてもC→D→(A/B)の順序性は崩すことが出来ない。

このようにみたとき、両者の表現パターンを図式化すると次のようになる。

  LAS老年層 C → (A/B)   姿を認めて   行動要求
  少年層   C → D → A 姿を認めて賞賛して 行動要求

つまり、認知から行動要求にストレートに行く老年層と、間に賞賛を挟む若年層という差があることになる。LAS老年層世代にとっては、田畑での労働は賞賛の対象にならなかったということであろうし、それだけ彼らの生活は類型的で均質的なものだったということになるであろう。

2.2. 沿岸都市部(宇品の傾向)

同一集落内に、帰宅を直接的に求めるような行動要求タイプの表現をLASやその後の老年層が用い、次第にそれが賞賛や形式的なあいさつに流れていくさまが認められた。このような流れは、都市部においてはさらにはっきりと表れる。能美島大君調査(1989)の2年後に実施した広島湾岸の宇品地区の調査(1991)では、以下の表3のような結果が認められた。ここでは能美の場合LASにも1989調査にもみられなかった表現がある。

  ○サキニ　カエルケン　ノー。(先に帰るからね)

○ワリーガ　サキニカエル　デー。（悪いが先にかえるよ）
○チョット　ハヨー　カエル　デー。（ちょっと早くかえるよ）

これらを意志表示型としてF類とした。

表3　「田畑〜あいさつ」の類型と世代分布

	10代	20代	30代	40代	50代	60代	70代	80代
A 勧奨		○	○		○	○	○	
B 命令	○					○	○	
C 認知	○	○						
D 賞賛	○				○			
E その他	○						○	
F 意志表示		○	○	○	○	○	○	○

　能美島大君でみた、C認知→D賞賛→A/B（勧奨か命令）というパターンがくずれ、これにかわって、F類とした意志表示型のものがほぼ全世代に現れている。ここにはLASデータや、集落追跡調査のような、「もう帰ろう・帰れ」が全世代で主流のあいさつとなるような状況がない。
　島嶼部で、「もう帰ろう」と誘うあいさつが中心となる。そして、「まだやってるの」といった認知型が若年層に広まる様子が見られた。その後の追跡で、「帰れ・やめろ」といった命令形が老年層に偏る様子が明確になってきた。さらに都市沿岸部では、世代差が希薄になり、新しく、「先に帰るよ」という意志表示をするものが現れる。
　伝統的な方言生活が維持されているとみられる共時態順に、あいさつ発想の現れを整理すると、以下のようになろう。

```
LAS 老        認知 →                          勧奨
    少        認知 →（賞賛）→                 勧奨
1989 能美大君  認知 → 賞賛 →                  勧奨
    都市部宇品 （認知）→（賞賛）→ 意志表示→ （勧奨）
```

発想法の枠組みは、LAS能美よりも1989能美大君が、さらに都市部宇品が多様になっていく。言語変化の方向性としては、単純化・統合化とは逆の多重性・複層性をみせるのが都市部における特徴といえるであろう。方言形の伝統的表現が失われ、固定化したあいさつがなくなる。そして、ともに帰宅を促すようなあいさつが失われ、辞去の意志表示にとどまる表現が生まれる。このような大きな質的変化が、都市化というキーワードで解釈されるとすれば、その特徴は、均質性が多様性へ、干渉から不干渉へ、密な人間関係が不特定多数の疎な関係へ移行するものであるからということになるであろう。

3. 広島市太田川流域の分布にみる都市化傾向

前節でみた広島市宇品と能美島との対立傾向を、都市と周辺部との対立によるものであると読みかえるなら、その要因は社会・地域の生活形態の差違に還元されることになる。

広島市太田川流域[5]の調査に於いても、このあいさつ表現の対立傾向と類似したものが現れる。描いた図はいわゆる周圏的分布を示す。広島市域の方言分布を見渡した中で、このような分布パターンは稀であるといえる。当該地域は山陽道・内海の東西航路・山陰・備後のいくつかの言語的流通経路を持ち、描かれた地図の多くは、同心円的な分布のしにくい広島の地形的特色[6]を反映した複雑な分布を見せるものが多い。周圏分布パターンは一連のデータを地図化した太田川方言研究グループ[7]『広島県太田川流域方言地図集―広島市域編―』には現れていない。

3.1. 表現発想の分布

実際にどのような発想法がどのような地域に分布したかを見てみる。前項でみたあいさつ表現の発想の分類に従いすべての用例を、認め型、賞賛型、意志表示型、勧奨型、のいずれに属する[8]かで分類し、地図化した（本論末尾に掲げたFig. 発想法参照）。全データを分類した結果は稿末に示す。このうち「オシマイナサイ」系の定型表現は別に地図化した（本論末尾に掲げたFig. おしまい系参照）。

「(もう・はやく)帰ろう(帰れ)・やめよう(やめろ)」系統の、相手に命令ないし勧誘の表現をとるものは、すべて勧奨型とした。これは市内ほぼ全域に分布している。老年層に限って言えば、広島市域方言はいまだに農村的で均質的な面を持つとも言いうる。

「精が出るね」系は「よく頑張るね」の意味の賞賛型とみられる。これは中流西部に流れる支流の安川流域と旧市内域の分布となる。「お先に」の意志表示型が旧市内のデルタ内に分布する。上流域に特有の分布がないが、下流に意志表示、中流以南に賞賛、上流以南に勧奨といういわゆる周圏的分布がみられる。このような傾向は、この地域に特殊なものではなく、おそらく一般的なことであろうと思われる。大橋1990では、「畑での夕方のあいさつことば」を、以下の7類型[9]に分類した。

　　イ．仕事をしまうよう、うながす言いかた
　　ロ．帰ることをうながしそう言いかた
　　ハ．おそくまで仕事に精出していることを賞賛する言いかた
　　ニ．仕事を激励する言いかた
　　ホ．仕事をねぎらいいたわる言いかた
　　ヘ．夕方の時候を述べる言いかた
　　ト．夕方のあいさつことば

イ、ロ、や「まだ帰らないのかと問いかける言いかた」が一般的な発想の言いかたであり、ハ、ニ、ホは、さほど栄えていない状況を指摘している。その上で、東京都・神奈川県などに、「おそくまで仕事に精出していることを賞賛する言いかた」がかなり集中分布していることを指摘し、考えられる原因として以下の2点を示した。

　・"田畑が存在しそこに働く"という具体的生活がなくなってきていることが、解答を観念的なものにしているのではないかということ。
　・働くことが当たり前で日常的な生活の中ではことさらに賞賛、ねぎらい、激励の思いはさほど起こり得ないが、働くことが非日常であれば

夕方遅くまで働くことはたいへんな働きようとして目に映ること。

これを、「都会的な地域に仕事を激励したりねぎらったりする発想のあいさつことばが、比較的まとまって集中する」理由として考え次のように述べている。

> （前略）　東京都や神奈川県など都会地域には、そのようなあいさつことばがおさえられ「おそくまで仕事に精出していることを賞賛する言いかた」などが、比較的よく分布を見せるにいたったのかもしれない。（中略）
> また、かりに田畑で働く生活が多少なりともあったとしても、都会的な地域と田舎的な地域とでは、働くこと自体に量と質の違いがあろう。
>
> (p.28)

賞賛・激励型のあいさつが都会地域のものであるというみかたは、本論と同等のものである。ただし、広島の場合、基本的に勧奨型のあいさつは全地域的なもので、そこに併用事象として賞賛・意志表示が重なっている。畑仕事のないと考えられる地域でも、ともに帰ることを促す表現がある。相手との親しさの度合いによってあいさつを使い分ける生活があり、親疎の疎の方向でこれが顕現しやすいのが都市部域であるとみるべきであろう。

「畑仕事」という、都会では特殊な状況を設定した。これを同じ職場のあるいは同じ学校の同じクラブのごく親しい同僚とおきかえても、やはり場合によっては「共に帰ることをうながす」あいさつはでてくるであろうと予想される。親疎関係の軸で場面を細分した調査は行っていないのでこの点については更に追究する必要がある。

3.2. 外住歴・就学経験との関係

上にみられた分布は、ひとまずは社会形態のあり方を反映したものと解釈できたとしても、外住歴や就学経験などの個人の属性が影響している可能性も考えられる。インフォーマントに詳細な個人情報を伺うことが困難な状況

もあり、全てに同等の信頼性を与えることは出来ない。このことを考慮の上で、得た範囲での外住歴・就学経験との相関性を検証してみたい。

外住歴と就学経験別に見た回答状況をそれぞれ表4、表5にまとめ、あいさつ発想のパターンと対応させてみる。インフォーマントを地点番号で示す。基本的に地点番号が多くなれば川下の都市部になると考えて良い。

表4　外住歴と賞賛・意志表示型あいさつの現れ方の関係

外住歴	該当者	賞賛回答者	意志表示回答者
無し	1, 6, 9, 23, 25, 36, 46, 50, 52, 58, 59, 64, 66, 74, 80	36, 58, 59	
東京4年以上	11, 15, 20, 37, 56, 57, 63, 71	63	71
西日本2年以上	7, 8, 41, 61, 67, 72, 79, 83		83
海外	13, 15, 32, 34, 48, 75, 82		
県内	24, 29, 31, 32, 38, 35, 43, 45, 81, 87, 91, 92	45, 87, 91	

表4をみる限り、賞賛・意志表示のあいさつの現れ方に関しては外住歴による著しい差はないように見受けられる。基本的に生え抜きに準ずる方ばかりでもあり外住歴の影響は考えにくい。あえていえば、海外在住経験のあるインフォーマントが、賞賛や意志表示のあいさつを言わないことが際立つ。あるいは、海外から帰ったという経験から、土地人化への過度の志向のようなものが生まれ、土地人以上に親疎関係に気を遣い、親しみをこめた物言いをするというようなことがあったかもしれない。

次に、就学経験と賞賛・意志表示型のあいさつ発想の現れ方との関係を確認する。

表5　就学経験と賞賛・意志表示型の関係（人（%））

大学卒相当	14（42.8）
高等学校卒相当	22（36.4）
小学校・高等小学校相当	3（10.7）

大学卒業か、これに相当する就学年数をもつインフォーマントは14名と

なる。これに賞賛、あるいは意志表示型のあいさつが 6 例みられる。率にして 42.8% となる。高等学校相当の就学年数をもつインフォーマントは 22 名おり、これに賞賛、あるいは意志表示型のあいさつが 8 例現れる。率にして 36.4% である。小学校・高等小学校相当の就学年数をもつインフォーマントは 28 名で、これに賞賛、或いは意志表示型のあいさつが 3 例現れる。率にして 10.7% となる。結果的に就学経歴が長くなれば、「精が出るね」「お先に」のあいさつが増える傾向がある。実際にどれほどの相関性があるのかは慎重に判断されねばならないが、かなり高いと考えてよかろう。

また、就学経験の長さが関わるとしても、賞賛や意志表示のあいさつはやはり南寄りに偏るようである。分布傾向の成立要因としてはまずは、社会形態差が最も強く効いていると考えられる。他に職業差の要因が考えられるが、現段階では保留する。

3.3. 慣用句的あいさつ「おしまいなさい」

ここまで見たように、社会形態差と表現との間に相関があるとひとまず認めたとする。次には、ならば周辺農村部には親しい間柄のあいさつしかないのかということが問題になろう。非都市部域の地域社会の人間関係が親疎の面で単純であると考えるのは皮相的であるといえる。最後に、周辺部の丁寧なあいさつに相当する表現の衰退と、現在の状況との関係を押さえておきたい。

あいさつが、あいさつ表現として成立するには、一回的・場面的な表現が、実内容を失って定型的・儀礼的な表現になっていく過程があると考えられる。例えば、共通語形としての「おやすみなさい」に、元々持っていたであろう〈休むことを勧奨する〉意識を認めることはできない。しかし、原初的には「早くお休みなさい」という実質的な呼びかけから生まれたものであることは想像できる。

おそらくこれと似たかたちで、もとの意味を失った、あるいは失いつつあるものに、「オシマイナサイ」がある。(Fig. おしまい系参照)「早くオシマイナサイ」と呼びかけていた表現が定型・固定化し、その過程で「オシマイ」「オシマイナサイ」という実内容の薄いあいさつとなっていったのであろう

と考えられる。これが旧市内以北にある。

　「おしまいなさい」は敬語形式をともなって用いられており、勧奨型のあいさつより丁寧なものいいになっている。これが「もう帰れ・帰ろう」という、親しい相手への行動を共にすることを強要する表現とバランスよく使い分けられていたのではないか。「おしまいなさい」の使用が減少するのと平行して「精が出るね」という賞賛の表現がそれにかわってやや丁寧なものいいとして残っていったという状況が想定できる。つまり「精が出るね」は、旧来の「オシマイナサイ」にかわって、上品位場面をにない補完するあいさつになっているのではないかと考えられる。

4. まとめ

　「田畑からの帰り道でのあいさつ」をとりあげ、そこに見られる、発想レベルでの世代差を都市化と結びつけて解釈し、さらにこれを地図上の分布の上で検証し、あいさつ表現の分布上の特質について述べた。

　あいさつ表現は、社会的儀礼の習慣である以上、その地域社会の規模、質によって差が出る。これを地図上に描いた場合、広島市域の太田川流域においては他の言語地理学的項目とは異なる、地勢的条件に左右されない独自の原理に従って分布が決定されていることがわかった。ここでは、その地域社会が都市的であるか否かという違いが、つまりは、その地域社会における人間関係の設定の仕方の違いが、あいさつ表現の発想の違いに反映し、分布を決定している様が認められたと結論づけることができよう。

　しかし、その地域がどれほどに都市的であるかという判断を、客観的な規準で決定することは難しい。実際、ここでとりあげた広島市域も、単純に川下から川上に向かって都市性が薄くなるとは言いがたい面がある。相対的な都市性を尺度にし、あいさつ表現項目に現れた分布を解釈したということになるが、この尺度がどのように定められるべきものであるかを厳密に規定していくことが今後必要になると思われる。

注

1. 角川文庫版『毎日の言葉』による。初出『婦人公論』昭和17年
2. 同上。初出『民間伝承』昭和19年
3. 藤原(1974)『瀬戸内海言語図巻』地図番号89、調査項目番号68
4. このような、あいさつの一連の表現を文連接としてパターン化し、このレベルで地理的分布をみるものには江端(1989)がある。
5. 広島市を流れる、太田川、三篠川流域の広島市内92地点、70代生え抜き男性対象。
6. 集落が狭い平野部と、褶曲する川筋にそって谷間に開かれる。
7. 友定賢治、新田哲夫、灰谷謙二、町博光、村上敬一
8. 29オーイ。オナベン ナル デー。、66ヨナベ カイノー。が上の分類枠にはいらないものとなった。「遅くなるからもう帰れ」の一部とすれば勧奨型に分類することもできるか。69オバンデス。、69ゴクローサン。、92バンゲニナッタ ノ。はここでは除外する。
9. イ・ロが勧奨、ハ・ニ・ホが賞賛、ヘ・トが実内容の無い声掛けにそれぞれ相当する。

参考文献

江端義夫(1989)「方言会話の方言地理学的研究は可能か」『広島大学教育学部紀要』第2部第38号
太田川方言研究グループ(1994)『広島県太田川流域方言地図集―広島市域編―』非売品
大橋勝男(1990)『関東地方域の方言についての方言地理学的研究』第2巻　桜楓社
佐藤喜代治編(1977)『国語学研究事典』明治書院
飛田良文・遠藤好英・加藤正信・佐藤武義・蜂谷清人・前田富祺編(2007)『日本語学研究事典』明治書院
藤原与一(1974)『瀬戸内海言語図巻』上・下　東京大学出版会
藤原与一(1976)『瀬戸内海域方言の方言地理学的研究』東京大学出版会
藤原与一(1992)『昭和(→平成)日本語方言の総合的研究　第三巻　あいさつことばの世界』武蔵野書院
柳田国男(1942)「毎日の言葉」(『毎日の言葉』角川ソフィア文庫s39による)
柳田国男(1944)「あいさつの言葉」(『毎日の言葉』角川ソフィア文庫s39による)

付　記

本論は、灰谷謙二(1996)「あいさつ表現の分布上の特質について―太田川流域方言の「田畑からの帰り道でのあいさつ」から―」(『広島女学院大学日本文学』第6号)を加筆訂正したものである。

資料：広島市太田川流域調査「田畑からの帰り道の」あいさつの分類とデータ

勧奨型
1 ハヨー オキナイ ヨー。
2 ハー ヤメー ヤ。(1) ハー オキナイ ヤ。(2)
　ハー シマイナイ ヤ。(3)
3 オシマイニ シマヒョー ヤー。
4 ハー オキンサイ ヤー。
5 モー シゴトオ オキマショー ヤ。
6 ハー オキマヒョー ヤ。シマイン サイ ヤー。
7 ハー ヤメマヒョー ヤ。ハー オキマヒョー ヤ。
8 オキマヒョー ヤー。
9 ハー シマインサイ ヤ。
11 ハヨー シマイナセー ヤー。
23 ハヨー オキマショー ヤ。
24 モー オキンサイ ヤ。モー ヤメンサイ ヤ。(N)
25 ハー オキマショー ヤ。オキンサイ ヤー。
26 ハヨー シマインサイ ヤ。ハー オキマヒョー ヤ。(Y)
27 モー イニマヒョー ヤ。ハー オケー ヤ。
28 ハー ヤメンサイ ヤー。
30 ハヨー オキンサイ ヤ。
31 ハヨー オキンサイ。
32 オキナハイ ヤー。
33 ハー オキマショー ヤ。(1) ハー オキンサイ ヤ。(2)
34 ハー オキナハイ ヤー。
35 モー オキナサイ。
37 ハー オキマヒョー ヤ。
38 ハー イノー デー。
39 シマインサイ ヤ。
40 ハー イノー ヤー。
41 シマイマショー ヤ。

42 ハー ヤメテイニンサイ ヤ。(2)
　ハー オキンサイ ヤ。(3)
43 ハー シマインサイ ヤ。
44 ハヨー シマインサイ ヤ。(1)
　ハヨー オシマェーナサイ ヤ。(2)
44 ハヨー オキンサイ ヤ。(3)
46 ハヨー モドリンサイ。
47 ハヨー シマインサイ ヤー。ハー ヤメンサイ ヤー。
48 ハー ヤメー ヤ。ヤミョー ヤ。
49 ハヨー オキンサー。
50 ハー シマインサイ。
51 シマインサイ ヤ。
52 モー シマインサイ ヤー。
53 ハヨー オシマェーニ シンサイ ヤ。(1)
53 ハヨー オキンサイ ヤ。(2)
　ハヨー ゲコーニ シマショー ヤ。(3)
54 ハヨー ヤメンサイ ヤ。(2)
55 オキンサイ ヤー。
56 ハー オキミョー ヤー。
58 ハー ヤメナイ ヤ。エーカゲン ニャー ヤメナイ ヤ。
59 オシマイナイ。オシマイナイ ヤ。
60 ハヨー シマインサイ ヤ。
61 ハー シマイマヒョー ヤ。ハ シマエ ヤ。
　ハー ヒル スマシタ ノー。
62 ハヨー オキンサイ ヤ。(2)
　ソロソロ オキンサイ ヨ。(3)
63 シマイマショー ヤー。(2)
64 ハー シマオー デー(男)。
　ハー シマインサイ ヤー(女)。
65 ハヨー オキンサイ ヨ。エーカゲン デ シマエ ヨ。
67 アガリンサイ。シマインサイ ヤ。
68 モー オコー ヤー。

70 ハー シマインサイ。
71 ハヨ シマイナイ ヨー。コバヨニ シマイナイ ヨ。インナイ ヨ。
72 ハー シマインサイ ヤー。
73 ハヨー シマイナサイ ヤ(2)。
74 ハヨー カエリマショー ヤー。
75 ハヨ カエリンサイ。
76 ハヨー オキナヘー ヨ(2)。
78 ハヨー シマインサイ ヤー。イニマ ヒョー ヤー。
79 ハヨー シモーテ カエリンサイ ヤ。
80 ハヨー シマインサイ ヤ(1)。ハヨー オシマェーナサェー ヤ(2)。
81 ハヨー イニマショー デー。
82 アガリンサイ ヤ。中川，オシマイナサンヘー。倉本
83 ハヨー シモーテ カエリンサイ ヨ。
85 ハヨー シマインサイ ヤ。
87 ハー シマインサイ ヤ(Y)。
88 ハヨ シモーテ カエリマヒョー ヤー。ハー イノー ヤ。
89 ハヨー シマインサイ ヤー。
90 ハヨー ヤメンサイ ヤー。
91 エーカゲンデ ヤメナイ ヤ。エーカゲンデ シマインサイ ヤノー。
92 ハヨー シマエ ヨー。バンゲニナッタノ。

賞賛型
27 オソマデ セーガ デマス ノー。
36 セイガ デル ノー。
42 ゴセーガ デル ノー(1)。
45 オソーマデ ゴセーガ デマス ノー。
54 バンゲマデー ゴセーガ デマス ノー(1)。
58 オソーマデ セーガ デマス ノー(セーダスノー)。
59 ゴセーガ デマス ノー。ゴセーガ デマンノー。
62 オソーマデ セーガ デマス ノー(1)。
63 ゴセーガ デマス ノー。
69 オバンデス。ゴクローサン。
76 ゴセーデガンス ノー(1)。
87 ゴセーガ デマス ノー(1)。
91 ヨー セーダシンサル ノー。

意志表示型
22 オサキニー。
65 オサキニ。
65 サキー カエル デ。
68 オサキニ。
83 オサキニ。
86 オサキニ。サキニ イヌルケー ノー。
88 オサキニ。
71 サキイニマンケー ノ。

おしまいなさい型
3 オシマイナサイマセ。オシマイニ シマヒョー ヤ。
13 ハヨー オシマイナサイ
15 オシマイナサイ
45 オシマイナサイマシタ カ。(食事時とは意識せず)
48 オシマイナサイ。
50 オシマイナサイ(食べて終わったか)。コンバンワ。
51 オシマイデガンス ネ。
59 オシマイナ イヤ
74 オシマイナサイ(2)
82 オシマイナサンヘー

その他
29 オーイ。オナベンナル デー。{おおい 夜なべになるぞ}
66 ヨナベ カイノー。
4 オヤスミサイ。

10	オヤスミナサイ。	75	ゴメンツカーサイ。
77	オヤスミナサイ。{ハヨシマイナサイはあまり言わない}	57	NR
		84	NR
73	オバンデアリマス(1)。		

96 第1部 あいさつ表現

広島県太田川流域方言地図

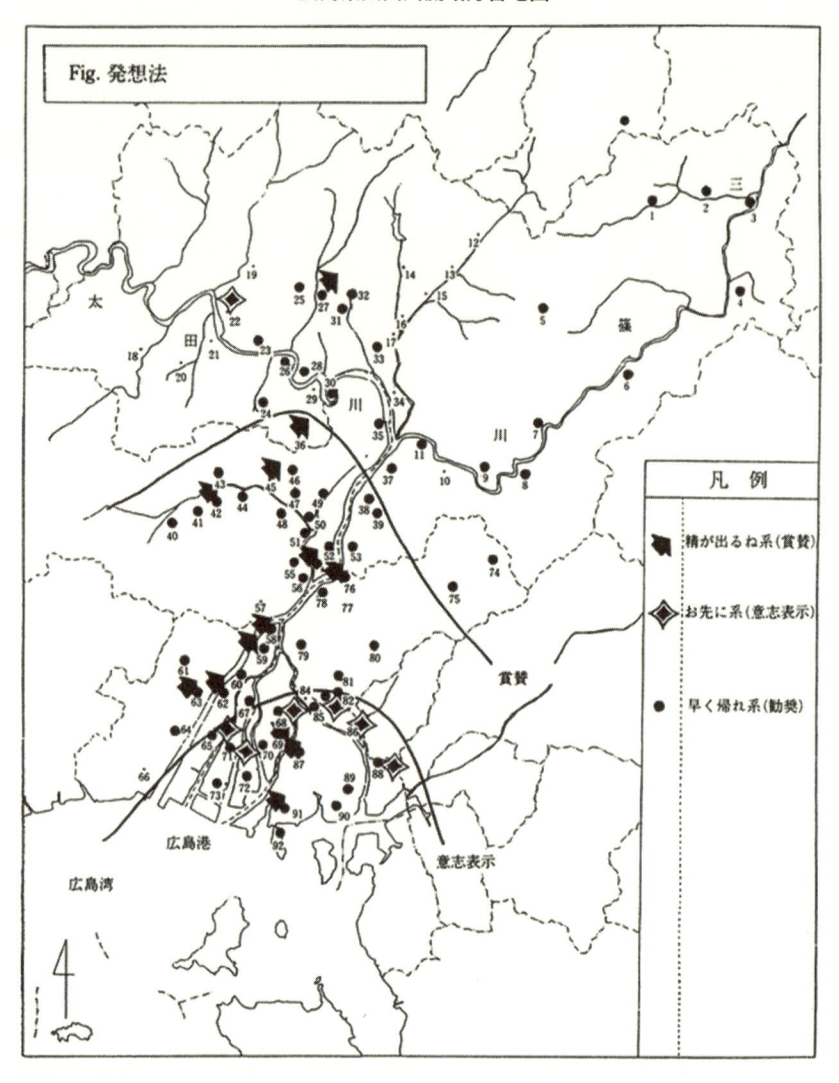

Fig. 発想法

凡　例

➤ 精が出るね系（賞賛）

◆ お先に系（意志表示）

● 早く帰れ系（勧奨）

「田畑からの帰り道でのあいさつ」にみられる表現発想と都市化　97

広島県太田川流域方言地図

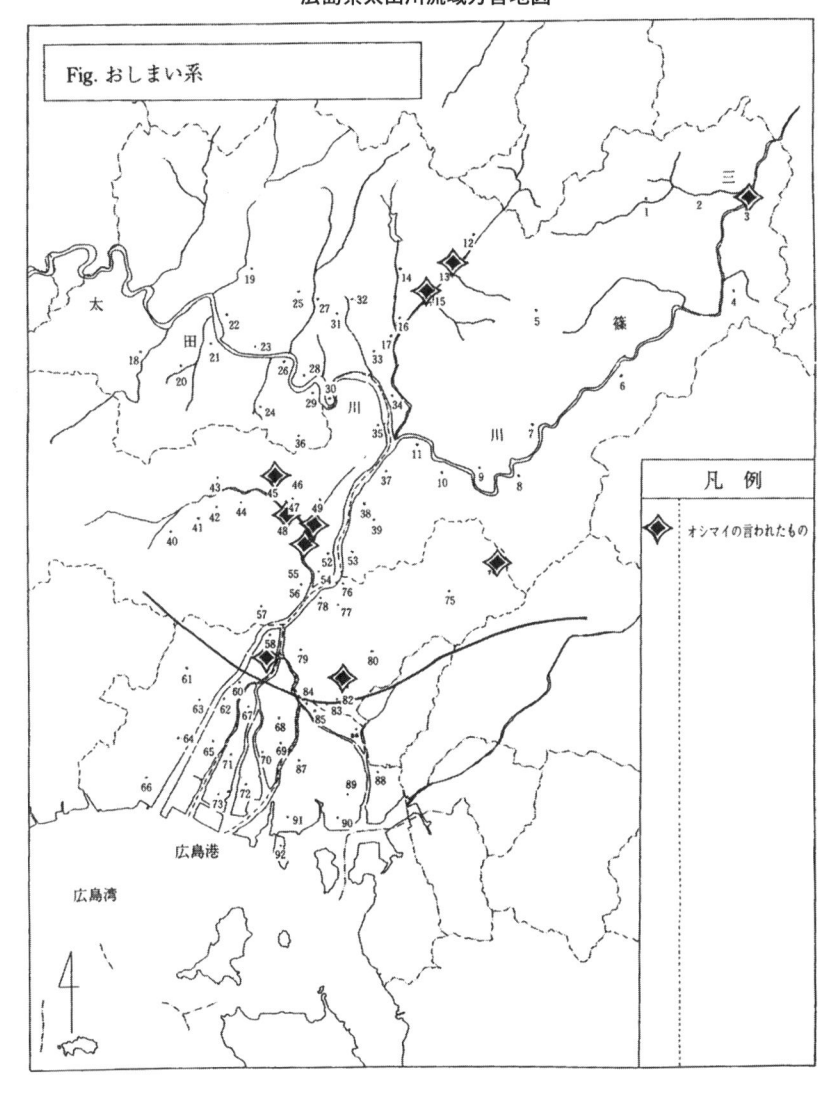

Fig. おしまい系

凡　例

◆　オシマイの言われたもの

広島港

広島湾

あいさつ表現の発想法と方言形成
入店のあいさつを例に

小林 隆

1. 本論のねらい

　『毎日の言葉』には柳田国男の生活語研究のエッセンスが詰め込まれている。その中でも、あいさつ表現についての考察は、この分野の今後の研究の萌芽となる指摘に溢れ、きわめて魅力的である。ここでは『毎日の言葉』における「買物言葉」の章を取り上げ、柳田国男の研究を紹介するとともに、現代方言学、特に方言形成論の立場からその研究を発展させてみたい。
　本論の主なねらいは次の2つである。

（1）新たな調査資料に基づく解釈の精密化
　　　新しく実施した全国的な分布調査によって、柳田の断片的な情報を補完する。それをもとに全国にわたる方言分布を把握し、方言地理学的な推定を試みる。これは、柳田の研究を現代方言学の方法、すなわち、統一的な分布調査と方言地理学的な解釈によって精密化しようとするものである。
（2）発想法を軸にした方言形成論への展開
　　　あいさつ表現のような表現法、あるいは言語行動のレベルの現象を方言形成論のテーマとして設定し、その方言形成のあり方について試論を述べる。特に、言語形式の地域差のみでなく、それを支える言葉遣いの発想法の地域差にも注目し、社会的背景とも関連付けながらその成立について論ずる。

2. 柳田の考察と課題

　柳田が「買物言葉」の章で取り上げるのは「入店のあいさつ」である。すなわち、「子供が店屋に物を買ひに来る場合に何と言つたか」(286頁) が対象とされている。各地の入店のあいさつが紹介され、それぞれの形式の性格や語源について言及がなされている。その論述の中で、特に注意を引くのは次の2点である。

　1つ目は、現代から見てやや古い時代の状況が紹介されている点である。この「買物言葉」は1942 (昭和17) 年7月に『民間伝承』に発表されたものが最初であり、その当時の様子が反映されているとすると、今から70年ほど前の状況を知ることができる。この点は、現代の方言分布からの歴史推定を補強する情報として極めて有益である。

　2つ目は、言語形式のみでなく、背後にある言葉遣いの発想法に触れていることである。すなわち、買オウ系とクレ系の違いについて、次のように述べる点がそれである。

　　是 (買オウ系) が最も明瞭で又堂々として居る形だが、他の地方の例 (クレ系) は妙に遠慮深く、たゞで物を貰はうとする場合と、区別の立たぬものばかり多い。
　　　　　　　　　　　　　　　　　　　　　　　　　　　　　(286頁)

「明瞭で堂々としている」「妙に遠慮深い」というのは多分に感想めいた指摘ではあるが、柳田が言語形式を支える物言いの発想法に関心があったことを示すものと言えるかもしれない。

　このように、柳田の研究は資料的に価値があり、また示唆に富むものであるものの、現代の方言学から見るとさらに深めて考えるべき点が残されている。まず、1つ目の点について言えば、「買物言葉」の章は短編であるせいか各地の情報が断片的で、十分な資料が提示されているとは言い難い。したがって、分析の前提として、統一的な分布調査を行うことで全国規模のデータを収集することが必要である。そうした作業の上に立ち、方言地理学的に踏み込んだ分布の把握や解釈を行っていかなければいけない。

また、2つ目の点に関して言えば、具体的なあいさつ表現を生み出す言語的な発想法について、より発展的に考えていく必要がある。すなわち、柳田の指摘は買オウ系などの言い方に限定された極めて部分的なものにとどまるのであり、「入店のあいさつ」全体を視野に入れた考察が求められる。また、1つ目の方言地理学的な深化とも関わらせて言えば、「入店のあいさつ」の方言形成を表現形式のみでなく、その発想法の面から考えることも必要である。『毎日の言葉』の他の部分では非定型的な表現から定型的な表現への移行について触れられており、この点などは言葉遣いの発想法からみた方言形成にとって重要な視点となりうるものである。さらに、都市化があいさつ表現に与える影響にも関心が払われているが、この点はあいさつ表現の志向が社会のあり方との関係の中で生み出され、地域差を形成していくことを想像させるものであり、今後の研究にとって大いに示唆的である。

　本論では、柳田が播いたあいさつ表現研究の種を、以上のような角度から育ててみたい。

3. 新たな調査から見えてくるもの

3.1. 入店のあいさつの全国調査

　ここで新たな調査と呼ぶのは、2002年度に全国2000地点を対象に通信調査した「消滅する方言語彙の緊急調査研究」第6調査票の成果である。この企画は、衰退の著しい伝統的な語彙や表現を方言地理学的に記録しようとしたものであり、調査項目は300項目以上に及ぶ。調査の概要は小林隆・篠崎晃一（2004）や小林隆（2005）で述べており、調査票等は東北大学方言研究センターのホームページ（http://www.sal.tohoku.ac.jp/hougen/k_kinkyu.html）で公開している。ここでは、回答の得られた地点のうち、回答者が生え抜きの条件を満たす805件のデータを使用する。

　調査文は次のとおりである。回答者が答えやすいように、回答が予想される表現形式のうち代表的なものを参考として掲げている[1]。

> 46. それでは、お店に入るときのあいさつは何ですか。「ごめんください」の類です。
>
> 参考　カウー、コンチワ、ゴメン、ゴメンシトクレ、ゴメンツカーサイ、ゴメンナシテ、ゴメンヤス、スイマセン、ドーモ、マイド、モーシ

3.2. 表現形式の分類

　上で紹介した全国調査の結果を地図化したものが図1である[2]。凡例に掲げるように、ここでは、回答された主要な表現形式を語源の観点から11個のグループ(系)に分類した。また、それらの形式を表現意図の視点からさらに6つのグループ(類)にまとめた。

　　存在確認類：居ルカ系
　　意志表明類：入ルゾ系、チャービラ系、買オウ系
　　販売要求類：売ッテクレ系、クレ系
　　許可要求類：御免クダサイ系
　　呼びかけ類：申シ系、掛け声系
　　符丁表現類：コンニチワ系、マイド系

　簡単に解説すると、「存在確認類」は聞き手(店の人)の存在を確認するものであり、居ルカ系がそれに当たる。「意志表明類」は話し手(客)の行動の意志を表明するもので、入ルゾ系、チャービラ系、買オウ系の3つが該当する。このうち、入ルゾ系とチャービラ系(=「来侍る」の意志形)は入店の意志を、買オウ系は購入の意志を表している。「販売要求類」は商品の販売を要求するものであり、売ッテクレ系とクレ系の2つが当てはまる。「許可要求類」は入店の許可を求めるものであり、御免クダサイ系が該当する。「呼びかけ類」は店の人に呼びかけるものであり、申シ系と掛け声系が当てはまる。「符丁表現類」はそれ自体は実質的な意味をもたず符丁のように使用されるもので、コンニチワ系とマイド系がそれに当たる。

あいさつ表現の発想法と方言形成　103

存在確認類
　∠　居ルカ系
意志表明類
　◎　入ルゾ系
　♫　チャービラ系
　●　買オウ系
販売要求類
　▲　売ッテクレ系
　▷　クレ系
許可要求類
　・　御免クダサイ系
呼びかけ類
　⌣　申シ系
　⋎　掛け声系
符丁表現類
　―　コンニチワ系
　⋈　マイド系

※その他、無回答
　は表示しない。

図1　入店のあいさつの方言分布

3.3. 分布と変遷

　図1に見られる方言分布を解釈し、変遷過程を推定してみよう。解釈にあたっては、この地図における各表現の地理的特徴のほか、過去の分布情報も手がかりとし、また、各形式の表現意図の関連性なども合わせて考えた。
　結論を先に提示すると、図2のような変遷過程が描ける。縦矢印は「類」の交替を、横矢印は同じ類の中の「系」の交替を意味する。

```
①存在確認類：居ルカ系                           周辺寄り
    ↓                                              ↑
②意志表明類：入ルゾ系／チャービラ系　→　買オウ系
    ↓
③販売要求類：クレ系　⇆　売ッテクレ系
    ↓
④呼びかけ類：申シ系／掛け声系
    ↓
⑤許可要求類：御免クダサイ系
    ↓                                              ↓
⑥符丁表現類：コンニチワ系　→　マイド系         中央寄り
```

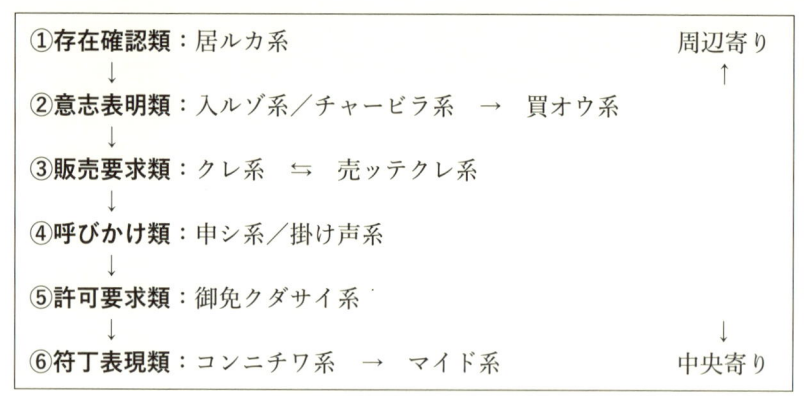

図2　入店のあいさつの変遷

①存在確認類
　ここで最も古いと推定したのは「存在確認類」の居ルカ系である。これは東北と九州、そして中部などに分布し、いわゆる「三辺境分布」を示す。
②意志表明類
　次に古いと考えたのは「意志表明類」である。この類も周辺的な分布を見せる。中でも入ルゾ系とチャービラ系（「来侍る」の意志形）は先に述べたように入店の意志を表すもので、意味的に東西で対応するものと言ってよい。買オウ系との新古は分布からは判断しがたいが、表現意図の関係をヒントにすると、「居るか？→居るなら入るぞ！→入って買おう」といった連続性が想定される。つまり、入ルゾ系のあとに買オウ系が広まったと考えられる。
　なお、買オウ系の分布については、柳田が「元は東京でも買イマショと言う者が多く、その地域は今より広かったのではないか」といった趣旨のこと

を述べている(286頁)。また、『日本方言大辞典』の「かうー」(あいさつ言葉としての「買う」)の項目(494頁)や藤原与一(1992、417頁)には、東日本のみでなく、兵庫県淡路島、徳島県海部郡、香川県伊吹島、高知県、熊本県下益城郡、沖縄本島・石垣島の買オウ系の情報が載せられている。これらを総合するならば、買オウ系の分布は、古くは東日本において現在よりも使用範囲が広く、また西日本や琉球地方にも使用地域が存在していたことが知られる。

③販売要求類

「意志表明類」の次に古いとみなしたのは「販売要求類」である。「意志表明類」より分布の重心が中央寄りにあり、関東・東海地方にも展開することから、「販売要求類」の方が新しいと思われる。特に、クレ系は東北で買オウ系と地域を接するように分布することから、先の表現意図の変化に続き、「入って買おう→買うので品物をくれ」といった連続でクレ系が成立したと推定される。これは意志形式から依頼形式への転換であり、そこからさらに「売る」という実質的意味を担う部分を補強することで売ッテクレ系が誕生したと考えられる。

ただし、クレ系と売ッテクレ系の新古関係については、地図からは判断しがたい面もある。関東の様子を見ると、売ッテクレ系が先に生まれ、そこから「売る」の部分を脱落させて成立したのがクレ系であるという見方もできそうである。これについては、実際に両方のパターンが存在した可能性を考えるべきかもしれない。

なお、柳田はその当時の状況について、「東京は多くはクダサイナまたはオクンナサイ」を使う(286頁)と言っている。この点と先の買オウ系についての指摘とを合わせて考えると、東京では買オウ系からクレ系への交替があったと考えてよいことになる。また、柳田の挙げるクレ系の情報は、広島県三原地方、福岡県嘉穂郡、大分県西国東郡・北海部郡、熊本県人吉地方、鹿児島市近辺にも及んでおり、この言い方がかつては西日本各地にも分布していたことを教えてくれる。

④呼びかけ類

「販売要求類」の次に位置付けたのが「呼びかけ類」である。「販売要求類」よりは分布が中央寄りで新しそうに見える。

宮城の様子については、後藤彰三(2001)が詳しい調査を行っているので、それも参考にしてみよう。図3がそれである(記号は図1に合わせて書き直した)。後藤氏の調査がいつ頃行われたものかは記されていないが、おそらく図1より早い時期の調査と思われる。両図の違いに注目すると、図1では宮城の北部が申シ系、南部がクレ系と大きく分かれているのに対して、図3では実態が少し複雑である。つまり、北部には買オウ系の分布が見られるが、これが図1ではとらえられていない。これは調査地点の密度の違いにもよろうが、2つの調査時期の間に買オウ系が衰退し申シ系が勢力を増したことを物語るものかもしれない。

　「販売要求類」と「呼びかけ類」の関係で注目されるのは、図3ではクレ系が岩手に続く北部地域にも現れていて申シ系を北と南から挟むような分布を見せる点である。つまり、この地域ではクレ系が活発な時期があったが、仙台などから申シ系が広まり、クレ系の分布を分断していったと考えられる。北側のクレ系はすでにこの段階で申シ系と混在しており、勢力が弱まっているが、それがさらに進んだ状態が図1に現れた分布ではないかと推定される。なお、上に挙げた柳田の情報に従えば、九州北部でもかつてはクレ系が使用された時期があったが、図1に見られるように今ではそれは消えており、代わりに申シ系の分布が現れている。

⑤許可要求類・⑥符丁表現類

　以上の表現に比べて新しそうな分布を示すのが「許可要求類」と「符丁表現類」である。前者の御免クダサイ系と後者のコンニチワ系は全国的な広がりを持ち、分布に勢いがある。あたかも他の表現を周辺に押し退けるように広まった様子がうかがえる。両表現の分布は大きく重なっているので、その新古関係は一概には決められないが、東北や九州といった東西の周辺部を見ると、御免クダサイ系の分布の方がコンニチワ系の分布より優勢に見える。これは御免クダサイ系の拡張がコンニチワ系の拡張に先行したことを物語るものと考えてよいかもしれない。

　「符丁表現類」のマイド系は分布上、近畿から周辺に広まったことが読みとれるものである。とりわけ日本海側へ進出し、東北北部にも一定の領域を築いている。地図に示した表現の中では最も新しいものと考えられるが、近

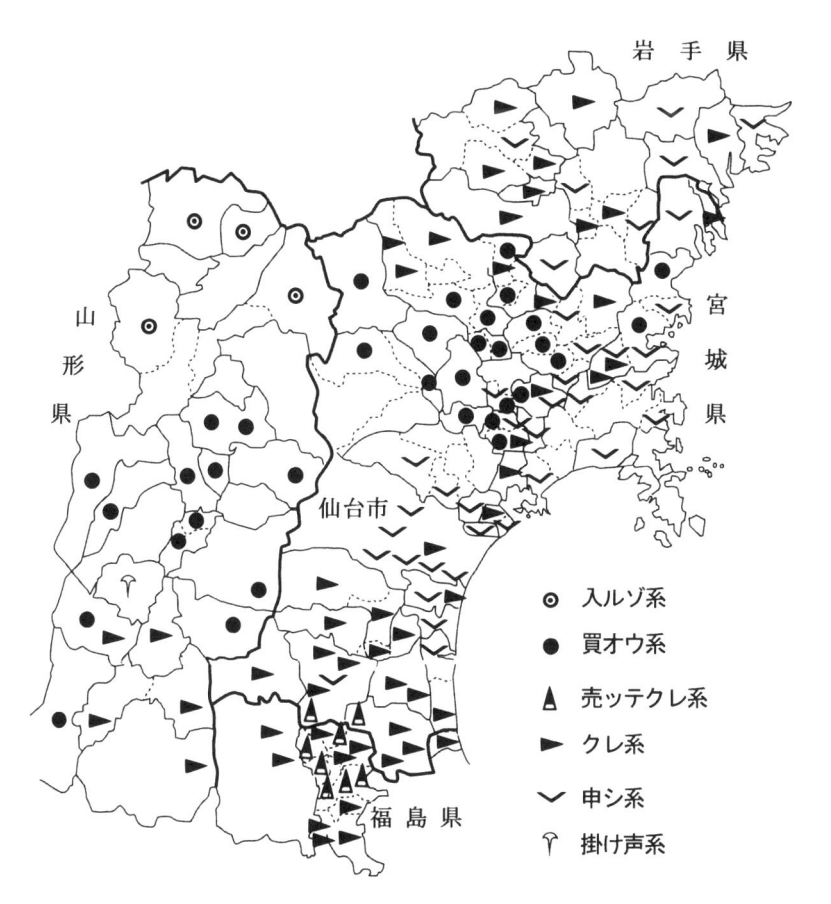

図3 宮城県を中心とした方言分布（後藤彰三 2001 に基づく）

畿のごく中心部に見当たらないことからすれば、御免クダサイ系やコンニチワ系に先立つ表現として位置付けるべき可能性が残る。

4. 入店のあいさつの方言形成

4.1. 伝播論の射程
(1) 方言周圏論の適用

前節では、図1に見られる分布をもとに「入店のあいさつ」の変遷につい

て述べてきた。しかし、そこでは図2のような変遷がどこの地域のものであり、方言分布とどのような関係にあるのか、踏み込んだ説明は行わなかった。ここではその点について考えてみよう。

この問題は、言い換えれば、図2に示した変遷が中央における歴史を表したものであり、図1に見る分布はその中央における歴史を反映したものと考えてよいかどうかという問題である。つまり、「入店のあいさつ」の方言分布を方言周圏論的に解釈できるか否かを問うことになる。

結論を先に述べれば、「入店のあいさつ」の方言分布は、基本的に伝播論で説明して差し支えないのではないかと考えられる。つまり、方言周圏論を当てはめてよいということである。図2のような表現の交替が中央で起こり、それが順次地方へ伝播した結果が図1の分布となって現れていると解釈される。もちろん、図1の分布状態では西側の分布が消えたり消えかかったりしていて周圏論の適用が難しい表現もあるが、柳田の指摘や過去の資料を補助的に利用することで、買オウ系やクレ系などのように西側の分布を補強し、周圏論を当てはめることが可能となる場合もある。

この問題に関しては、伝播の中心にあたる中央での変遷が重要な根拠となるはずである。しかし、買物場面の用例を文献から集めることは難しく、現段階では調査が行き届いていない。参考までに、3種の表現について商家等へ入る場面が描かれた用例のうち、早そうな時期のものを示せば次のようである。

「申シ系」
　　押しづめて彦九郎また門に立ち、のれんあげ。これ申したのみませう。　（『堀川波鼓』下、日本古典文学大系49、61頁）〈1706年頃〉
「御免クダサイ系」
　　かのざとうの、さけをのんでいるちや屋へはいる　北八「ヲイ御めんなせへ　ちやゝのおんな「おいでなさいまし
　（『東海道中膝栗毛』3編下、日本古典文学大系62、160頁）〈1804年〉
「コンニチワ系」
　　でん「ヤ旦那お出でなさい　徳「アイ今日は　びん「大分お揃でご

ざいますネ　徳「アイちつと用談が
　　（『浮世床』初編上、日本古典文学全集47、285・286頁）〈1813年〉

　それぞれ具体的な場面や文脈が異なるため一概には比較ができないが、ほぼ、図2に示した順番に文献に現れているのがわかる。
　また、買オウ系については、室町時代末期の狂言集が手がかりになるかもしれない。すなわち、「雁盗人」では、魚や鳥などを商う肴町にやってきた太郎冠者が雁を求める場面が描かれている。

　　参る程に是がさかなまちじや、今日はさかながなひと見へた、いや是に雁が有（中略）（太郎冠者）「此がんかはう」、（売手）「中々うりまらせふ」
　　　　　　　　　　　（『大蔵虎明本狂言集の研究』本文篇上、167頁）

ここでは買い手である太郎冠者が売り手に向かって「この雁買おう」と呼びかけている。あるいは、「末広がり」には末広がりを求めて都に出た太郎冠者が、「末広がり買いす」「末広がり買いたい」と声を上げて呼び歩く場面も見える。

　　さすが都で御ざるぞ、みれはうりかふ物をよばはると見えた、それがしもよばはつてとをらふ、するひろがりかひす、するひろがりかひたい
　　　　　　　　　　　（『大蔵虎明本狂言集の研究』本文篇上、69頁）

　前者は売り手を目の前にして言葉を発する場面であり、後者は末広がりの売り手を探すべく声を上げる場面である。いずれも店舗に入る場面ではないが、買い手が「買おう」「買いす(＝買います)」「買いたい」と購入の意志をまず表明しているところが参考になる。こうした言語行動が、店舗型の商店へ入る際の買オウ系のあいさつへと発展した可能性は十分あり得る。その時期は明確ではないものの、買オウ系は室町時代の匂いのする表現として、近世以降に用例の見られる申シ系や御免クダサイ系、コンニチワ系などに比べてより古い段階のものとして位置付けることができそうである。

以上のように、文献上の手がかりからも、中央の歴史が周圏的に地図上に反映したものと考えることが許されそうである。しかし、なお慎重に考えると、方言周圏論のみですべての方言形成を説明してよいか疑問も残る。すなわち、中央からの伝播によらず、孤立変遷論的に各地で独自に成立した表現もあるのではないかという可能性である。さしあたり、他の資料でも周圏分布の片側を補強できない入ルゾ系はその候補となろう。入ルゾ系は東北で孤立的に発生したものかもしれない。ただ、先にも述べたように、「来侍る」の意志形である沖縄のチャービラ系は語源的に入ルゾ系と通じるところがあり、中央でも一時期、商店への進入の意志を示す形式が使用された可能性は残る。

(2) 表現の転用と独自発生

方言周圏論のみで説明しきれるか否かという問題においては、次のような点にも注意しなければいけない。つまり、「入店のあいさつ」の表現には、本来、別の目的で使用されていた表現の転用が多いということである。

まず、「一般の訪問のあいさつ」、すなわち、商店ではなく一般の家への訪問時に使用されるあいさつとの関係が注目される。「入店のあいさつ」の表現の中には、「一般の訪問のあいさつ」にも使われる表現が含まれるが、それは次の4つの表現である。

存在確認類：居ルカ系
意志表明類：入ルゾ系
許可要求類：御免クダサイ系
符丁表現類：コンニチワ系

「一般の訪問のあいさつ」については真田信治（1985）が扱っているが、そこで提示された全国分布を見ると、上記の4つの表現の分布は「入店のあいさつ」のそれと類似する。つまり、居ルカ系、入ルゾ系、御免クダサイ系、コンニチワ系の4つは、「一般の訪問のあいさつ」としても「入店のあいさつ」としても使用されるということである。

この場合、これらの表現は、商店の発達などの外的要因を考慮すると、「一般の訪問のあいさつ」での使用が先行し、「入店のあいさつ」での使用は遅れたと考えられる。これは、各地でもともと「一般の訪問のあいさつ」に使用されていた表現が「入店のあいさつ」にも適用されるようになることを意味する。商店といえども他家への訪問であることには変わりはなく、同じあいさつ表現で済ませようという発想は極めて自然である。それだけに、そうした変化は、各地で独自に起こり得る可能性を十分に持っていると言えよう。

　ただし、このことは、そうしたあいさつのしくみ、すなわち「入店のあいさつ」も「一般の訪問のあいさつ」と同じ表現を用いるという慣習が、中央から伝播したことを否定するものではない。特に、「入店のあいさつ」で最も古いと推定される居ルカ系について言えば、この言い方を一般の訪問時のみでなく入店の際にも使用するという慣習は、商店での買い物という新しい行動様式の普及に付随して広まったとみるのが自然である。それ以降の表現も、御免クダサイ系やコンニチワ系のような広い分布領域を形成するものは、中央からの伝播・拡散が大きな原動力となったと考えるのが無理がないように思われる。

(3) 呼びかけ類の位置付け

　「入店のあいさつ」の表現には他の用法からの転用が多いと述べた。その点では、「呼びかけ類」の表現にも注意をしておく必要がある。方言の「呼びかけ類」は中央から伝播したものか、それとも地方独自に発生したものか。

　「呼びかけ類」のうち、まず申シ系は、本来、相手を前にして呼びかける際に使用されるもので、それが「入店のあいさつ」をも担うようになったと考えられる。申シ系は中央では室町時代末期から文献に見られるが、先に触れたように、18世紀に至ると訪問時の用例が現れるので、そうしたものが地方に伝播したと考えて不都合はない。

　これに対して、同じく「呼びかけ類」に分類した掛け声系は慎重な検討を要する。このグループはさまざまな形式を含んでいるが、代表形のもとに、それらの詳細を示せば次のとおりである。

ハーイ　：ハーイ、ハーイー、ハーエ、ハエー、ハイヤ
ハッアイ：ハッアイ、ハッアエ、アッアイ、アッアエ、アイアイ
ハッエン：ハッエン
ハイサイ：ハイサイ
ヤー　　：ヤー
ヘー　　：ヘー、ヘエー、ヘイ、ヘーイ
ヘッアー：ヘッアー、ヘッアン
ホーイ　：ホーイ、オーイ、オーエ
ネー　　：ネー、ネ

　実に多彩な形式が使用されているのがわかる。掛け声のもつある種の生理的で非概念的な性質から考えて、規範に縛られない様々な形式が行われることは想像が付くが、それだけにこうしたものは各地で独自に発生する可能性が高いように思われる。中央の文献を探っても、オーイやネーなどは呼びかけに用いられた例が見つかるものの、ほかの形式はそもそも文献に現れないか、現れても驚きや応答の声として使用されたもので、呼びかけの例は見当たらない。その点からも、これらの形式の多くは各地で独自に生産されたか、あるいは中央語に由来するものであっても、驚きや応答の声として伝播した後に各地で「入店のあいさつ」の用法を獲得したか、そのどちらかであろうと思われる。

　ところが、これらの掛け声を地図にしてみて驚くのは、そこに一定の分布が浮かび上がることである。図4を見てほしい。掛け声系の形式を代表形のレベルで地図化してみた。これを見ると、「ヘー」が近畿を挟むように岐阜・長野南部と京都・兵庫北部に分布している。そして、そこから東西に離れて「ハーイ」が秋田と愛媛に分布する。これは「ハーイ」を外側、「ヘー」を内側とする周圏分布として把握できる。

　また、近畿周辺の「ヘー」のすぐ側には「ヘッアー」も見られるが、これも周圏的な位置に現れている。この「ヘッアー」は「ヘー」と「アー」の複合形式であろう。そうした目で見ると、秋田の「ハーイ」の近くに位置する「ハッアイ」「ハッエン」は「ハー」と「アイ」「エー」などの複合によるも

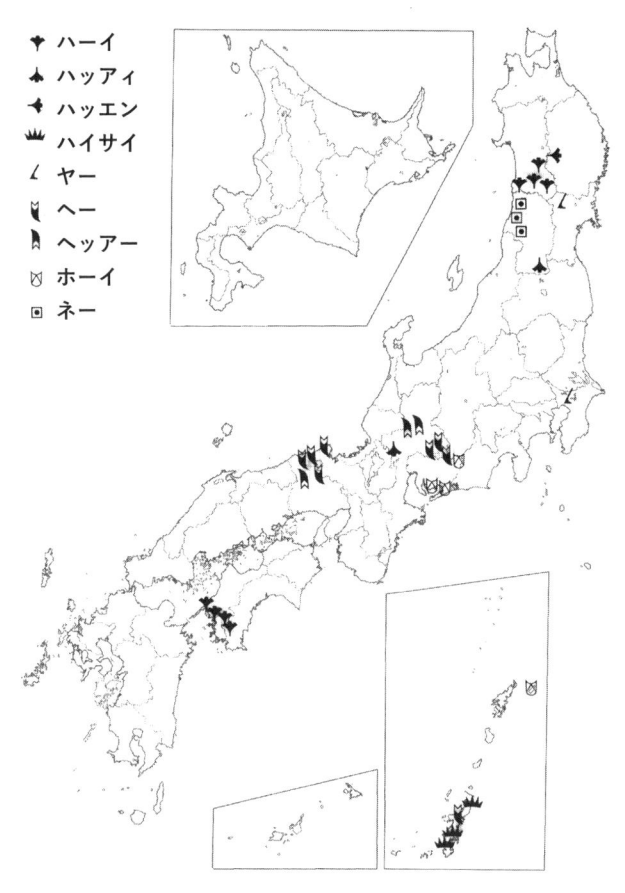

図4 掛け声系の方言分布

のかもしれず、「ハーイ」自体を「ハー」と「アイ」の複合形式と理解することも可能である。

　このように見てくると、もともと中央では「ハー」およびその複合形式で入店の合図を行った時期があり、のちに「ヘー」およびその複合形式にその座を譲った、そうした変遷が地図の上に周圏的な分布となって現れている、と推定することができそうである。沖縄の「ハイサイ」も、「ハー」ないし「ハーイ」の伝播が基になって成立したものと考えることができるかもしれない。

もちろん、掛け声系の全体を伝播論で説明することは難しいであろう。しかし、今見たような東西の対応状況からすれば、店先でこうした掛け声を発するという習慣は中央由来のものであり、それを地方が模倣した姿が分布に現れていると考えることは、あながち不自然とは言えないのである。

4.2. 急速伝播のメカニズム
(1) あいさつ表現の急速伝播

商業の発達により、一般庶民が日常的に買い物を行うようになるのは中世後期以降のことと思われる。そうした歴史を踏まえると、図1に見るような分布は比較的新しい成立と考えられる。中でも、全国のかなりの面積を覆っている御免クダサイ系やコンニチワ系は、先に見たように文献上では近世後期(1800年代初頭)以降のものである。それが、日本列島の広範囲を覆う分布を示すのは、これらの表現の伝わり方がかなり速い速度で行われたことを意味する。

中央から地方への伝播速度については、徳川宗賢(1996)の研究がある。近畿中央部から東西への伝播速度は時代によっても異なるので、18世紀の年速1.46kmという数値を参考に計算すると、御免クダサイ系やコンニチワ系は京都から約300kmの位置、つまり、東は小田原のあたり、西は広島のあたりまでしか到達しないことになる。ところが実際には、図1のような広がりを見せるわけであるから、そのスピードは相当に速く、伝播が一気に行われたことを物語る。

このような急速伝播はどのようなメカニズムで実現したのであろうか。この点については、まず、あいさつ表現という言葉自体の性質が問題になる。すなわち、急速伝播は朝のあいさつの「オハヨー」の類(中西太郎2008)にも認められるものであり、他のあいさつ表現にも共通する現象である可能性が考えられる。

(2) 急速伝播の言語内的要因

それでは、あいさつ表現のどのような性質が急速伝播と関わるのか。この点については、澤村美幸(2011)の研究が参考になる。失敗の感動詞の方言

形成について論じた澤村は、近世中期以降に成立した「シマッタ」が急速に勢力を拡大したことについて、感動詞は他の品詞に比べて独立性が高いために、文法体系や語彙体系の異なる方言に入り込んでその一員となるのに時間を要しなかったことが原因ではないかと指摘する（103頁）。こうした言語体系上の縛りの弱さ、つまり、要素としての独立性や自由度の高さは感動詞だけでなくあいさつ表現にも共通するものであり、御免クダサイやコンニチワの急速伝播にもあてはまる原因ではないかと考えられる。

　また、これに加えて、あいさつ表現が一種の流行語的な性格も合わせ持っていることも重要である。流行語的、という言い方は語弊があるかもしれないが、あいさつは人間関係の構築や維持に関わるものだけに、話し手はその表現に対して非常に敏感になるはずである。自分をよく見せ、相手によく思われる表現を求める心理が、新しい表現の摂取を促すことは十分に考えられる。そうした性格も、御免クダサイやコンニチワの急速伝播に関与していたのではないかと思われる。

(3) 階層性伝播と都市型社会

　以上は言葉の内的な要因と言えるが、それでは外的な要因との関係ではどのようなことが挙げられるだろうか。これについては、「階層性伝播」と「都市型社会」という2つの概念が重要なキーワードになりそうである。

　まず、階層性伝播というのは、小林隆（2012）で取り上げたように、中心的な都市間の交流をもとに、いわゆる地を這う伝播に先行して中心地から次の中心地へとその間の地域を飛び越した不連続な伝播が起こることを指している。そして、そのような一次的な伝播の進行とともに、それぞれの中心地から地を這う二次的な伝播が周囲に広まると考えるものである。このとき、各都市の周囲（農村部）への伝播よりも都市間の不連続な伝播が優先的に起こるならば、新しい事象は一気に遠方にまで運ばれることになる。すなわち、急速伝播が実現するわけである。

　ところで、このような伝播のあり方は、農村部よりも都市部において必要性をもつ事象に適用できるはずである。そして、あいさつはそのような事象に該当し、特に都市において必要な言語行動であると言える。上でも触れた

ように、あいさつは人間関係を構築したり、維持したりする役割を担う。そうした役割は、さまざまな種類の人々が生活し、複雑な人間関係を抱える都市においてこそ必要とされるものである。顔見知りの親しい人々ばかりが暮らす農村においては、そうした機能を担うあいさつはそれほどは重要視されないであろう。あいさつの必要性が農村型社会に比べ都市型社会で特に高いことが極端な階層性伝播を促し、御免クダサイやコンニチワなどを急速に広める大きな原因になったのではないかと考えられる。

こうした問題については、青森・秋田のあいさつ表現を扱った中西太郎(2011)が興味深い発見をしている。中西によれば、相手の行き先を尋ねたり、調子を伺ったり、あるいは天気を話題にしたりするというあいさつらしくない表現から、「オハヨー」を主体にしたあいさつらしい表現への移行が都市部で進み、非都市部で遅れているという。これは、今述べたような階層性伝播、すなわち、非都市部を迂回し、先に都市と都市の間を飛び火的に伝わるような伝播が、実際にあいさつ表現に起きていることを示唆する。

また、階層性伝播は、一般には隣り合う地域における中心地間の伝播が想定されるが、上方と江戸といった日本の2大都市を股にかけた大規模な階層性伝播も起こっていたことが考えられる。近世語に観察される上方から江戸への言葉の流入などは、そうした視点から理解することが可能かもしれない。御免クダサイやコンニチワなどの急速な広まりの背景にも、上方と江戸との緊密なネットワークを通じて、両地域を一気に結ぶような大規模な階層性伝播が生じていた可能性がある。

5. 発想法から見た方言形成

5.1. 入店のあいさつの発想法

ここまで、買物における「入店のあいさつ」の方言形成について論じてきた。各表現がどのように交代し、いかに方言を形成したかを説明したが、そうした変遷のもつ意味については深入りすることができなかった。ここでは、「言語的発想法」という視点からこの問題を掘り下げてみたい。

この言語的発想法というのは小林隆・澤村美幸(2010a・b)で提案した概念

あいさつ表現の発想法と方言形成　117

であり、観察可能な言語現象、つまり具体的な形式や意味の背後に潜んでその運用を操る考え方のことを指す。物事をどのように表現するかという態度、あるいは、言葉に向き合う人々の姿勢と言ってもよい。一般に"ものの言い方"や"話しぶり"などと言われるものは、この発想法が具体的な姿となって現れた現象であるとみなされる。

　小林隆・澤村美幸(2010a)では、表現法に関わるさまざまな事例から7つの発想法を抽出し、それらの現れ方に一定の地理的傾向が存在することを指摘した。今回のテーマである「入店のあいさつ」の場合には、「加工化」「配慮化」「定型化」「分析化」という4つの発想法が問題になりうる。ここまで取り上げてきたあいさつ表現を、これらの発想法から見直してみよう。

a. 加工化

　まず、「加工化」というのは、現場に直結した直接的で素朴な表現(非加工的表現)を避け、間接的で手を加えた表現(加工的表現)を使うという発想法である。

　この観点からは、「意志表明類」の買オウ系が最も非加工的な表現として注目される。この言い方は、買い物という目的を話し手がそのまま宣言するという直接性をもつ。その場に直結した極めて素朴な表現が買オウ系であると言ってよい。また、「販売要求類」の売ッテクレ系やクレ系も品物の販売を要求する表現であり、直接さの点では買オウ系にひけをとらない。これらに比べると、「存在確認類」の居ルカ系や「意志表明類」の入ルゾ系・チャービラ系は買い物に触れない分、いくらか直接性の弱い表現である。ただし、売り手の存在を問うたり、入店の意志を表明したりと、相手に正面から向き合うストレート感は十分備えている。

　それらに対して、「許可要求類」の御免クダサイ系は、買物という目的には直接触れず、文字どおりには店に足を踏み入れることの許可を求める言い方である。「意志表明類」「販売要求類」などと比べると、相当に間接的な表現となっている。さらに、「符丁表現類」のコンニチワ系やマイド系となると、買物とは直結しない表現であるとともに、相手へ働きかける表現でもない。その点で、最も加工化の進んだ表現と言える。

　「呼びかけ類」の申シ系や掛け声系を、加工化の観点からどう位置付ける

べきかは難しい。相手に働きかけるという点では居ルカ系などの非加工的な表現と共通するし、買物とは直接関係しないという点ではコンニチワ系などの加工的な表現と類似するからである。

b. 配慮化

次に、「配慮化」というのは、相手への気遣い、つまり、配慮を言葉によって表現するという発想法のことである。この観点から見ると、「存在確認類」や「意志表明類」は特に相手への配慮を示さない表現と言える。これに対して、「販売要求類」は店の人への依頼という形式を用いる点、配慮の現れた表現である。さらに、「許可要求類」になると、相手の許しを請う形式をとるため、配慮化の極めて進んだ表現と言ってよい。

他の「呼びかけ類」や「符丁表現類」は、配慮性に関しては中立と考えてよかろう。ただし、「存在確認類」や「意志表明類」が相手の領域にずかずかと踏み込むような言い方であるのに対して、そうした感覚は「呼びかけ類」や「符丁表現類」にはなく、その分、配慮性の加わった表現とみなすべきかもしれない。

c. 定型化

続いて、「定型化」というのは、表現のしかたにゆれが出ることを嫌い、場面ごとに一定の言い方を定めようという発想法のことである。決まり文句による表現を志向する態度と言ってもよい。

これをあいさつ表現にあてはめると、あいさつ特有の慣用的表現を用いること、つまり、あいさつらしいあいさつをすることが「定型化」が進んだ状態と言える。その点では、「許可要求類」の御免クダサイ系や「符丁表現類」のコンニチワ系・マイド系などが定型性の強い表現とみなされる。他の存在確認類や、意志表明類、販売要求類、呼びかけ類は、あいさつ以外の目的でも使用可能であったり、実質的な意味を失っていなかったりして、定型性の強いあいさつ表現とは言えない。

d. 分析化

最後に、「分析化」というのは、大括りで汎用性の高い表現を使うのではなく、場面を細かく切り分け、それぞれに専用の形式を用意するという発想法のことである。

「入店のあいさつ」の各表現をこの観点から見ると、「意志表明類」の買オウ系や「販売要求類」の売ッテクレ系、「符丁表現類」のマイド系は、買物という場面に特化した分析的な表現とみなされる。一方、「存在確認類」の居ルカ系や「意志表明類」の入ルゾ系・チャービラ系、そして、許可要求類の御免クダサイ系、「呼びかけ類」の申シ系・掛け声系、「符丁表現類」のコンニチワ系は、先にも取り上げたように一般の訪問場面や呼びかけ場面でも使用されるものであり、その点、分析化されていない表現とみなすことができる。

5.2. 発想法の地域差

以上、「加工化」「配慮化」「定型化」「分析化」という4つの言語的発想法から「入店のあいさつ」の表現を見てきた。これを地域差という観点からとらえ直してみると、「加工化」「配慮化」「定型化」の3つの発想法においては、そうした傾向が顕著な中央日本と、逆に微弱な周辺日本という対立が浮かび上がる。ただ、この中央対周辺の関係は、図5の模式図に示すように、中央的な状態が西日本に広く展開するのに対して、東日本はそれが希薄で全体に周辺的な状態を示す。その点では東西対立的なとらえ方も可能である。中でも、東北地方は3つの発想法が極端に不活発であり、日本語方言の中では非常に特異な位置を占めている。

以上のような地域差は、小林隆・澤村美幸(2010a)で述べた言語的発想法の全般的傾向に合致するものである。歴史的には、「加工化」「配慮化」「定型化」の3つの発想法が次第に活発化する方向で変化したと考えられ、図5のような地域差はその変化が進んでいる地域と遅れている地域の違いとして理解することが可能である。この点、小林隆・澤村美幸(2010b)で論じた言語的発想法の歴史的性格とも一致している。

これに対して「分析化」は、上の2つの論文においては、その地

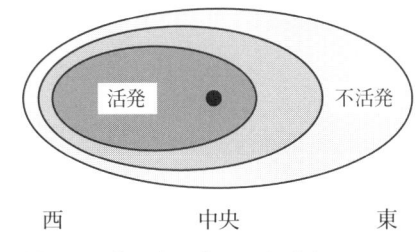

図5 入店のあいさつにおける言語的発想法の地域差

理的傾向や歴史的性格を他の言語的発想法と同様に考えていた。しかし、「入店のあいさつ」の場合には、一般の訪問のあいさつとの区別を持たない点で非分析的な表現(居ルカ系・入ルゾ系・御免クダサイ系・コンニチワ系など)が、周辺と中央の両方の位置に現れていて、買い物専用の分析的な表現(買オウ系・売ッテクレ系など)がその中間に位置するという格好をとる。これは、歴史的には非分析的な表現から分析的な表現へと移行し、あらためて非分析的な表現に戻ったことを意味する。一旦、分析化を進めた表現が再び非分析的なものに回帰したのは、「買おう」「売ってくれ」といった言い方が、一方では買い物専用という分析性を満たすものの、「加工化」「配慮化」「定型化」という別の観点からはそれらと逆行する性格をもつものであり、その点が敬遠されたからであろうと推測される。

5.3. 地域差の社会的背景

　小林隆・澤村美幸(2010a)では、以上のような言語的発想法の地域差の背景に、社会構造の地域差が潜んでいるのではないかと考えた。そして、図6に示すようなモデルを使い、そのことを説明した。

　すなわち、社会構造に起こったある種の変革は、コミュニケーションの複雑化や活性化といった言葉の環境面での変化をもたらし、同時に、情報伝達における言葉への依存的態度を強めていった。そして、そのような状況は効率的で効果的な言葉遣いを志向することにつながり、7つの発想法が鍛えられた。さらに、そうした発想法の成長が、言語の運用面に具体的な表現法や言語行動となって現れていった、と考えたのである。

　このような考え方からすれば、図5のような地域差の根底には、社会構造の地域差が存在することになる。それでは、そうした社会構造の地域差とは何かと言うと、それは一言で言えば農村型社会と都市型社会の違いである。すなわち、農村型社会から都市型社会への移行が早く進んだ中央日本では、それに伴い「加工化」「配慮化」「定型化」などの発想法も磨かれたが、それが遅れた周辺日本、特に東北地方においてはそうした発想法が発現するチャンスが乏しかったと考えられるのである。

　買物という場面に即して想像してみよう。都市化に伴い商店の数も増え、

品物も豊富になれば、買い手の側にも品定めの余地が生まれる。のぞいた店で必ずしも購入するとは限らないとなれば、「買おう」「売ってくれ」というあいさつの言い方は実態にそぐわなくなる。また、商店も多様化していけば、懇意の店もある一方、そうでない店も出てくる。懇意の店ならば飾らない言い方でもかまわないだろうが、そうでない店となるとあまりぶっきらぼうな言い方もできない。それでは失礼な感じがするし、こちらも品のない人間と思われるのは避けたい。あるいは、買物の頻度が上がると、毎回、「買おう」「売ってくれ」などと一々意味のある言葉を口にするのもわずらわしい。さらに、商店の造りが立派になり、市に並ぶ掘立小屋のようなものではなく、屋根を載せた商家の構えをなすものが増えてくると、そこへの進入はもはや一般の家への訪問と変わらないものになってくる。

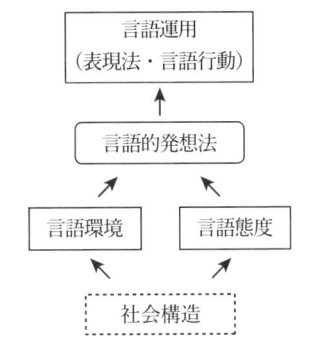

図6　社会と言語運用の関係モデル

　おそらく、都市型社会への移行は、買物行動にとっても例えば以上のような変化をもたらしたであろう。それに伴い、「入店のあいさつ」も直接買物に触れる言い方を避け、売り手への配慮も示しながら、一方で便利に使える決まり文句が求められるようになる。そうした発想法の醸成が、人々に「買おう」「売ってくれ」などといった言い方をやめさせ、「御免ください」「こんにちは」などのあいさつ表現を使用させるように作用したと考えることができる。

　ところで、「入店のあいさつ」の地理的展開と歴史的変遷は、4.1.で述べたように、基本的には中央からの伝播に基づく方言周圏論で説明できそうである。しかし、あいさつ表現は今述べたような社会的背景を負ったものであることからすれば、その方言形成は単に言葉の変化の問題ではなく、社会の変化と表裏一体のものとしてとらえる必要がある。すなわち、都市型社会への移行が「入店のあいさつ」の変化の大きな要因となっている点が重要なのである。このことは、地方が中央からの新しいあいさつ表現を単純に受容

するのではなく、社会変化の要請に応じて積極的に受容するものであることを意味する。逆に言えば、社会的要請がないかぎり、たとえ新式の表現が伝播して来たとしても、地方はその受容を拒否することもあり得たと考えられる。

先に述べたように、「入店のあいさつ」の方言分布は日本の周辺部、とりわけ東北地方において古い段階のあいさつ表現を使用する。これは、1つにはそれらの地域への新しい表現の伝播が遅れたためと考えられるが、同時にそれは、東北などの周辺地域で都市型社会への移行が進まず、商店での買い物という習慣が広まりきらなかったためでもあると思われる。すなわち、近代化に向けた社会変化の停滞が近代的なあいさつ表現の導入を阻み、それが中央からの伝播の受容に対しても消極的に作用したのではないかと考えられる。

社会構造の地域差を視野に入れる時、中央の視点に立つ伝播論ではなく、地方の側に立つ伝播論がありうることが見えてくる。このことは、澤村美幸（2007）や小林隆（2010）の主張ともつながるものであり、今後の方言形成論にとって重要な視点となるものである。

6. まとめ

『毎日の言葉』は、今後のあいさつ研究の指針となりうる柳田の創見に満ち溢れている。「買物言葉」の章では、当時の地域差の指摘と通時面への言及が行われ、発想法の視点の萌芽も見られる。本論では、現代方言学、特に方言形成論の立場から、そうした柳田の研究を発展させてみた。

最後に、冒頭の「本論のねらい」に対応させて、ここまで論じてきたことを簡単にまとめておこう。

（1） 新たな調査資料に基づく解釈の精密化：「入店のあいさつ」の全国分布図を描き、柳田の集めた一時代前の情報なども利用しながら、表現の変遷を推定した。また、その方言形成が基本的に方言周圏論で説明できることと、急速な伝播の要因として、あいさつ表現自体の言語的

性質や、階層性伝播といった伝播様式の問題が考えられることを論じた。
（２）　発想法を軸にした方言形成論への展開：「入店のあいさつ」の地域差を言語的発想法の観点からとらえ直し、加工化・配慮化・定型化などの傾向が顕著な中央日本と、逆に微弱な周辺日本(特に東北地方)という対立を把握した。また、そのような地域差は、農村型社会から都市型社会への移行が早く進んだ中央日本と、それが遅れた周辺日本との対立ともとらえられ、そうした社会的背景があいさつ表現の方言形成に大きく影響していることも指摘した。

注

1　柳田の「買物言葉」とこの調査の結果との比較で気をつけるべき点は、本論の２節の冒頭で述べたように、柳田の研究では店への訪問者として子供が想定されていることである。この調査ではそうした限定は加えていない。この点は両者の比較の際に注意が必要であるが、本論では特にそのことは問題にならないと思われる。
2　図１・図４の方言地図作成にあたっては国立国語研究所のプラグインを利用した。調査地点図の作成には竹田晃子氏(国立国語研究所研究員)の協力を得た。

文　献

後藤彰三(2001)『胸ば張って仙台弁─ぬくもりを伝えるふるさとことば─』宝文堂
小林隆(2005)「第二の『日本言語地図』をめざして」『国文学解釈と教材の研究』50-5
小林隆(2010)「日本語方言の形成過程と方言接触─東日本方言における"受け手の論理"─」『日本語学』29-14
小林隆(2012)「方言形成論の到達点と課題─方言周圏論を核にして─」『東北大学文学研究科研究年報』61(改稿の上本書に収録)
小林隆・澤村美幸(2010a)「言語的発想法の地域差と社会的背景」『東北大学文学研究科研究年報』59
小林隆・澤村美幸(2010b)「言語的発想法の地域差と歴史」『国語学研究』49
小林隆・篠崎晃一(2004)『消滅の危機に瀕する全国方言語彙資料』科学研究費報告書
真田信治(1985)「あいさつ言葉と方言─地域差と場面差─」『日本語学』4-7

澤村美幸(2007)「方言伝播における社会的背景―「シャテー(舎弟)」を例として―」『日本語の研究』3-1(澤村 2011 に収録)
澤村美幸(2010)「感動詞の地域差と歴史―「失敗の感動詞」を例として―」小林隆・篠崎晃一編『方言の発見―知られざる地域差を知る―』ひつじ書房(澤村 2011 に収録)
澤村美幸(2011)『日本語方言形成論の視点』岩波書店
徳川宗賢(1996)「語の地理的伝播速度」言語学林 1995-1996 編集委員会『言語学林 1995-1996』三省堂
尚学図書編(1989)『日本方言大辞典』上、小学館
中西太郎(2008)「あいさつ言葉の定型化をめぐって―「おはよう」を事例とした定型化の検証―」『国語学研究』47
中西太郎(2011)「あいさつ表現の使用実態の地域差―朝の出会い時を中心に―」『日本方言研究会第 93 回研究発表会発表原稿集』
藤原与一(1992)『続(昭和→平成)日本語方言の総合的研究　第 3 巻　あいさつことばの世界』、武蔵野書院
柳田国男(1946)「買物言葉」同『毎日の言葉』創元社(引用は『柳田國男全集』15(1998、筑摩書房)による)

方言にみる頼みかたの表現と発想

沖裕子

1. 日本語の「あいさつ」

　言語文化によって、「あいさつ」のとらえかたは異なっている。それぞれの言語文化に特有のあいさつ観を身につけ、適切にふるまうことは、さほど容易ではない。そのためには、「あいさつ」観についてまず知る必要がある。

　日本語の「あいさつ」ということばには、さまざまな使われ方がある。「こんにちは」「おはよう」など、人と人が出会ったときに交わす言語表現を指すばかりではない。

　たとえば、結婚式のスピーチなどは、「あいさつ」という日常語でとらえられている。祝儀不祝儀には、こうした主催者の「あいさつ」が欠かせない。また、生徒や社員を前にした校長先生や社長の訓示や、新任時の抱負と決意表明なども、「あいさつ」と呼ばれている。「時候のあいさつ」などという使われ方もあり、時宜にかなった物言いや、そうした文章が書けることも、「あいさつ」ととらえられていることがわかる。

　さらに、「何のあいさつもなく、突然隣りの家の工事が始まった」などの使われ方もされている。ことを起こすに先立って相手に一言ことわる態度や物言いも、「あいさつ」と考えられていることがわかる。この場合、工事の始まりを告げることが「あいさつ」なのではなく、そこに静謐を乱すお詫びと受容のお願いが添えられることで「あいさつ」となる。あるいは、言葉遣いそのものよりも、出向いて気持ちを伝える行動自体が「あいさつ」ととられることもある。また、同席した相手に一言さりげなくことわって、もしくは会釈して退席するなどのふるまいも、「あいさつ」ができる人のふるまいと考えられている。

　こうした現代日本語での使われかたをみると、「あいさつ」は、出会いの

交話的な会話のみを指すのではないことが知られる。「あいさつ」には、つきあいにおいて意を伝えるときにとる、場面に即した礼儀やわきまえのあることばづかいとふるまい、という意味が見いだせるのである。この点で、現代日本語では、「あいさつ」は、人間関係を作り上げる重要な要素だと考えられている。

　日本語のあいさつ観の根底には、自分と相手がともに場面を構成しているという、場面意識が横たわっている。場面をともに支える相手に対する配慮のあらわれが「あいさつ」だととらえられるのである。

2. 柳田国男『毎日の言葉』の現代的意義と本論の目的

　柳田国男の『毎日の言葉』を読み直してみると、あいさつにあたる物の言いかたとともに、それらを生み出す発想を考察するうえで、新たな発見が多いことに気づかされる。たとえば、「買物言葉」という短い章は、個人商店に入るときにかけるあいさつの地域差と発想に触れている[1]。クダサイナ系は、ただで物を貰おうとする場合と区別できないような言いかたであるとか、カウヨ系とでもいうべきものは、店屋に買い物に入るのに最も明瞭で堂々とした形である、などというくだりがそれである。

> 　子供が店屋に物を買いにくる場合になんと言ったか、諸君の古い記憶にくらべ合わせると、きっとおもしろい変化があることに心づかれるであろう。東京は多くはクダサイナまたはオクンナサイ、私などの国ではオクレというのが普通だったが、関東の一部には、もうまるで違っているのがあった。五十何年か前に私もたしかに使ったことがあるが、今もおそらくはまだ全然なくなってはおるまい。
> 　　カーヨ　　　　茨城県北相馬郡(きたそうま)・稲敷郡(いなしき)
> 　　カアベ　　　　千葉県 東葛飾郡(ひがしかつしか)
> 　　カーベー　　　茨城県水戸地方
> 　　カインショ　　同　　久慈郡(くじ)
> 　東京にももとはカイマショという者が多かったらしいからこの区域はも

う少し広かったものと思う。これが最も明瞭でまた堂々としている形だが、他の地方の例は妙に遠慮深く、ただで物をもらおうとする場合と、区別の立たぬものばかり多い。甲州はそれでもウッテクダイショというのが常だそうで、代を払うという点を明らかにしているが、他の地方は総体にクダサイナ系に属する。(略)加賀の金沢市などの買物言葉は、コンネ又はコンネーというのが児童の辞令で、是も「この家の人に物申さん」というような文句の形式化だったらしい。　　　　　　　　（pp.78–82）

　言語使用には創造性があり、具体的な場面のなかで、発話者が自由にことばを選択することに談話表現の本質がある。ただし、特定のジャンルに限ると、同じ地域には、似たような物の言いかたがみられる場合があることに、柳田は触れている。その地域の全員がそうした言いかたをするわけではないが、多くの人が同じような物の言いかたをするといった類の傾向性である。
　こうした物の言いかたの傾向性は、語彙と文法だけ知っていてもわからない。場面の特性とともに、語(形態素)の組み合わせかたのくせや好みとでもいうべきものを知らなければ、適切な談話表現としては伝わらない。
　また、表現のくせの背後には、物の見かたの無意識のくせ、発想というべきものがひそんでいる[2]。もし、その地域語の発想が会得されれば、表現を組み立てることも楽になる、といえるであろう。ここには、言語学習という点からみても研究的に説明すべき課題がひそんでいるように思う。
　柳田国男『毎日の言葉』は、各地の日常卑近な物のわきまえかたと言いかた、すなわちあいさつの態度が含まれたことばとふるまいに温かいまなざしを注ぐことによって、巧まずして、発想についても興味深い言説を展開していると思うのである。
　本論では、談話論の立場から、物を取ってもらうときに、ひじょうにていねいに一言かける頼みかたの、表現の組み立てと発想を分析考察する。何か物を取ってもらうときに、ひじょうにていねいに相手に一言かける物言いには、行動に先立って相手にことわりを入れるあいさつの意味が含まれている。資料分析をとおして、各地の独自性とともに、日本全域に共通する特徴についても、考察していきたい[3]。

3. 頼みかたの組み立ての地域差

3.1. とりあげる言語資料

言語資料とするのは、国立国語研究所が調査を行った『方言文法全国地図 第6巻 資料一覧』(以下 GAJ) のデータである[4]。GAJ 第6巻には、その場面で何というかを尋ねる、待遇表現に関する表現法調査の項目が収められている。下記の調査項目 263–A、263–B は地図化されておらず、資料のみの公開である。

> 263—A 近所の知り合いの人に向かって、ややていねいに「そこに有る本を取ってくれませんか」と言うとき、「取ってくれませんか」のところをどのように言いますか。
> 　—B この土地の目上の人にむかって、ひじょうにていねいに言うときはどうですか。

本論では、263–B の項目をとりあげて分析考察をおこないたい。この場面では、目上の人のそば近くに座っているところが思い浮かぶ。わきまえとして、へだてのある目上の人を使い立てすることには遠慮が働く。できることなら煩わせず、席を立って自ら本を手にとるであろう。それができずに、「この土地の目上」の相手に「ひじょうにていねいに」頼むのは、席の改まり方と関係する。そう考えると、この場面でのひとことは、礼儀をもって相手に頼むというあいさつを行う問答場面でもある。

調査資料を概観すると、全般的に俚言形が少なく、また、一見すると明確な地域差が把捉しにくいように感じられる。A 場面と比較しても、B 場面は俚言形が少ない。しかし、ここで、あえて B 場面における表現をとりあげるのは、次のような関心からである。

①共通語が選択されやすい場面でも、地域差がみられるのか。
②あいさつ表現の地理的多様性をまとめる、日本語表現としての共通性はあるのか。

以後、この 263–B の項目を指して「頼みかた」とも「依頼表現」とも呼ぶ。

3.2. 表現の組み立てかた

①②の課題の解決には、まず、頼みかたの地域差を、どのように類型化できるかについて見通しを述べておく必要がある。これには、沖裕子(2009)が、申出表現を例に、GAJの言語資料を用いて行った分析方法を踏襲したい。すなわち、表現を組み立てている語(形態素)と、それらがもつ文法的特性に注目して行う、表現型の分析である。

まず、使用された形式に注目すると、次のような形式がみられた。

クレル／クダサル
モラウ／イタダク
タマワル
チョーダイ
ヤル
ツカワス
ヨコス
ネガウ
その他

これらの使用形式に注目して、それぞれの表現の組み立てかたを、次章でまずは整理してみたい。原資料の表記は、記号そのものが統一されていないが、ここでは、読みやすさを考慮して、推定によるカタカナ音韻表記で記しなおした。また、形態素は、各地点の言語体系内の分析によって得られるものだが、GAJの他項目の形態法と比較することにより、分析可能だと判断したものは、便宜的に形態素種別を示した。さらなる現地調査が必要であると判断したものは、これを示さずにある。この点で、沖縄県の依頼表現(22地点)は集計から除いた。また、活用語尾などで、音素表記でなければ接辞が示せないものなどは、厳密な表記をしていない。形態素種別の考えかたと表記は、宮岡伯人(2002)に従う。「＝」の右は倚辞を、「-」の右は接辞を表している。なお、日本語は形態素種別相通がみられるため、同じ形式でも、結節のありかたによって語基とも倚辞とも接辞とも認められる。

4. 頼みかたの表現類型の地理的変異

4.1. クレル／クダサル表現の変異

クレル／クダサルは、用言複合体を形成し、次のような格体制をとる。

（1）（あなたガ、私ニ、本ヲ）トッ‐テ＝クレル／クダサル

そして、形態的に、次のような表現の組み立ての拡張とバリエーションをみせている。なお、これらのバリエーションに対して、さらに文末に終助詞（文末詞）が付加する地点があるが、ここでは別立てにしなかった。各地終助詞の記述的研究が進まなければ、真の分類ができないと判断したためである。例示には簡略に県名のみ記す。

1）命令形による働きかけを用いた表現
　　a）クレル／クダサルの命令形を用いる。
　　　例）トッ‐テ＝ケロ：秋田、トッ‐テ＝クレー：群馬
　　　　　トッ‐テ＝オ＝クレー：広島
　　　　　トッ‐テ＝ケロ＝ジャ：青森
　　　　　トッ‐テ＝クダサイ：岡山
　　　　　トッ‐テ＝クンチェ：福島
　　　　　トッ‐テ＝クンツァレ：福島
　　b）クレル／クダサルに敬語接辞・倚辞を後接し、その命令形を用いる。
　　　例）トッ‐テ＝オ＝クン‐ナハイ：福井
　　　　　トッ‐テ＝オ＝クレ‐マセ：静岡
　　　　　トッ‐テ＝クン＝ナハイ＝ナ：京都
　　　　　トッ‐テ＝クダサイ‐マシ：埼玉
2）疑問の働きかけを用いた表現
　　a）カを付加し、疑問の働きかけにする。
　　　例）トッ‐テ＝クレッ＝カ：茨城

トッ － テ＝オ＝クレ － ン＝カ：岐阜
  b） 終止形を用いて、音調で疑問の働きかけを示す。
    例） トッ － テ＝クレルー：茨城
  c） 否定疑問の働きかけにする。
    例） トッ － テ＝クレ － マセ － ン＝カ：静岡
       トッ － テ＝クン － ネー：山梨
       トッ － テ＝クダサイ＝マセ － ン＝カ：富山
       トッ － テ＝クダサラ － ン＝カ：兵庫
 3） その他の働きかけを用いた表現
       トッ － テ＝オ＝クレ － マショー：静岡・愛知
       トッ － テ＝オ＝クレ＝ヤス：愛知・京都

4.2. モラウ／イタダク表現の変異

　モラウ／イタダクは、用言複合体を形成し、次のような格体制をとる。

（2）（私ガ、あなたニ、本ヲ）トッ － テ＝モラウ／イタダク

　そして、この構文を利用しながら、次のような表現の組み立てのバリエーションをみせる。ちなみに、モラウ／イタダクは、構文的理由から、可能形（または自発形）に変換しなければ依頼をあらわす疑問文にはならない[5]。「私が～してもらえる。」のように非意志性の状態述語に変換することで、相手に状態の実現を確認するタイプの依頼表現となる。

 1） 疑問の働きかけを用いた表現
  a） 可能形にし、カを付加する。
    例） トッテ＝モラエ＝マス＝カ：奈良
       トッ － テ＝イタダケ＝マス＝カ：新潟
  b） 可能・自発形にし、否定疑問にする。
    例） トッ － テ＝モラエ － マ － ヘン＝カ：大阪
       トッ － テ＝モラワ － レ － マ － セン＝カ：広島

2）願望を用いた働きかけの表現
    a）タイを用いる。
        例）トッ - テ＝ムライ - テ＝ガ：長野
            トッ - テ＝イタダキ - タイ：滋賀
    b）タイにノダを後接する。
        例）トッ - テ＝モレー - テー＝ン＝ダ＝ガ：新潟
            トッ - テ＝イタダキ - タイ＝ン＝デス＝ガ：埼玉

4.3. タマワル表現の変異

　東京共通語のタマワルは文章語に近い。これに対して本資料には、次のような倚辞あるいは接辞の用法がみられた。

  例）トッ - テ＝タモレ：秋田
      トッ - テ＝タモリ - ヤレ：東京
      オ＝トイ - ヤッ - タモン＝セ：鹿児島

4.4. チョーダイ表現の変異

　チョーダイは、東京共通語に関しては、名詞（チョーダイ＝スル）、動詞（チョーダイ）、倚辞（行ッテ＝チョーダイ）としてふるまう。動詞、倚辞の活用形は命令形「チョーダイ」のみである。本資料の表現の組み立ては、倚辞の用例のみであった。

  例）トッ - テ＝チョーダイ：北海道、トッ - テ＝チョーダイ：埼玉

4.5. ツカワス表現の変異

　東京共通語では、ツカワスは、本動詞としても、倚辞としても使用されるが、文体的特徴は無標ではなく、文章語である。本資料では、倚辞として使用されていた。

1）命令形による働きかけを用いた表現

　　　　例）トッ‐テ＝ツカーサイ：福岡、トッ‐テ＝ツカー：愛媛
　２）その他の働きかけを用いた表現
　　　　例）トッ‐テ＝ツカンセー＝ナ：鳥取
　３）疑問の働きかけを用いた表現
　　　　例）トッ‐テ＝ツカーサレ‐マセ‐ン＝カ：山口

4.6. ヤル表現の変異

　ヤルは、九州の一部に、相手から話し手に向かう移動の方向性を表す用法があり（GAJ 第 5 集第 266 図「くれ」の項目、日高水穂 2009,2011）、これらの用例にはそうした意味的変異のある使用例が含まれている可能性がある。

　　例）トッテクイヤッタモハンカ：鹿児島、トックヤッタモハンカ：鹿児島、オトイヤッタモンセ：鹿児島、オトイヤッタモハンカ：鹿児島、トッテヤラッシャイ：宮崎、トッテヤンナハランカ：愛媛、オトリヤッテクナンセ：岩手

4.7. ヨコス表現の変異

　ヨコスを用いた例があった。

　　例）トッ‐テ＝ヨコシ‐テ＝クレ‐マセ‐ン＝デショー＝カ：岩手
　　　　トッ‐テ＝(エ)ゴ‐サッシャイ‐マセ：島根

4.8. ネガウ表現の変異

　ネガウは、名詞形＋スルを用いた用例が 2 例。可能形を用いた疑問文 1 例、同否定疑問文 3 例であった。

　１）宣言文による働きかけを用いた表現
　　　名詞形＋スルを用いる
　　　　トッ‐テ＝モライ‐テー＝ガ＝オ＝ネガイ＝シ‐マス：長野
　　　　スミ‐マセ‐ン＝ガ＝オ＝ネガイ＝シ‐マス：愛媛

２）疑問の働きかけを用いた表現
　　a）　可能形を用いる
　　　　オ＝トリ＝ネガエ － マショー＝カ：東京
　　b）　否定疑問文を用いる
　　　　オ＝トリ＝ネガエ － ナイ＝デショー＝カ：北海道
　　　　オ＝トリ＝ネガエ＝マショー＝カ：東京
　　　　オ＝トリ＝ネガエ － マセ － ン － デショー＝カ：奈良

4.9.　その他の表現

以下に挙げる用例がすべてであった。

１）授受形式を動詞として使用する表現
　　例）イタダケマセンカ：北海道
　　　　ヤゴシテクレマセンカ：岩手
２）トル以外の動詞を用いる表現
　　例）ノベテクダサエ：青森
　　　　ノシテクタンシェ：岩手
　　　　ツンダシテモラワニェガッシ：山形
　　　　モッテクレマセンカ：神奈川
　　　　ノケテクダサイヤ：島根
　　　　オマワシクダサイマセンカ：山口
３）その他
　　例）ゴザッタホーエデス：秋田
　　　　アリョーチョットー：山口

5.　地理的分布と密度

　これらの表現類型の分布には、特定の地域的分布をもつものと、全国的広がりがある分布とがみられた。
　クレル／クダサル、モラウ／イタダクは、「空からばらまいたような分布」

で全国に広がっている。しかし使用頻度をみると、静岡・長野・新潟以東の回答数のうちクレル／クダサルが占める割合は約70%であるのに対し、富山・岐阜・愛知以西では約50%で、東日本のほうがクレル／クダサルの使用率が高くなっている。モラウ／イタダクについては、東西で差はなくそれぞれの回答数の15%程度である。

これら以外の表現については、下記のように、タマワルは鹿児島県に、ツカワスは中・四国に、ヤルは宮崎・鹿児島県に比較的まとまった分布がみられた。

タマワル　　29地点(秋田2、東京2、三重1、奈良1、宮崎2、鹿児島21)
チョーダイ　 2地点(北海道1、埼玉1、)
ツカワス　　15地点(鳥取3、島根1、岡山1、広島5、山口1、徳島1、愛媛1、福岡2)
ヤル　　　　27地点(岩手1、山形3、福島1、茨城1、東京1、愛媛1、宮崎3、鹿児島16)
ヨコス　　　 5地点(岩手2、島根2、鹿児島1)
ネガウ　　　 5地点(北海道1、東京1、長野1、奈良1、愛媛1)
その他　　　10地点

前4章では触れていないが、本資料から表現の組み立てかたをみると、授受形式の敬語化における形態法的変異がみられた。たとえば、オという接頭辞による組み立てを例にとると、「トッテ＝クレル」は、「オ＝トリ‐クダサル」のほかに、「トッ‐テ＝オ＝クレル」などの共通語にはない複合体の組み立てが地域語にはみられる。「オ＝トリ‐クダサル」では、授受形式クダサルは接辞であるが、「トッ‐テ＝オ＝クレル」では授受形式クレルは倚辞である。倚辞クレに、オを前接した形式がみられる地点と度数は、下記の通りである[6]。

岩手1、群馬2、埼玉1、長野8、山梨2、静岡3、岐阜3、愛知7、京都3、

兵庫2、広島1、山口1、福岡1、大分3、佐賀1、長崎5、

　ナヤシ方言(長野・山梨・静岡)から、ギア方言(岐阜・愛知)にかけてまとまった分布がみられるが、必ずしも両地域だけではなく、全国にも点在する様子が窺える。GAJの調査地点密度では、局地的に密度が高い分布を発見することが難しい場合がある。今後は、こうした分布タイプの文法的、表現的地域性を発見することが課題になると思われる。

　本資料を見る限り、東京共通語にみられる表現的組み立てと発想の影響は強いものの、全国を席巻してしまったとはいえない。共通語化が予想されるB場面で、語彙的には共通語と同形式を用いていても、その使用頻度や、表現の組み立てかたそのものに、ここに述べてきたような地域差があることが知られるのである。

6. 頼みかたにみる現代日本語の表現と発想

6.1. 授受的発想の共通性

　頼みかたの全国資料を通じてその表現的組み立てと発想の共通性を考察すると、次のようなことがいえるであろう。

　まず、授受形式を使用しない頼みかたがほとんどみられないことである。授受形式の多くはクレル・モラウおよびその語彙的敬語形のクダサル・イタダクであったが、そのほかにチョーダイ、ツカワス、タマワル、ヤル、ヨコスなどの授受形式が使用されている。

　授受形式が使用されていない表現は、全国800余地点(複数回答地点有)のなかで、ネガウ系5例および「ゴザッタホーエデス」「アリョーチョット」2例のみであった。この事実を見る限り、現代日本語のていねいな頼みかたの特徴は、授受形式の使用にあることが、こうした地域的変異の資料をみると明白になる[7]。

　また、授受形式を使用するとていねいな依頼のあいさつ表現になるという事実は、そこに、現代日本語の世界を覆う次のような共通の発想があることを示している。すなわち、他者に物を頼む依頼においては、他者の助けを「受

ける」という発想で臨むことが重要視されていることである。

　本資料中には、たとえば、「トッテ＝クレ・ラレル＝カ」というようなクレルを可能形にした表現はみられない。状態述語に変換するための可能形式化が必要なモラエル構文とことなり、クレル構文を可能形式化すると、≪主語に立つあなたが、受け手である私に、恩恵をもたらすことができるか否か≫を尋ねる表現になってしまうからである。現代英語のていねいな依頼表現が 'Can you ... ?' のような、相手の能力または状況を確認する可能表現の使用と、個人の独立した判断を尊重する発想に支えられていることとは、大きく異なっている。相手の能力や状況をあからさまに聞くことは、日本語のていねいさの原則に反する（金田一春彦 1957）という発想は、本資料の表現形式の出現頻度からも追認できるのである。

　授受形式を用いた表現の組み立てと、相手の厚意を受ける態度で臨む発想は、日本語人[8]にとってはあまりにも当たり前の事柄であるだけに、こうした依頼表現の組み立てと発想を記述することは、これまで研究対象にすらならなかったといってよいであろう。しかしながら、外国語として日本語（各地方言）を習得するような場合には、こうした表現の組み立てとその背後に潜む発想こそが習得の鍵となる。

6.2. 働きかけの多様性と共通性

　日本語文法では、疑問文という範疇があるかどうかは疑わしく、相手に質問したい場合には、平叙文にカを加えるか、平叙文に随伴させる音調による方法がとられる。また、相手への働きかけということでとらえると、カ疑問文のみが相手への働きかけを有しているわけではない。たとえば、願望形式タイやカ以外の終助詞を付加しても相手への働きかけを有する文ができる。

　依頼は相手に働きかける行為であるため、こうした、相手への働きかけのある多様な形式と構文を選択することで、依頼表現を多様に組み立てる実態が本資料にもみられるのである。また、述部において用言複合体を膠着的に拡張していく形態法は、日本語に通底する文法であり、これにも依存して、表現型と発想の地理的変異がもたらされている。今後は、用言複合体の形態・構文論において方言記述がさらに進展することで、談話表現分析にもさ

らなる発展がもたらされることと思う。

　また、「〜してくださいますか」と「〜してくださいませんか」などの、いわゆる肯定疑問文と否定疑問文は、表現レベルの意味として、同一言語体系内ではていねいさの違いがきめこまかく意識されることがあり、相手配慮の待遇度ともかかわっている。GAJ 263-B 項目設定のねらいは、疑問文選択と否定疑問文選択の地理的差異を発見することにあったが（国立国語研究所 1989）、調査結果からは明確な傾向性は見いだせない。こうした表現単位の研究にも、今後は、新たな分析視点の開拓が望まれる。

7. 依頼表現研究における資料の位置づけ

　本論がとりあげた資料は、たとえば推薦状を書いてほしいというような複雑な状況を伝えるようなタイプのものではなく、目の前にあるものをとってほしいという、内容的には単純な依頼あいさつの調査結果である。現実の依頼談話は、話し手と聞き手の相互行為のうちに達成され、1 文のみで依頼が達成されるわけではない。相互の適切なやりとりを可能にするスキーマが言語共同体内には形成されており、談話論の対象はそちらへと向かっている（井上文子 2013、沖裕子 2010、2013、蒲谷宏・川口義一・坂本恵 1998）。

　談話は、沖裕子（2010）に従うと、①事態、②意識、③内容（構造）、④表現が同時に結節しているものととらえられる。本言語資料では、現実にそのようなことがありえるか（①）、また、そのときどのような内容を相手に伝えるのか（③）については調査対象にされてはいず、調査対象となったのは表現そのもの（④）のみであった。今後の依頼表現の研究は、①から④までに目配りした地域差のありかたを研究することが大切であろう。

　しかしながら、あえて④の表現のみを対象とした調査資料であっても、日本各地の表現を対象にした言語資料を分析することで、表現の組み立てかたの地理的多様性と共通性について、典型的特徴を知ることができる。また、そうした表現の組み立てかたを許す各地の無意識の物の見かたとでもいうべき発想（②）についても、かえって推察できることがあると考えた。頼みかたを、ことわりのあいさつの一種ととらえると、その一言の物の言いかたの組

み立ての考察には、かえってこうした言語意識調査の資料結果が活用できるのである。

8. おわりに

　以上、表現と発想の点から、地理的変異を通じて、現代日本語の依頼あいさつに共通する定型性の高い表現的特徴と発想を指摘した。

　ひじょうにていねいな場面において、「そこに有る本を取ってくれませんか」という、依頼のあいさつ態度を端的に示す1文の表現的組み立てには、授受表現形式の使用が現代日本語としては必須であり、相手の厚意を受けるという共通した発想に支えられていることが分かった。依頼表現と授受の発想の重要性が、全国800余地点の調査から帰納的に得られたものである。

　使用される授受形式そのものの異なりとして、全国的に使用されるクレル／クダサル（全回答数の約70％）、モラウ／イタダク（同約20％）だけではなく、タマワル・チョーダイ・ツカワス・ヤル・ヨコスなど狭域に分布する種々の使用がみられ（同約10％）、地域的特色が生きていることが確認された。使用語彙のみならず、たとえば、「Vクレル」を「V＝オ＝クレル」とするような表現の組み立てかたそのものにも、方言色がみられた。それぞれの変異の分布範囲は狭くとも、一定地域に密度高く存在する可能性があることも指摘した。今後は形態・文法・表現の体系記述とともに、これらの深く狭い言語地図の作成も課題となるであろう。

　柳田国男『毎日の言葉』を再読すると、あいさつの交話機能は、暮らしにおける人の接遇そのものをふまえた談話として考察されていることに気づく。人が織りなす社会の様相とことばの表現様式とを一体的にとらえようとする態度は、今日の社会言語学にみられるものである。

　また、『毎日の言葉』には、地理的変異や歴史的変異をとらえながら、巧まずして日本語社会に通底する発想の源をみようとする態度が感じられる。変異の観察にあたって、変化しやすいものと同時に、変化しにくいものにも着目するまなざしは、今日の気づかれにくい方言の研究にみられるものである。

柳田方言学の意義は、今日の社会言語学や気づかれにくい方言研究につらなる考え方を、当時にあって自由に展開したことにある。さらに現代的意義は、と問われれば、再読に堪え、新たな発見をもたらす仕事として、いまここにあること、と答えたい。

注

1　「買物言葉」の初出は、昭和17年7月「民間伝承」掲載。本論中の引用は、平成25年発行角川学芸出版『毎日の言葉』によった。
2　「発想」そのものの概念整理が必要であるが、ここでは深入りしない。小林隆(2007)のような考えかたや、沖裕子(2010)のような考えかたがある。サピア・ウォーフの仮説、池上嘉彦(1981)、国広哲弥編(1982)などをはじめ、この問題をとらえた議論には長い歴史がある。
3　方言研究では、違いがみられることばを対象にすることが多かったが、全国どこにいっても一定であることばにも目を向ける必要性を、方言学者、柴田武氏、徳川宗賢氏は、生前となえておられた。本論は、そうした観点にたった論考である。
4　調査概要については、国立国語研究所(1989)から以下に要約引用する。本資料は、国立国語研究所のウェブ上に、誰もがアクセスできる形で電子的に公開されている。『方言文法全国地図』作成のための調査は、1979から1982年にかけて行われた。調査地点は、北海道から沖縄まで合計807地点。第1調査票146項目と第2調査票121項目の合計267項目。調査担当は、国立国語研究所員、同地方研究員、地方研究員協力者を含めて73名。文法事象の調査は、語彙の場合よりも高い言語内省能力が要求されるため、年齢をやや低く抑え、60〜75歳(高年層男性話者)を対象にしている。共通調査票を用いた面接調査により、「各地で現実に話されていることばのうち、比較的古い言語(高年層の用いる共通語まじりの伝統的方言)を採集する」ことを目指した、とある。
5　「私が〜してもらう。」のように意志性述語終止形にすると、ムード的に、意思表現、命令表現となる。また、音調やカ付加によって疑問文にしても、内容から、反語表現または確認表現となる。
6　『毎日の言葉』には、「クダサルとオクレ」「モライマス」という小節が収められているが、今日のGAJは、柳田国男の時代よりはるかに豊富な表現資料を提供している。
7　待遇表現関係項目群は、対人的場面設定をしたうえで、ていねいさに応じた物言いを

する具体的人名をあげてもらい、調査を行っている。そうした要因が皆無とはいえないが、調査刺激文の共通語授受表現に引かれて、授受形式が頻出したとも考えにくい。
8 日本語母語話者をはじめ、第2言語として日本語を使用する人を含め、日本語によって社会を形成している人々を日本語人と呼んでおきたい。

参考文献

池上嘉彦(1981)『「する」と「なる」の言語学―言語と文化のタイポロジー―』大修館書店

井上文子(2013)「方言ロールプレイ会話におけるコミュニケーション機能について」『国語研プロジェクトレビュー』4-2　国立国語研究所

沖裕子(2009)「発想と表現の地域差」『月刊言語』38-4　大修館書店

沖裕子(2010)「日本語依頼談話の結節法」『日本語学研究』28　韓国日本語学会　ソウル

沖裕子・趙華敏(2010)「発想と表現からみた日本語依頼談話のしくみと指導」『日本語教育与日本語学研究』5　上海

沖裕子(2013)「談話種変換法からみた日本語談話の特徴―わきまえ・察し・見立て・仕立て」『明海日本語　第18号増刊号　井上史雄先生古希祝いオンライン論文集』明海大学日本語学会

蒲谷宏・川口義一・坂本恵(1998)『敬語表現』大修館書店

金田一春彦(1957)『日本語』岩波書店

国広哲弥編(1982)『日英語比較講座4　発想と表現』大修館書店

小林隆(2007)「文法的発想の地域差と日本語史」『日本語学』26-11 明治書院

国立国語研究所(1984)『国立国語研究所報告80　言語行動における日独比較』三省堂

国立国語研究所(1989)『国立国語研究所報告97-1(別冊)方言文法全国地図解説1　付資料一覧』

国立国語研究所(2006)『国立国語研究所報告97-6(別冊)方言文法全国地図解説6　付資料一覧』

澤村美幸(2010)「感動詞の地域差と歴史―「失敗の感動詞」と例として―」小林隆・篠崎晃一編『方言の発見―知られざる地域差を知る―』ひつじ書房

西尾純二(2009)「再検討・日本語行動の地域性」『月刊言語』38-4　大修館書店

日高水穂(2009)『授与動詞の対照方言学的研究』ひつじ書房

日高水穂(2011)「やりもらいの発達段階と地理的分布」『日本語学』30-11　明治書院

三井はるみ(2007)「要求表現形式「～てほしい」の共通語としての定着―」『方言文法全国地図』から見る」『日本語学』26-11　明治書院

宮岡伯人(2002)『「語」とは何か―エスキモー語から日本語をみる―』三省堂

柳田国男(1946)『毎日の言葉』創元社

付　記

小論は、日本学術振興会科学研究費補助金基盤（C）「発想と表現からみる日本語談話の対照談話論的研究」（課題番号：24520498、研究代表者：沖裕子）による成果の一部であることを記し、謝意を表します。

第 2 部

方言形成論

言語地理学と方言周圏論、方言区画論

大西拓一郎

1. はじめに

　かつて、日本の方言学においてはその目的をめぐって、柳田国男の方言周圏論と東條操の方言区画論が鋭く対立していた。しかし、その結論は見ないまま、いつの日か議論は雲散霧消した。方言区画論が方言学の本流と見なされていた時期もあったが、言語地理学という名の下、方言周圏論は民俗学における周圏論に対する批判とは裏腹に実質的に盛り返し、方言区画論から方言学の潮流をうばい、1970 〜 1980 年代に最盛を誇った。言語地理学＝方言周圏論が方言区画論と対立するという図式は、言語地理学が下火となった現在においても日本の方言学の中では生きている。本論は、この図式を検討し、捻れた関係をほぐすことで、言語地理学を活気ある学術分野に向けて解放することを目指す。

2. 方言学と方言周圏論、方言区画論

　日本の方言学史の中での最大の議論は、その目的をめぐる議論、すなわち、柳田国男の方言周圏論と東條操の方言区画論の対立であった。以下、柳田と東條の議論を追ってみる[1]。
　まず、双方が対立していたことは、東條の次の一文に明白である。

> 昭和 2 年に発表された「蝸牛考」は、かたつむりの俚言を言語地理学的に処理したもので、その結論とも見るべき方言周圏論は学界に非常な刺戟と影響とを与え、方言研究の究極の典例として推賞された。その後続々これにならう多くの研究者が現れた。方言周圏論とは、言語の中心

地に新語が発生すると、同一事象を表現した古語がその周辺におしやられ、その過程がくりかえされるうちに、古語の層が新語発生の中心地の周辺にだんだん輪のように形成せられ、外層のものほど古い発生のものであるという主張である。したがって言語放射の中心から見て同一の圏内には同じ古さの俚言が発見される可能性ありとして東北(奥羽)と西南(九州)の地の俚言の一致を説明した。一方、従来の区画論のような東西方言が一つの境界線で対立するという考え方を想像説としてしりぞけた。フランスでも言語地理学が起こって以来、俚言分布の多様性を根拠として方言区画を否定するような議論はあったが、柳田氏も方言区画を否定する一人である。　　　　(『日本方言学』所収、東條操「序説」p.29)

　言うまでもなく、方言周圏論は柳田国男の『蝸牛考』から始まる。『蝸牛考』には、『人類学雑誌』に掲載された原著論文、1930年に刀江書院から刊行された初版、1943年創元社刊の改訂版がある。方言周圏論の立場から方言区画論に向けた批判は、改訂版の冒頭、「改訂版の序」に記されている。

それよりもさらに心得がたいことは、この周圏説と対立して、別に一つの方言区域説なるものがあるかのごとき想像の、いつまでも続いていることである。方言はその文字の示す通り、元来が使用区域の限られている言葉ということなのである。区域を認めない方言研究者などは、一人だってあろうはずがない。ただ、その区域が数多くの言葉に共通だということが、一部の人によって主張せられ、他の部分の者が信じていないだけである。　　　　　　　　　　　　　　　　　　　　(p.5)

甲乙丙十いくつかの言葉の、一つが変わっていればその他もこれに伴うて、必然的に改まってくるということは、絶無とまではまだ言い切るだけの根拠はないが、そうなる原因もわからず他に類例も無い以上は、まず当てにはならぬと見る方が当たっている。とにかくそうなってきてもよい理由が、現在はまだちっとでも説明せられず、しかもまた事実もその通りでは無いのである。どうしてこのような想像説が、いつまでも消

えずに有るのかすらも我々には不審なのである。これと方言周圏論とを相対立するものと見るというような、大雑把な考え方が行われている限りは、方言の知識は「学」になる見込みは無い。きっとそうだという事実も立証せられず、またそうなってきた経過も追究せられていないのに、それでも一つの学説かと思うなどということは、おおよそ「学」というものを粗末にした話であった。　　　　　　　　　　　　　　　(pp.6–7)

東條操は、1938年の『方言と方言学』において「方言」を次のように定義する。

　一国語が使用地域の相違によって発音上、語彙上、語法上において相違ある若干の言語団に分裂したときに各団を方言という。　　　　(p.6)

その上で、方言学を次のように定義する。

　方言学は地方の言語現象を対象とし、これを支配する理法の発見を目的とする学問である。　　　　　　　　　　　　　　　　　　(p.9)

　一地方の言語現象を調査しその状態を記述するだけではその調査はまだほんとうの研究ということが出来ない。その現象を探究しその現象の動因を説明することによって研究は徹底する。　　　　　　　　　(p.10)

ここに方言区画論という用語は見えないが、方言を個別の語彙や発音などではなく、地域で用いられる言語の総体ととらえ、そのような言語総体としての方言がどのような経緯で発生したのか、変化の要因や原理を追究するのが方言学であることが示されている。また、東條は1951年の『方言の研究』では、言語地理学と対比して、方言学を定義している。

　言語地理学は、前にも言ったように本来の方言学そのものではない。俚言の研究を基としてさらに広い言語の諸法則を探ろうとするものであ

る。
　これに対して、ある地方の全言語現象すなわち、方言を対象とする方言学という学問が考えられるわけである。　　　　　　　　(pp.10–11)

ここにも方言区画論はないが、対象を個別の語に特化する言語地理学と方言学とを等しく論じることはできないという立場は明確である。
　1954年の『日本方言学』に収められた「序説」は、東條の方言学の決定版だろうと思われる。ここにおいて方言区画ならびに方言学についての立場は明瞭である。

　方言を問題にする以上、当然区画という事を考えなければならない。もし区画の存在が否定されるなら、方言も方言学も成立しない。　　(p.8)

　方言とは国語の地理的分裂によって生じたある地方の言語体系であること、方言学は一国内の各方言体系を記述し、これを比較してその発生、変遷を説明せんとする学問であることを述べたつもりである。　(p.17)

柳田が『蝸牛考』(改訂版)で述べた批判に対しては、1957年の『方言学の話』で応える。

　方言区画論は全体系を対象とする。いわゆる地方言語事実を総合的にとりあげる。もし一国語が分裂を起こさず全国に一様の言語が行われているなら、方言というものはあり得ない。しかし、われわれ他地方人と接触して、同じ国語とは認めながら、なお自己の地方の言語との相違を直観するとき、そこに方言の意識が発生する。すでに方言という以上、区画を論じ境界を談じるのは当然の結果である。区画を考えないでは、方言という概念は始めから成り立たない。方言に区画が成立しないなどと言うなら自家撞着である。　　　　　　　　　　　　　　　(p.23)

なお、この中で周圏論と区画論の食い違いは「方言」の定義にあることを

東條が明確に述べている点は注意しておきたい。

> 一切の意見の相違は「方言」の語義の解釈の相違にあるようである。この点が明瞭となればあとは枝葉の問題にすぎまい。ただ付け加えたいことは方言区画論者も、対立する二つの方言には相違する現象と共通する現象を含むこと―さればこそ方言なのである―と、一つ一つの俚言の分布区域が千差万別であることとは、はっきり承知した上で区画論を述べていることである。周圏論者の想像されているように、境界線一本であらゆる言語現象が違うなどとかつて考えたことはない。それなのに、話が、とかく行き違うのは、方言区画論の「方言」と方言周圏論の「方言」とが、同じ言葉を使いながら別な概念であるためであろう。われわれはこれを区別するために、方言周圏論の中に含まれる概念を俚言と名づけてわれわれの方言と区別する。 (p.21)

確かに語釈の違いが及ぼした影響は少なからずあるだろう。ただし、その違いだけが方言学の目的の違いを生じさせたわけではない。やはり考えの根本に相違があったのは確かである。それにもましてやっかいなのは、方言周圏論と方言区画論の対立の中に言語地理学がまき込まれてしまったことにある。

3. 方言周圏論

3.1. 方言周圏論の考え方

これまでも指摘されてきたことではあるが、柳田の文章表現は独特であり、それゆえに肝心なところの端的な言及を引用する際に困ることが少なくない。方言周圏論にしても『蝸牛考』の刀江書院刊の初版では、その簡潔な説明が見つけにくい[2]。ただし、相変わらずやや持って回った表現ではあるものの、柳田としては珍しく比較的直接的な説明が改訂版（柳田1943）の序文に見られる。

国語の改良は古今ともに、まず文化の中心において起こるのが普通である。ゆえにそこではすでに変化し、または次に生まれている単語なり物の言い方なりが、遠い村里にはまだ波及せず、久しく元のままでいる場合はいくらでもあり得る。その同じ過程が何回となく繰り返されて行くうちには、自然にその周辺には距離に応じて、段々の輪のようなものが出来るだろうということは、至って尋常の推理であり、また眼の前の現実にも合していて、発見などというほどの物々しい法則でも何でもない。私は単に方言という顕著なる文化現象が、大体にこれで説明し得られるということを、注意してみたに過ぎぬのである。この国語変化の傾向は、我邦においては最も単純で、これを攪き乱すような力は昔から少なかったように思う。　　　　　　　　　　　　　　　　（pp.1–2）

　ところで、方言学の目的論で譲らなかった東條であるが、方言周圏論の考え方そのものを否定したわけではない。この点で、方言区画論自体に否定的だった柳田とは、批判の立脚点のありかたが根本的に異なる。その東條による方言周圏論の説明は、提唱者の柳田よりもはるかにわかりやすい（本論第2節の冒頭の「序説」の引用も参照）。

　　　文化の中心地にはよく語の改新が起こる。いま、ある事物を表す名称に新語が発生したとすると、やがて、それまでに使われていた旧名称は中心地から駆逐され、その外側地帯に押し出される場合が少なくない。かような改新が中央で数回行われると、池に小石を投げた時に起こる波紋のように、中心地の新語を囲んで、いくつかの同心円的な前代語の層ができる。この場合、より古い発生のものが、中心地よりより遠い距離に広がるわけである。　　　　　　（東條操1957『方言学の話』p.18）

　方言周圏論に対する理解に関し、二人の間で齟齬は見られない。そこでこれらの言述をもとに方言周圏論の基本的考え方を整理してみよう。
　方言周圏論は次の3ステップで構成される。
（1）一般に対象地域の中央で言語変化が発生する。

（2）発生した言語変化は、徐々に外側に伝わり、内側が新しく外側が古い分布ができる。
（3）言語変化の回数に対応して、分布は層をなす。

　このように方言周圏論は、方言の分布がどのようにしてできたのかを説明する。しかし、それにとどまらないことは容易に想像できるだろう。たとえば、地層を見て徐々に新しい土壌が上に積もるということだけで満足されることはない。地層の上下順をもとに歴史を読みとる。それと同じように方言の分布から歴史の読み取りに進むのは当然の成り行きである。

3.2. 民俗学と周圏論

　周圏論は言語だけではなく、人文事象一般にも適用できることが期待され、民俗周圏論の名の下で研究が展開されたものの（柴田1980、馬瀬1977）、一箇所から広がるということや空間的連続に従って拡大するということに対する福田アジオ（1982）による厳しい批判も受け、現在では方言周圏論以外はほぼ終息状態にある。

　このように周圏論の言語以外への適用と一般化には否定的意見が多い。同時に方言周圏論に関しても、柴田（1980）も指摘するとおり、次のように柳田自身が『方言学講座』の「わたしの方言研究」において疑問を提示している（柳田1961）。

> 方言周圏論というのも、何かもっともらしいことばを使わないと世間からばかにされるから言ったようなもんで、あれはどうも成り立つかどうかわかりません。いまは決してあれをそのまま守ってはいけません。すべての単語が同じように京都を中心に波紋のように拡がった……そういうことは言えないですからね。しかし、小さい地域については波紋のあることは確かだし、それから辺境現象というものも確かにある。辺境現象なんかおもしろいけれども、法則づけることができるかどうかは、これは実はまだ確信を持てないんです。　　　　　　　　　　(p.313)

　周圏論は、これほどまでに継子扱いされてしまった考え方であることは、

記憶にとどめておきたい。

　以上のように民俗学においては、方法論的批判を実施し周圏論は展開を停止した。最近の動向を見ても民俗学そのものの対象や方法をめぐって活発な議論が交わされたり（福田ほか 2012）、柳田の国際性が検討されたりしている（モースほか 2012）。このような批判性において民俗学と方言学の間にはかなりの差があることに気づかされる。民俗学は周圏論を批判しながら歴史民俗学として展開した。一方で、方言学は、次節で見るように批判はあったものの、基本的に周圏論を受け入れて展開させた。当然、この進め方は功罪が問われる。「罪」は、他分野で問われた問題点を正面から取り上げなかったことにより、健全な学問の発展が阻害された可能性である。

　それでは「功」はあるのか。他分野の批判をあまり気にしないおおらかさが、大量の言語地図刊行につながった。今ふり返れば、これは悪いことどころか、現在ではすでに得られなくなったかもしれない分布情報が相当に蓄積されたことにより、貴重なデータを残すことになった。語弊があるかもしれないが、化学における錬金術のようなものにたとえられようか。

3.3. 方言周圏論の原理上の問題

　先に 3.1. 節において、方言周圏論が 3 ステップで構成されていることを述べた。これらの各ステップを検討する。

(1) 一般に対象地域の中央で言語変化が発生する。

　これに関しては、古くから疑問が提示されてきた。金田一（1953）は周辺部が必ずしも古いとは言えないことを、楳垣（1953）は「方言孤立変遷論」として中央でのみ言語変化が発生するわけではないことをそれぞれ述べた。また、長尾（1956）は「多元発生仮説」として、語彙において類似の発想により相互に無関係な地域でも同等の語が発生し、すべてが中央の変化の反映とは言えないことを実証的に論じた。

　言語変化が中央、つまり都市的な地域で発生しやすいのかどうかは、その後も証明されていない。程度差だと主張するにしても、地点間を比較して検証しない限りは、中央が言語変化をリードするというステップには問題が残

されていることになる。

(2) 発生した言語変化は、徐々に外側に伝わり、内側が新しく外側が古い分布ができる。

　縦横の各軸に対し、年齢と空間的配列を与えた言語変異の表示手法はグロットグラムと呼ばれる。中央にあたる地点で言語変化が発生し、そこから徐々に広がるならグロットグラムの各年層を比べると下の年層ほど広がっているはずである。グロットグラム上では「斜めの等語線」の現れが期待されることになる。

　グロットグラムを最初に用いた研究は、新潟県の早川流域を対象とした徳川(1985)であるとされる。そこでは、やはり斜めの等語線が期待された。ところが結果は、「最初にひそかに予想した等語線が斜めになって現れる例は、ほとんど見られなかった」(徳川1985、p.147)のである。後述するように言語地理学を近代化させた柴田(1969)のベースとなる糸魚川調査に含まれる地域である。実際には大きな期待だったに違いない。

　これまで多くのグロットグラムが公表されているが、斜めの等語線にはなかなか出会えない。最近刊の岸江ほか(2013)にも見当たらない。「徐々に伝播する」とするこのステップは、明らかに一般性を持たない。

(3) 言語変化の回数に対応して、分布は層をなす。

　これについては、(1)や(2)が成立することが前提になる。反対に言えば、(1)(2)に問題があれば、(3)も認められないことになる。

　ただし、変化する場所が「中央」であるかどうか、また変化した場所から「徐々に」伝わるかどうかは別にして、変化で新しい語が発生し、一定の領域内でその語が用いられるようになったなら、確かに a-b-a や a-b といった分布が新たに発生することが考えられる。

　グロットグラムでも、斜めの等語線はなくとも、特定の地点で新たな変化の発生は確認される。その場合、両側の地点と異なれば a-b-a という分布が、片側の地点と異なれば a-b という分布が、それぞれ発生していることになる。

　つまり、複数回の変化に対する分布層の形成には疑問があるにしても、1

回限りならあると考えられるわけである。

　また、ここで挙げた(3)の考え方のベースには、分布はどこまでも広がり続けるということがある。しかし、なぜ、どこまでも広がり続けることができるのか。たとえば、京都から発信された新しい語が、京都から三重に広がるということにはそれほど違和感は抱かないかもしれないが、それがずっと先にまで行って、秋田から青森、あるいは熊本から鹿児島に向けて広がるということに疑問を感じないだろうか。

　実は、言語地理学は、周圏論が抱えるこれらの問題点を解決しないまま同化してしまった。

4. 方言区画論

4.1. 方言区画論と地理的境界

　方言区画論の理念や目標については、2節に記した。方言区画論の実施にあたっては、その高邁な理想を実現することのほかに、区画である以上、具体的な境界線をどのように設定するかということが立ちはだかる。これに対し、東條は以下のように説明する。

> 方言を論じる場合には必然的に方言区画の問題がとりあげられる。方言はその地方の中心都市の言語を中核として結成されるが、その境界線をどこに引くべきかは、かなり困難な場合が多い。
>
> 　近来、言語地理学の進歩とともに、多くの俚言の分布図の境界線が千差万別で一致するものの少ないことがわかってから、方言には境界が認められないと言う学者さえある。しかし、言語地理者も認めているように言語上の諸種の特徴の境界線が相集まって束状をなして存在する事実がある。もちろんこの特徴の境界線は全く一線とはならず相集まって一種の境界地帯を作るのである。　　　　　　（『方言の研究』p.14）

　しからば方言区画を決定するものは、この方言的特質の行われる領域であるはずであるが、方言的特質は一、二の要素でなく、若干の要素であ

り、これらの一々の要素の領域は必ずしも一致しない。すなわちそれらの境界線はくいちがうことが多い。言語地理学が方言境界を否定したのも、このためである。しかし一線にこそならないが方言特質の等語線すなわち境界線は、多くの場合狭い地帯に集まって束をなして現れる。方言と方言との境界は境界線としては存在しないが、境界地帯として存在する。この境界地帯の幅は場合によってさまざまであるが、これら方言特質の各要素の境界線は、この地帯内を走っているのである。

(『日本方言学』所収「序説」p.9)

常人の方言意識でも、方言中心は明らかな場合が多いが、一般にその方言領域については、特別な場合を除いて、その境界がハッキリどこであるかは地方人も明言し得ないのが普通である。青森方言における南部、津軽の別、山形方言における庄内、米沢の別のように江戸時代の旧藩関係で方言に区別のある場合は、その境界は一応明白であるが、京都方言、大阪方言の領域となれば、常識ではたやすく決められない。この場合、これを決定するものは、境界地帯の発見であろう。

(『日本方言学』所収「序説」pp.10–11)

言語地理学でも各地方の周囲に言語上の諸種の特徴の境界線すなわち等語線が相集まって束状をなして現れることを承認し、この地帯を境界地帯という。この境界地帯に囲まれる地方が方言学の方言区域である。

(『方言学の話』p.12)

しかしながら、これだけの指定では、具体的な境界線を地図上に引くことはできない。東條の方言区画論は、区画を論じつつ、その空間上の枠を決める実際の方法を準備しないのである。

4.2. 方言区画論の終息

1964 年に東條操監修、日本方言研究会編『日本の方言区画』が刊行された。加藤 (1990) が述べるように、この本の刊行をもって、方言区画論はほ

ぼ終息を迎えた。なぜ終わったのかは、加藤 (1990) が記すとおりで、情報過多や方法・手順の見えにくさが大きい。研究者を惹きつける力が乏しくなったと言い換えても過言ではなかろう。この点では、目的や方法を明示した柴田武 (1969) による次世代の言語地理学の方がはるかに魅力を持ち合わせていた。

5. 言語地理学

5.1. 『言語地理学の方法』の「目的」

柴田 (1969)『言語地理学の方法』は、言語地理学の目的と研究方法を具体的に明示した言語地理学の金字塔であるとともに、現在においても言語地理学のバイブルとして、名著に位置付けられる。

言語地理学の目的は以下のように2箇所にわたって明確に記されている。

> 言語地理学は言語史の方法の一つである。したがって、言語地理学の目的は言語の歴史を明らかにすることにある。　　　　　　　　(p.11)

> 言語地理学は言語史の方法の一つである。現代の話しことばの地域的変種を材料に言語史を推定・構成する方法である。　　　　　　　(p.27)

言語地理学の目的は、言語の通時的解明にあるとされるわけである。

5.2. 言語地理学と方言周圏論

それでは、どのようにして言語史を求めるのか。この問いに対して、柴田 (1969、pp.27–57) に複数の手がかりが示される。中でもよく知られ、かつその後も重視されてきたのは、「その語の地理的分布」である。とりわけ、その中に分類される「隣接分布の原則」と「周辺分布の原則」は基本モデルとして引き継がれてきた。

「隣接分布の原則」は、次のような方法である。地点が A-B-C と連続しそこに語形が a-b-c と分布している場合、A が文化的中心地であるなら、言

語変化はAで発生し順次広がるゆえに、Aには新しい語形が存在する。したがって、歴史はc→b→aと求められる。

「周辺分布の原則」は、隣接分布の原則を前提とし[3]、地点A-B-Cに語形a-b-aが分布していて、Bが中心地の場合、歴史はa→bとするものである。柴田(1969)自身が記すとおり[4]、この「周辺分布の原則」は「方言周圏論」を受け継ぐものであり、方言周圏論を整理し、とらえ直したモデルである。

このように柴田(1969)があらためて打ち立てた言語地理学は、近代的でありながらも方言周圏論ときわめて親和性の高い研究分野であり、研究方法であることが理解されるだろう。従来の方言研究に慣れ親しんだ研究者たちの側にも受け入れやすい素地が用意されていたのである。これが1970年代から1980年代の日本の言語地理学が見せた大きな潮流を生み出すことになった。

5.3. 研究対象から考えた方言学、言語地理学

方言学が研究対象とするのは、言語の地理的バリエーションとしての方言である[5]。そのような方言を対象とする学問が方言学である。そんなことは、わざわざ記すまでもない、当たり前のことのように思われるかもしれない。たしかに、たとえば、現在の日本方言研究会では、どんな方法であれ、方言を扱って研究発表を行うなら方言学の中に位置づけることが拒まれることはないと思われる。しかし、思い出してほしい。方言は、俚言から厳密に区別された総体としての言語であり、そのように定義された方言を方言区画論の枠で研究するのが方言学であるという認識がかつてあったことを。

言語地理学が研究対象とするのは、方言の地理的分布である。それでは方言分布を対象として研究するなら言語地理学なのか。この問いに対しては、答えが分かれるように思う。広く認める立場がある一方で、『言語地理学の方法』に慣れ親しんだ世代からは、方言分布を対象としても言語史解明を目的としなければ、言語地理学ではないという意見が出されるかもしれない。後者の立場からすれば、方言分布を対象としていても、方言の境界線の解明に関わるような研究は言語地理学の範疇にはないとされるのではないか。

5.4. 言語地理学の目的

　このような認識は、方言・方言区画・言語地理学が抱え続けてきた文脈がなければ、きわめて理解しづらいだろうし、身近な対象でありながら方言研究の世界に近づくものを拒む危険すらはらむ。

　この状況の起因は、研究対象と目的の間の溝にある。方言分布を対象としていても、語の歴史解明を目的としなければ言語地理学ではなく、方言の境界を明らかにしようとするのは方言区画論であるというようなことである。さらにそのいずれでもないような新しい研究観点が導入されるような場合はどうなるのか。目的を絞ることで、自らの新たな展開を拒んでしまうことになる。

　先にも記したとおり、方言区画でなければ方言学ではないという認識はすでに消えている。その点で方言学の門戸は広く解放された。言語地理学もそろそろ言語史解明という看板による縛りを解くべき時期を迎えた。方言分布を対象とする学問を広く言語地理学とするだけのことで道は開ける。

5.5. 言語地理学と方言区画論

　方言分布を対象とする研究を広く言語地理学とするなら、従来、方言区画論として別扱いされてきた方言分布研究も言語地理学の中に位置づけられることになる。

　方言の分布が示す地理空間上の区域が言語外の地理的条件・属性とどのように相関するのかということは、学際的であるだけに研究の枠や方向を広げるものとして期待される。実は興味深いことに、東條がそのことに言及している。

> 　方言学を特色づける地理的環境と言語との関係は極めて複雑である。言語の伝播傾向と交通路の関係はもちろん、気候によって言語に歪を生ずることなども従来の気候説とは別の意味で考えてもよかろう。方言内の言語現象と外的刺激との交渉、それによって起こる言語の変遷生滅の理を、現前に存在する活きた言語によって実際に観察し得る点にも方言学の一特色がある。かくのごとく方言学は地方の言語現象を対象としこれ

を支配する理法の発見を目的とする学問である。

（東條 1938『方言と方言学』pp.8–9）

方言研究には、まず地方言語全体の忠実な記述が大切で、これがすべての基礎となるが、これを処理するに当たっては単に語学的な整理をしただけでは不完全で、これをその地方の社会的な諸構造と関連させて説明することが行われなければ言語の生態を知ることはできない。従来の方言調査はこの点で多くの欠陥をもっていた。その地方が山村か、農村か、商業都市か、その人口構成がどんな配分を保ち、いかに移動したか、その周辺地区といかなる交渉があったかというようなことが明らかになる時、始めて、方言の成立も明瞭となる。

（東條 1957『方言学の話』p.27）

　何も今更あらためて声を大にして言うまでもない。頭をほぐしてみれば、古くて新しい課題だったのである。

6.　むすび

　言語地理学は、方言周圏論と同化しながら、方言区画論と対立してきた。このことで、きわめて分かりづらい状況を方言研究の中にもたらした[6]。方言を対象に研究するのが方言学であり、その中で方言の地理的分布を中心的課題として研究するのが言語地理学と、簡潔に整理すれば、方言研究自身にとっても、また方言研究の外からでもわかりやすくなるはずだ。言語地理学も歴史にとらわれず自由な研究が可能になる。学問を発展させたいなら、締め付けるより、解放した方がよい。

注
1　以下、柳田と東條の文献はいずれも現代仮名遣いに改変して引用する。

2 むしろ、原著論文(柳田1927)にあたる人類学雑誌の次の一文がよく知られる。
「もし日本がこのような細長い島でなかったら、方言は大凡近畿をぶんまわしの中心として、段々にいくつかの圏を描いたことであろう。」 (p.166)
ただし、柴田武による岩波文庫版『蝸牛考』の解説(柴田1980、pp.224–225)が記すようにこの一文は、『蝸牛考』の初版(刀江書院刊)にも改訂版(創元社刊)にもない。

3 「隣接分布の原則と周辺分布の原則は、上に説明したように。互いに重なりあうところがあるばかりでなく、前者が成立しなければ後者も成立しないという関係にある。後者は前者の特別な場合と言うことができる。」 (柴田1969、p.35)

4 「周辺分布の原則は、柳田国男の方言周圏論の原則であり、「古語は辺境に残る」という命題が含む原則でもある。」 (柴田1969、p.32)

5 バリエーションの決め手は、言語により社会的属性が有効な場合もあるが、日本やアジア諸言語、またヨーロッパの多くにおいても地理空間が優先する。

6 このことは日本に限ったことではないのかもしれない。いずれ検討を要するが、欧州並びに中国でも同じような状況がある(もしくはあった)可能性がある。

文　献

楳垣実(1953)「方言孤立変遷論をめぐって」『言語生活』24：pp.44–48. 筑摩書房

加藤正信(1990)「方言区画論の歴史」日本方言研究会編『日本方言研究の歩み　論文編』pp.173–188. 角川書店

岸江信介・太田有多子・中井精一・鳥谷善史(2013)『都市と周縁のことば―紀伊半島沿岸グロットグラム―』和泉書院

金田一春彦(1953)「辺境地方の言葉は果して古いか」『言語生活』17：pp.27–35. 筑摩書房(金田一春彦(1977)『日本語方言の研究』東京堂出版に再録)

柴田武(1969)『言語地理学の方法』筑摩書房

柴田武(1980)「解説」柳田国男『蝸牛考』pp.223–235. 岩波書店

東條操(1938)『方言と方言学』春陽堂

東條操(1951)『方言の研究』刀江書院

東條操(1954)「方言と方言学」東條操編『日本方言学』pp.1–86. 吉川弘文館

東條操(1957)『方言学の話』明治書院

徳川宗賢(1985)「地域差と年齢差―新潟県糸魚川市早川谷における調査から―」国立国語研究所編『方言の諸相―『日本言語地図』検証調査報告―』pp.91–155. 三省堂(徳川宗賢(1993)『方言地理学の展開』ひつじ書房に再録)

長尾勇(1956)「俚語に関する多元的発生の仮説」『国語学』27：pp.1–12. 国語学会

日本方言研究会編(1964)『日本の方言区画』東京堂出版

福田アジオ(1982)「方言周圏論と民俗学」『武蔵大人文学会雑誌』13(4)：pp.167–188. 武蔵大学人文学会

福田アジオ・菅豊・塚原伸治(2012)『「20世紀民俗学」を乗り越える―私たちは福田アジオとの討論から何を学ぶか？―』岩田書院

馬瀬良雄(1977)「方言周圏論再考」『言語生活』312：pp.18–31. 筑摩書房(馬瀬良雄(1992)『言語地理学研究』桜楓社に再録)

柳田国男(1927)「蝸牛考(二)」『人類学雑誌』42(5)：pp.162–172. 日本人類学会

柳田国男(1930)『蝸牛考』刀江書院

柳田国男(1943)『蝸牛考』創元社

柳田国男(1961)「わたしの方言研究」東條操監修『方言学講座 第1巻』pp.305–320. 東京堂

柳田国男(1980)『蝸牛考』岩波書店(岩波文庫)

R・A・モース・赤坂憲雄(2012)『世界の中の柳田国男』藤原書店

方言周圏論の発想と
シミュレーションという方法

熊谷康雄

1. 柳田国男の方言周圏論からシミュレーションにどうつながるか

　もし、柳田国男(1875–1962)が現代社会に生き、コンピューターという道具と全国的な言語地図のデータ、そして現代の様々な分野の研究手法や理論を手にしたら、どんな研究をするだろうか。どんな『蝸牛考』を書くだろうか。柳田の方言周圏論における同心円の発想の源にあるとされるチューネン[1]の『孤立国』(原書初版 1826)[2]を読み始めたとき、そんなことを考えた。

　ヨハン・ハイリッヒ・フォン・チューネン (Johan Heinrich von Thünen 1783–1850) は 19 世紀前半のドイツの農業経済学者である。柳田の方言周圏論を論ずる方言関係の文献の中では、チューネンの『孤立国』はしばしば言及されている(柴田 1978, 1980, 1988、徳川 1983、馬瀬 1977 等)。しかし、『孤立国』に掲載されている同心円の図が、方言周圏論の発想の元にあるということ以上に内容に触れているものは、管見の限りではなかった。

　本論のテーマはシミュレーションの観点から方言周圏論を考えることである。このために、『孤立国』の翻訳(チウネン　近藤訳 1956)[3]を入手した。本を開いてみると、その論はきわめて論理的であり、数学的な記述を用い、その考え方は本論で扱うシミュレーションにも通じる科学的な思考様式であった。この本(の原書)を柳田が読んでいたのだと考えたとき、柳田に見えていた風景とはどんなものだったのだろうかと思わずにはいられなかった。

　チューネンの『孤立国』を垣間見、また、文献を通してチューネンに関わる柳田の発言のいくつかに接したとき、眼前に浮かんだものは『孤立国』を紐解く前に想像していたよりもはるかにダイナミックなものの考え方であっ

た。考え方の系譜とでもいうのだろうか、柳田の視野に映っていた風景の中には、シミュレーションにつながる思考様式の土壌があったと考えるとき、シミュレーションは古い学問に対して無関係に存在する新しいものではなく、むしろ、柳田の「方言周圏論」を継承、発展させていく学問の系譜につながるものにも見えてきた。むろん、本論でできることは、柳田自身がどう消化し、実際、何を考えていたかを学問的に裏付けるというような作業からは遠い。しかし、古典を読むだけでなく、古典を書いた人が読んだものを読んでみるとどんな景色が広がるだろうか。柳田の周圏論をチューネンからシミュレーションへという文脈の中に置いてみると何が見えてくるだろうか。シミュレーションという方法は柳田の方言周圏論とどうつながるだろうか。まずは、農業経済学の古典、『孤立国』を覗いてみよう。

2. 柳田国男の読んだチューネンの『孤立国』

チューネンの『孤立国』は『蝸牛考』の中では言及されていないが、柳田 (1961) は、方言周圏論を書いた発端を語る中で、「だいぶ反対が多くてね。テューネン (Johan Heinrich von Thünen 1783–1850 農業経済学者) のことを引いたもんだから、「そんなものを引くやつがあるもんか (ママ。原文に閉じカッコなし。) なんて、だいぶ反対を喰ったですよ。—中略—どうも読者たちは、ただ「方言周圏論」ということばにチャームされているようですね。ことばがおもしろいもんだから。僕は農政をやってたもんだから、テューネンの Der isolierte Staat (孤立国) って本がある、その周圏論の影響かなにかですね。」(柳田 1961: 313) とチューネンに触れている。

チューネンの『孤立国』の原書の初版は 1826 年 (第 2 版 1842 年)、タイトルは『農業と国民経済とに関係する孤立国』(*Der isolierte Staat in Beziehung auf Landwirtschaft und Nationalökonomie*) である。「第一篇 孤立国の形態」の第 1 章のタイトルは「前提」(Voraussetzungen)[4] である。

> 一つの大都市が豊沃な平野の中央にあると考える。平野には舟揖 (ママ。「舟楫」か。) すべき河流も運河もない。平野自身は全く同一の土壌

よりなり、いたるところ耕作に適している。都市から非常に遠くはなれた処で平野は未耕の荒地に終り、<u>もってこの国は他の世界と全く分離する</u>。

平野にはこの一大都市以外には、さらに都市がないから、工芸品はすべてこの都市が国内に供給せねばならず、また都市はそれをとりまく平野からのみ食料品を供せられうる。

金属と食塩に対する需要を全国に向ってみたす鉱山と食塩坑とが中央都市—それは唯一の都市であるから、今後はたんに都市と呼ぶことにする—の近傍にあると考える。

　　　　（チウネン　近藤訳1956　第1分冊：3　下線とカッコ内は筆者）

以上が、「前提」の全文である。「孤立国」という意味はここに示されている。この国以外との間で影響を及ぼしたり、及ぼされたりすることのない、全く孤立した（独立した）、この国自身だけで閉じた、仮想的な国を考えるということである。この国は、ひとつの都市とその周囲に広がる平野から成り、それぞれの特性と相互の関係についての単純化されたモデルが提示されており、このモデルの上で議論を進めていくことになる。

さて、続く第2章のタイトルは「問題」（Aufgabe）であり、上の前提の下に考察すべき問題が提示される。以下、その全文である。

そこで問題（Frage）が生ずる。<u>右のごとき関係の下において農業はいかなる状態を示すか？農業が最も合理的に経営される時には、都市からの距離の大小は農業に対していかなる影響を与えるか？</u>

都市の近傍においては価格に比して重量が大きく、またはかさばって都市への運送費莫大なために、遠方よりとうていこれを輸送しえざる生産物が栽培されねばならぬことは一般的にあきらかである。また腐敗し易きもの、新鮮で用いられることを要するものも同じである。しかるに都市から遠くなるにともない、土地は漸次に価格に比して運送費を要すること少き作物の生産に追いやられる。

166　第 2 部　方言形成論

　　この理由のみから、都市の周囲に、あるいはこの、あるいは他の作物
　を主要生産物とするところのかなり明瞭に区劃された同心圏が描かれ
　る。
　　主目的として栽培される作物が異なるにともない、農業の全形態が変
　るから、われわれは各圏において種々なる農業組織を見るであろう。
　　　　（チウネン　近藤訳 1956　第 1 分冊：4　下線とカッコ内は筆者）

　ここで問題が定式化されている。前提となる都市とその周辺の土地とか
らなる単純化された「国」のシステムにおいて、「農業が最も合理的に (mit
der höchsten Konsequenz) 経営される時には、都市からの距離の大小は農業
に対していかなる影響を与えるか」という問いである。そして、周圏論の同
心円に対応する「同心圏」(konzentrishe Kreise) がここで本文中に初めて登場
する。
　さらに、原著第 2 版 (1842) の序の末尾には次のような文章がある。

　　なお本書に時間と注意とを向けて下さる読者に対し私が希望すること
　は、最初の現実から離れた前提に驚かず、またこれをば得手勝手または
　無目的的なりとしないことである。この前提は一定の要素─現実におい
　てそれは常に他の同時に作用する要素と牴触しつつ姿を現わすがゆえに
　われわれは不明瞭なる像を知るにすぎないところのある要素─の影響を
　それだけとりだして描写し認識するためには必要である。
　　この考え方の形式は生活上幾多の点に関して光りと明るさを与え、広
　く応用が可能であると考えられるので、私はこれを本書全体において最
　も重要視するものである。
　　　（チウネン　近藤訳 1956　第 1 分冊：原著第二版序：ii、下線は筆者）

　ここに記されている考え方は、モデル化を通して事象の本質的な部分を解
明しようとする方法に通じる。現実の世界から本質的な部分を取り出して、
単純化したモデルを構築し、要素間の関係を究明する方法は、本論で扱うシ
ミュレーションの考え方の基礎にあり、もとより科学的な方法論の基本にあ

る。このように見てくると、改めて『孤立国』というタイトルの「孤立」ということばからは、方法論的に深い意味を汲み取ることができる。

3. 周圏論的発想と「孤立国」の形態

　徳川 (1983) は、岩本 (1983) を引用し、柳田の周圏論的発想にまつわるエピソードを紹介している。そのエピソードでは、柳田は方言によらず文化全般にわたって周圏論的発想を持っていたが、その着眼をチューネンの『孤立国』に得ていたことが伺える例として、柳田 (1910) が伊豆大島における 5 段に分かれた土地利用に触れ、(1) 島の中央にある噴火口周囲の不毛地、(2) 森林、(3) 山畑、(4) 常畠、(5) 海岸の屋敷地 (漁業にも運送にも使われる) と、「略々三原山の御神火を中心にして五つの圏を為して居る所は、<u>チューネンの孤立国 Isolierte Staat の法則を実現したもので、唯島だけに内外の順序が逆になって居る</u>。[5]」(徳川 (1983: 102) に引用された岩本 (1983: 208–209)。原文は柳田 (1910: 173)。下線は筆者) と述べていることが紹介されている。

　柳田は、チューネン圏の同心円の中心にある都市に相当する部分がここでは島の周辺で、そこから島の中央に向かって、チューネン圏とは逆の並び方をしていると見ている。このことは、柳田がチューネン圏を単に中央から周辺へと並ぶ同心円の配置として図形的に理解しているのではなく、チューネンが『孤立国』において示した法則のひとつの (あるいは典型的な) 実現形として同心円を捉えているということを意味する。この伊豆大島の土地利用の在り方は、形の上からは外から内へという「逆周圏分布」とも見える。この分布を見た柳田が「法則」とその「実現」としてのある形という見方・考え方をしていることが興味深い。単純に中央から周辺に向かう同心円の図ありきという理解ではないのである。

　柴田 (1978, 1980, 1988) に周圏論の発想の元にあるとして引用されているチューネンの「農業経済学的領域図」(チューネン圏) の同心円の図は、図 1[6] の第 1 図の半円であるが、元となるチューネンの『孤立国』の図には、この半円の下側に第 2 図として、同心円ではない図が描かれている。第 2 図では平野が第 1 図のようにすべての方向に向かって等質ではなく、船の通行が可

能な河川(船賃は馬車賃の1/10を前提)によって貫かれている場合の『孤立国』の形態が示されている(「領域を有する小都市」[7]の記入もある)。

　図1の第2図では、同心円の形は大きく変形している。平野の特性が変われば柳田の言うところの「チューネンの法則」に従って出現する「チューネン圏」の形は同心円から他の形に変わるということが図示されている。「チューネンの法則」が第2図の平野の特性に応じて実現した形が第2図の「孤立国」の形態であり、チューネンの『孤立国』は同心円ありきではなく、はるかにダイナミックな理論を示している。

　柳田の方言周圏論の発想の元にあるチューネンの『孤立国』の同心円の図は、単なる図柄ではなく、実は上に垣間見たように、現実からモデルを作り、そのモデルを使って現実を理解し、説明する、論理的で科学的な思考の産物として存在する。柳田の周圏論、チューネンの『孤立国』、そしてシミュレーションを重ねて考えてみるとき、《方言周圏論の分布＝同心円》という図式を出発点とするときとは、少し違った景色が見えてくるように思われる。

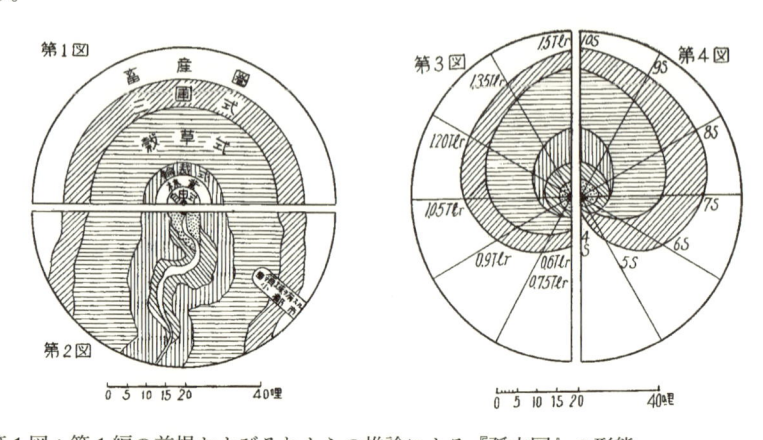

第1図：第1編の前提およびそれからの推論による『孤立国』の形態
第2図：船が通行可能な河川によって貫かれている場合の『孤立国』の形態
第3図：都市の穀価が耕された平野の広がりにおよぼす影響（肥力一定）[8]
第4図：土壌の肥力が『孤立国』におよぼす影響（穀価一定）[9]

図1　『孤立国』の図解（チウネン　近藤訳 1956　第2分冊：182, 184）

4. シミュレーション

　チューネンの『孤立国』では要素間の関係が数学的な関係として記述されている。後に改めてチューネンのモデルは数学的に再定式化されてもいる。研究におけるモデルには様々な種類のものがあり、要素間の関係を数式で表現した数学的なモデルもそのひとつである。いったん数学的な表現が与えられ、計算が可能になれば、そこから導かれる計算結果を見ることによって、モデルから何が導かれるか、計算結果と現実の観測データを比べ、妥当なモデルになっているかなど、検討を進めることができるようになる。

　近年発達しているシミュレーションに、ミクロなレベルにおける個と個の相互作用の積み重ねがマクロな状態を生み出すという考え方に立つボトムアップなシミュレーション(bottom up simulation)と言われるものがある。セルオートマトン(cellular automaton)やエージェントベースシミュレーション(agent-based simulation)などと呼ばれるものであり、数学的に表現できない多数の要素間の相互作用をルールとして表現、モデル化してシミュレーションができる。このボトムアップなシミュレーションでは、全体の動きを指揮するような仕組みはどこにもなく、個体間の相互作用を定めたルールにのっとり、多くの相互作用を繰り返し、事象が進行する。このようなことからボトムアップと言われる(Gaylord et al. 1998)。これまで原理的な問題の考察が主だが、このような方法を用いたシミュレーションによる方言形成の研究が始まっている(熊谷 2008)。以下、このようなシミュレーションの事例を見ながら、考えていくことにする。

5. 空間的な拡散のシミュレーション

　個体同士の相互作用のない、単純な確率論的なシミュレーションの例を見てみよう。静かな水面にインクをたらすと全面に広がっていく。このような拡散過程に関するシミュレーションに、ランダムウォーク(random walk)によるシミュレーションがある。

　図2は40 × 40の碁盤の目のような格子を設定し、その上で個体がラン

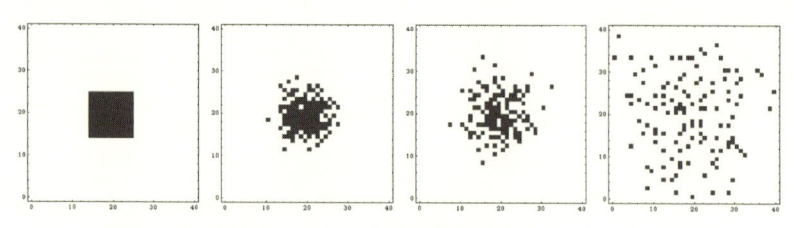

図2 ランダムウォークによる拡散過程のシミュレーション

ダムウォークで動く様子をシミュレーションしたものである。個体は格子上の東西南北のどの向きに進むかを確率的にランダムに決めて、その方向に1単位進む。これをすべての個体について行ったら1ステップが終了する。そして、次のステップで、また、すべての個体について、それぞれランダムに方向を決めて1単位進むということを繰り返し、シミュレーションは進行していく。図2は、個体を中央に集めた状態から、個々の個体のランダムウォークにより、空間全体に広がる様子をシミュレートしたものである。独立した個体のランダムな動きから拡散が生じている。

　ことがらの拡散のシミュレーションに「うわさ話の伝播」のシミュレーションがある(ギルバート 2003: 139-142)。格子上の1箇所のセル(マス目)がうわさ話を知っている状態で、他は知らない状態から出発する。格子上の各セルは自分に隣接する格子上の東西南北を見て、もし、うわさ話を知っているセルがあれば一定の確率(伝達確率)で自分もうわさ話を知っている状態に変わり、自分がうわさ話を知っている状態であればその状態を維持するというルールでシミュレーションを行うと、うわさ話は四方八方にほぼ均等に伝わっていき、時間の経過とともにしだいに円形のパターンに広がっていくというものである。(なお、このように、各セルが、周囲のセルの状態を見ながら、ルールに従って自分の状態を更新していくようなシステムをセルオートマトンという。)伝達確率が低くなれば時間を要するが、たとえ1%であっても、同様に広まる。一度知っても忘れる確率を組み込んでも「すべての近傍からの伝達確率が、忘却確率よりも高いならば」、うわさ話を知っている「セルでつくられる円形のパターンは安定的」である。

6. 似たもの同士による空間的な領域の形成のシミュレーション

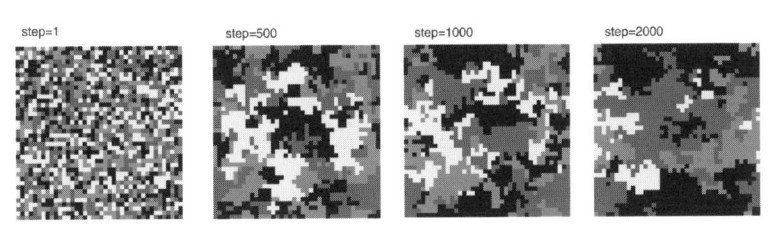

図3はエージェントベースシミュレーションによる領域形成の例である（Gaylord et al. (1998)をベースにしたプログラムで実行）。エージェントとは、自由に動き回ることのできる独立した個体で、エージェントベースシミュレーションとは、このようなエージェントのミクロな相互作用の積み重ねから、システム全体として、どのようなマクロな状態が生まれるかを見ようとするものである。この例では、格子上に隙間なくエージェントを並べたので、エージェントは移動せず同じセルにとどまる（次節で触れるLevinの方言領域の形成のシミュレーションに合わせたが、格子に隙間を作ってエージェントが動き回れるようにしても、同様に領域が形成される）。

エージェントは複数の文化的な要素を持ち、その組み合わせで色分けされている。初期状態では、ランダムな文化的要素の組み合わせを持ったエージェントが格子上にランダムに分布し、それぞれ東西南北のいずれかの方向をランダムに向いている。エージェントは次のようなルールに従って動く。エージェントはランダムに東西南北のいずれかの方向を向く。エージェントは、向かい合ったときに、一定の確率で相手の文化的要素のどれかひとつをランダムに選択して受け入れる。その際、相互により似ているものの間では、受け入れる確率がより高くなるようになっている。個々のエージェントの動きを定めたこのルールだけで、シミュレーションが進むにつれ、似たもの同士が作る空間的な領域ができあがっていく様子が観察される。相手に同化するという原理の下で、領域の形成が行われている。

図3 エージェントベースシミュレーションによる領域形成

7. なぜ方言の多様性が出現するか—Nettle のシミュレーション

Nettle (1999a) は方言の多様性（言語的多様性）はなぜ生まれるのかを問題にした。彼に先だって、シミュレーションを用いて直接この問題に取り組んでいたのは Jules Levin（未公刊、Keller (1994: 100–104) による）であった。Levin のシミュレーションは碁盤の目のように格子状に並んだセル（マス目）に A, A' の 2 種の変種がランダムに分布した状態から始まる（図 3 の STEP=1 に相当）。各セル（マス目）は、一定の確率で、それぞれ自分の周囲で一番多い変種に変化するという単純な規則だけで、シミュレーションを進めると、変種がランダムに分布した初期状態から、しだいに、同じ変種からなる安定した領域が形作られる（図 3 の STEP=2000 に類似）。Levin は、この領域は方言の等語線の地図と著しく類似しており、そのことから言語変化は簡単な原理の相互作用から現れる動的なパターンとして巨視的に理解できるとした。

Nettle (1999a) は、Levin のシミュレーションでは多様性は減少する一方であるとし、これに対し、等質的な状態から出発し、多様化のメカニズムを組み込んだシミュレーションを行い、言語的多様性が現れる要因を探った。

Nettle (1999a) のモデルでは、7×7 の格子上のマスに各々 20 人の個体からなるグループが置かれており図 4 (a)、それぞれのグループは図 4 (b) の構造を持つ。年齢層 1 の個体のみが言語の学習をする。これは言語習得期を組み込んだものと言える。個体は仮想的な言語の 8 つの母音のフォルマントを学習対象とし、同じグループ内の大人の個体の平均値を身につける。Nettle はこの学習の過程に、言語的な変種の源として、「不完全な学習」を導入した。これは Nettle (1999a) のシミュレーション上では、ランダムなノイズパラメータ (NOISERATE) を導入することによって表現され、平均値に 0 と NOISERATE の間のランダムな値（正負もランダム）を加えた値を学習したフォルマントの値とすることで実現される。このシミュレーションにおいて、言語的な変種の源はこの不完全な学習だけである。

シミュレーションはライフステージ (life stage) を単位として進む。年齢層 1 のすべての個体の学習が済むと、1 つのライフステージが済み、各個体は

1つ年齢層を上げ、年齢層5の個体は死んで、年齢層1の個体がまた新たに生まれ、次のライフステージが始まる。図5は格子上から4つのグループを選んで学習対象となった母音1のフォルマントのライフステージ毎の各グループの平均値が辿った軌跡を描いたものである。

Nettleはこの人工社会における言語的な多様性の度合いを測るために統計的な指標（分散分析 ANOVA で得られるF比）を用いた。このF比の値が大きいほどグループ内の差異に比べてグループ間の差異が大きいことを示す。

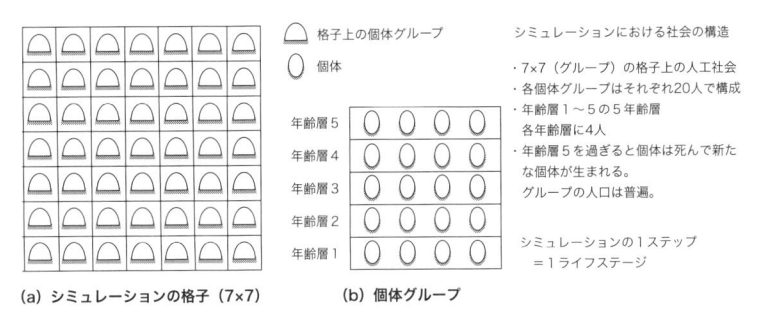

図4 Nettle（1999a）の格子上のシミュレーション（熊谷（2008: 178））に加筆）

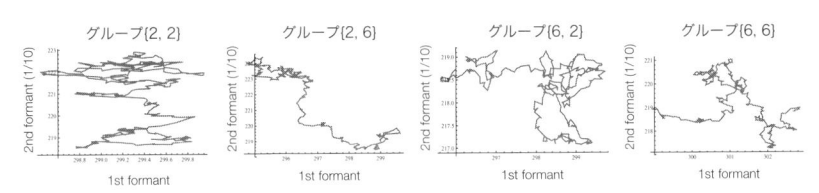

図5 Nettleのモデルによるシミュレーション：母音1の第1、2フォルマントのグループ毎の軌跡、1000ライフステージ、NOISERATE = 1（筆者の追試による）

図6(1)はすべてのグループが孤立している状態で、不完全な学習（ランダムなノイズ）のみによるシミュレーション結果の例（図は筆者の追試による。以下同様）である。時間の経過とともにF比が大きくなり多様性が発達する様子が示されている。（ランダムなノイズが自らの効果を打ち消すように働かないのは、ある世代の出力が次の世代の入力になる確率的な過程のためである。）このことから Nettle はグループの規模が小さく相互に孤立している

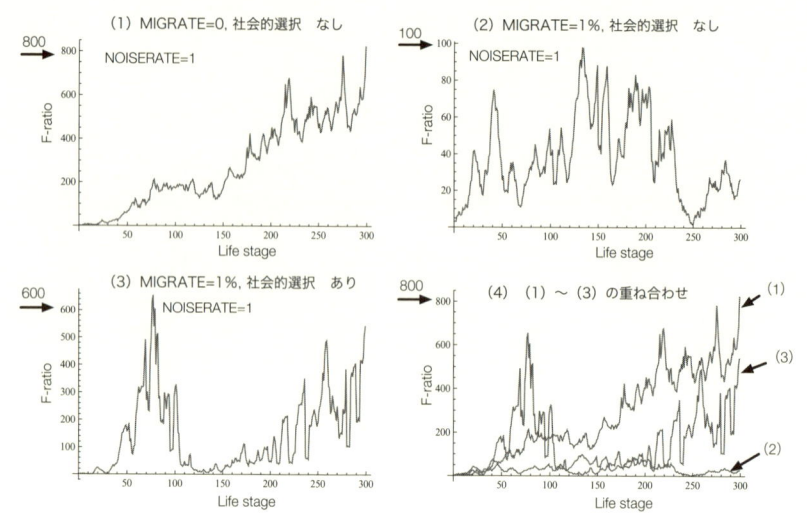

図6 Nettle のモデルによるシミュレーション：同一ノイズレート下で移住、社会的選択の異なる条件下の多様性の発達（筆者の追試による）

場合には、小さなノイズレート（NOISERATE）でも地域的な差異を生じさせるとした。

その上で、グループ間で言語が拡散する最も根本的な力は、おそらく個体の他のグループへの永続的な移住であるとし、より現実的な社会構造として移住という現象をモデルに導入した。すなわち、年齢層1を過ぎると、ある確率（MIGRATE）で他グループへ移住する（便宜上、移住先と移住元間で個体の交換が起こる）として実行すると、たとえ1％の確率でも、F比のグラフの伸びは極端に落ち、多様性の発達は抑えられる（図6(2)、(4)参照）。

Nettle は、上記の観察より、不完全な学習だけでは、グループ間の人口移動があれば、容易に多様性の発達はおさえられ、図6(1)に見られた言語的多様性は強固なものではないことが分かったが、一方、現実の世界では、移住の確率が50％にもなるような外婚制の行われている地域でも多様性が保たれているとし、多様性を支える要因としてモデルに社会的選択を導入した。どの個体も、年齢層1が終わるとき、25％の確率で社会的に高いステータスを得、それはその個体の生涯続くものとし、年齢層1の個体はグループ

内のステータスを持った大人の個体からのみ学習し、ステータスを持つ個体がいないときは大人全員から学習するとしてシミュレーションを実行すると（図6(3)、(4)参照）、今度は移住のある状況下でも多様性の発達が見られ、言語的多様性の発達における社会的選択という要因の重要性が分かる。

Nettleは移住に伴うステータスの変化や言語の機能的選択にも検討を進め、さらに、語彙や文法などの離散的な項目の場合や、スピーチコミュニティーの規模と言語の変化率についてなどのシミュレーションを行った（Nettle 1999b,c）。Nettleはシミュレーションを使い、仮想的な社会の上で、重要で本質的な要因を考え、それを加えたり、削ったり、実験的に操作することにより、それぞれの要因の働きを観察している。シミュレーションを使った研究の基本的な姿がある（Nettle（1999a）の詳細は熊谷（2008）で追った）。

Nettle（1999a）のシミュレーションでは、言語的多様性の生まれる芽は、すべての個人の中にある。そこに多様性を抑制させたり、発達させたりするメカニズムが働き、言語的多様性が生まれる。ここにおいて、言語を学習する相手を各個体が選ぶ社会的選択のメカニズムが重要な働きを示していた。

8. 言語変化における中心と周辺の役割
―Fagyal et al. のシミュレーション

Fagyal et al.（2010）によれば、欧米の社会言語学的な研究をまとめると、社会ネットワークの中心にいる話者は、あるときは保守的な安定した個体と考えられ、別のときには言語変化の革新的な個体と考えられている。また、周辺的な話者も、あるときは新しい変種の源と考えられ、また、別のときには、言語的革新にはほとんど触れることのないネットワークの外縁と考えられている（Fagyal et al. 2010: 2065）。そこで、彼らはこのように一見したところ矛盾する話者の役割をどうすれば体系的に説明できるかを問題とし、ネットワークの中心と周辺の動的な役割、言語変化におけるネットワークと話者の役割を、エージェントベースシミュレーションを方法として探った。

Fagyal et al.（2010）のモデルでは、ネットワークは人と人が影響を及ぼし

(a) 影響関係の表示

矢線：YはXに注目する。
　　　YはXに耳を傾ける。
　　　XはYに影響を及ぼす。

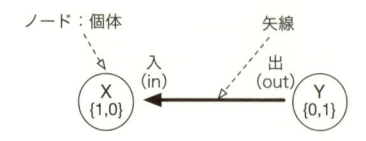

ノード：個体　　　　　矢線

　　　　　入　　出
　　　　(in)　(out)
　　　X ←――――― Y
　　{1,0}　　　　{0,1}

ノードのラベルの下のカッコ内の数字：
〔入次数：入りの矢線の数，出次数：出の矢線の数〕

(b) ネットワークの例

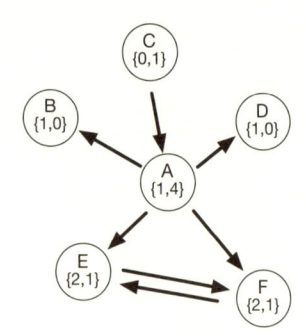

　　　　C
　　　{0,1}
　　　　↓
B ←―― A ――→ D
{1,0}　{1,4}　{1,0}
　　　↙　↘
　　E　　　F
　{2,1}　 {2,1}

図7　個体間の影響関係を示すネットワーク（Fagyal et al.（2010: 2066）を元に作成）

合う関係を示す(図7)。ネットワークの丸印(ノード：node)は個体(エージェント：agent)を表し、線(矢線)は個体間の影響関係を表す。図7(a)の矢線の向きが意味するのはYがXに耳を傾けるということであり、その結果、XはYに影響を与えるという関係にあるということである。個体に入る矢線の数(入次数：indegree)が多い個体ほど、人気があり、多くの個体にまねされ、多くに影響を与える。

　Fagyal et al. は実社会の多くの大規模な社会ネットワークが持つと考えられる特徴を備えたネットワークを人工社会として仮定した。その特徴とは概略(1)どんな相手でも、何人かの知人を介せば、お互いにつながっていることが多い、(2)自分と自分の知人との間には、たいてい、共通の知人がいる(知り合い同士は、ほとんど同じ小集団に属する)、(3)非常に多くの知人を

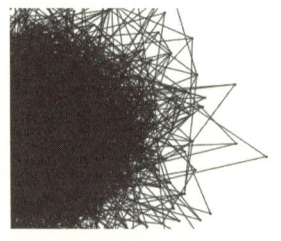

**図8　密度の濃いネットワークの中心と密度の薄い周辺
　　　（Fagyal et al.（2010: 2067）に従って作成）**

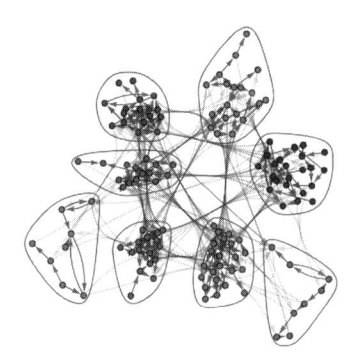

図9　人工社会のネットワークの例（Fagyal et al.（2010: 2067）の計算手順で生成した社会ネットワークの例：個体数 128）

持つ人はごく少数であり、多くの人は知人の数はそれほど多くはない、というもので、ネットワーク研究[10]では(1)、(2)の特徴をスモールワールド（small world）、(3)をスケールフリー（scale free、冪分布とも言う）という。Fagyal et al.（2010: 2066–2067）は、この特性を持つネットワークを生成する計算手順（R-MAT: Recursive MATrix, Chakrabarti et al.（2004））で人工社会を作成した。

　図8はこの計算手順で生成したネットワークの例であり、密に結合したネットワークの中心と密度の低い周辺が示されている（図8はFagyal et al.（2010: 2066–2067）の手順で計算し、同様の形で出力したもの。個体数

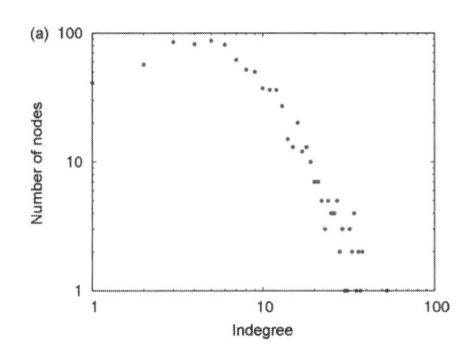

図10　人工社会の入次数の分布（Fagyal et al. 2010: 2069）

1024)。

　Fagyal et al. は 900 の個体（矢線の数は 7561）のネットワークを作成した[11]。最も人気のある個体（ネットワークの hub、中心）でも入次数はたかだか 53 であり（図 10 はこのシミュレーションで使われたネットワークの入次数の分布）、特定の個体が直接全体に影響を与えることはなく、大きさの異なる小さなコミュニティーを内部に含むネットワークになっている。Fagyal et al. の用いた計算手順（R-MAT）が作るネットワークの構造のイメージを得るために、比較的小規模なネットワーク（個体数 128）を作成し、ネットワーク上のコミュニティーを見いだす手法で個体をグループ化して表示したのが図 9 である。ネットワークの中に大きさの異なる小さなコミュニティーが含まれる様子や、周辺的な loner（他者と交流しない人）の存在などが認められる。

　シミュレーションでは、開始時点で、すべての個体に 8 種類の変種の中から 1 つをランダムに割り当てる。各個体は自分に隣接する（矢線で直に結ばれる）個体の影響力の度合いに応じた確率で相手を選び、その変種で自分を更新すると仮定する。（回りで一番人気のある個体をまねる傾向。隣接する個体の中から入次数の大きさに比例する確率で選ぶ「入次数でバイアスされた投票者モデル」、以下では、選択ルールと呼ぶ。）すべての個体の更新が済むと、1 つのステップが済み、同様の更新を繰り返してシミュレーションは進行する。

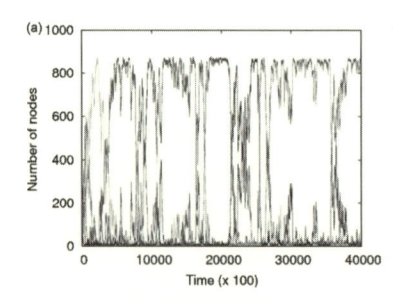

図 11　(a)　変種毎の個体数の変化　　　(b)　部分拡大図：2 変種のみ
　　　　　　　（Fagyal et al. 2010: 2070）　　　　　（Fagyal et al. 2010: 2070）

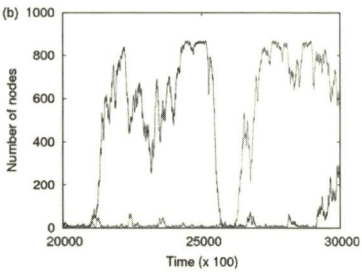

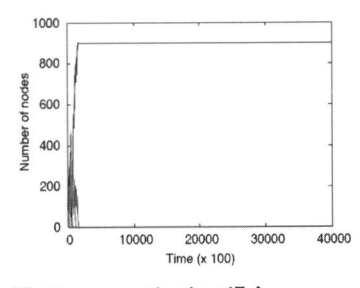

図12 loner がいない場合
（Fagyal et al. 2010: 2071）

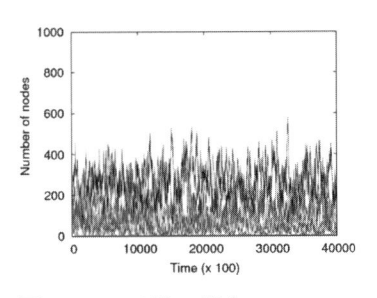

図13 hub がない場合
（Fagyal et al. 2010: 2072）

　図11はシミュレーションの結果である。仮定した非等質的なネットワーク上で、仮定した選択ルールに基づく各個体の変種の更新の積み重ねにより、複数の変種の中の1つが大多数の受け入れる規範に成長し、しばらくすると別の変種が成長して、規範の座を取って代わるというパターンが繰り返される変化が実現されている[12]。（よく知られるSカーブの普及パターンを繰り返す様子が再現されているという観察が示されている。）

　Fagyal et al. (2010)は、シミュレーションで仮定した要因（ネットワークの特徴と選択ルール）をシステマチックに取り除き、条件を操作してシステムの挙動を観察した。図12は他者と交流しない個体（loner：周辺）がなくなるまでネットワークの密度を高めた（矢線の数が3倍）場合である。図11とは異なり、急速に規範が成立し、その後は平坦で、変化のダイナミクスは現れない。図13は、ネットワークの構造を、個体と個体をランダムに結んだランダムネットワークの形に変更してhub（中心）をなくし、loner（周辺）はもとの場合と同数になるように設定した場合である。安定した規範は成立せず、不安定に変化する状態が続き、変化のダイナミクスは現れない。すなわち、他者と交流しない人（loner：周辺）とハブ（hub：中心）のどちらか一方が欠けても図11のような言語変化のダイナミクスは再現されない。

　次に、もとのネットワーク構造で、選択ルールの方を変更した。隣接する個体をすべて等しく扱うと、規範は出現しない。入次数に関係なく各個体に相対的な威光をランダムに与え、これに基づく選択ルールとすると、優勢になる変種は現れるが変動が激しく、規範として安定した期間が見られない。

このようにして、彼らが仮定したネットワークの特徴と選択ルールという要因が共にあって初めて言語的革新の普及のダイナミクスが再現できることをシミュレーションの条件を変えることにより実験的に示した。

さて、ネットワークの中心と周辺の話者に関する言語的な保守性、革新性の表面的な矛盾という問題の回答はどうなるか。中心も周辺も、言語変化の普及過程のダイナミクスにおいて果たす役割は、保守性、革新性という位置付けからは中立であり、社会的、歴史的な文脈における解釈によって、保守的にも革新的にもなるというのが彼らの答えである（Fagyal et al. 2010: 2073–2074）。

すなわち、ネットワークの中心の最も基本的な役割は、言語的革新をネットワーク上の他の個体に普及、伝播することである。中心は(1)規範を普及、強化するが、(2)新しい変種を導入するということでは必ずしもない。この両者の区別が重要であるとする。シミュレーションの初期状態では、8種の変種は全体にランダムに分散しており、変化の方向は、影響力の小さな周辺からによるものでも、影響力の大きな中心からによるものでも、どちらからもあり得る。変種がどこに発するかに関わりなく、ネットワークに hub（中心）があれば、競合する変種の中の1つが普及に成功する。そうして確立された規範の安定性はどれだけの個体がその相対的な威光の影響に敏感であり続けるかに依存する。

一方、周辺の一種である loner（他者と交流しない人）は、変種を保存する役割であるが、こちらも中心と同様に、革新的でも保守的でもない。方言では、周辺には古い変種が保存される傾向があると言われるが、loner は全体の構造の一部であり、中心に決定的な影響を与えることも可能である。loner の変種がコミュニティー全体に広がることもある。中心から周辺へという多くの場合とは逆行する、周辺から中心へという変化として捉えられる現象も、閉じた緊密なネットワーク上における確率論的な選択の積み重ねであり、普及過程の基にある確率論的な過程の当然の帰結であり、例えば、伝統的規範の復興というような観点からの分析は事後の再解釈であるとする。（なお、Fagyal et al.(2010) における中心と周辺は、周圏論における中央と辺境に直接対応するものではないが、方言形成論の中で小林(2002, 2004)が

指摘し、熊谷(2008: 191–204)でも検討した、中央における規範性、保守性、創造性に関する議論にもつながる。)

Nettle (1999a) のシミュレーションでは、言語的多様性の発達にとっての社会的選択の重要性が示されていた。(本論の Nettle (1999a) とは別の Nettle (1999b) のシミュレーションでは、個体間の社会的な距離を扱う社会的選択のメカニズムも導入している)。Fagyal et al. (2010) は、社会的選択についてさらに掘り下げたものとも言える (Fagyal et al. 2010: 2075–2076)。Fagyal et al. のシミュレーションでは、Nettle (1999a) のシミュレーションにあった人口移動や人の成長に伴う変化などの現実性は捨象されており (Fagyal et al. 自身も欠けている現実性に注意している。(Fagyal et al. (2010: 2077))、また、多様性の発生(の源)そのものも問題にしてはいない。一方、Fagyal et al. では、Nettle のシミュレーションにはなかった、現実の社会ネットワークに類推できる、内部に小コミュニティーを持った、非等質的な構造のネットワークが導入され、言語的革新の普及過程という言語変化のダイナミクスにおける話者のネットワークの構造の持つ重要性が示されている。

9. おわりに

1927 年に論文 (柳田 1927a,b,c,d) としてその最初の姿を現わした『蝸牛考』が取り上げたカタツムリの名称の全国分布の詳細は、45 年後、柳田の没後 10 年の 1972 年に刊行された国立国語研究所の『日本言語地図』(LAJ) 第 5 集に示された。『日本言語地図』には、このカタツムリを含め、語彙を中心に 240 項目、300 枚の言語地図がある。『日本言語地図』は紙の印刷物だったが、電子化を進めており(『日本言語地図』データベース (LAJDB)、熊谷 2013a, b)、コンピューターで処理できる『日本言語地図』のデータの整備が進行中である。

チューネンは、チューネン圏の元になる着想(中心都市からの距離による農業の空間的分化)を、若い頃の農場での見習い修行時代に、地域の農場を観察することによって得、後に、自らの経営する農場における長年の記録資料に基づき、理論的かつ実証的な『孤立国』を著した (山本 1994: 43–44)。

チューネンが『孤立国』で実践したように、また、多くの経験科学がそうであるように、現実の観察、分析と理論化とは両輪の輪となって進歩する。

柳田の読んでいたチューネンの『孤立国』は、数学的な表現も使い、仮想的な国の上にモデルを作り、本質的な要因を取り出して現象を説明する科学的な著作であった。そして柳田の『蝸牛考』では、「方言の成立ちを明らかにしよう」（柳田 1980: 5）とし、「蝸牛」を研究の題目として拾い上げた動機として、最初に、方言量、方言領域、方言境界、方言複合の4つの現象を挙げている（柳田 1980: 19–24）。さらに、「国語に影響したと思う数多の社会事情」（柳田 1980: 5）という視点を持ち、「今や国語の偉大なる変遷期に際会しつつ、果たしてその変遷には法則が有るのか、もしくはただ行き当たりばったりに、乱れて崩れてこうなってしまったのか、どちらであるかということさえ、まだ学界の問題になっていない。」（柳田 1980: 7）とも述べるなど、現象の観察と現象に潜む法則性の探求という視点を幾度も示している。楳垣（1953）は対立的に見られる方言孤立変遷論と方言周圏論の全体を説明できる仕組みを考え、説明しようとする試みだったと捉えられるが、楳垣はその中で柳田の方言周圏論は結果論ではなく「原因論」であるという点を強調していた（熊谷 2008: 193）。シミュレーションは、現実社会ではできないような方言形成の実験を仮想社会で行い、人と人が作る社会、環境の中で、方言が形成される本質的な要因を追求する手段の1つとなる。そして、これはチューネンが最も重視すると述べた「考え方の形式」にもつながる。

周圏論の同心円からチューネンを経て、シミュレーションに触れ、改めて、『蝸牛考』の柳田の動機に戻ってみるとき、「方言周圏論」も含めたより広い文脈の中で、柳田が解明を目指したものは何かという問いに惹かれる。

注

1　チューネンの日本語の表記は複数ある（チウネン、チューネン、テューネン等）が、本文中ではチューネンとし、書誌や引用の中では、それぞれの表記を用いる。
2　チューネンの『孤立国』の原書の書誌情報は次の通り（Niehans (2008: 274)による）。

Der isolierte Staat in Beziehung auf Landwirtschaft und Nationalökonomie. PT I: Untersuchungen über den Einfluss, den die Getreidepreise, der Reichtum des Bodens und die Abgaben auf den Ackerbau ausüben. Hamburg: Perthes, 1826. 2nd edn, Rostock: Leopold, 1842. PT II: Der naturgemässe Arbeitslohn und dessen Verhältniss zum Zinsfuss und zur Landrente. Rostock: Leopold; 1st section 1850; 2nd section 1863. PT III: Grundsätze zur Bestimmung der Bodenrente, der vorteilhaftesten Umtriebszeit und des Werts der Holzbestände von verschiedenem Alter für Kieferwaldungen, Rostock: Leopold, 1863. なお、第2部第2篇と第3部は、チューネンの死後に弟子のH. Schumacherが取りまとめて刊行したもの(近藤 1974: 470–471)。

3 近藤による『孤立国』の翻訳は、近藤(1974)所収など他にもあるが、本論での引用には筆者が最初に入手した1956年の近藤訳を用いた。

4 『孤立国』(第2版)のドイツ語原文は1910年にSammlung sozialwissenschaftlicher Meister, 13としてG. Fischerより刊行された版がOpen Library (https://openlibrary.org) により公開されている。同書は国立国会図書館にも他のいくつかの版とともに、所蔵されている。
Der isolierte Staat in Beziehung auf Landwirtschaft und Nationalökonomie.[2. Aufl.]
<https://openlibrary.org/books/OL22865383M/Der_isolierte_Staat_in_Beziehung_auf_Landwirtschaft_und_National%C3%B6konomie.>2013.11.15
公開されているPDF
<https://ia700307.us.archive.org/19/items/derisoliertestaa00thuoft/derisoliertestaa00thuoft.pdf>2013.11.15

5 柳田(1910: 173)では、この後、「経済の学者は嬉しがるであろう」(引用に際し、旧字体を新字体に改めた)と続けている。

6 図1に示した4枚の図は『孤立国』の第1部末尾の「附　孤立国の図解に対する説明および注意」(チウネン　近藤訳1956　第2分冊：181–186)の中にあり、そこには、これらの図はチューネン自身が作成したものではなく、友人によるものであり、本に述べた対象を理解するために必ずしも必要ではないが、読者に結論の概観を与えるものとして掲載している旨の説明がある。また、第1図はまったく対称なので半円で示すという趣旨の記述がある。(これらの点は柴田(1978, 88)でも触れられている。) なお、上記の近藤訳の見出し中にある「附」は原書第2版の見出し("Erklärungen und Bemerkungen zu den nachfolgenden bildlichen Darstellungen des isolierten Staats.")中にはない。この「説明および注意」は、原書第2版では第1部の「付録」の部分の後に配置されているが、上記の近藤訳では該当する位置に「付録」を置いていないため、付録的であることを示すために近藤が補ったものか。

7　第2図の半円の右側に斜めに記入されているハッチングを施していない帯状の部分が小都市の領域。この小都市の領域は小都市へは生活資料を供給し、中心都市には何も供給しない地域。この領域を持つ小都市もまた独立した国と考えられるが、このような小さな国においては、穀価は首都である中心都市に依存する。(チウネン　近藤訳1956　第2分冊：183)

8　第3図は円周に沿って、半時計回りに都市における穀価が1.5ターレル(TIY)から0.6ターレルまで変化するとき(穀収10シェッフェル(S)の土地の肥力一定を仮定。穀価はライ麦1シェッフェルの価格)、それに対応して各圏の半径が変化する様子を示している。〔ターレル。Taler：16～18世紀にドイツで流通した銀貨；シェッフェル。Scheffel：昔の穀物単位、50～222リットル。／(『アクセス独和辞典』第3版、2010、三修社による)〕

9　第4図は、穀価一定(ライ麦1シェッフェル、1.5ターレル)の場合に、土壌の肥力の異なる場合の孤立国への影響。穀収が円周に沿って時計回りに10シェッフェルより4シェッフェルまで変化するとき、各穀収に対応して各圏の半径が変化する様子を示している。なお、第3図と第4図は、最初は両者の穀価と肥力は同じだが、図3では肥力一定で穀価が低下し、図4では穀価一定で肥力(穀収)が減少しており、この両者を比較することで、「土壌の穀収の減少は、同一程度の穀価低下よりもより強く集約的栽

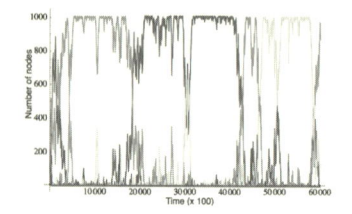

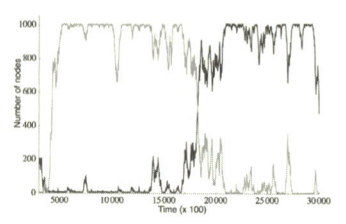

図14　(a)　変種毎の個体数の変化　　(b)　部分拡大図：2変種のみ
(ノード数1024で行った筆者の追試のシミュレーションによる出力の例)

培の減退を惹起することがわかる」(チウネン著、近藤訳1956、第2分冊：186)。これは、チューネンのモデルによる推論によって、新しい知識が得られることの一例でもある。

10　3つの特徴は(1)小さな直径：small diameter、(2)高いクラスター性：high clustering、(3)スケールフリーの次数分布：scale-free degree distributionという。(例えば、増田・今野(2005))

11　R-MATの計算手順には行列の2分を繰り返す手順があり、ネットワークのノード数は、2^n(nは整数)の必要がある。900は2^nではないが、Fagyal et al. (2010)には、この

点の詳細は記述されていない。なお、図8はノード数を 2^n である1024にした筆者の追試による。
12 ノード数1024で行った筆者の追試でも、図11のFagyal et al.(2010)と同様の変化のパターンが観察された。図14に筆者の追試によるシミュレーションの例(矢線の数は7473、入り次数の最大値は32)を示す。

文 献

岩本由輝(1983)『続・柳田国男―民俗学の周縁』柏書房
楳垣実(1953)「方言孤立変遷論をめぐって」『言語生活』24: pp.44–48.筑摩書房
ギルバート・ナイジェル、クラウス・G・トロイチュ 井庭崇・岩村拓哉・高部洋平訳(2003)『社会シミュレーションの技法―政治・経済・社会をめぐる思考技術のフロンティア』日本評論社(Gilbert, Nigel and Klaus Troitzsch. (1999) *Simulation for the Social Scientist*. Buckingham: Open University Press.)
熊谷康雄(2008)「方言形成研究の方法としてのシミュレーション」小林隆・木部暢子・高橋顕志・阿部清哉・熊谷康雄(2008)『方言の形成』pp.169–216.岩波書店
熊谷康雄(2013a)「『日本言語地図』のデータベース化と計量的分析―併用現象、標準語形の分布と交通網、方言類似度の観察」熊谷康雄編『大規模方言データの多角的分析成果報告書―言語地図と方言談話資料』pp.111–128.国立国語研究所
熊谷康雄(2013b)「『日本言語地図』のデータベース化が開く新たな研究」、『国語研プロジェクトレビュー』4(1): pp.1–9.国立国語研究所
国立国語研究所(1966–1974)『日本言語地図』(全6巻)大蔵省印刷局(縮刷版1981–1985)
小林隆(2002)「日本語方言形成のモデルのために」馬瀬良雄監修『方言地理学の課題』pp.248–261.明治書院
小林隆(2004)『方言学的日本語史の方法』ひつじ書房
近藤康男(1974)『近藤康男著作集 第1巻』農山漁村文化協会
在間進編(2010)『アクセス独和辞典 第3版』三修社
柴田武(1978)「方言周圏論」大藤時彦編『講座 日本の民俗1 総論』pp.42–61.有精堂出版
柴田武(1980)「解説」柳田国男『蝸牛考』(岩波文庫)pp.223–235.岩波書店
柴田武(1988)『方言論』平凡社
チウネン 近藤康男訳(1956)『孤立国』日本評論新社
徳川宗賢(1983)「方言周圏論の淵源」『国語学』133: pp.101–102.国語学会
増田直紀・今野紀雄(2005)『複雑ネットワークの科学』産業図書
馬瀬良雄(1977)「方言周圏論再考」『言語生活』312: pp.18–31.筑摩書房

柳田国男（1910）「島々の物語」『太陽』16(5)：pp.169-174. 博文館
柳田国男（1927a）「蝸牛考」『人類学雑誌』42(4)：pp.125-135. 東京人類学会
柳田国男（1927b）「蝸牛考(2)」『人類学雑誌』42(5)：pp.162-172. 東京人類学会
柳田国男（1927c）「蝸牛考(3)」『人類学雑誌』42(6)：pp.223-233. 東京人類学会
柳田国男（1927d）「蝸牛考(完)」『人類学雑誌』42(7)：pp.273-284. 東京人類学会（柳田（1927a,b,c,d）は「柴田武・加藤正信・徳川宗賢編（1978）『日本の言語学第6巻　方言』pp.245-292. 大修館書店」に再録されている。）
柳田国男（1961）「わたしの方言研究」東条操監修『方言学講座　第1巻』pp.305-320. 東京堂
柳田国男（1980）『蝸牛考』(岩波文庫)岩波書店(底本は創元選書『蝸牛考』(1943))
山本健児（1994）『経済地理学入門─地域の経済発展』大明堂
Chakrabarti, Deepayan, Yiping Zhan and Christos Faloutsos. (2004) R-MAT: A recursive model for graph mining. In *Proceedings of the 2004 SIAM International Conference on Data Mining*: pp.442-446.
Fagyal, Zsuzsanna, Samarth Swarup, Anna María Escobar, Les Gasser and Kiran Lakkaraju. (2010) Centers and Peripheries: Network roles in language change. *Lingua* 120: pp.2061-2079. Amsterdam: Elsevier.
Gaylord, Richard and Louis J. D'Andria. (1998) *Simulating Society: A mathematica toolkit for modeling socioeconomic behavior*. New York: Springer-Verlag.
Keller, Rudi. (1994) *On Language Change: The invisible hand in language*. London: Routledge.
Nettle, Daniel. (1999a) *Linguistic Diversity*. Oxford: Oxford University Press.
Nettle, Daniel. (1999b) Using Social Impact Theory to Simulate Language Change, *Lingua* 108: pp.95-117. Amsterdam: Elsevier.
Nettle, Daniel. (1999c) Is the Rate of Linguistic Change Constant? *Lingua* 108: pp.119-136. Amsterdam: Elsevier.
Niehans, Jürg. (2008) Thünen, Johann Heinrich von (1783-1850). In Steven N. Durlauf and Lawrence E. Blume (eds.) *The new Palgrave dictionary of economics* 2nd ed. vol.8, pp.271-274, Hampshire: Palgrave Macmillan.

付　記

本論は、平成15～18年度科学研究費補助金（基盤研究(B)(1)）「日本語方言形成モデルの

構築に関する研究」（研究代表者：小林隆）、平成 21 年度から 24 年度の国立国語研究所共同研究プロジェクト「大規模方言データの多角的分析」（リーダー：熊谷康雄）、また、平成 25 年度からは国立国語研究所共同研究プロジェクト「消滅危機方言の調査・保存のための総合的研究」（リーダー：木部暢子）の成果の一部を含む。『日本言語地図データベース』（LAJDB）には科学研究費研究成果公開促進費（データベース）〔平成 13,14,15,16,17,20 年、『日本言語地図』データベース（研究代表者：熊谷康雄）〕の補助を得た。本論 5 節〜7 節は日本語学会 2012 年度秋季大会シンポジウム「方言形成論の展開」（企画：有元光彦、橋本行洋）での筆者の発表原稿の一部を元に加筆した。

音韻ルールの方言周圏論

有元光彦

1. はじめに[1]

　柳田国男を嚆矢とする方言周圏論は、方言形成の考え方に大きなインパクトを与えたが、その対象は例えば「蝸牛」といった「単語」であった。問題はこの「単語」で、言語は「単語」だけから成り立っているのではない。標準理論（Standard Theory）と呼ばれる初期の生成文法理論（Generative Grammatical Theory）では、言語はレキシコン（語彙目録、lexicon）とルール（規則、rule）から構成されていると考えられている[2]。レキシコンにどのような情報を持たせるかについては議論の余地があるが、この考え方では「単語」はレキシコンの一部と記述されている。標準理論は言語を説明するための１つの仮説であるので、この理論が全面的に妥当であるとは言えないが、もしこの理論に従うと、「単語」、すなわちレキシコンの方言周圏論だけではなく、ルールの方言周圏論も想定できることになる。

　ルールの周圏性を論じる場合、対象となるのは「言語現象」である。本論では、九州西部方言に見られる形態音韻現象である「テ形音韻現象」を対象とする。そこで、次の３つの目的を設定する。

　　①テ形音韻現象の周圏性を記述する。
　　②ルールの周圏性とは何か、について解明する。
　　③方言形成プロセスを仮定する。

①においては、テ形音韻現象の周圏性は、単語レベルではなく、ルールレベルで観察する必要があることを述べる。②においては、①の記述をすることによって、どのようになれば（どのようになっていれば）周圏性があると言

えるのか、という問題について考察する。単語レベルでは、同じ語形が周圏的に分布していれば周圏性があると言えるだろう。しかし、ルールレベルの場合、同じルールが周圏的に分布していれば周圏性があると言えるのだろうか。ルールレベルでは、何をもって周圏性があるとするのか、単語レベルとは異なる定義が必要であろう。③については、ルールレベルの周圏性が方言形成プロセスに貢献することを述べる。

2. テ形音韻現象とは？

　まず本節では、本論の対象である「テ形音韻現象」について解説する。これは、九州西部方言において、動詞活用形の1つであるテ形（「〜して」の形）に起こる形態音韻現象である。
　例えば、ある方言のテ形を調査すると、次のような形が得られたとする。

（1）a.　[kakkita]〈書いてきた〉
　　　b.　[tottekita]〈取ってきた〉

ここで、共通語の「テ」に相当する部分（下線部）の音声を観察すると、(1a)では促音が、(1b)では[te]がそれぞれ現れていることが分かる。そこで、我々は、(1a)に[te]が、(1b)に促音がそれぞれ現れることはないのかを疑う。そこで、さらに調査をしてみると、次のような結果が得られる。

（2）a.　[kaitekita],　[kakkita]〈書いてきた〉
　　　b.　[tottekita],　*[tokkita]〈取ってきた〉

ここで、我々は、(2b)では促音が現れる形が不適格であることを発見する。そこで、さらに他の動詞に関して調査を進めることになる。他の動詞のデータについては省略するが、最終的に、「テ」「デ」に相当する部分の分布に偏りがあり、これは動詞の種類の違いによるものであることが分かる。このような形態音韻現象を「テ形音韻現象」と呼んでいる。ここでは、この方言は

テ形音韻現象を持っていることになる[3]。テ形音韻現象は次のように定義される。

(3) テ形音韻現象：
　　動詞テ形において、共通語の「テ」「デ」に相当する部分が、動詞の種類(語幹末分節音の違い)によって、様々な音声で現れる形態音韻現象。

3. テ形音韻現象の周圏性

本節では、テ形音韻現象が周圏分布を成しているかどうかについて、まず従来の方言地理学で行われてきた単語レベルでのアプローチをする。次に、新たな方法として、音韻ルールレベルでのアプローチをする。さらに、この方法論を進展させた構成的なアプローチを試みる。

3.1. 単語レベルにおけるアプローチ

前述したように、従来の言語地理学で論じられてきた方言周圏論のターゲットは、単語レベルであった。例えば、「カタツムリ」をどの地域で［dendemmuʃi］と言うか、または［maimai］と言うか、という議論は、その語形を単語レベルで捉えていることになる。それと同様に、動詞においても、例えば、「書かない」という単語を［kakanai］と言うか、［kakaɴ］と言うか、というように、単語レベルをターゲットとしている[4]。

そこで、テ形音韻現象に関しても、まずは単語レベルでの記述をしてみよう。ここでは、〈書いてきた〉を例にとり、5方言での語形を次に示す[5]。

(4) a.　方言1：［kak̚kita］(長崎県五島市下崎山町)
　　b.　方言2：［kak̚kita］(長崎県五島市中央町)
　　c.　方言3：［kʲatekita］(熊本県牛深市加世浦)
　　d.　方言4：［kek̚kita］(熊本県天草下島・坂瀬川)
　　e.　方言5：［kek̚kita］(鹿児島県岡児ヶ水)

(4)を見る限りでは、方言 1, 2, 4, 5 において、テ形の「テ」に相当する部分に促音が現れていることが分かる。従って、地理的な分布を考慮すると、方言 3 を中心とした周圏分布を成しているように見える。しかし、次の〈出てきた〉ではどうだろうか[6]。

(5) a. 方言 1：[dekkita]（長崎県五島市下崎山町）
    b. 方言 2：[dekkoi]（長崎県五島市中央町）
    c. 方言 3：[dekkita]（熊本県牛深市加世浦）
    d. 方言 4：[dekkita]（熊本県天草下島・坂瀬川）
    e. 方言 5：[dekkita]（鹿児島県岡児ヶ水）

(5)を見ると、すべての方言で促音が現れており、周圏分布は見られないことになる。

　以上から、調査する単語によって、周圏分布を成していたりいなかったりすることが分かる。それは、選択する単語によって異なることになる。従って、一体テ形音韻現象に周圏性があるのかないのか、明確に説明できないのである。また、たとえ両方の単語を調査したとしても、それぞれの方言地図が個別に観察される限りは、(4)、(5)の分布の関係を捉えられないことになる。

3.2. 音韻ルールレベルにおけるアプローチ

　次に、本節ではルールレベルにおける分析を行う。これによって、ルールの違いに応じた諸方言の類型化を行う。

3.2.1. テ形音韻現象を記述する音韻ルール

　音韻ルール (phonological rule) は、生成音韻論 (Generative Phonology) で使用されるツールであり、音韻現象は音韻ルールの集合によって構成されると考える。この考え方では、基底形 (underlying form) に音韻ルールが線的 (linear) に適用されることによって、音声形 (phonetic form) が派生される[7]。基底形は、レキシコンに登録されている辞書項目 (lexical item) が形態的操作

によって組み合わされたものである。

　本論の対象であるテ形の語構成（基底形）は、「動詞語幹＋テ形接辞」となっている。まず、動詞語幹には次のようなものがある。

（6）a.　子音語幹動詞：
　　　　/kaw/〈買う〉, /tob/〈飛ぶ〉, /jom/〈読む〉, /kas/〈貸す〉, /kak/〈書く〉, /kog/〈漕ぐ〉, /tor/〈取る〉, /kat/〈勝つ〉, /sin/〈死ぬ〉など
　　　b.　母音語幹動詞：
　　　　/mi/〈見る〉, /oki/〈起きる〉, /de/〈出る〉, /uke/〈受ける〉など
　　　c.　不規則語幹動詞：
　　　　/i/ ～ /it/〈行く〉, /ki/〈来る〉, /s/〈する〉

ここでは、テ形に使われる語幹のみを挙げている。子音語幹動詞・母音語幹動詞の各語幹は他の活用形でも共通して使われるが、語幹を複数持つ不規則語幹動詞では活用形によって異なる語幹が使用される。

　次に、テ形接辞はおおよそ /te/ である。また、テ形接辞の直後には様々な要素が続く。例えば、[kita]〈(〜て)きた〉、[mire] ～ [miro]〈(〜て)みろ〉等である。

　以上のような動詞語幹とテ形接辞によって構成された基底形に、テ形音韻現象を記述する音韻ルールが適用される。この音韻ルールは、方言によって異なるが、おおよそ次のような書式で設定できる。

（7）e 消去ルール：
　　　　語幹末分節音が X でない動詞語幹に、テ形接辞 /te/ が続く場合、テ形接辞 /te/ の /e/ を消去せよ。

この音韻ルールは、次のような書式で書かれる[8]。

（8）e 消去ルール：　$e \rightarrow \phi \,/\, X^c\,]\,t\,\underline{}\,]$

Xには、弁別素性(distinctive feature)を使って、語幹末分節音の集合を示す。このXに方言差があり、3.2.2.で示すように、様々な「方言タイプ」に分類される。

また、(7)または(8)はテ形音韻現象を司る(弁別する)中心的なルール(コアルール)である。ただ、これだけでテ形音韻現象をすべて記述できるのではなく、他にも一般的な音韻ルールがある[9]。(7)、(8)のような音韻ルールは、方言固有のルールであるため、方言差をより顕著に反映したものである。

3.2.2. 方言タイプ

(7)、(8)のXは方言によって異なるが、その違いによって、すなわち音韻ルールの違いによって、現時点では、諸方言を次のような方言タイプに分類できる[10]。

(9) A. 真性テ形現象方言： タイプ TA, TA#(=TB), TA$(=TA'), TC, TD, TD$(=TD'), TE, TF, TG 方言(9タイプ)
　　B. 擬似テ形現象方言： タイプ PA, PA#, PA##, PA', PD', PD'', PD''', PG 方言(8タイプ)
　　C. 全体性テ形現象方言： タイプ W1, W2 方言(2タイプ)
　　D. 非テ形現象方言： タイプ N1, N2 方言(2タイプ)

表1　真性テ形現象方言のX

方言タイプ	X
TA	XA = [-syl, +cor, -cont]
TB	
TC	XC = [-syl, +cor]
TD	XD = {[-syl, +cor, -cont], [+nas]}
TE	XE = {[-syl, +cor], [+nas]}
TF	XF = [-syl, -cont]
TG	XG = [-syl]

(9)から様々な方言タイプが発見されていることが分かるが、議論を簡潔にするために、真性テ形現象方言のタイプ TA, TB, TC, TD, TE, TF, TG 方言だけを取り上げることにする。これらの音韻ルール(e 消去ルール)の X を示すと、表 1 のようになっている[11]。

3.2.3. 地理的分布

次に本節では、表1の方言タイプの地理的分布を図1に示してみる。すると、有元光彦(2007a)でも記述したように、いわゆる"海の道"ルートが浮かび上がってくる。

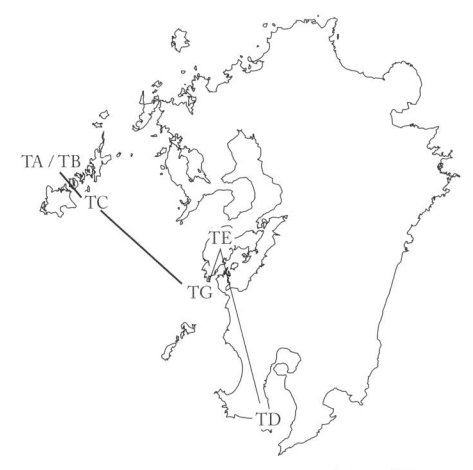

図1　真性テ形現象方言の"海の道"

これを簡略に図式化したものが図2である。図2から、方言タイプのレベルでは周圏性は観察されないということが分かる。

考えるに、「方言タイプ」とは類型化した際の単なるラベルである。確かに、類型化する際には音韻ルールの違いを利用しているが、類型化はあくまでも弁別(区別)をしているに過ぎない。すなわち、ここでは方言タイプどうしの関係性については、何も言及されていないのである。類型化はある種のパターン(型)を導き出すので、単語レベルよりはメタレベルになっている

```
            TA / TB
              |
             TC
              |
              |
           TG
               \
                TE
                    \
                     TD
```

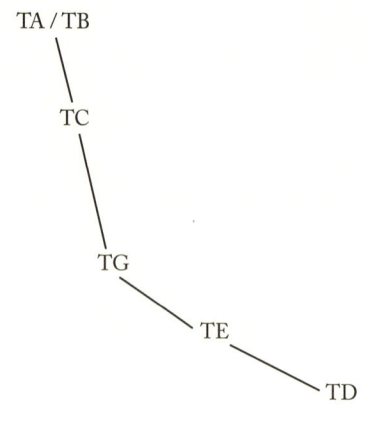

図2 "海の道"の図式化

が、実は、単語レベルと同様、個別の観点しか備えていないのである。それでは、テ形音韻現象には本当に周圏性はないのだろうか。

3.2.4. 非テ形現象化

確かに図2を見る限りでは、周圏性は窺えない。しかし、1本のように見えるこの"海の道"には、その配列に意味が隠されている。

例えば、"海の道"の最も外側に位置するタイプTA/TB方言と、真中に位置するタイプTG方言を比較してみよう。各方言タイプのe消去ルールは次のようになる。

(10) a. タイプTA/TB方言： $e \to \phi\ /\ [\text{-syl, +cor, -cont}]^C\ ]\ t\ \_\_\_\ ]$
     b. タイプTG方言： $e \to \phi\ /\ [\text{-syl}]^C\ ]\ t\ \_\_\_\ ]$

e消去ルールは、その適用環境にXの補集合を要求するため、(10a)よりも(10b)の方が適用領域が狭いことになる。同様に、タイプTD方言とタイプTG方言を比べると、前者よりも後者の方の適用領域が狭いことが分かる。

そこで、有元光彦(2007a)では、適用領域をより狭める方向への変化を「非テ形現象化」と呼び、図3の矢印のような方向性があることを見出した。

音韻ルールの方言周圏論　197

```
        TA / TB
           |
          TC
           ↓
          TG
           ↑
              TE
                TD
```

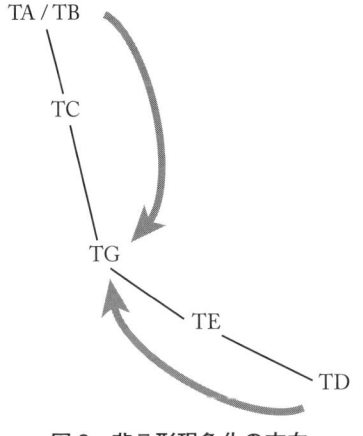

図 3　非テ形現象化の方向

　図3から、周辺の方言タイプは通時的に適用領域を狭めていき、最終的にはタイプTG方言へと"収束（収斂）"していく様子が窺える。これは、周圏性とまでは言えないかもしれないが、少なくとも「対称性（シンメトリー）」を示していると言えるのではなかろうか。ここで記述した非テ形現象化は、テ形音韻現象の崩壊という言語現象を示すものである。方言タイプのようなパターンの類型化では見られなかった性質が、非テ形現象化という、いわば"動的"な言語現象で観察されたということは、方言周圏論を論じる上で重要な示唆を与えてくれる。

3.3.　構成的アプローチ

　前節で述べた非テ形現象化は、方言タイプどうしの関係性を表したものである。これと同様に、方言タイプどうしの関係性を表すためには、どのような方法論が考えられるだろうか。そのために、本節では、生成音韻論の方法論をさらに発展させ、「構成的アプローチ（constructive approach）」（構成的手法（constructive method））を採る。構成的アプローチとは、次のように説明されている。

(11)「ある対象を理解しようとするとき、その対象から抽出した特徴をもと

にコンピュータ上に構成モデルを作り、その振舞いを観察して構成モデルを修正していくことによって理解する手法。」

(井庭崇・福原義久(1998: 32))

本節では、テ形音韻現象から抽出した特徴である、音韻ルール(e 消去ルール)の X に対し、構成的アプローチを適用していく[12]。すなわち、X がどのような集合から構成されているかを捉えることによって、方言タイプどうしの関係性を記述していく。

例えば、タイプ TC 方言とタイプ TE 方言の X は、表 1 より抜き出すと、次のようになっている。

(12) a.　タイプ TC 方言：　XC=［-syl, +cor］
　　 b.　タイプ TE 方言：　XE=｛［-syl, +cor］,［+nas］｝

まず(12b)を見ると、XE は［-syl, +cor］と［+nas］との和集合(union)から構成されていることが分かる。しかも、そのうち［-syl, +cor］は(12a)の XC の集合と同じものである。そこで、XE は XC に［+nas］が和集合演算したものと考えられる。すなわち、XC と XE は構成的に関連性があり、「関連付けられる」と捉えてみよう。有元光彦(2007b)では、生物学の類推を用いて、［+nas］を「ウイルス(fiウイルス)」と仮定し、その和集合演算を「fi感染(fiウイルスの感染)」と考えている。すなわち、テ形音韻現象を生物世界と類推し、その中に様々な種が存在していると考えているのである[13]。

(12)と同様に、タイプ TA/TB 方言とタイプ TD 方言についても、次に抜き出してみる。

(13) a.　タイプ TA/TB 方言：　XA=［-syl, +cor, -cont］
　　 b.　タイプ TD 方言：　XD=｛［-syl, +cor, -cont］,［+nas］｝

(13a)、(13b)を比べて分かるように、XD は XA に fi 感染が起こったものと考えることができる。従って、XA と XD も関連付けられる。

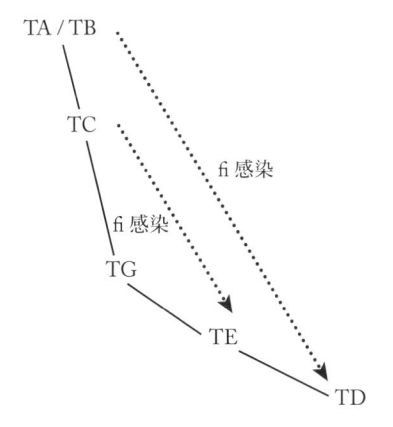

```
             TA / TB
                \
                 \
                  TC
                    ⋮
                     ⋮ fi 感染
              fi 感染 ⋮
                ⋮    ⋮
                TG   ⋮
                  \  ⋮
                   \ ⋮
                    TE
                       ↘
                         TD
```

図 4　fi 感染による方言タイプの関連付け

　以上の関連付けを図 2 に書き加えると、図 4 のようになる。図 4 は前述の関連付けと地理的分布とを図式化したものであるが、ここから分かることは、タイプ TG 方言を中心とした対称性が見られることである。すなわち、タイプ TG 方言を中心として、タイプ TA/TB 方言とタイプ TD 方言が関連付けられる、ということは、両者は非常に類似した方言タイプであることになろう。タイプ TC 方言とタイプ TE 方言に関しても同様である。それゆえ、対称性を成していると言えるのである。

　さらに、タイプ TA/TB 方言とタイプ TD 方言は、別の感染においても同様の振る舞いをする。ウイルスにはもう 1 つ「$ ウイルス」が存在すると考えている。これは、次のような「音節数条件」を持ったものである (cf. 有元光彦 (2007a: 212))。

(14) 音節数条件：　1 音節語幹の場合は排除される。

(14) は音韻ルール (e 消去ルール) の適用に課せられるものである。$ ウイルスは、このような音節数条件を行使するものとして設定している。このような $ ウイルスを仮定すると、$ ウイルスが感染 (「$ 感染」) することによって現れた亜種の存在も仮定することになる。次の各ペアを見られたい。

(15) a. タイプ TA/TB 方言： XA=［-syl, +cor, -cont］
    b. タイプ TA$ 方言： XA=［-syl, +cor, -cont］
(16) a. タイプ TD 方言： XD=｛［-syl, +cor, -cont］,［+nas］｝
    b. タイプ TD$ 方言： XD=｛［-syl, +cor, -cont］,［+nas］｝

(15b)、(16b)が＄感染した亜種である。＄ウイルスは、音韻ルールの適用方法に課せられる条件であるため、それぞれXの集合には影響を与えない。地域的には、(15b)は長崎県五島列島の黒瀬・青方・籠淵・若松などに、(16b)は熊本県天草上島の有明町などに見られる。

以上、＄ウイルスの問題を図4に書き加えると、次のようになる。

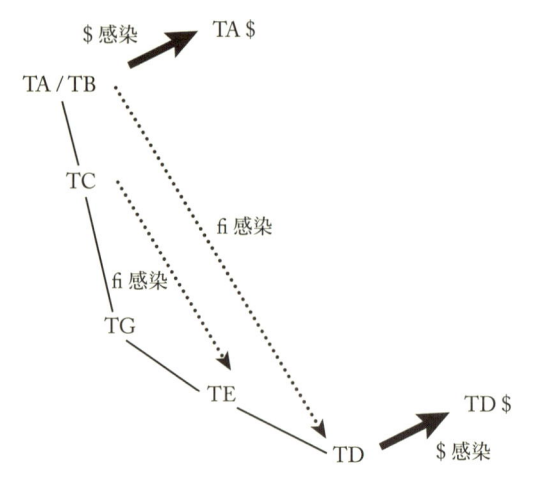

図5 fi, ＄感染による方言タイプの関連付け

図5から分かるように、地理的に最も外側に位置する方言タイプに＄感染が起こっていることになる。この点においても、タイプTA/TB方言とタイプTD方言は対称的であると言えるだろう。

4. まとめ

以上、本論では、次のような問題を扱ってきた。

(17) a. 言語現象の周圏性を見出すためには、どのような方法論を採ればよいのか。
b. 言語現象における周圏性とは、どういう状態か。

まず (17a) に関しては、第3章において、テ形音韻現象における周圏性・対称性について、大きく単語レベルとルールレベルで議論した。

単語レベルでは、周圏性を示す単語もあるが、そうではない単語もあるため、どの単語を選択するかによって、周圏性の有無が異なってくる。また、単語どうしの関係性については全く明示されていないため、"動的"な言語現象については全体的な周圏性を議論できない。

一方、ルールレベルでも、ルールの違いによって分類した方言タイプを見ている限りでは、周圏性は見えてこない。しかし、ルールどうしが類似しているという点から、そのルールを持つ方言タイプを関連付けることによって、対称性が見えてくる。また、ある特定の言語現象(非テ形現象化)において同じ振る舞いをする場合にも、対称性の存在が仮定できる。ただ、同じ振る舞いをするかどうかは、記述の方法論にも左右される。テ形音韻現象の場合、生物学的類推による構成的アプローチを採用して初めて、同じ振る舞いをすることが表面化したのである。

以上から分かるように、ルールレベルの周圏性・対称性は、単に同じルールが周圏的・対称的に分布しているという場合に成立するのではない。同じ振る舞い、同じ言語現象が周圏的・対称的に観察されて初めて、周圏性・対称性が存在すると言えるのではなかろうか。

以上の記述は (17b) にも関連する。テ形音韻現象に見られた地理的分布は、対称的であって、周圏的ではない。しかし、方言の伝播には外的な影響が避けられないことから、周圏分布はほとんど観察されない。レキシコンほど外的変化を被らないルールや体系であっても、整然とした周圏分布は方言

形成上難しいと考えられる。従って、周圏性は対称性の非常に特殊な現れではないだろうか。本論で扱ったテ形音韻現象には、"海の道"という対称性は確実に存在している。

5. 方言形成のシナリオ

それでは、その対称性がどのように形成されるのか、方言形成のシナリオを立ててみよう。

最初は、1つ(または複数)の方言タイプが存在していただけかもしれない[14]。その方言タイプが、方言タイプを少しずつ更新しながら(言語現象を司るルールの一部を変えながら)、周辺へと伝播していく。更新とは、テ形音韻現象の構成的アプローチでは感染に相当する。そのうち、類似したルールを持つ方言タイプが近接して並ぶ状態になる。これは「地を這う伝播」によるものである。本論では、"海の道"という線条的な帯のような状態である。

次の段階では、その帯の中に「中心性」が形成される。テ形音韻現象で言えば、あるいくつかの方言タイプにおいて、その現象の崩壊(非テ形現象化)が始まる。崩壊は均衡性の最も低いものから起こる。そして、次第にその崩壊は方向性を持つようになる。ここでは、タイプTG方言への収束(収斂)という方向性である[15]。中心性を持つタイプTG方言は、真性テ形現象方言の中で最も非テ形現象化が進んだ方言タイプである。

中心性が形成されると、その帯は自然と対称性を成す構造となる。対称的な構造はやがて拡散していく。すなわち、帯の上にある各方言タイプが周辺へと伝播していく。最終的に、周圏性が形成される。

以上が、周圏性を形成するまでの通時的なシナリオを仮定したものである。以上のようなシナリオを仮定すると、すべてが自然に進行するプロセスと考えられる。まず、言語現象を司る(弁別する)ルールの変化は、伝播していく限りは当然起こるであろう。中心性の形成も、言語現象の崩壊という変化なので、自然に起こり得ることである。対称性の形成も、中心性の形成の結果であるため、自然に起こる。周圏性も、伝播に関わることなので、自然

に起こる。言うまでもなく、途中の伝播や拡散は、当然起こる。従って、すべての形成プロセスが自然に起こり得ることなのである。

　しかし、テ形音韻現象の地理的分布の現状を見てみると、周圏性はほぼ見られない。それは、方言タイプによって伝播の力に差があるからではなかろうか。これによって、伝播を推進したり、逆に抑制したりしていると考えられる。現時点での最新データによると、XAを持つ方言タイプが圧倒的に多い(cf. 有元光彦(2013: 53))。例えば、タイプTA、TA#(=TB)、PA方言である。XAは最も安定性のある環境である。これは、有元光彦(2007a: 184)において、次のような仮説として明示している。

(18)"均衡化"の仮説：
　　真性テ形現象・擬似テ形現象を引き起こす(音韻ルールの適用)環境は、[-syl, +cor, -cont]という集合で均衡化する。

　つまり、テ形音韻現象は安定性("均衡化")を指向していることになる。この意味で、テ形音韻現象はある種のシステムと考えられる。言語現象は何らかのシステムを成すとすると、システムを成す限りは、その内部に何らかの均衡性を保持していくようなデバイスが備わっていると考えられる。テ形音韻現象では、「集合[-syl, +cor, -cont]」がまさにそのデバイスであろう。

6.　おわりに

　単語と同様に、言語現象も絶えず伝播や拡散を繰り返している。伝播・拡散の質や量、そしてその方法はケースバイケースであろう。ただ、基本的には伝播・拡散は絶えず起こっている。そこに、何らかのちょっとした影響が加わる。そうすると、言語現象に何らかの崩れが起こる。崩れが起こると、その言語現象に負荷がかかるのを避けるように、均衡性を保持する仕組みが働く。

　本論では、テ形音韻現象をこのようなシステムとして捉えてみた。そうすると、そのシステムの中のメンバーは何か、何がどのように動いているの

か、何にどのような影響を与えているのか、といったダイナミクスとして言語システムを考えることができる。このように捉えて初めて言語現象は記述できるのではないだろうか。

注

1 本論の一部は、平成23〜25年度独立行政法人日本学術振興会科学研究費・基盤研究（C）「九州方言の音韻現象における接触・伝播・受容プロセスに関する研究」（研究代表者：有元光彦、No.23520554）を初めとした各種の補助金によるものである。現地調査においては非常に多くのインフォーマントや仲介者の方々にお世話になった。また、研究発表・論文公表に際しては多くの方々から貴重なコメントをいただいた。記して感謝する。
2 レキシコンは、近年「心内（心的）辞書（mental lexicon）」とも呼ばれている。
3 共通語でテ形と同様の音韻的な振る舞いをするタ形（「〜した」）においては、九州西部方言ではテ形音韻現象と同様のものは見られない。
4 注意したいことは、「文法」という用語である。これは、あたかも単語レベルではなく、ルールレベルを想起させ、実際に両方のレベルを含んだ広い意味を示すことがある。しかし、伝統的な方言研究においては、単語レベルを指している。例えば、『方言文法全国地図』（国立国語研究所編、1989〜2006年）のタイトルには「文法」という用語が使用されているが、実際に掲載されているものは、例えばテ形であれば、「読んでしまった」（第205図）、「行ってもらいたい」（第231図）のような個々の語形が地図上にプロットされているだけである。
5 音声形の直後の地域名は各方言で1地点しか書いていないが、その近辺の地域も同様の語形が現れている。詳細は有元光彦（2007a）等を参照されたい。
6 (5b)は〈出てこい〉の意味である。
7 以下、基底形は記号 / / で、音声形は記号［ ］でそれぞれ括る。
8 記号 ^{c} は補集合（complement）を表す。また、記号］は単語や形態素の境界（boundary）を示す。この境界記号は、生成音韻論の一種である語彙音韻論（Lexical Phonology）で使用される（cf. Mohanan (1986)）。
9 これらは、「単語末子音群簡略化ルール」「逆行同化ルール」等の音声的なルールである（cf. 有元光彦（2007a））。
10 丸括弧内の記号は、有元光彦（2013）より前の論考での名称である。ただし、本論では、

混乱を避けるために、特に「TA#」については従来の「TB」を使用する。
11 弁別素性は、［syl(labic)］（主音節性）、［cor(onal)］（舌頂性）、［cont(inuant)］（継続音性）、［nas(al)］（鼻音性）である。また、他の方言タイプのXについては、有元光彦(2013: 51–52)を参照されたい。
12 コンピュータ・シミュレーションについては有元光彦(2007b, 2010b)に譲る。
13 テ形音韻現象の世界には、「原種」「共生（共存）種」「擬態（模倣）種」「亜種」という4つの種が存在すると仮定している。ウイルスに感染することによって形成されたもの、例えばタイプ TE 方言を「亜種」と呼んでいる。詳細は有元光彦(2010b)を参照されたい。
14 方言の発生に関しては、「方言孤立変遷論」（金田一春彦(1953)、楳垣実(1953)）や「多元的発生の仮説」（長尾勇(1956)）があるが、ここでは触れない。
15 ここで言う崩壊の契機は言語内的な要因によるものであるが、共通語化といった言語外的な要因が関係する場合もあるかもしれない。

参考文献

有元光彦(2005)「日本語の中の「九州方言」・世界の言語の中の「九州方言」⑤ことばの道―海の道―」『日本語学』2005年9月号　明治書院　pp.74–82.
有元光彦(2007a)『九州西部方言動詞テ形における形態音韻現象の研究』ひつじ書房.
有元光彦(2007b)『方言研究の構成的アプローチの試み―九州方言の動詞テ形・タ形における形態音韻現象―』平成16〜18年度独立行政法人日本学術振興会科学研究費・基盤研究(C)「九州方言における音便現象とテ形現象の"棲み分け"に関する研究」(No.16520281)研究成果報告書.
有元光彦(2007c)「音韻論・生物学・構成的アプローチ―九州西部方言動詞テ形における形態音韻現象―」『社会言語科学会　第20回大会発表論文集』社会言語科学会編　pp.190–193.
有元光彦(2008a)「長崎県中北部本土方言の動詞テ形における形態音韻現象」『研究論叢(山口大学教育学部)』57(1). pp.1–13.
有元光彦(2008b)「再訪：熊本県天草方言の動詞テ形における形態音韻現象」『言語の研究―ユーラシア諸言語からの視座』　大東文化大学語学教育研究所編　pp.357–374.
有元光彦(2009)「長崎県中南部本土方言の動詞テ形における形態音韻現象」『研究論叢(山口大学教育学部)』58(1). pp.15–31.
有元光彦(2010a)「熊本県本土西部方言の動詞テ形における形態音韻現象」『研究論叢(山口大学教育学部)』59(1). pp.35–52.
有元光彦(2010b)『テ形音韻現象における構成的アプローチの試み』平成19〜21年度独

立行政法人日本学術振興会科学研究費・挑戦的萌芽研究「方言研究における構成的アプローチの構築」(No.19652941)研究成果報告書.
有元光彦(2011a)「熊本県本土南部方言・鹿児島県本土北西部方言の動詞テ形における形態音韻現象」『研究論叢(山口大学教育学部)』60(1). pp.25–38.
有元光彦(2011b)「長崎県本土西南部方言の動詞テ形における形態音韻現象」『九州大学言語学論集』32. pp.167–185.
有元光彦(2013)「タイプPD'''、PG方言の発見―熊本県北東部・大分県中西部方言の動詞テ形における形態音韻現象」『研究論叢(山口大学教育学部)』62(1). pp.37–55.
有元光彦(2014)『九州方言におけるテ形音韻現象の記述的・構成的研究』平成23〜25年度独立行政法人日本学術振興会科学研究費・基礎研究(C)「九州方言の音韻現象における接触・伝播・受容プロセスに関する研究」(No.23520554)研究成果報告書.
池内正幸編(2009)『言語と進化・変化』(シリーズ朝倉〈言語の可能性〉)朝倉書店.
楳垣実(1953)「方言孤立変遷論をめぐって」『言語生活』24(再録:柴田武・加藤正信・徳川宗賢編(1978)『日本の言語学6 方言』大修館書店)
井庭崇・福原義久(1998)『複雑系入門』NTT出版.
井上史雄(2000)『東北方言の変遷』秋山書店.
大西拓一郎(2008)『現代方言の世界』朝倉書店.
九州方言学会編(1991)『九州方言の基礎的研究 改訂版』風間書房.
金田一春彦(1953)「辺境地方の言葉は果して古いか」『言語生活』17(再録:金田一春彦(1977)『日本語方言の研究』東京堂出版)
小林隆(2004)『方言学的日本語史の方法』ひつじ書房.
小林隆(2012)「方言形成論の到達点と課題―方言周圏論を核にして―」『東北大学文学研究科研究年報』61. pp.28–64.
小林隆ほか(2008)『方言の形成』(シリーズ方言学1)岩波書店.
沢木幹栄(1996)「語形伝播のシミュレーション」『言語学林1995 ▶ 1996』三省堂 pp.911–919.
澤村美幸(2011)『日本語方言形成論の視点』岩波書店.
徳川宗賢(1993)『方言地理学の展開』ひつじ書房.
長尾勇(1956)「俚語に関する多元的発生の仮説」『国語学』27輯(再録:柴田武・加藤正信・徳川宗賢編(1978)『日本の言語学6 方言』大修館書店)
日高水穂(2002)「言語の体系性と方言地理学」『方言地理学の課題』馬瀬良雄監修 明治書院 pp.165–178.
日高水穂(2008)「方言形成における「伝播」と「接触」」『方言研究の前衛』桂書房 pp.425–442.

福井直樹(2001)『自然科学としての言語学』大修館書店.

福島直恭(2002)『〈あぶない ai〉が〈あぶねえ e:〉にかわる時』笠間書院.

Chomsky, N. & M. Halle (1968) *The Sound Pattern of English*, Harper & Row.

Kenstowicz, M. (1994) *Phonology in Generative Grammar*, Blackwell Publishers.

Mohanan, K.P. (1986) *The Theory of Lexical Phonology*, D. Reidel Publishing Company.

Prince, A. & P. Smolensky (1993) *Optimality Theory: Constraint Interaction in Generative Grammar*. Technical Report CU-CS-696–95. RuCCS-TR-2.［Published in 2004, Oxford: Blackwell Publishing］

中心地の言語的影響力

『方言文法全国地図』データベースを用いて

鑓水兼貴

1. はじめに

　柳田国男の提唱した方言周圏論が成立する条件として最も重要なことは、言語的中心が長期間移動せずに強力な状態を保ち続けることであろう。日本語の場合、古代から1000年以上の間、京都が中心となっていたが、17世紀以降政治的中心が江戸(東京)に移動してしまい、さらに明治以降は、その東京の言語を基盤として現代日本語が成立したため、日本語は京都と東京という2つの核を内在した状態となっている。

　しかし『蝸牛考』の方言周圏論では、京都中心の日本語の姿をみることができる。このことは、柳田が調査を行った明治後期から大正期は、まだ東京中心の日本語の影響が全国に及んでいなかったことを示している。

　明治・大正期の日本の言語状況は、教育制度によってある程度共通語(標準語)が普及していたと思われる。しかしそれは理解語でしかなく、多くの人々にとっては日常の使用言語としての必要性がない状態であったと思われる。江戸が力を持ってから300年程度の時間では、日本全国に広がるだけの時間は経過していなかったといえる。

　一方で近畿地方は、江戸幕府成立以降、政治的中心の地位を失ったとはいえ、長期間日本の中心であったこともあり影響力を保持してきた。実際、昭和前期までは日本の経済的中心地を保ち続け、現在でも日本の大きな核をなしている。そのため、元の中央語である京都の言語的影響力も、ある程度保たれていたものと予想される。

　こうした明治・大正期に、東京方言と京都方言(大阪方言)が、全国にどれ

だけ影響を与えていたのかを実証的に分析するには、国立国語研究所による全国規模の方言調査のデータを利用するのがよいであろう。国立国語研究所による全国規模の方言調査は、1つは語彙中心の『日本言語地図（以下 LAJ）』(1966–74)、もう1つは文法中心の『方言文法全国地図（以下 GAJ）』(1989–2006) がある。話者の生年は、LAJ が 1895 年前後、GAJ が 1910 年前後であり、言語形成期は、ほぼ明治後期から大正時代に相当する。

LAJ については、熊谷 (2007, 2013) によるデータベース構築作業が進んでいるが、GAJ についてはすでに全データが利用可能である。データは、

http://www2.ninjal.ac.jp/hogen/dp/gaj_all/gaj_all.html

よりダウンロードできる。日本の方言学において全国規模のデータ解析を可能にした、貴重なデータベースといえよう。

本論では、GAJ のデータベースを用いて、当時の東京・京都（大阪）の言語的影響を分析し、柳田の方言周圏論の位置づけについて考察する。

2. LAJ による先行研究

2.1. 文献初出年を用いた研究

方言周圏論をデータから検証しようとした先駆的研究としては、徳川 (1972) による方言形の地理的伝播速度の研究があげられる。LAJ における方言形の分布の東西（南北）の両端と、その方言形が中央（京都）の文献として初めて現われた年代を調べることによって、その語形が京都で発生したと仮定してどの程度の速度で広がっていったかを計算している。分析の結果、言語の普及速度はおよそ年速 1km という結果を出している。こうした言語の普及速度については、井上 (2003) が様々な方言調査資料を用いて徳川の論を検証して、同様の結論を導き出している。

河西 (1981) は LAJ の 82 項目について、共通語形（見出し語形）の都道府県別使用地点数のデータを作成した。これにより共通語形だけではあるが、全国的な広がりを数量的に観察することができるようになった。井上 (1990) は、この 82 語を文献上の初出年によって分類し、それらの地理的分布パターンを分析した。その結果、共通語形の分布領域と文献初出年が関係している

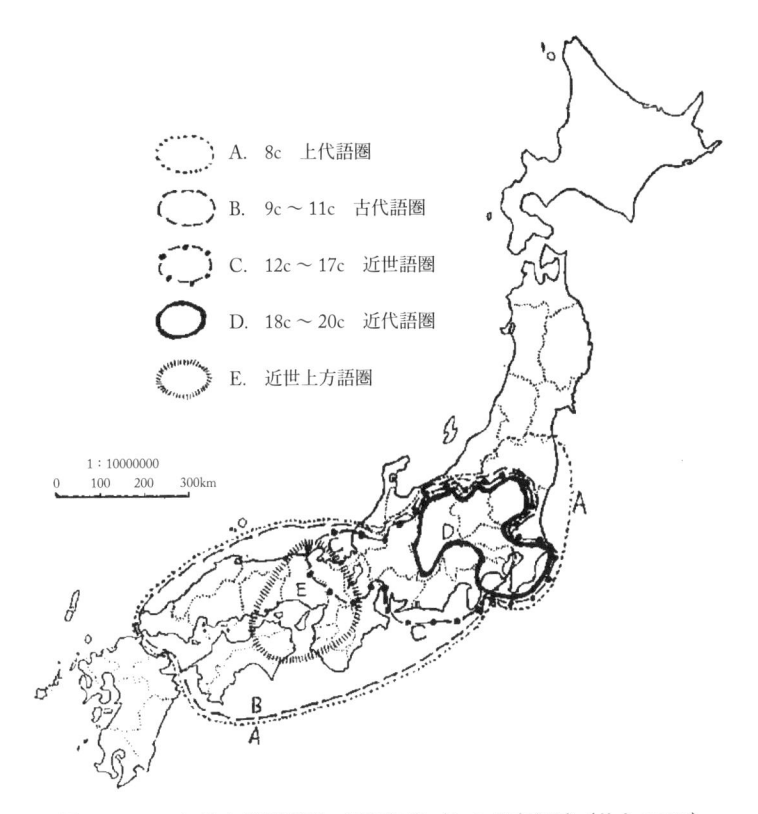

図1 LAJにおける共通語形の初出年代ごとの分布領域（井上1990）

ことを見出した。図1は井上（1990）の分析結果であるが、古い語形ほど広域に分布しており、全国規模の周圏分布が形成される要因としての、中央語の広がりを観察できる。

しかし現代の共通語形の基盤は東京方言とされている。たしかに東京（江戸）は京都・大阪との交流が多く、言語的にも周囲の関東方言とは異なる特徴がみられるが、それでも現代共通語は全体的に東日本的特徴が強い。そのため共通語の中にある西日本的要素と東日本的要素を分離する必要がある。

2.2. 「鉄道距離」を用いた研究

井上（2004）は、LAJにおける共通語化を、東京からの伝播と京都からの

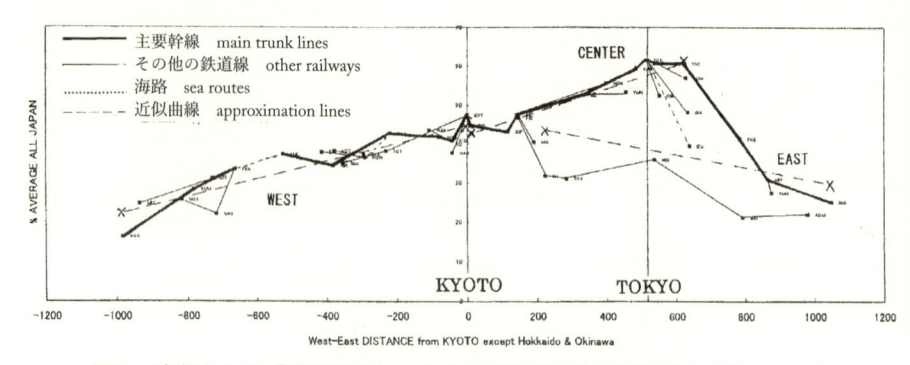

図2 京都からの「鉄道距離」による都道府県別共通語使用率（井上 2004）

　伝播の2要因が複合した結果であると仮定し、前述の河西（1981）のデータを、東京や京都からの「鉄道距離」（東京駅・京都駅から各県庁所在地の駅までの鉄道の営業距離）によって表示した。方言の地伝いの伝播を、かつての主要街道に求めたものといえる（計算しやすい鉄道に代替したものであり、現在は地理情報システムのデータを用いることで「街道距離」を算出することも容易であろう）。直線距離ではなく、実際の移動距離からみることで、伝播をより正確にとらえることができる。

　距離計算の方法も重要だが、グラフ作成において鉄道を経路として結ぶことで、中心地から離れることによる使用率の変化を地理的連続性から追いやすくするという狙いがある。図2は井上（2004）による京都からの鉄道距離で表示した都道府県別共通語形使用率のグラフである。一見すると東京を中心とした山にしかみえないが、東日本における日本海側と太平洋側の使用率の違いは、鉄道路線の経路で結ぶことにより、東京を中心とした高い山と、京都を中心とした低い山として浮かび上がる。図1の結果とあわせると、京都中心の日本語が基層として全国に広がり、その上に東京中心の日本語が広がりつつある、という状態を読み取ることができる。

3. 『方言文法全国地図』による分析

3.1. 東京・京都方言の全国分布

　以上は、LAJ による先行研究である。井上らによる計量的研究によって多くのことが解明された。特に河西による共通語形使用データの貢献は大きかったと思われるが、共通語形だけでは限界がある。現代共通語の母体ともいえる東京方言と、かつての中央語である京都方言について、それぞれの勢力を分析するには、共通語使用率からではなく、直接東京方言、京都方言の使用率を調べることが望ましい。

　LAJ のデータベースは現時点（2014年）では整備途中であり、河西のデータを追試することが難しい。一方、GAJ はすでに全データが利用可能であり、全国の東京方言使用率、京都方言使用率を計量的に調べることが可能である。これにより共通語使用率だけはわからない部分についての考察をおこなう。

　GAJ は全6集からなる。第4集以降の表現法項目は共通語形を定めにくいため、本論では、第1集（助詞項目）60項目と第2・3集（活用形項目）90項目の計150項目を対象とした。そのうち第1集における助詞でない6項目を除外し、分析には144項目を利用した。

3.2. 基準方言形の設定
3.2.1. 基準方言形について

　GAJ における東京、京都の影響を計算する上で、その東京方言、京都方言の基準となる語形を規定する必要がある。「標準的な東京方言」「標準的な京都方言」を方言辞典などから決めることも可能だが、共通語がある程度規範の存在する変種であるのに対して、東京方言・京都方言といった地域の変種の場合には明示的な規範は存在せず、細かい世代・地域によって言い方が分かれており、流動的な部分も多い。

　このため本論では、GAJ 内における東京、京都の話者の回答を基準方言形とし、仮の「東京語」「京都語」と定める。そして、それらの基準方言形と各地点の回答語形との比較を行うことにする。

基準方言形は複数地点から採用する。東京、京都から1地点だけしか採用しない場合、話者個人の回答傾向によって左右される可能性があるためである。

3.2.2. 「東京語」の設定

作業用の「東京語」を選定するにあたって、GAJ における東京の話者の地点が、基準として適当かを調べる。秋永 (2004) では、「東京弁」話者の定義として、「御一新から敗戦までに言語形成期を終わった人」「東京旧市内 (東京旧 15 区内) で言語形成期を過ごした人」「両親または保育者も、江戸墨引内か東京旧市内で生育の人」の3条件を挙げている。GAJ における東京23区在住の話者は、東京都杉並区永福 (地点番号 569835) と、東京都台東区竜泉 (地点番号 569961) の二人である。

永福は 1931 年に東京旧 35 区に編入されたため旧 15 区ではない (旧東京府豊多摩郡)。竜泉も旧東京府 15 区成立時 (1878 年) では入っておらず (旧東京府北豊島郡)、東京市成立時 (1889 年) に下谷区に編入された。両地点ともやや中心部の外側に位置しており、秋永の定義に該当するかは難しいところであるが、少なくとも東京方言に近いことが予想されるため、本論では二人の回答を「東京語」とみなすことにする。

3.2.3. 「京阪語」の設定

つづいて「京都語」だが、GAJ においては、京都市内の話者は、京都府京都市左京区上高野木ノ下町 (地点番号 653361) の一人しかない。厳密な京都方言話者の定義をするならば、旧市街である「洛中」で生育した人を対象とするべきだが、上高野木ノ下町は、「洛外」の比叡山麓の町 (旧愛宕郡修学院村。1931 年に京都市左京区に編入) である。しかし京都市内の話者であることを考慮し、採用とした。

一人だけでは個人の回答に影響されるため、京都市以外の地点も採用する必要がある。他の京都府内の地点は、どれも京都市から遠いため、京都と同様に日本の中心都市である大阪府の地点から採用することにした。都であった京都と並んで、大阪の影響も現代日本語を考える上で重要と思われる。

そのため大阪市と、京都・大阪間の都市の話者を加えることにした。該当するのは、大阪府高槻市原(地点番号654264)と、大阪府大阪市東区道修町(地点番号655280、現中央区)の2地点であり、京都市の話者とあわせて三人を採用する。

大阪府の話者を採用したため、本論での「京都語」の名称も「京阪語」と改め、上記3地点における回答語形を「京阪語」とみなすことにする。

3.2.4. 使用率の計算方法

「東京語」は2地点、「京阪語」は3地点の話者の回答を基準とする。使用語形を比較する場合には、上記の地点で回答された語形の1つでも一致すれば、「東京語」「京阪語」の使用とみなす。複数地点を採用したことで、基準となる語形数が増加してしまうが、あくまで実際の方言資料をもとに分析することを重要と考え、なるべく手続きが簡単で客観的にする方法を選択することにした。

使用率計算のための語形比較方法は、やや厳密すぎるが語形の完全一致とした。使用率は一致項目数によって割合で求めることにした。

「東京語」「京阪語」のほかに、共通語の使用率についても計算したが、比較に使用した共通語形は、河西(1981)の方法に準じて、GAJの見出し語形とした。

4. 「鉄道距離」による分析

4.1. 「鉄道距離」による表示

GAJの144項目における「共通語」「東京語」「京阪語」(以下、カッコなしで示す)の都道府県別使用率を、井上(2004)の「鉄道距離」にしたがって、東京からの距離(以下、東京距離)と京都からの距離(以下、京都距離)で表示する。京阪語の鉄道距離については、井上(2004)との比較という点も考慮して京都からの距離を用いることにする。

共通語(東京距離)、共通語(京都距離)、東京語(東京距離)、京阪語(京都距離)の順に示したものを図3〜14に示す。図中の縦線は東京、京都の位

置を、横線は各言語の全国平均使用率をあらわしている。グラフの線は、井上 (2004) における在来線の鉄道による経路である。太線は東北・東海道・山陽・九州新幹線に相当する。北海道と沖縄については省略した。

4.2. GAJ144 項目の使用率

共通語（東京距離）の図 3 をみると、関東を中心とした山が形成されている。共通語（京都距離）の図 4 は、図 3 と同じデータを京都中心として表示しただけであるが、新潟県と秋田県が結ばれたことで、東日本において日本海側での共通語使用率の低さが強調される。これにより、井上 (2004) によるLAJ の共通語使用率である図 2 と同様に、京都中心の低い山と関東中心の高い山の組み合わせが確認できる。

東京語（東京距離）の図 5 をみると、東京語使用率は、東京、神奈川を頂点として、関東諸県が並んでいるが、それ以外の地域ではあまり高くない。突出した山の部分のみを東京語の勢力範囲とするならば、非常に狭いということがわかる。中部地方から近畿地方にかけて 50% のあたりで徐々に降下しているが、これは東京語との共通部分が多いことを示している。つまり、共

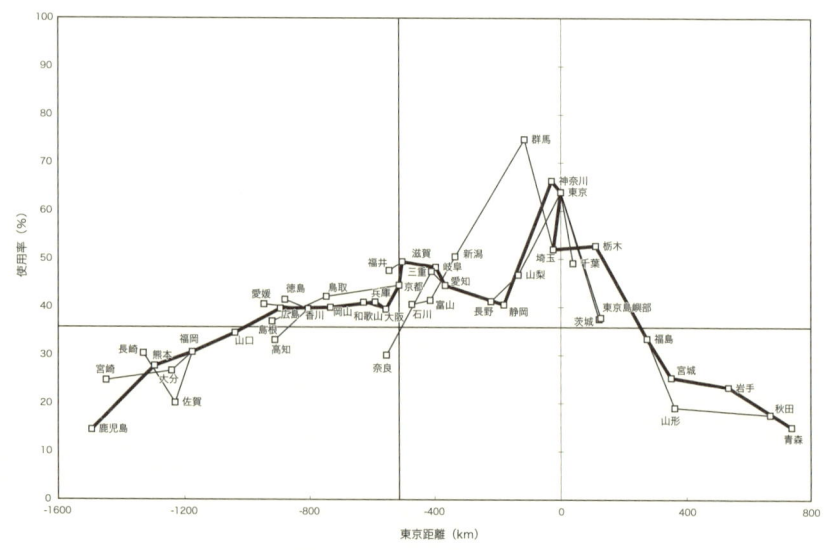

図 3　全 144 項目・共通語使用率（東京からの距離）

中心地の言語的影響力 217

通語の土台部分と考えてよいだろう。この土台部分から突出した部分のみが
東京語の勢力範囲だとすると、およそ半径（東西）200km程度ということに

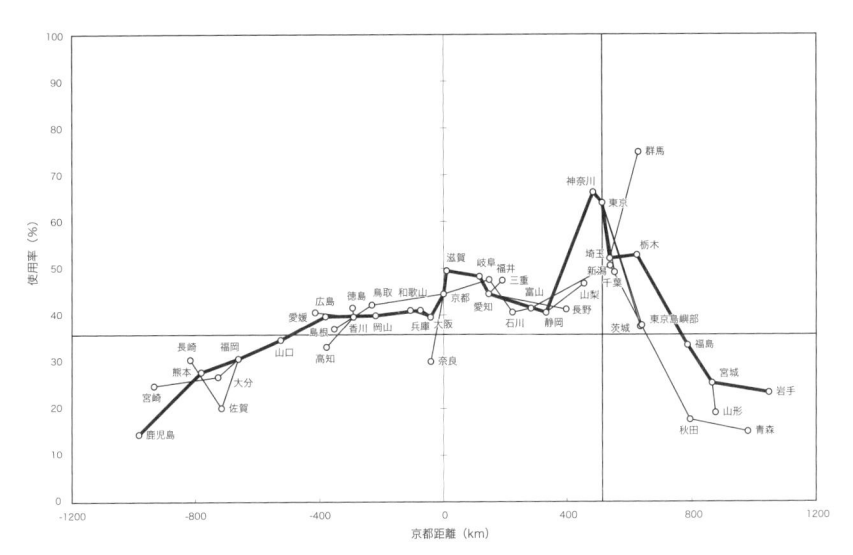

図4　全144項目・共通語使用率（京都からの距離）

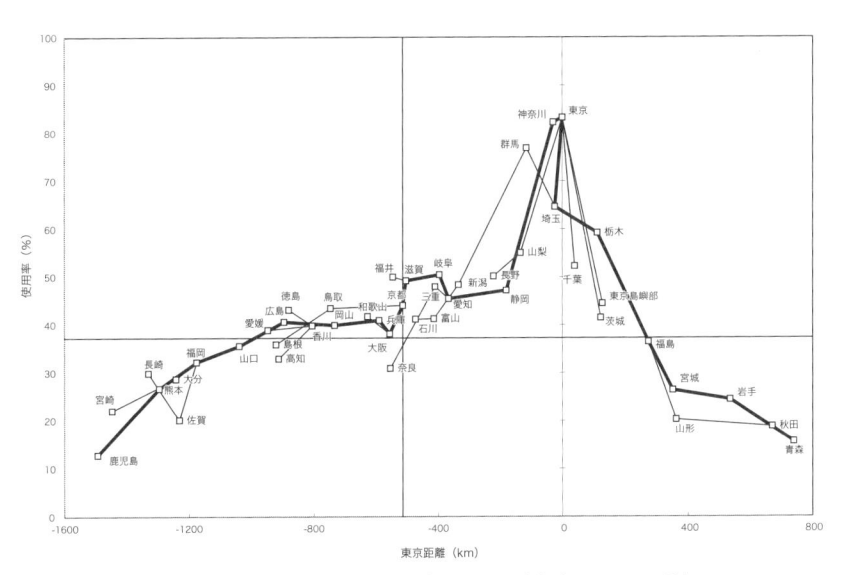

図5　全144項目・「東京語」使用率（東京からの距離）

218 第2部 方言形成論

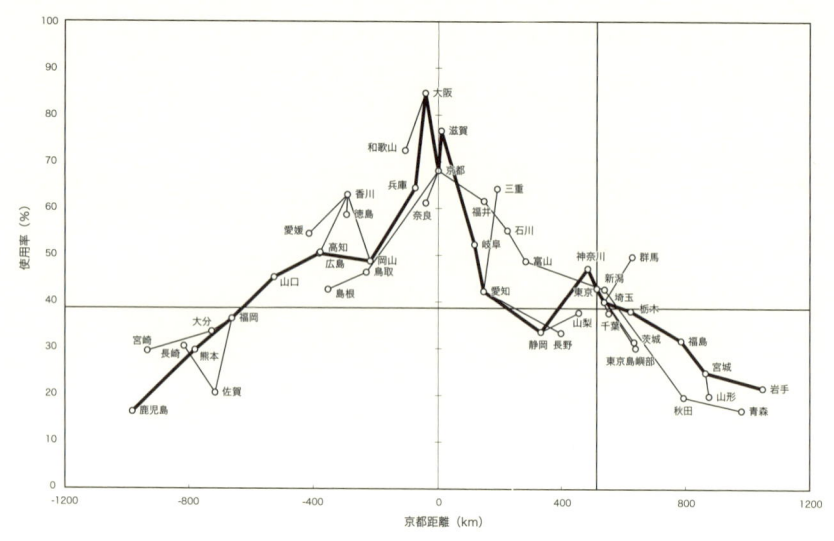

図6 全144項目・「京阪語」使用率（京都からの距離）

なる。

　共通語（東京距離）の図3と東京語（東京距離）の図5は、類似しているようにみえるが、図3のほうが東京の割合が高くないことがわかる。これは、東京語と共通語の隔たりを表しているといえよう。

　一方、京阪語（京都距離）の図6は、東京語とは大きく異なっていることがわかる。主要幹線だけをみると、あまり広がっていないようにみえるが、細い線になっている四国方面、北陸方面では、京阪語使用率の高い地域がみられ、全体として関西を中心とするなだらかな大きい山を描いていることがわかる。東京語の山の急な部分がおよそ半径200kmとすれば、同程度の山の広がりをみると京阪語は半径400km以上あることになる。それだけ京阪語のほうが東京語よりも勢力が強いということになる。

　ただし主要幹線では京阪語の影響力が弱い。東海道の太線をたどると、関東地方で山ができている。これは図5の東京語における関西地方と同様に、共通語の土台部分であると考えられる。東北地方の太平洋側でも高くなるため、関西の影響が強いとされる日本海側とも逆転している。太平洋側のほうが京阪語の使用率が高くなるということは、共通語に関西方言的要素が含ま

れているために、共通語の普及が進む東北地方太平洋側で京阪語の割合が高くなってしまったと考えられる。

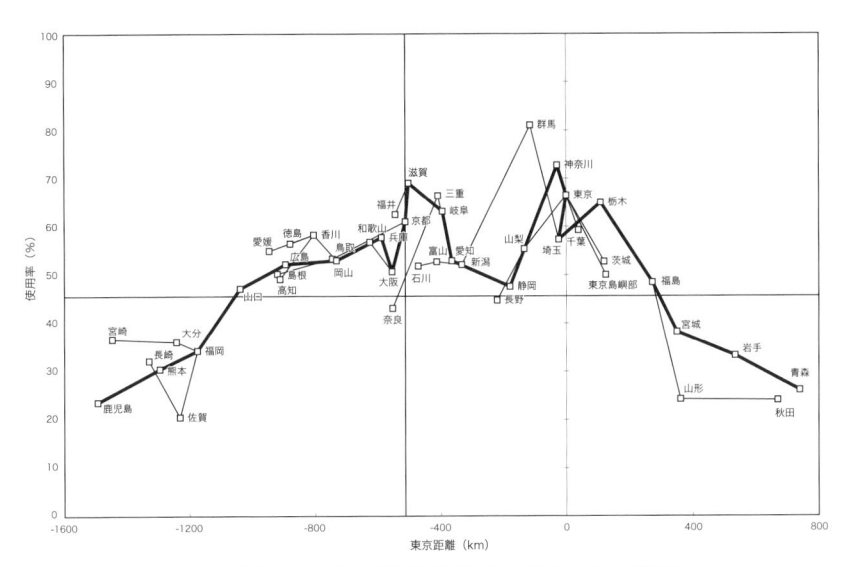

図7　助詞54項目・共通語使用率（東京からの距離）

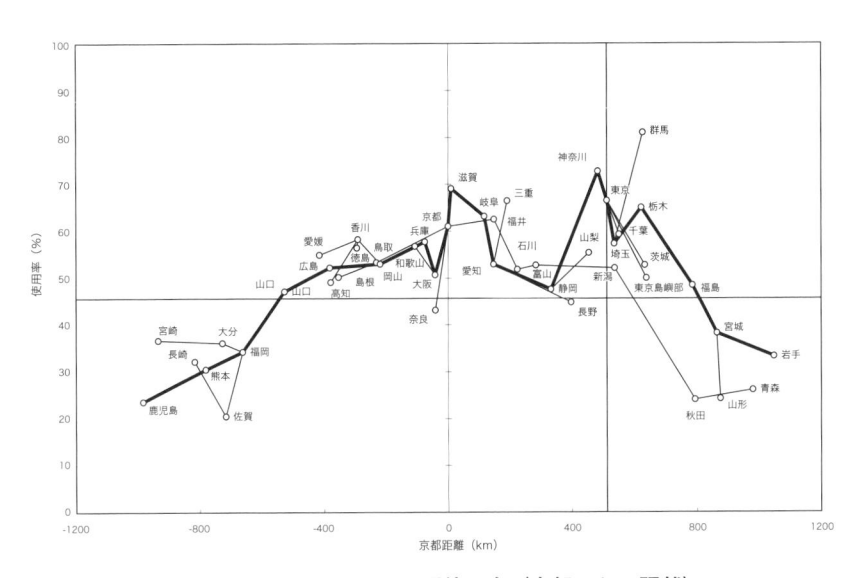

図8　助詞54項目・共通語使用率（京都からの距離）

220 第2部 方言形成論

4.3. 助詞項目の使用率

　GAJ 第 1 集の助詞項目と、第 2・3 集の活用形項目は、文法的性質が異な

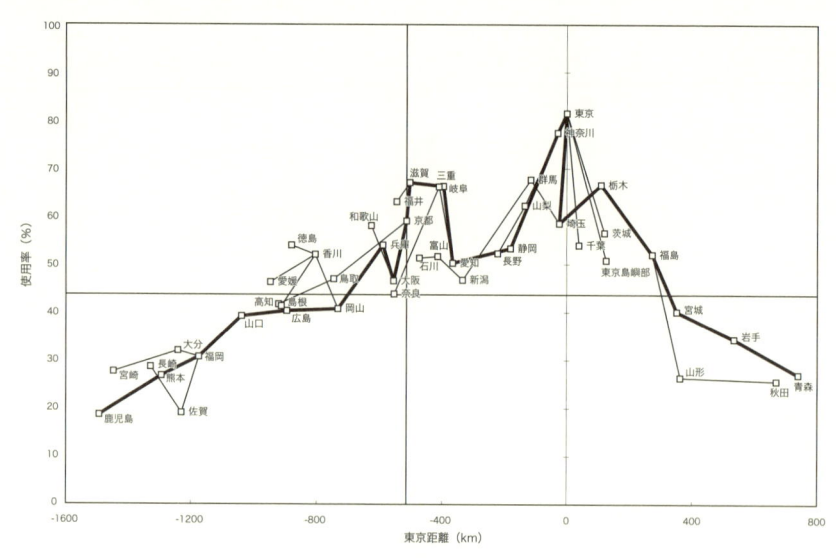

図9　助詞54項目・「東京語」使用率（東京からの距離）

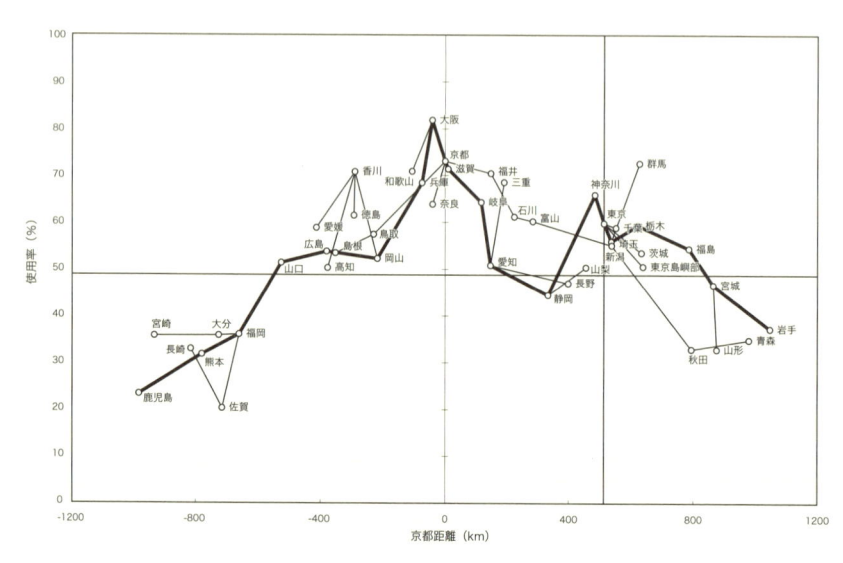

図10　助詞54項目・「京阪語」使用率（京都からの距離）

るため、両者を分けて分析する。

　図7〜10は、助詞54項目における鉄道距離のグラフである。どの図も、関東と関西の2つの山が明確である。そのため、共通語（東京距離）の図7と共通語形（京都距離）の図8は非常に類似している。全体的に使用率も高く、多くの都道府県で50％を超えている。関東と関西を中心とした中央部に広く共通語形が広がり、全国的にも共通性が高いということを示している。

　東京語（東京距離）の図9でも、関東がもっとも高いが、関西を中心とする山も高く、関西と関東の共通性がうかがわれる。京阪語（京都距離）の図10の場合、やはり図6と同様に、近畿地方からは四国と北陸をつないだ山で、広い勢力をみることができるが、それよりも東京での山が目立つ。

　このように、共通語形の普及率が高い場合には、東京語、京阪語の影響力がわかりにくくなる。

4.4.　活用形項目の使用率

　図11〜14は活用形90項目に関する結果である。共通語（東京距離）の図11をみると、全144項目の図3と類似している。群馬県と新潟県がやや不

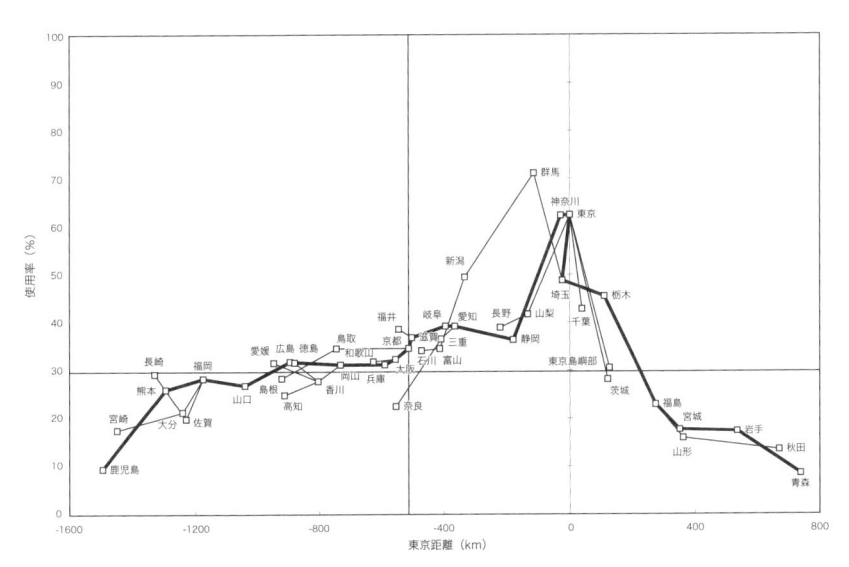

図11　活用形90項目・共通語使用率（東京からの距離）

222　第2部　方言形成論

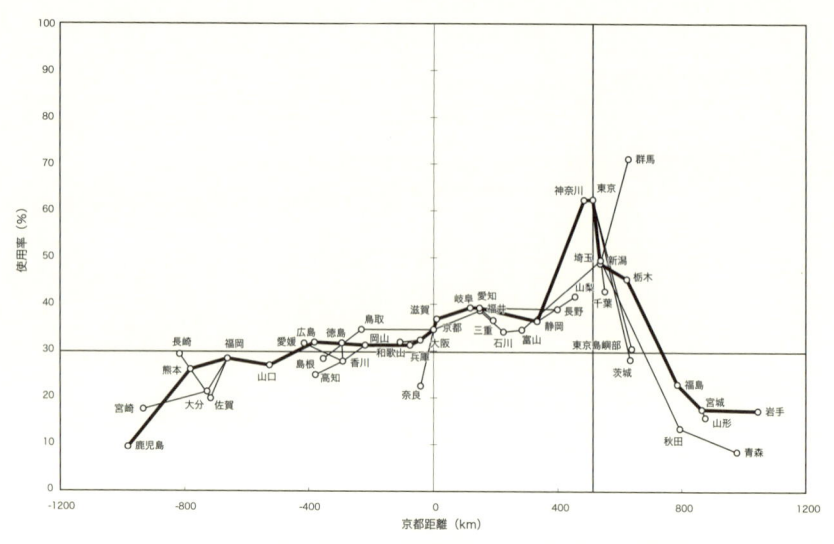

図12　活用形90項目・共通語使用率（京都からの距離）

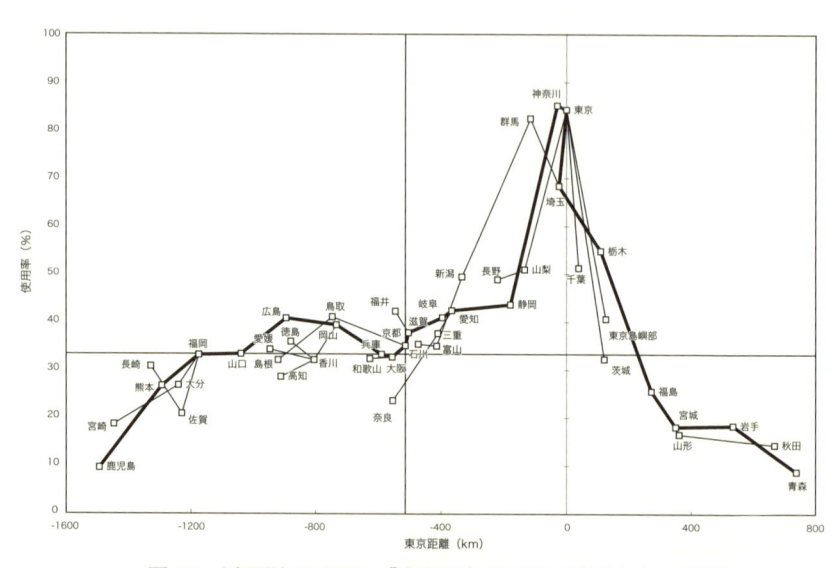

図13　活用形90項目・「東京語」使用率（東京からの距離）

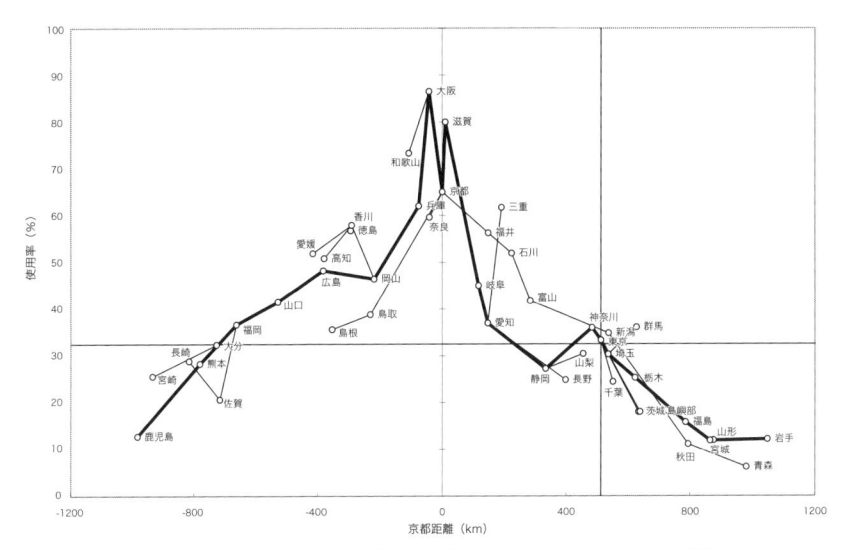

図14　活用形90項目・「京阪語」使用率（京都からの距離）

自然に見えるが、これは東京から北側に位置するため、一次元の図にすると、やや誤解を与える可能性もある。

　共通語（京都距離）の図12をみると、東京以外の地点での全国的な使用率の低さが明確にわかる。共通語の勢力もあまり広くないことがうかがえる。

　東京語（東京距離）の図13は、共通語の図11よりも、関東地方以外での不使用が際立っている。助詞における図9では、関西にも山がみられ、関東と関西の共通点がみられたのだが、図13では、関東地方が突出するのみで、山の範囲も非常に狭い。全項目の図5と比較すると、全国的に共通性の高かった助詞項目がないぶん、他地域との共通性が低いことが強調されているといえるだろう。

　京阪語（京都距離）の図14は、全項目の図6と同様に、山陰と東海道での低さが目立つものの、関西地方の影響力が強い四国と北陸の線でみると、山の範囲は非常に広いことがわかる。

　東京語と京阪語の影響力の違いを考える上では、活用形項目の方が助詞項目よりも明確な結果となった。

5. まとめ

5.1. 結論

『方言文法全国地図』のデータベースを用いて、便宜的な基準となる「東京語」「京阪語」を設定し、全国の各調査地点との一致度と「鉄道距離」からなるグラフを作成して、東京方言・京都方言（大阪方言）の全国への影響を論じた。その結果、以下のことがわかった。

- 「東京語」の東京周辺への影響は狭く、関東地方に限定的にされている
- 「京阪語」の京都周辺への影響は広範囲だが、影響力の方向は制限されている
- 共通語形は関東での使用率がもっとも高いが、広範囲に普及している場合、「京阪語」の普及が共通語化に貢献している可能性がある

共通語形の使用率が関東以外で高くないことは、東京語の影響力の低さとも関係していると思われる。GAJ の時代の東京語は、単なる一方言に近く、東京からの言語伝播はまだ始まってまもない段階（とはいえ 200～300 年が経過している）にある。教育制度や、新聞などのメディアにより、すでに共通語の普及は進んでいたと思われるが、まだその影響が表面化していない状態だと思われる。

また、京阪語の影響力が依然として高いということは、東京語の影響力の低さと合わせると、江戸時代以前から続いていた京都中心の「中央語化」の進行が、GAJ の時代でも続いていた可能性を示唆している。ただしその影響力は主に西日本方面に対してであろう。東側への影響力は北陸方面のみに限定され、東海道方面は影響力がなくなっている。これは江戸時代以降、東日本の太平洋側に言語的中心ができたためだと思われる。

助詞項目では、関東と関西の 2 つの高い山ができた。関東が東日本の他の地域より関西と類似するのは、東京（江戸）が東日本において他の地域とは異なった方言をもつ「言語の島」（田中 1983）だったと考えられる。しかし助詞の場合は、短い拍数で変化の少ない基本的な語であるという、言語的要因

も関係すると思われる。

　以上から、明治・大正期の日本語の反映である GAJ では、共通語や東京方言よりも、関西方言を中心としたほうが、全国への影響力を説明しやすいと結論づけることができる。もともと共通語の中に旧中央語の要素が強く残る以上、全国における共通語化の進行は、直接的には東京の影響であっても、間接的に京都・大阪の影響が深くかかわっている、とみることができる。

5.2.　今後の課題

　本論では、中央の影響力の広がりという点から、中央と共通する語形を使用する範囲という点だけで論じてきた。しかし柳田の方言周圏論を考えるとき、中央の語形が変化してもなお、中央により近い地域の語形が波状に周辺部に広がる、という問題を考えなければならない。本論では語形からの分析を行っていないが、複雑な現象であるため、項目ごとに検討が必要であろう。この点は今後の課題である。

　最後に、語形の比較方法の点について述べる。語形の完全一致による比較は、拍数の多い活用形項目ではわずかな変化があっても一致率が低くなってしまう。もちろん現状でも京阪語が広範囲に広がっていることはわかるのだが、それでも問題は残る。また、文法項目を語形で比較するだけでは、体系面への対処が難しい。語形比較方法の再検討や、複数項目の動きなども合わせた分析として、多変量解析の適用なども必要であろう。本論ではグラフ形状を眺めるだけにとどまっており、本格的な数量的分析が必要である。語形一致でない方法としては、文字列比較の方法があり、鑓水 (2007, 2013) による音声間類似度を用いた試論もある。これらも今後の課題としたい。

参考文献

秋永一枝 (2004)『東京弁辞典』東京堂出版
井上史雄 (1990)「標準語形の計量的性格と地理的分布パターン」『言語研究』97
井上史雄 (2003)『日本語は年速一キロで動く』講談社 (講談社現代新書)
井上史雄 (2004)「標準語使用率と鉄道距離にみるコミュニケーションの地理的要因」『社会
　　　言語科学』7–1

河西秀早子(1981)「標準語形の全国的分布」『言語生活』354 筑摩書房
熊谷康雄 (2007)「『日本言語地図』のデータベース化」『日本方言研究会第 85 回研究発表会発表原稿集』
熊谷康雄 (2013)「『日本言語地図』の地点間方言類似度の視覚化─『日本言語地図』データベースの構築と計量的分析─」『日本方言研究会第 97 回研究発表会発表原稿集』
国立国語研究所編(1966-74)『日本言語地図』1 〜 6 大蔵省印刷局
国立国語研究所編(1989-2006)『方言文法全国地図』1 〜 6 国立印刷局
田中章夫(1983)『東京語─その成立と展開─』明治書院
徳川宗賢(1972)「ことばの地理的伝播速度など」『服部四郎先生定年退官記念論文集　現代言語学』三省堂
鑓水兼貴(2007)「『方言文法地図』における共通語化の状況─多変量解析を用いた分析─」『日本語学』26-11　明治書院
鑓水兼貴(2013)「語形間距離の計算における「重みづけ」」『明海日本語』18 増刊

近畿・四国地方における言語変化

動詞否定形式を例として

岸江信介

1. はじめに

　柳田国男の『蝸牛考』が方言学界に与えた影響は大きく、とりわけ日本の言語地理学研究において嚆矢として位置づけることのできる、記念碑的な著作である。方言の地理的分布を通して方言の変遷を辿ろうとするものであり、かたつむり(蝸牛)の方言分布から「方言周圏論」を導いた。

　文化の改新地で起きた言語変化は、ちょうど池の中心に小石を投げ入れた時に生じる波紋のように周辺に伝播した。この現象が何度も文化的中心地で生じると、その都度、伝播した方言がちょうど同心円を描くような分布を示す。このため、最も外側に分布する方言が最も古く、中心地の近くに分布する方言がより新しいということになる。小林(2003)が様式図で示したように、「方言周圏論」は「地理の軸」と「時間の軸」が密接に関係しており、地域言語の変遷のありようを本質的に明らかにしようとした仮説であり、これまでかたつむり(蝸牛)以外にも多くの方言事象の変遷がこの仮説によって明らかにされている。この柳田の「方言周圏論」は戦後の日本の方言研究の発展に最も大きく貢献した研究成果であったといっても決して過言ではない。

　『蝸牛考』以降、国立国語研究所編『日本言語地図』(以下、LAJ と略す)や同『全国方言文法地図』(以下、GAJ と略す)の解釈がなされるなかで「方言周圏論」が検証されているが、以下では、柳田(1927)が「方言周圏論」の中でぶんまわし(コンパス)の中心として考えた近畿で起きた言語変化を取り上げることにする。

GAJ以後、近畿圏内で周圏論的分布の様相を濃くする傾向にあるものとして動詞の否定形式が注目される。近畿地方における動詞の否定形式に関してはそのバリエーションが非常に豊富であること、さらに現在でも新たな形式が発生し、近畿圏において中央部からの拡散があったり、各地域で分布を形成したりする言語変化が今なお進行中である。このように動詞否定形式に関しては近畿圏の内部においてさほど長い歳月を要することなく、さまざまな形式がそれぞれ地理的分布を形成させているとみられる。また、近畿地方のさらに外側の地域にも当然ながらこの影響は及んでおり、例えば、最も顕著な傾向を示すのが四国地方のケースである。近畿・四国地方での動詞の否定形式の言語変化にはまさに目の前で周圏分布が形成されようとする過程をみることができるという点でたいへん興味深く思われる。

　以下では、近畿地方および四国地方で起きている動詞否定形式にスポットを当て、動詞の活用形に応じ、否定形式にどのような変化が及んでいるのかといった点に触れつつ、地理的分布形成の状況を把握したい。

2. 近畿中央部にみられる変化

　大阪市と京都市において80年代後半から90年代初めにかけて言語の動態変化に注目した、両都市の生え抜きを対象とした世代調査を実施した。大阪市および京都市といった近畿中央部での世代調査でそれぞれ1,000人規模の調査である。この調査結果を図1に示す。

　大阪市と京都市では「行かない」の否定形式の使用に関して大きな差異がみられる。大阪市ではイケヘンが優勢なのに対して京都市ではイカヘンが優勢である。詳細は岸江（1999）に譲るが、「行かない」については京都市がイカヘン〔ikaheN〕でア段接続であるのに対し、大阪市ではイケヘン〔ikeheN〕でエ段接続であり、この傾向は五段活用の動詞のみならず、あらゆる活用の動詞においてみられるのである。

（1）ア段接続形のエ段化現象
　　見ない　ミヤヘン〔mijaheN〕→ミエヘン〔mieheN〕→メーヘン

近畿・四国地方における言語変化　229

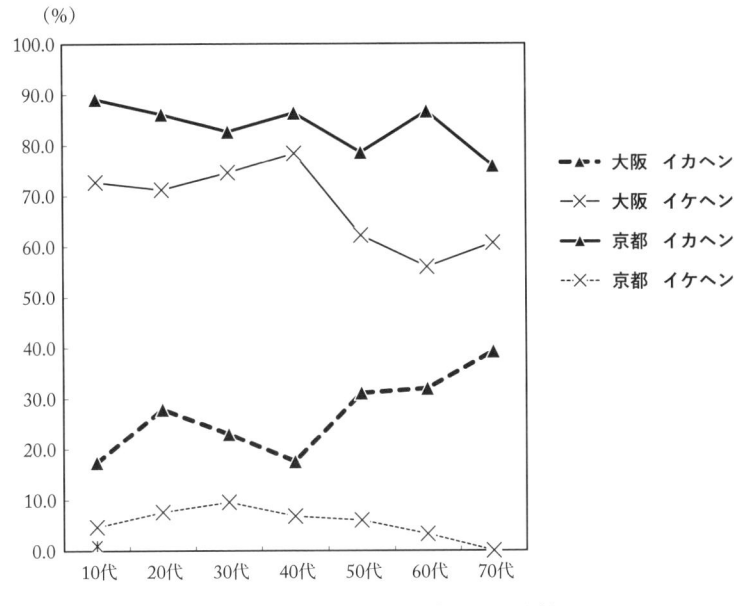

図1　行かないー大阪市と京都市の比較ー

　　　　　〔me:heN〕
　寝ない　ネヤヘン〔nejaheN〕→ネーヘン〔ne:heN〕
　来ない　キヤヘン〔kijaheN〕→キエヘン〔kieheN〕→ケーヘン〔ke:heN〕
　しない　シヤヘン〔ʃijaheN〕→シエヘン〔ʃieheN〕→セーヘン〔se:heN〕
　ありはしない　アラヘン〔araheN〕→アレヘン〔areheN〕

　別の言い方をすれば大阪市ではエ段シフト化といった音声変化が起きたということができるが、ただ、近畿中央部での動詞の否定形式は単に以上のような指摘だけでは到底説明することができない現象が次々に起きていることもまた事実である。

(2) 語幹末母音の長音化現象
　見ない　ミヤヘン〔mijaheN〕→ミーヒン〔miçiN〕
　来ない　キヤヘン〔kijaheN〕→キーヒン〔ki:çiN〕→コーヘン〔ko:heN〕

この変化は比較的新しい変化であり、一段活用の動詞の語幹末の母音を長音化させる現象で、図2の世代調査の結果から京都市で起きた変化であることが分かる。この変化は直接ミーヒン〔miçiN〕となる前にミーヘン〔mi:heN〕を経由し、さらにヘン〔heN〕からヒン〔çiN〕に変わる変化が起きたものであろう。先行する母音の影響を受けた結果、生じた変化であるとみられる。また、「来ない」に関してはキーヒン〔ki:çiN〕からさらに真田(1999)にネオ方言として当初命名されたコーヘン〔ko:heN〕が若年世代で使われ出した状況を見てとることができる。

このように近畿中央部において動詞否定形式のバリエーションが豊富なのは上に述べた(1)(2)などの理由が考えられるが、さらに動詞語幹部の接続形式にはア段接続やエ段接続以外にも、例えば「行かない」という形式でイキャ(ー)-になるものや、イキ-となるものなど、数が多い。さらに岸江(2003)で示したように近畿一円では否定の助動詞自体が「ヘン」「ヒン」の

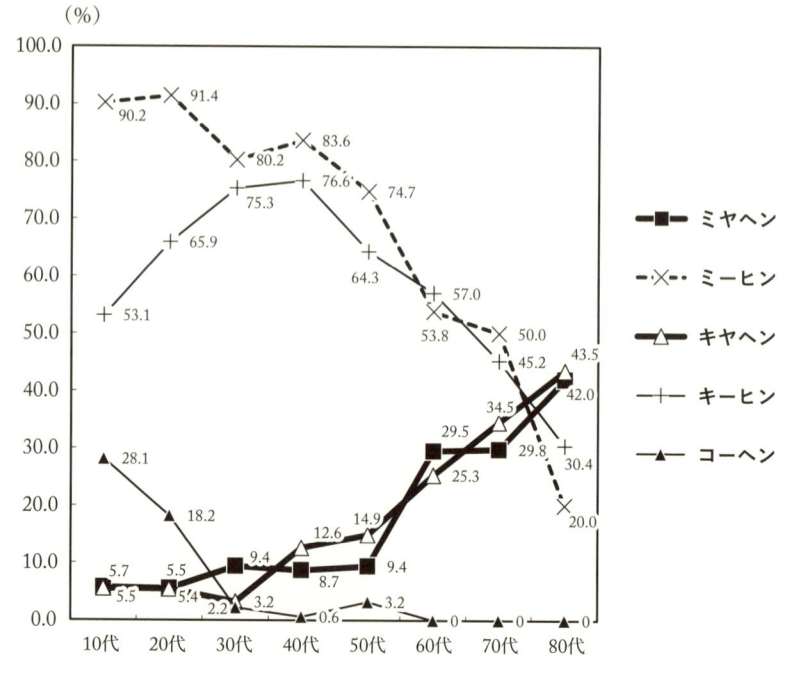

図2 京都市内での「見ない・来ない」世代変化 （岸江1999）による

ほか、「ン」「イン」「エン」「シン」など多くみられることも、その理由となろう。このように、動詞語幹部の変異形×否定の助動詞の変異形ということから否定形式のバリエーションが全国的にも近畿地方では圧倒的に多いという特徴がある。

　以下では、近畿中央部で起きている言語変化が中央部から周辺部へむけて拡大する言語伝播の実態を示し、近畿圏内で周圏分布が形成されつつある状況についてみることにしたい。

3. 近畿地方における動詞否定形式の分布と特徴

　大阪市や京都市など近畿中央部での言語変化を踏まえ、近畿全域の否定形式などのデータを取り上げる。また、同時に畿内における方言周圏性に関する可能性に触れ、近隣の四国地方への更なる伝播についても言及するため、四国地方で行った通信調査の結果もあわせて紹介し、近畿地方との関連で比較・検討を行うこととする。

3.1. 『近畿言語地図』(近刊)の概要

　『近畿言語地図』は、近畿地方の2府6県(京都府、大阪府、奈良県、兵庫県、滋賀県、和歌山県、三重県、福井県(但し嶺南地方のみ))を対象とした言語地図で、調査方法は通信調査法による。調査期間は2011年7月–2011年12月[1]、対象とした回答者の条件は原則として、各地点生え抜きの65歳以上の方(男女を問わず)で平成25年12月1日現在、回答者数は756名である。現在までに調査票を近畿各地に約1,200部を送付し約65%を回収している。

3.2. 近畿圏における否定形式 - ンと - ヘンの攻防

　近畿地方では従来、近畿中央部も含め、否定形式「ない」に相当する形式は - ンであったが、京阪中央部で - ヘンが台頭し、その勢力は近畿周辺部へと拡大し、- ンが周辺部に押しやられる状況である。GAJ第2集の「書かない」以下の各結果からもこの傾向が窺えるが、『近畿言語地図』の図3「行

かない」[2]では、さらにこの傾向が顕著である。図4「見ない」ではさらに著しくなり、-ンが周辺部に残る周圏分布の様相を呈している。一方、図5「来ない」、図6「しない」では、-ンの分布はいずれも図1に近いが、GAJの各図と比較すると、-ンは、近畿圏内での分布を退縮させ、これに代わって-ヘンが京阪中央部から分布領域を拡大させている。また、近畿圏の、さらに外側の地域においても-ヘンが広がろうとする傾向がみられる。これはGAJの調査段階ではほとんど確認されることがなかったわけであるが、最近の調査で四国地方や中部地方で-ヘンがまとまって分布することが確認されている（岸江2013）。四国地方の実態については後で詳細にみることにしたい。

3.3. 各活用形に見られる否定諸形式の特色

　GAJの否定関連の項目をもとに日高（1994・2007）が指摘した、「とりたて否定形式」[3]の分布領域が図4「見ない」よりも図3「行かない」で拡大がさらに進んでいるといえる。

　-ヘンの諸形式として、「行かない」（図3）では中央部を中心にイカヘンとイケヘンが分布し、周辺に広がりつつある。イカヘンは、京阪のうち、京都から派生した形式であると思われる。一方、イケヘン（行かない）は大阪の中央部で生じた形式である。大阪の否定形式は、先にも述べたようにミエヘン・メーヘン（見ない）、ケーヘン（来ない）、セーヘン（しない）等、エ段へのシフト化が激しい傾向がある一方、京都では、ア段接続の諸形式イカヘン（行かない）、ミヤヘン（見ない）、キヤヘン（来ない）、シヤヘン（しない）のまま踏み止まっているとこれまでみられている。以下、各図についてさらに詳しく見ていくことにする。

　図3において近畿圏内でのイカヘンとイケヘンの分布域を比較するとイケヘンの領域よりもイカヘンの領域の方が広いこと、また周辺部にイカヘンが多く分布していることから少なくとも五段活用動詞の否定形式ではア段接続の諸形式からエ段化が起きたことが首肯される。

　なお、これら両形式の分布に注目すると、イカヘンはおもに京阪中央部から近畿地方の東西へと広がりつつ、四周に伝播した傾向があるのに対し、イ

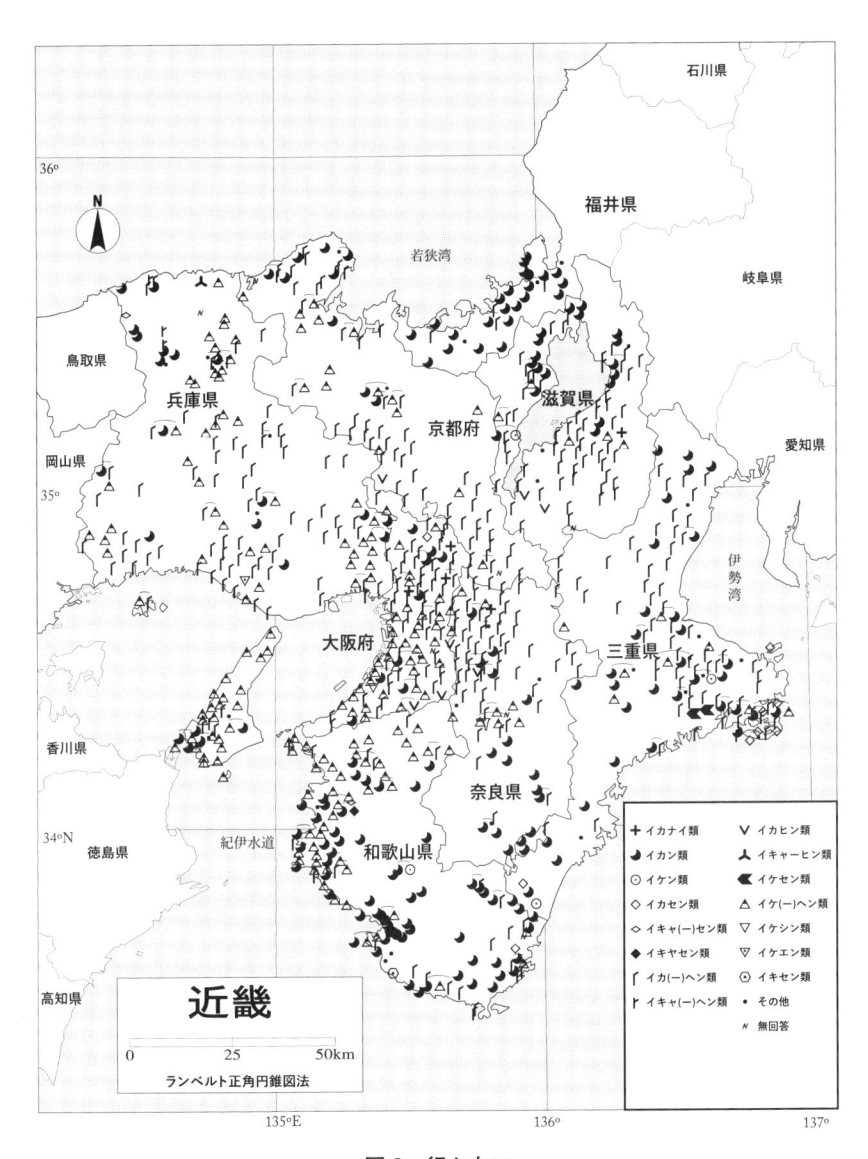

近畿・四国地方における言語変化　233

図3　行かない

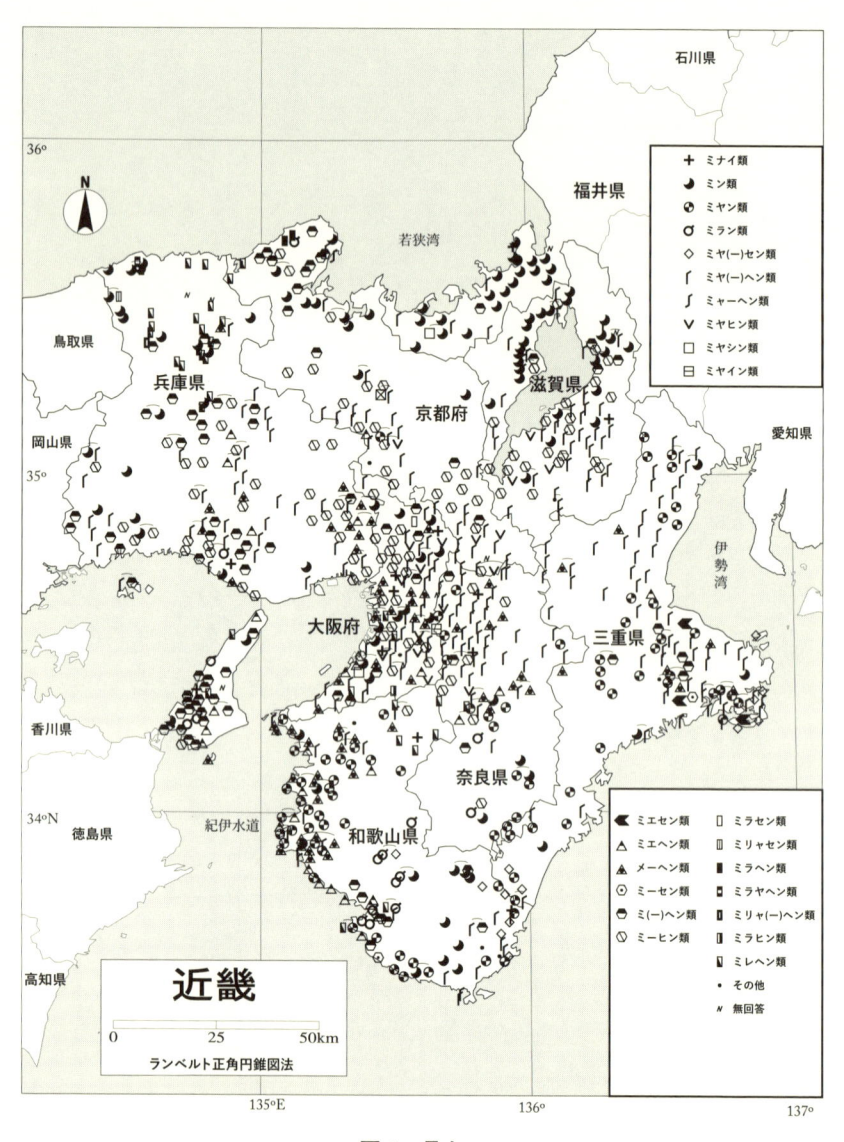

図4 見ない

ケヘンは大阪から近畿西部（兵庫県）および近畿南部（大阪南部および和歌山県紀北地方）へと伝播している傾向がみられる。とりたて否定形のうち、周圏的視点からは、三重県志摩地方や三重・和歌山県境域等に見られるイキャ（ー）セン、イカーセン、イカセン、イキセンなどの-セン系は「行きはせぬ」すなわち、原形に近い形を留めており、イカヘンやイケヘンなどの前身であるとみられることから近畿圏ではイカンに次ぐ古い形式である可能性が高いと思われる。

　図4の分布の特色として、まず近畿周辺部にはミンが分布する。ミヤヘンはほぼ近畿一円に広がったとみてよい。エ段シフト化によるミエヘン・メーヘンは大阪を中心にまとまっており、西は兵庫県、東は奈良県へと広げているが、京都府へは一切入り込めない状況である。語幹末母音を長音化させる形式として、ミーヘンとミーヒンがある。ミーヘンの分布域がミーヒンより明らかに広く、上述の推定（ミーヘンの「ヘ」が「ヒ」に代わるのは直前の母音に影響されたという説）を裏づけることになろう。この点についてはさらに四国地方で再考する。ところで、三重・和歌山各県のほぼ全域および奈良県十津川などを中心とした地域にミヤンが分布する。近畿地方南部周辺域のミンの分布はミヤンによって圧迫され、狭くなっているのはGAJ第2集「見ない」の図からも確認できる[4]。兵庫北部や京都北部と大阪南部、和歌山北部および南部（田辺市付近）には、なお、五段化によるとみられるものにはミラヘン、ミラセン、ミリャ（ー）セン、ミレヘン（さらにエ段化したもの）など、また、奈良、和歌山両県の山間部には、同じく五段化によるミランが分布する[5]。これらは、近畿各地で生じた五段化現象であり、周圏的分布とは言い難いものである。周圏的視点からは、三重県志摩地方や三重、和歌山県境、兵庫北部の-セン系の諸形式がミンに次ぐ古い形式であるとみられる。

　図5の場合も同様に周辺部にコンが見られる。特に和歌山及び三重南部など近畿圏南部で図3のイカンと同様、広範囲にわたり分布がみられる。ア段接続形でキヤヘンの分布が図3のイカヘンと比較して少なくなっているのは、大阪を中心に広がったケーヘン、京都を中心に広がったとみられるキーヒンがそれぞれ分布域を拡大させたからであろう。大阪のケーヘン、京都のキーヒンは滋賀・三重と兵庫のキヤヘンに挟まれた様相を呈している。な

236 第2部 方言形成論

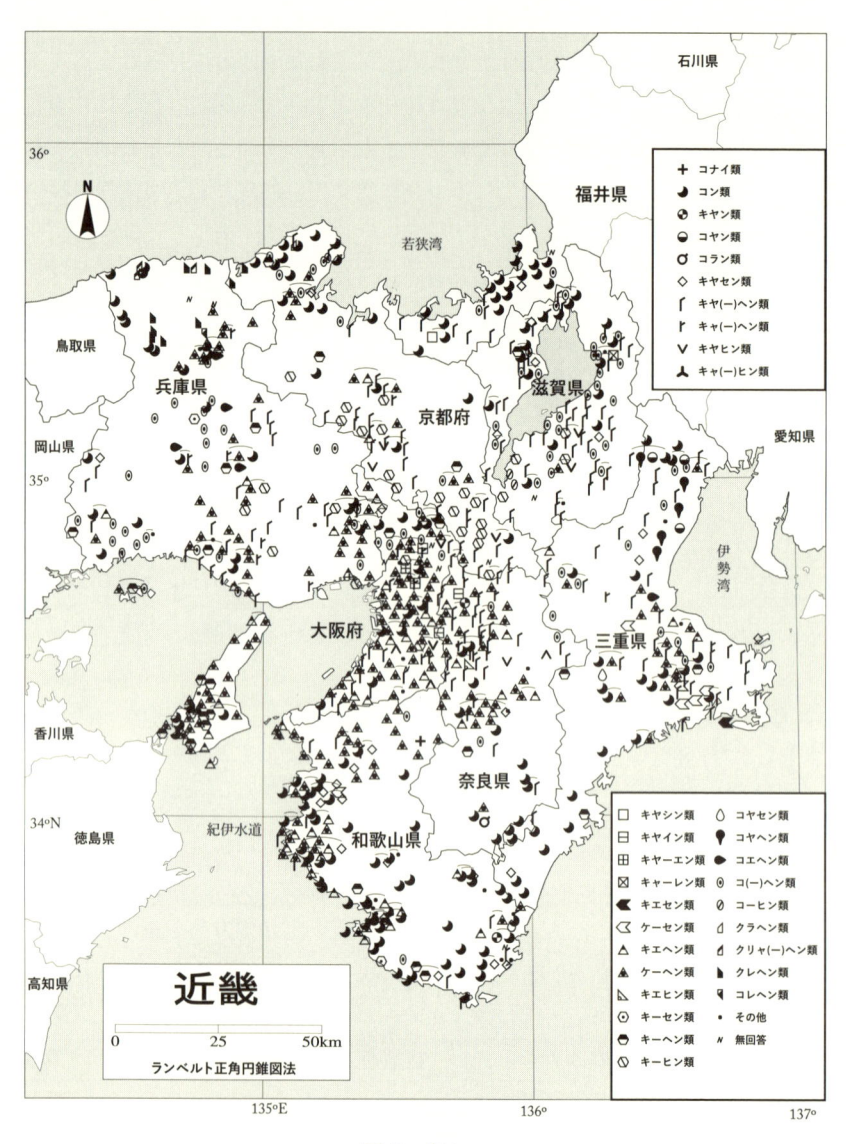

図5 来ない

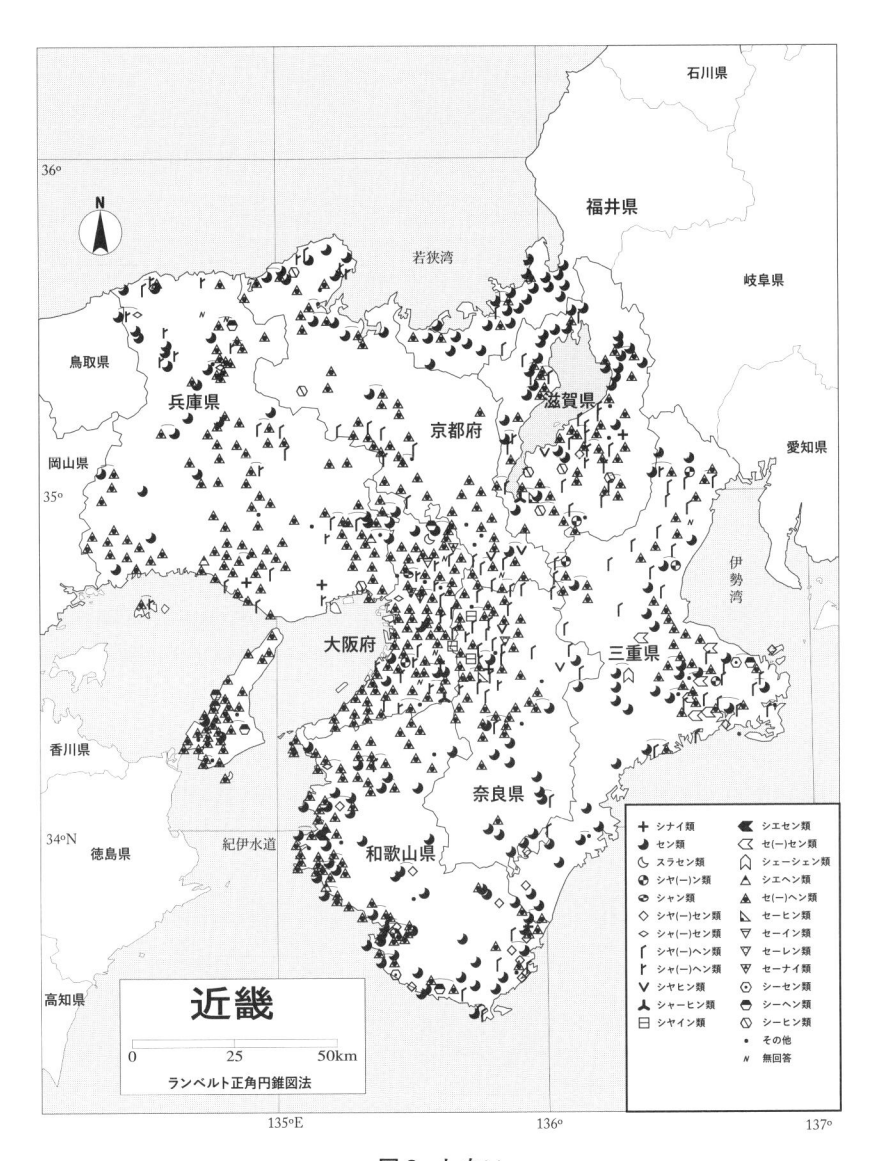

近畿・四国地方における言語変化　237

図6　しない

お、キーヘンは近畿周辺などかなり広範囲に分布がみられる。特に淡路島南部にまとまった分布が見られる。興味深いのは、ネオ方言とされるコーヘンが滋賀南部から兵庫西部にかけてまとまって分布していることが確認できる点である。大阪市内や京都市内には回答者が少ない。五段化現象がみられるのは丹後半島北部から兵庫北部の地域で、クラヘン（丹後半島のみ）とこの形式がエ段シフト化により生じたクレヘンがあるだけである。周圏的な観点からは、キヤセン、ケーセン等、-セン系の諸形式が三重・和歌山、飛んで兵庫西部にみられ、他の活用形と同様、-ン系に続く古い形式であると思われる。

　図6も同じく、周辺部にはセンが広がっており、特に近畿南半では依然勢力がある。GAJの結果と大きく異なる点は、セーヘンの分布が近畿圏内で拡大したことである。京都は大阪とは異なり、エ段シフト化と馴染みがないことを先に述べたが、このセーヘンだけは例外で、京都府ほぼ一円に広がっている。また、兵庫、滋賀、三重（主として北中部）にも分布を拡大させており、シヤヘンなどア段接続系の諸類が影を潜めつつある。また、シーヒンが振るわないのもその一因であろう。

　以上、近畿圏内の各活用の動詞の否定形式の特徴についてまとめると、近畿圏内では、否定形式-ンが周圏的な分布を見せるようになってきた点は、-ン各々の分布領域の差こそあれ、ほぼ共通した現象であるといえる。また、これまで-ヘンの前身であるとされてきた-センが三重志摩地方や三重・和歌山県境、兵庫西部等にみられ、これもまた、周圏的な分布とみなすことができよう。京阪中央部では、ア段接続の形式のほか、これがエ段化した形式、あるいは語幹を長音化させた形式が生じ、広がりつつある。

　各活用の動詞とも、さまざまな否定形式がある。特に京阪中央部近くに分布を有する形式にも今回密度の高い言語地図を作成することにより、独自の分布傾向があることが確認できたと思われる。

4. 近畿圏外への言語伝播―四国方言を例として

　四国地方では、近畿圏中央部で起きた変化が伝播し、四国各地へと広がる

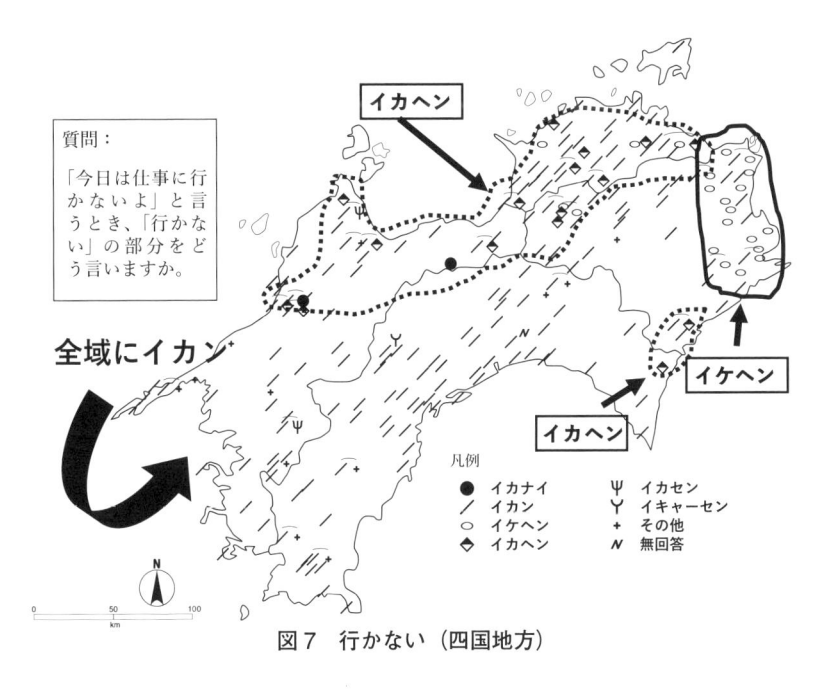

近畿・四国地方における言語変化 239

図7 行かない（四国地方）

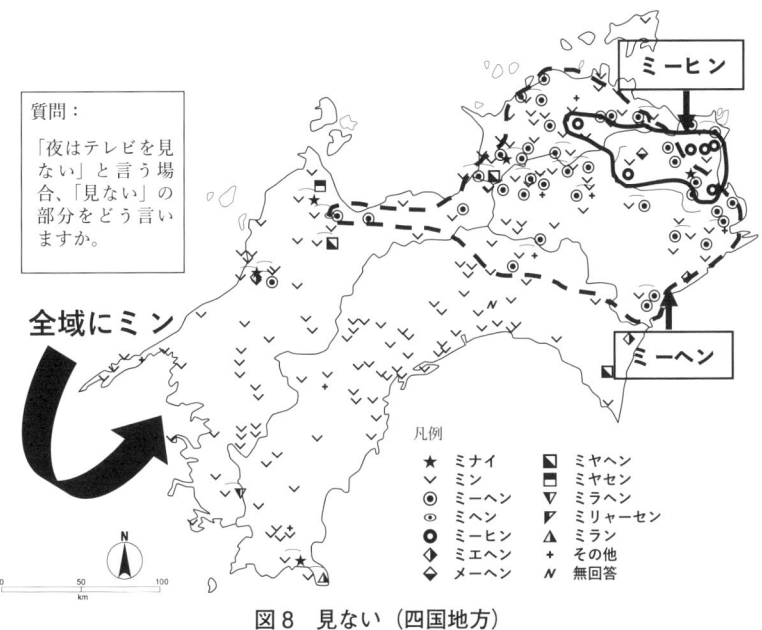

図8 見ない（四国地方）

動きがみられる。特にGAJ調査以後も、このような傾向は随所でみられる。ここでは、前節で取り上げた、近畿圏での否定辞の諸形式が現在、どのような形で四国地方に影響を与えているのかを知っておくことは、言語変化の軌跡と、今後の周圏的分布の形成を探る上で重要であろう。これまでに行ったいくつかの調査結果から示してみることにしたい。

　まず、近畿圏から四国地方への否定形式の流入がみられる。四国地方での方言通信調査[6]の中から「行かない」「見ない」の調査結果を図7・図8に示す。これらの結果においてGAJとの決定的な違いを指摘すると、四国方言の否定形式-ンの分布領域の中に東部域を中心に-ヘンの分布でみられることである。これら-ヘンのまとまった分布はGAJ調査の段階ではわずかしか認められなかったが、その後、約30年間に四国の東部域に図5・図6にみられるような分布が形成された。図7では、まず、イカヘンが四国東部に上陸し、伝播した後、そのあとを追うようにイケヘンが徳島（厳密には鳴門市）に上陸し、その分布を拡大させている点である[7]。

　図8では、ミーヘンとミーヒンの分布が注目される。GAJでは、ミーヘン、ミエヘン、メーヘンなどの形式が報告されているが、ミーヒンはみられない。四国東部の分布からミーヘンが先に上陸し、GAJ調査以後、ミーヒンが入ったものとみられる[8]。なお、図6には、ミヤセン、ミヤヘン（GAJにはなし）が香川、愛媛、高知で回答があった。

　東四国地方には、このように近畿圏からの伝播が絶えず、否定形式以外にも多くの語彙・文法形式の流入が絶えないことは周知のことである。なお、四国地方では言語地理学的研究のほか、グロットグラムによる検証（仙波ほか2007・岸江編2011）でもこれらの項目を取り扱っており、この解釈を裏づける結果が得られている。

　近畿地方と四国地方との間で周圏的見地からこれまで明らかではなかったケースとして、否定過去「行かなかった」の例を取り上げてみたい。図9は近畿圏の分布図である。西日本ではよく知られているように、近畿・中四国・九州で、否定過去の形式として-ザッタ、-ナンダ、-ンカッタが分布し、-ザッタ＞-ナンダ＞-ンカッタの順で変遷したことが地理的分布のみならず、文献などからもたどることができる（大西1999）。中四国・九州では、

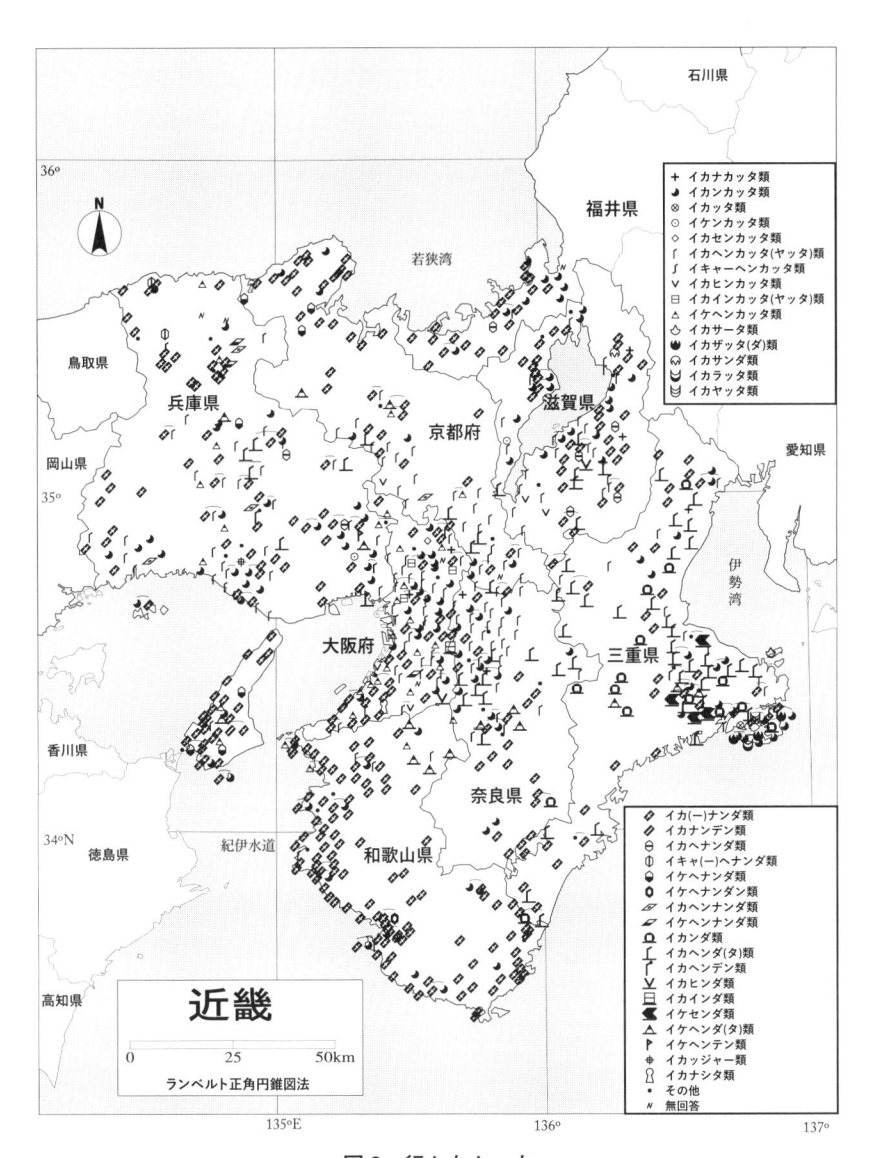

近畿・四国地方における言語変化　241

図9　行かなかった

242　第 2 部　方言形成論

図10　行かなかった（四国地方）

質問：
「きのうは仕事に行かなかった」と言う時、「行かなかった」の部分をどう言いますか。

凡例
- イカンカッタ類
- イケヘンカッタ類
- イカザッタ類
- イカラッタ類
- イカダッタ類
- イカンザッタ類
- イカナンダ類
- イケヘナンダ類
- イカンナンダ類
- イッガナランガッタ類
- その他

　これらの形式の世代変化が現在進行中である。一方、図10は図7・図8と同様、四国地方での方言通信調査（注6参照）によるものであるが、この図によると、高知県全体に - ザッタが分布するのに対して、徳島・香川・愛媛の3県は近畿周辺部にみられる - ナンダの使用が中心となっていることが分かる。- ンカッタも四国4県にみられ、香川県中讃地方や愛媛県東予地方ではまとまりのある分布を形成しつつある。

　さて、GAJ第4集・第151図において近畿地方では残念ながら - ザッタの回答が確認できないが、図9から近畿圏においても三重県志摩地方のさきしま半島（英虞湾南部）の布施田集落に - ザッタがあることが判明した。近畿圏での - ザッタの指摘は矢野（1956）が最も早いが、2010年8月の調査でもこの使用が確認されている（国泉2011）。この近畿圏周辺にみられる - ザッタの存在は、否定過去形式の歴史的変化を考える上で重要な意味を持つといえよう。

5. おわりに

　近畿圏における否定形式を取り上げみたが、バリエーションの多さと言語変化のめまぐるしさに圧倒される。かつて京都と大阪とでそれぞれ多人数の世代調査を実施したことがあったが、諸形式に両都市での回答傾向や世代差を確認しつつも、やはりその回答の多さに驚かされた。近畿圏内部の各地で、これとほぼ同じ状況が各活用動詞の言語地図からも窺える。

　今回、調査地点を密にすることにより、近畿圏内部のさまざまな形式に地理的な分布がみられること、同時にこれらの形式が近畿圏外へも波及している状況について説明したが、まだ釈然としない部分も多い。

注

1　通信による調査は現在も各地の教育委員会、公民館を通じて進行中である。ただし、各府県の山間部等（地図上で空白となっている山間地など）でのデータ回収は難しく、折をみて各地に赴き、留置法 leaving method による調査を並行して行っている。
2　GAJ 調査にはこの「行かない」は扱われていないが、五段活用の動詞の否定形を扱った項目に「書かない」（第 2 集・第 80 図）がある。
3　「行かない」「見ない」に対して「イカン」「ミン」などは単純な意志の否定を示すが、「行きはしない」「見はしない」から変化したとされる「イカヘン（あるいはイケヘン）」「ミヤヘン（ミエヘン）」など、助動詞部分が「ヘン」の形式をこのように呼んでいる。
4　太田（2013）は近畿東部域にあたる愛知県名古屋市から三重県の海岸線を経て和歌山県田辺市に至る「打消表現」を扱っており、- ヤンなどを中心に三重・和歌山の打消形式の諸形式の変化に関する重要な指摘を行っている。
5　ミヤンについては諸説あるが、ミランとの関連が深いと思われる。これから変化した可能性が高いと言えそうである。
6　2008 年 3 月－ 2008 年 4 月にかけて四国地方各地の高年層の生え抜きを対象にした調査で各地公民館や集会所、コミュニティセンターなど 385 カ所に調査票を郵送した結果、175 部の調査票を回収することができた。回収率が 50％にもとどかず、2011 年に調査を再開し、継続中である。なお、中間報告として岸江編（2011）を刊行した。
7　イカヘンが東四国に上陸した場所は特定できないが、香川県高松市か？東四国では、

イカヘンが ABA 型分布を見せているが、徳島県南部は、近畿圏とのつながりが昔からあるため、徳島南部には別途、直接上陸した可能性もある。例えば、徳島県南部の順接の接続助詞サカイなどの使用はその一例である。
8 仙波ほか(2007)では、吉野川流域でのミン、ミーヘン、ミーヒン等の言語伝播と変化の実態をみることができる。

参考文献

太田有多子(2013)「紀伊半島沿岸部における打消表現」『都市と周縁のことば』和泉書院

大西拓一郎(1999)「新しい方言と古い方言の全国分布―ナンダ・ナカッタなどの打消過去の表現をめぐって―」『日本語学』第 18 巻 13 号　明治書院

大西拓一郎(2008)『現代方言の世界』朝倉書店

岸江信介(1999)「京阪方言の五段動詞単純打消と可能打消の比較」『静岡国文』第 41 号

岸江信介(2003)「京阪方言にみられる動詞打消形式の差異と成立事情」『国語語彙史の研究』22 号　和泉書院

岸江信介(2005)「近畿周辺圏にみられる方言の打消表現」『日本語学』第 24 巻 14 号　明治書院

岸江信介編(2011)『大都市圏言語の影響による地域言語形成の研究』平成 20-22 年度科研報告書

岸江信介(2013)「方言東西対立の現状」第 152 回変異理論研究会配付資料

国泉(2011)「志摩市の打消表現」『志摩市のことば』徳島大学日本語学研究室

国泉(2012)「大阪・奈良・三重における打消表現と不可能表現」『近畿地方中部域の言語動態―大阪・奈良・三重近畿横断 GG 調査から―』徳島大学日本語学研究室

国立国語研究所編(1991)『方言文法全国地図』第 2 集　大蔵省印刷局

国立国語研究所編(1999)『方言文法全国地図』第 4 集　大蔵省印刷局

小林隆(2003)「第 9 章　方言の歴史」『ガイドブック方言研究』ひつじ書房

真田信治(1999)「ネオ方言の実体」『日本語学』第 18 巻 13 号　明治書院

仙波光明ほか(2007)『徳島県吉野川流域方言の動態』徳島大学総合科学部国語学研究室

中井精一(1996)「大阪型打消表現の成立とその特質」『日本学報』第 16 号　大阪大学

日高水穂(1994)「近畿地方の動詞の否定形」『方言文法 1』GAJ 研究会

日高水穂(2007)「文法化理論から見る『方言文法全国地図』―「とりたて否定形」の地理的分布をめぐって―」『日本語学』26-11　明治書院

柳田国男(1927)「蝸牛考」『人類学雑誌』第 42 巻 4 号-7 号　日本人類学会

矢野文博(1956)「打消の助動詞の一系譜―ヤンについて―」『三重大学学芸学部研究紀要』16 号

近畿地方の方言形成のダイナミズム

寄せては返す「波」の伝播

日高水穂

1. はじめに

　柳田国男が「蝸牛考」で「方言周圏論」を説いたとき、そこで検証しようとしていたのは、「方言の地方差は、だいたいに古語退縮の過程を表示している」(柳田1943[1])ということだった。これは、「古語は辺境に残る」という経験的に知られていた現象を言い換えたものである。柳田自身は、「蝸牛考」の「改訂版の序」において、以下のように述べている。

> 国語の改良は古今ともに、まず文化の中心において起るのが普通である。ゆえにそこではすでに変化し、または次に生れている単語なり物の言い方なりが、遠い村里にはまだ波及せず、久しく元のままでいる場合はいくらでもあり得る。その同じ過程が何回となく繰り返されて行くうちには、自然にその周辺には距離に応じて、段々の輪のようなものができるだろうということは、いたって尋常の推理であり、また眼の前の現実にも合していて、発見などというほどの物々しい法則でも何でもない。私は単に方言という顕著なる文化現象が、だいたいにこれで説明し得られるということを、注意してみたに過ぎぬのである。　　（柳田1943）

　1927年に『人類学雑誌』(42巻4–7号)に最初の論考を発表して以来、幾多の誤解や反論にさらされ、上記のような控えめな表現に到ったものと思われるが、「方言周圏論」の考え方を「尋常の推理」としている点では、主張はより強固なものとなっているとも言える。

実際、「「方言周圏論」は、その後の言語地理学的研究において、分布解釈の原則の1つとして十分に有効性を発揮している」(真田 1990b) のであって、現在の言語地理学では、すでにその適用の条件の精査に課題の中心を移している。「方言周圏論」の適用の条件とは、社会構造と言語構造の両方から規定されるものである。すなわち、社会構造の面からは、文化的中心と周辺の関係を内在させる言語共同体において成立する現象であること、そして言語構造の面からは、「語形と対象(意味)を結びつける必然性が低いこと(＝恣意性の確保)」(佐藤 2006)が適用可能な言語項目の条件であるとされる。

2. 近畿地方の社会構造

社会構造の面で、「文化的中心と周辺の関係を内在させる言語共同体」に該当する地域は、規模の大小を問わなければ日本の各地に存在する。しかしながら、新しい言語現象の発生と伝播を幾層にもわたって観察し得る地域は限られており、近畿地方はその規模と歴史において、「方言周圏論」の有効性を検証するためのフィールドとして、もっとも条件に叶った地域だと言える。

あらためて述べるまでもないが、現在の近畿地方の中心は京阪神地域(京

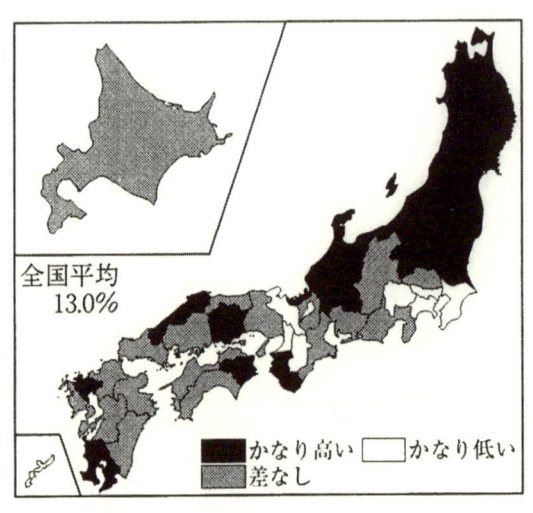

図1　方言意識の地域差（柴田 2001）

都市・大阪市・神戸市)である。歴史的に見れば、畿内(山城国・大和国・河内国・和泉国・摂津国)とその周辺地域によって構成されるのが近畿地方である。「近畿」の名称の中に、すでに「中心」と「周辺」の社会構造が読み込まれているのであるが、そうした社会構造上の格差は、たとえば、図1のような言語意識調査にも反映している。

「地方なまりが出るのは恥ずかしいことだと思いますか」という問いに対する回答の府県ごとの差が、近畿地方では大きい。全国平均に比べて「はい」の割合の低い京都・大阪・奈良、全国平均程度の三重・滋賀・兵庫、全国平均よりもかなり高い割合の和歌山というように、「中心」(畿内)と「周辺」の関係が、そのまま自分のことばに対する評価に反映している。このことは、「周辺」が「中心」のことばを積極的に受容する可能性を示すものである点で、「方言周圏論」が適用可能な社会構造上の条件を満たすものと言える。

こうした社会構造上の条件を満たす近畿地方をフィールドとして、本論で取り上げるのは、「周辺」で生じた言語変化が「中心」に伝播するという現象である。「中心」から「周辺」へという通常の(「方言周圏論」が想定する)ことばの伝播の流れを、いわば逆流する方向の伝播については、すでに首都圏においてその現象が指摘されている(井上2003等)。一方、近畿地方でそうした現象を積極的に取り上げた論考はあまり見受けられない。これは、方言研究において、近畿地方を中心に据えた周圏分布に格別の注意を払ってきたことに加え、近畿方言を見る際に、「中心」(畿内)の優位性が絶対視されてきたこととも無関係ではないように思われる。

首都圏において東京が、大都市であるが故に周囲の関東方言域からは隔絶した「言語の島」のような状態に置かれているのとは異なり、近畿方言は言語的性格の共通性による下位区分(方言区画)を設定することが可能である。ただし、そこにも「中心」と「周辺」の関係が持ち込まれる。図2は、楳垣(1962)が示した近畿地方の方言区画図であるが、この区画について、楳垣は以下のように述べている。

　方言区画は、とりもなおさず、自然的条件と文化的条件との反映であ

るといえる。まず大きく中近畿方言・南近畿方言・北近畿方言に分けることができよう。ところが、南近畿方言と北近畿方言とは、言語の面では、地勢におけるような性格差は現われにくく、柳田国男先生の方言周圏論を実証して、中近畿方言よりも古い言語状態を保存していることが多い。変化する場合も、言語変化にはだいたいの法則があるから、似たように変わっている。そんなことから、南近畿方言と北近畿方言とを合わせて、近畿周辺方言と考えることもできる。　　　　　　（楳垣1962）

　また、中近畿方言の内部を東近畿方言と西近畿方言に区分することについては、以下のように述べている。

ここ（中近畿方言：筆者注）には言語の中心が2つある。それは文化的条件の反映で、伝統的な京都に対し、大阪が進取的だからであり、それが言語にも現われているからだ。そして、ただ言語的に両都市が相違す

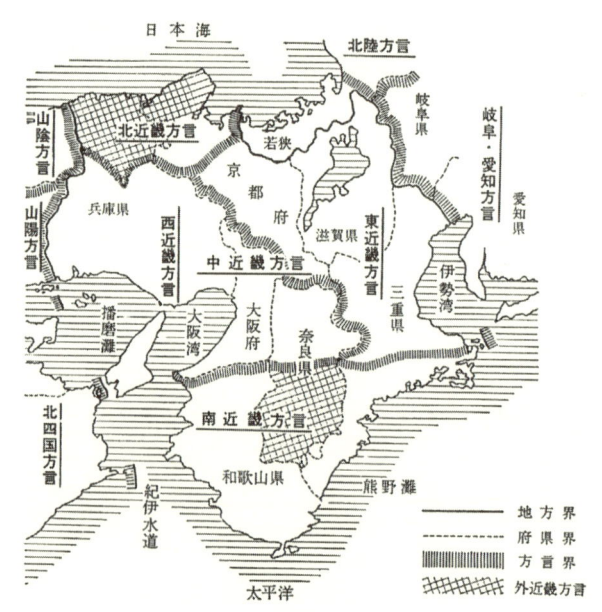

図2　近畿地方方言区画図（楳垣1962）

るだけでなく、その両都市の言語的影響力が、それぞれかなりの範囲に及んでいるから、京言葉圏・大阪弁圏というものを考えなくてはならない。 　　　　　　　　　　　　　　　　　　　　　　　　　（楳垣 1962）

　京言葉圏＝東近畿方言域、大阪弁圏＝西近畿方言域ということになるわけであるが、このように、「中心」と「周辺」の関係が、半ば自明のこととして、方言区画の説明原理に加えられることこそが、近畿地方の社会構造の特性を表していると言える。

3. 動詞否定辞の伝播の動態

　ここでまず、こうした近畿地方の社会構造の特性をそのまま反映しているとみられる方言伝播の現象を見ておこう。

　図3は、国立国語研究所編『方言文法全国地図』（以下GAJ）の動詞否定形に関する13枚の分布図[2]に現れた近畿地方のン類・ヤヘン類・ヘン類の数を、それぞれの調査地点について示したものである（日高1994）。

　西日本方言では、動詞の否定辞として古典語の「ぬ」に由来するン類が用いられる。一方、現在近畿中央部で用いられているヘン類は、シワセンという否定の形が、シヤヘン→シエヘン→セーヘン・シーヒンという変化を経て生じたものである。図3を見ると、この変化が近畿中央部からはじまり、周辺部に広がりつつあることがわかる。

　この「中心」からの伝播が、「周辺」において現在も広がりつつあることは、図4に示したように[3]、図3においてはン類が優勢であった地域（滋賀など）も含め、現在の近畿若年層において、近畿地方内部の地域差はほとんどなく、ヘン類が定着していると見られることからも裏付けられる[4]。

　一方、この近畿若年層の調査には、注目すべき現象が認められる。図5に示したように、大阪若年層においてン類の使用率が高い水準を保っていることである。特に五段活用動詞「行く」の否定形イカンは、53.8%という高い使用率となっている。

　1988～1989年に実施された大阪市方言の動態調査（真田1990a）では、「「行

250 第2部 方言形成論

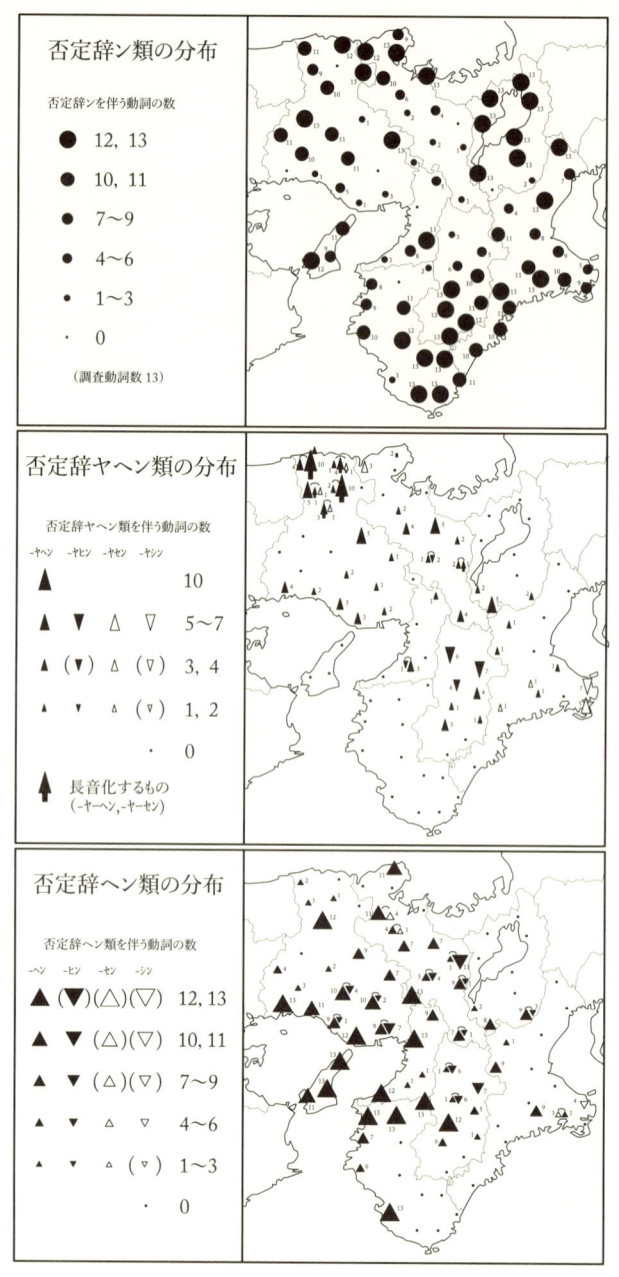

図3 近畿地方の動詞の否定辞（日高1994）

かない」をどういうか」という質問項目に対し、イカンという回答はほとんど見られない(10代が3.5%、20代は数値が示されていないが10代の値以下、30〜70代は0%)。一方、図5の調査では、回答者を大阪市出身者に絞った場合も26名中15名(57.7%)がイカンを回答しており、大阪におけるン類の「復活」は確かな現象だと見られる。

このン類の「復活」に関しては、宮治(1997)にすでに言及がある。宮治

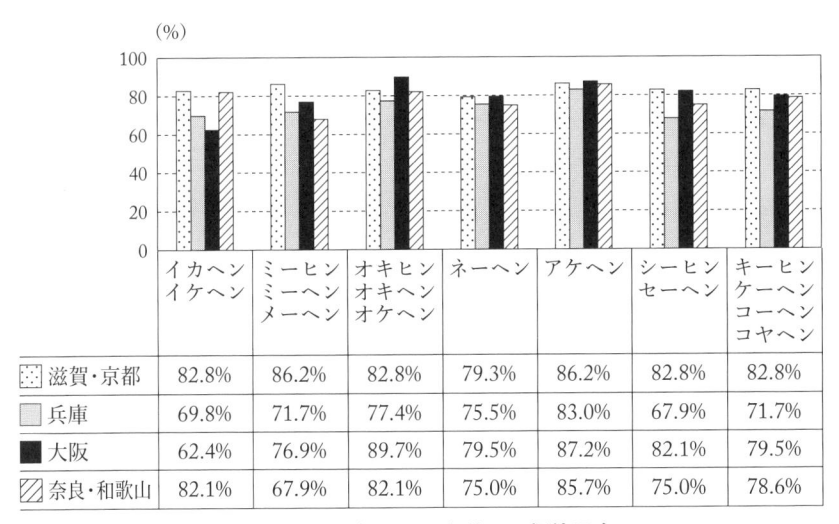

	イカヘン イケヘン	ミーヒン ミーヘン メーヘン	オキヒン オキヘン オケヘン	ネーヘン	アケヘン	シーヒン セーヘン	キーヒン ケーヘン コーヘン コヤヘン
滋賀・京都	82.8%	86.2%	82.8%	79.3%	86.2%	82.8%	82.8%
兵庫	69.8%	71.7%	77.4%	75.5%	83.0%	67.9%	71.7%
大阪	62.4%	76.9%	89.7%	79.5%	87.2%	82.1%	79.5%
奈良・和歌山	82.1%	67.9%	82.1%	75.0%	85.7%	75.0%	78.6%

図4　近畿若年層の否定辞ヘン類使用率

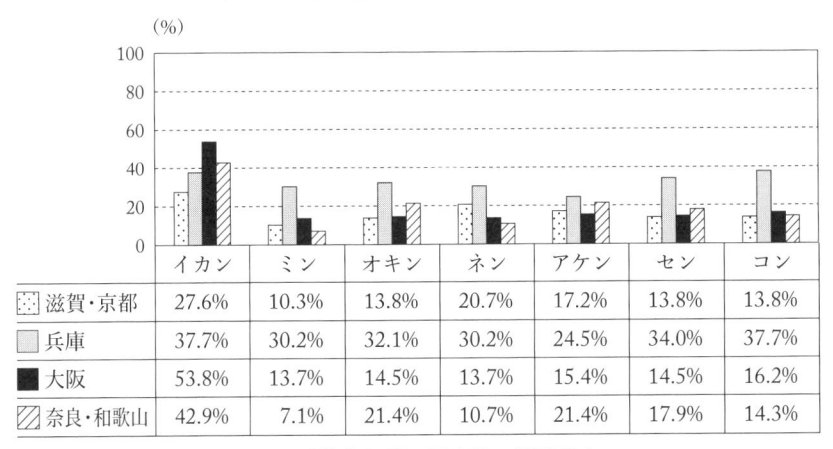

	イカン	ミン	オキン	ネン	アケン	セン	コン
滋賀・京都	27.6%	10.3%	13.8%	20.7%	17.2%	13.8%	13.8%
兵庫	37.7%	30.2%	32.1%	30.2%	24.5%	34.0%	37.7%
大阪	53.8%	13.7%	14.5%	13.7%	15.4%	14.5%	16.2%
奈良・和歌山	42.9%	7.1%	21.4%	10.7%	21.4%	17.9%	14.3%

図5　近畿若年層の否定辞ン類使用率

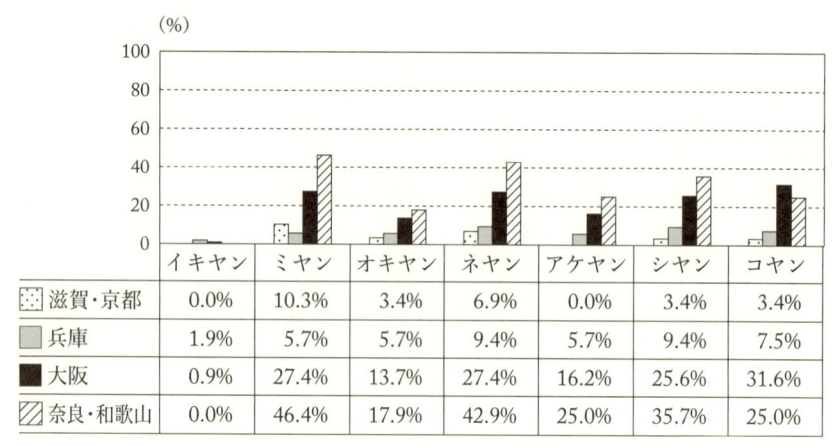

	イキヤン	ミヤン	オキヤン	ネヤン	アケヤン	シヤン	コヤン
滋賀・京都	0.0%	10.3%	3.4%	6.9%	0.0%	3.4%	3.4%
兵庫	1.9%	5.7%	5.7%	9.4%	5.7%	9.4%	7.5%
大阪	0.9%	27.4%	13.7%	27.4%	16.2%	25.6%	31.6%
奈良・和歌山	0.0%	46.4%	17.9%	42.9%	25.0%	35.7%	25.0%

図6　近畿若年層の否定辞ヤン類使用率

(1997)では、1995年に大阪市在住の高校生を対象に行ったアンケート調査の結果を、回答者の性別とともに、「生え抜き度」(両親の出身地によってグループ化)によって集計し、分析を行っている。

以下は、「行かない」に相当する表現の集計結果である。

表1　「行かない」(宮治1997)　※第一回答のみ　　% (実数)

	イケヘン	イカヘン	イカン	イカナイ
全体	50.9 (54)	28.3 (30)	19.8 (21)	0.9 (1)
男性	45.5 (30)	24.2 (16)	28.8 (19)	1.5 (1)
女性	60.0 (24)	35.0 (14)	5.0 (2)	— (0)

表2　生え抜き度との関連 (「行かない」) (宮治1997)　% (実数)

	イケヘン	イカヘン	イカン	イカナイ
グループA	69.2 (18)	11.5 (3)	19.2 (5)	— (0)
グループC	60.0 (15)	24.0 (6)	16.0 (4)	— (0)
グループF	31.6 (6)	31.6 (6)	31.6 (6)	5.3 (1)

グループA：両親ともに〈大阪市〉
グループC：〈大阪市〉出身×〈非関西弁圏〉出身
グループF：両親ともに〈非関西弁圏〉出身

表1からイカンの使用者は男性に片寄ること、表2からイカンの使用を先導するのは「両親ともに〈非関西弁圏〉出身」の移住2世であることが指摘できる。宮治(1997)は、「グループFの両親の約88％が西日本の出身」であることから、ン類使用地域からの移住者が、大阪におけるン類使用の「復活」に関与していると結論づけている。

1990年代半ばのこの調査と、図5の調査を比較して大きく異なるのは、図5の調査では、ン類の使用率に男女差がほとんど認められないことである。

表3 イカンの使用率　　　　　　　　　　　　％（実数）

	滋賀・京都	兵庫	大阪	奈良・和歌山
全体	27.6 (8)	37.7 (20)	53.8 (63)	42.9 (12)
男性	46.2 (6)	33.3 (8)	50.0 (27)	50.0 (8)
女性	12.5 (2)	41.4 (12)	57.1 (36)	33.3 (4)

表3では、少なくとも現在の大阪若年層では、ン類の使用に男女差がなくなっていることがわかる。

かつてン類の使用に男女差があったのは、この形式がヘン類に比べて、ぞんざいで強い語感をもつと認識されていたからだと考えられるが（前田1977等）、現在の大阪若年層は、ン類にそのような語感を感じなくなっているようである。今回の調査で、大阪出身の若年層女性話者にン類の使用意識を尋ねたところ、「ヘン類に比べると正式な日本語という感じがする」との回答が得られた。「正式な日本語」というのは、文章で使用される表現ということのようであるが、どうも現在の大阪若年層は、ヘン類のほうに伝統方言色を感じ、ン類は方言色の薄い表現であると認識しているらしいのである。

ン類の「復活」には、こうした「ヘン類の伝統方言化」という大阪方言内部に生じた変化の契機とともに、西日本のン類使用地域からの伝播という言語外的要因も関与している。そして、その伝播のルートは、宮治(1997)が指摘する西日本各地からの移住者による持ち込みによるものだけではないと考えられる。

ここで図6を見ていただきたい。五段活用動詞以外では、ミヤン、オキヤン等のヤン類の否定辞が使用されている。この形式には明らかな使用地域の片寄りがあって、全般的に奈良・和歌山出身者の使用率が高い。次いで使用率が高いのが大阪出身者である。

　ヤン類は、五段活用動詞に接続しないことからもわかるように、ン類の一種であり、ヤは動詞の活用語尾（未然形語尾）と見なすのが妥当な形式である。奈良・和歌山で使用が盛んなこの形式が大阪に伝播してきているのであれば、ン類自体が近畿地方の「周辺」から「中心」へと伝播してきていると見ることも可能であろう。

4. ヤン類の由来

　ヤン類がン類の一種だとすると、五段活用動詞以外に接続する際に、ンの前に挿入されるヤはいったい何に由来するものだろうか。

　ヤン類の由来については、1986〜1987年に紀伊半島（奈良県御所市室から和歌山県新宮市王子町まで）で行われたグロットグラム調査の結果にもとづき、真田・宮治・井上（1995）が、以下のような見方を示している。

> 　主として南部（十津川から新宮にかけて：筆者注）においてミヤンという形が年層にかかわりなく現れている。この形式の成立については諸説あるが、われわれとしては、この地では、五段動詞の場合における回帰（たとえば、イカセン＞イカン）に類推してミヤセンの形をンによる打消形式に回帰させる過程で生まれたのではないかと考えている。
>
> （真田・宮治・井上 1995）

　一方、金沢（1988）は、和歌山県中部域（田辺市市街地、田辺市三栖、田辺市上芳養、日高郡龍神村）の調査において、田辺市3地域の老年層に見られるミヤナンダ、ヨーミヤンに注目し、この2つが龍神村ではミラナンダ、ヨーミランで現れることから、「五段型に活用するミランが、他地域に広がってゆく間にr＞jという音変化を起こして、ミラン→ミヤンになったと考え

ることが出来るのではないか」と述べている。

以上で示されたヤン類の由来についての見方をまとめておこう。

（a）ミヤセン＞ミヤン（イカセン＞イカン等からの類推）
（b）ミラン＞ミヤン（音変化）

ここで（b）との関連で、近畿地方の動詞否定形におけるラ行五段化現象の分布を見ておく。図7は、GAJ の動詞否定形に関する13枚の分布図[5]に現れた近畿地方の否定形語尾 - ヤン /- ランの数を示したものである。一方、表4は、- ヤン /- ランの動詞別の回答地点数を示したものである。

まず図7によれば、- ヤン /- ランが南近畿方言域一帯に現れる表現であることがわかる。また、- ヤンと - ランの分布域は地理的に隣接しており、両者に出自の上でのつながりのあることを予想させる分布となっている。

表4によれば、- ヤン /- ランは一段活用動詞に用いられやすく、変格活用動詞には用いられにくいことがわかる。なお、ここで対象とした13枚の分布図のうち、五段型の活用をする「書く」「貸す」「蹴る」「足りる（足る）」には - ヤン /- ランは現れない。「飽きる」「任せる」「借りる」も、五段型の活用をもつ動詞であり、ン類に接続する場合は、アカン、マカサン、カランが用いられている。これらの動詞に - ヤン /- ランが現れるのは、一段型の活用をとる場合に限られる。

ここで、（a）のような変化過程を想定した場合、変格活用動詞において、キヤセン＞キヤン、シヤセン＞シヤンという類推による変化が、一段活用動詞に比べて生じにくいということを説明する必要があるが、その理由を見つけることは難しい。一方（b）であれば、変格活用動詞には、キラン・シランのようなラ行五段化形式が生じないことから、ヤン類の形式も生じにくいと説明することができる。

一方、表4によれば、- ヤンは一段活用動詞の中でも、音節数の短い動詞（見る・寝る）に用いられやすい。この傾向は、先に見た図6でも同様である。表4を見る限り、- ランにはこの傾向は顕著ではないので、ヤン類の出自がラ行五段化形式の - ランに由来するとしても、その後のヤン類の広がり

256 第 2 部 方言形成論

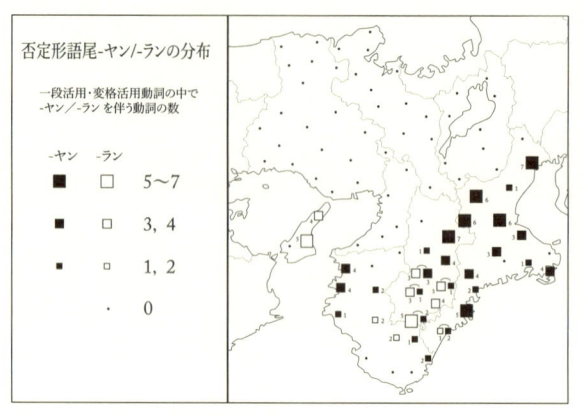

図7 近畿地方の動詞否定形－ヤン／－ラン（日高1994）

表4 －ヤン／－ラン 回答地点数

	－ヤン	－ラン
見る	22	8
寝る	22	7
起きる	12	8
開ける	10	5
飽きる	7	2
任せる	3	2
借りる	2	0
来る	2	0
する	2	0

と定着には、別の要因も考え合わせる必要がある。

　ここで図3に示したヤヘン類について、使用地点数の多い動詞を見てみると、「見る」・「来る」（29地点）、「寝る」（19地点）、「起きる」（14地点）、「開ける」（8地点）となっており、一段活用動詞の中でも、音節数の少ない動詞がヤを介しやすいことがわかる。ヤン類の広がりと定着には、ヤヘン類の存在が関与していることが指摘できよう。

5. 「来る」の否定形の動態

　こうして南近畿方言において定着をみたヤン類は、現在の若年層においては、ラ行五段化形式に由来することによる制約が弱まり、変格活用動詞においても使用されるようになってきている。変格活用動詞のヤン形は、「来る」についてはキヤン、「する」についてはシヤンが最初に現れた形であったが（GAJに2地点見える回答はいずれもこの形である）、「来る」については、現在、コヤンが優勢になっている。

　ここで、近畿方言の「来る」の否定形について整理しておこう。近畿方言の「来る」の否定形は、ン類であればコンとなる。一方、キワセンに由来するヘン類では、キヤヘン、キエヘンを介してケーヘン（大阪型）、キーヒン（京

都型)の形を生じている。この形の成立後、若年層においてコーヘンというさらに新しい形式が生じた。コーヘンは、共通語形のコナイのコに関西弁の否定辞ヘンを後接した形であり、ネオ・ダイアレクト(共通語と方言の中間方言形)の代表例とも言える形である(真田1987)。「来る」のヤン形に見られるコヤンも、こうしたコーヘンの発生過程と同様に、ヤンが否定辞と認識されるようになった段階で発生した新しい形式であると見られる。そしてこの形式は、図6にも見られるように、現在、大阪若年層に浸透しつつある。

ここで「来る」の否定形に絞って実施した調査の結果を見てみたい。図8・9は、2011～2012年に実施した「来る」の否定形のバリエーションに関する調査の結果である[6]。

図8は、大阪市出身者に絞って、ケーヘン、キーヒン、コーヘン、コンの使用率を集計したものである。高年層で優勢なケーヘンが若年層でも維持される一方、コーヘンが高い割合で若年層に浸透していることが見て取れる。

一方、図9は、大阪府出身の高年層と若年層および奈良県・京都府・兵庫県出身の若年層のコヤンの使用率を集計したものである。大阪府高年層ではほとんど使用されていないコヤンが、若年層では高い使用率を示すことが注

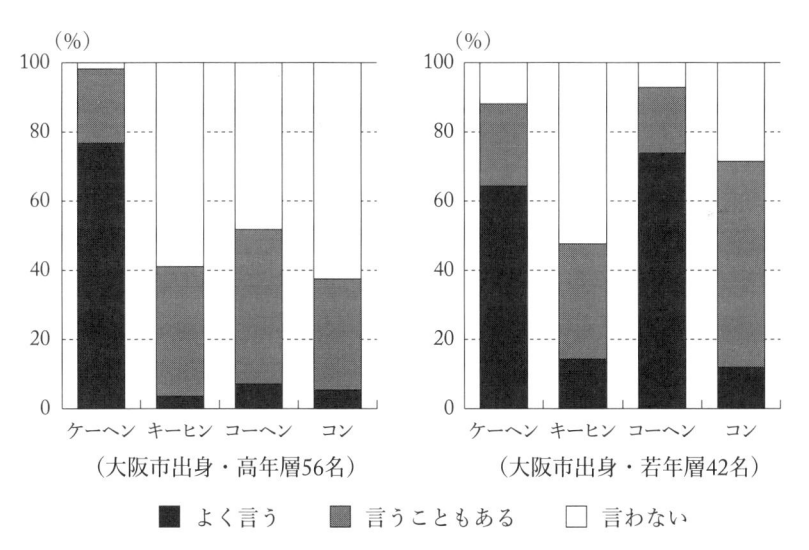

図8 大阪市出身者の「来ない」の方言形使用率

258　第2部　方言形成論

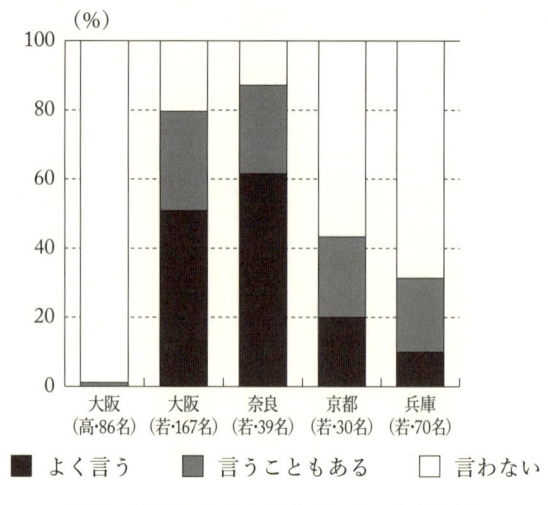

図9　近畿地方出身者の「コヤン」使用率

目される。地域別に見ると、奈良県出身者の使用率がもっとも高く、大阪府出身者がそれに続く。やはりここでも、「周辺」から「中心」へと、コヤンが伝播してきている様子がうかがえる。

6. 寄せては返す伝播の「波」

　実は、こうした「周辺」(南近畿方言)から「中心」(大阪方言)への伝播は、過去にも繰り返された形跡がある。
　山本(1962)には、大阪府方言に関して、以下の記述が見られる。

　　一段活用のラ行四段化の現象は、府下全域にわたって相当広くきかれる。
　　　見る＝見ラン・見リに行く・見ル・もっとよう見レ
　　　出る＝出ラン・出リます・出ル・早う出レ
　　これらの活用形(ラ・リ・ル・レ)がそろってどの地方にも聞かれるというのではない。調査し得た範囲では、次の通りの地域に、それぞれの活用形が聞かれる。

○四形そろって聞かれた地域＝泉南町・貝塚市・堺市富蔵（旧泉北郡西陶器村）
○リ（連用形）を欠く地域＝枚方市・河内長野市天見・岸和田市・泉南郡東鳥取村
○リ・レ（命令形）を欠く地域＝大東市四条町・堺市鳳町・泉佐野市日根野・大阪市阿倍野区
○リ・ラ（未然形）を欠く地域＝豊中市曽根　　　　　　　　（山本 1962）

　この記述にもとづき、ラ行五段型活用形の分布を示すと図 10 のようになる。一方、この記述から約 20 年後に行われた GAJ の調査では、大阪府下にラ行五段化形式の回答は見られない。この時期のラ行五段化の「波」は、いったんは退いてしまったようである。

　南近畿方言においてラ行五段化形式の r が j に変わる現象は、使役形や可能形においても見られる。図 11 は GAJ118 図「開けさせる」の略図であるが、南近畿方言域に、アケラセル・アケラスというラ行五段化形式とともにアケヤセル・アケヤスというヤ行音化形式が分布している。図 12 は GAJ185 図「着ることができない」（状況可能）の略図[7]であるが、やはり南近畿方言域には、キヤレン等のヤ行音化形式が見られる。図 12 の分布を見る限り、キエンもキレンのレのヤ行音化による形式であると見なすことができよう。

　1962 年に刊行された『近畿方言の総合的研究』（三省堂）には、附録として近畿地方の要地における共通例文の方言訳を列挙した「近畿方言文例抄」が収録されている[8]。その

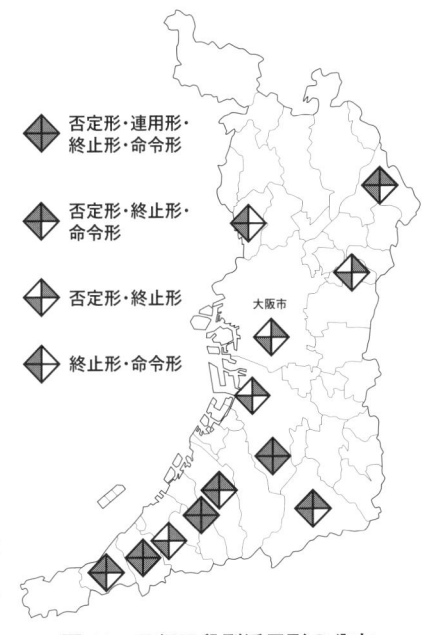

図 10　ラ行五段型活用形の分布
（山本 1962 より作図）

260　第2部　方言形成論

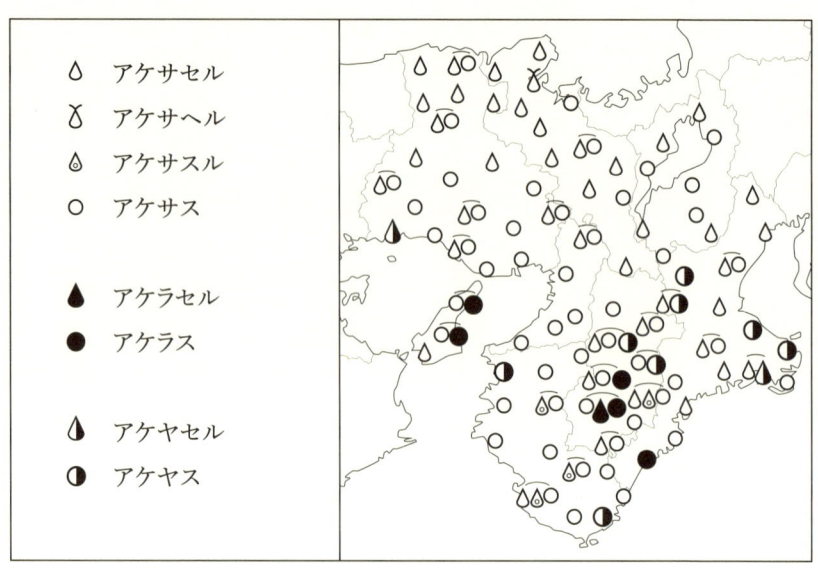

図11　開けさせる（GAJ118図より作図）

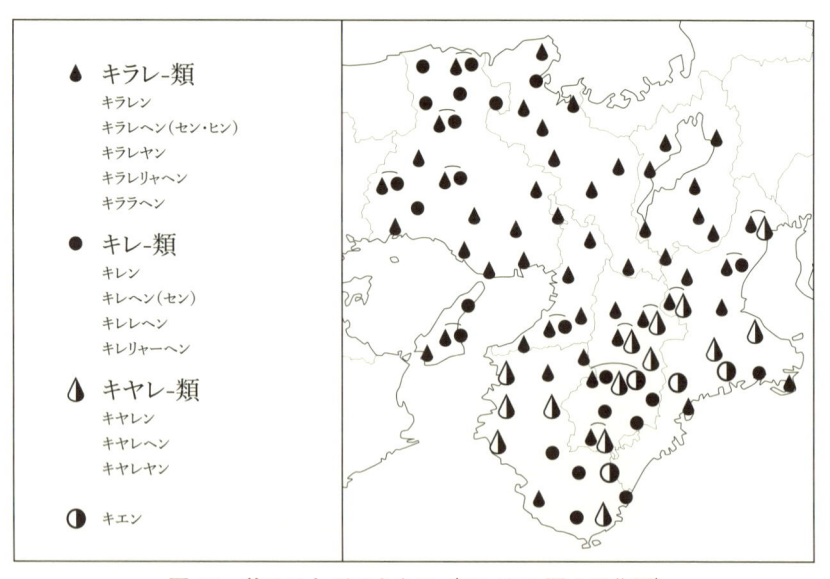

図12　着ることができない（GAJ185図より作図）

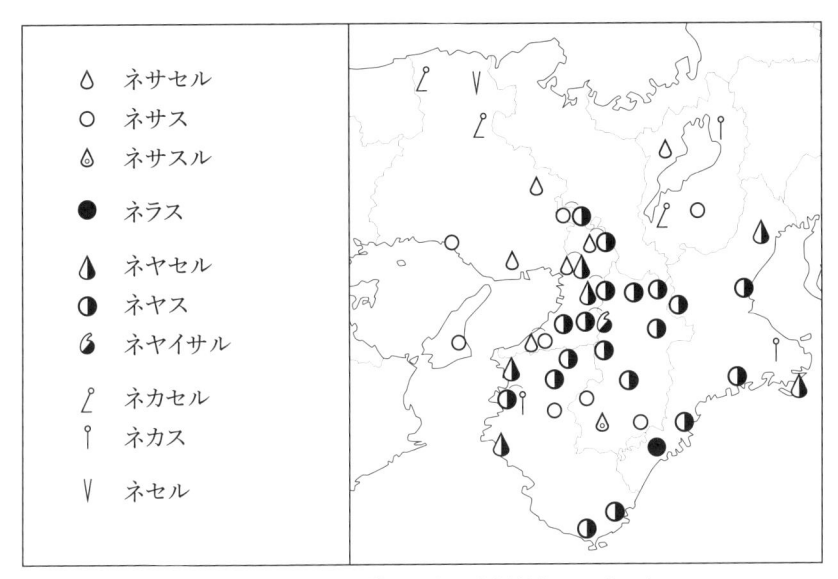

凡例:
- ◌ ネサセル
- ○ ネサス
- ◐ ネサスル
- ● ネラス
- ◗ ネヤセル
- ◐ ネヤス
- ◓ ネヤイサル
- ℓ ネカセル
- ↑ ネカス
- ∨ ネセル

図13 寝させる（「近畿方言文例抄」より作図）

中から、「赤ん坊（を）寝させるのだから静かにしていなければいけないよ」の「寝させる」に相当する表現の分布を示したものが図13である。南近畿方言域に広く分布するネヤセル・ネヤス等のヤ行音化形式が、大阪方言域にまで及んでいる点が注目される。図11と比較すると、図13の時点で大阪方言域に押し寄せたヤ行音化の「波」は、図11の時点では、南近畿方言域に退いていったことがわかる。

7. おわりに

本論で見てきたことは、近畿地方では「周辺」に位置する南近畿方言において、一段動詞のラ行五段化とラ行音のヤ行音化という独自の変化が生じていることと、その変化が「波」のように、「中心」に位置する大阪方言に押し寄せては退いていくという伝播の様相である。この「波」は、文法体系の整合化に向かう変化であるという点では受け入れやすく、既存の文法体系を揺るがすものであるという点では「誤った語法」として排除されやすい。こ

とばに対する規範意識の弱い「周辺」において発生し定着した表現形式が、規範意識の強い「中央」においては、受け入れられかけては排除されるということが起こるのである。こうした「周辺」と「中央」の言語変化に対する受容態度の差が、寄せては返す「波」のような伝播のダイナミズムを生み出している。

現在、押し寄せてきている否定辞ヤン類の「波」は、ヘン類の伝統方言化とそれに伴うン類の「復活」の流れの上にあって勢いを増している。この形式がこれまでの「波」と同様にやがて南近畿方言域へと退いていってしまうのか、あるいはヘン類に変わる新しい方言形式として「中央」においても定着していくのか、今後の動態を注視したい。

注

1 本論では「蝸牛考」からの引用を、1943年刊の創元社版を収録した『柳田國男全集19』(筑摩書房、1990年)に依った。

2 72図「起きない」、73図「飽きない」、74図「見ない」、75図「借りない」、76図「足りない」、77図「開けない」、78図「任せない」、79図「寝ない」、80図「書かない」、81図「貸さない」、82図「蹴らない」、83図「来ない」、84図「しない」。

3 図4〜6および表3の調査概要を以下に示す。
調査項目：以下の下線部分について、普段の会話で使用する表現を選択肢から選ぶ(複数回答可)。(1)今日はどこにも行かない。(2)朝はテレビを見ない。(3)8時になってもまだ起きない。(4)12時になってもまだ寝ない。(5)寒いから窓を開けない。(6)仕事を頼んだのにまだしない。(7)10時になってもまだ来ない。(選択肢は省略)
回答者(関西大学学生)：滋賀県・京都府出身者29名(男13名・女16名)、兵庫県出身者53名(男24名・女29名)、大阪府出身者117名(男54名・女63名)、奈良県・和歌山県出身者28名(男16名・女12名)
調査時期：2013年

4 図4では滋賀・京都の回答者を一括して集計しているが、回答者の内訳は滋賀13名、京都16名で、回答の傾向に地域的な差は見られなかった。

5 注2に同じ。

6 図8・9の調査概要を以下に示す。

調査項目：「あの人はここには来ない」の下線部分の表現として、(1)ケーヘン、(2)キーヒン、(3)コーヘン、(4)コヤン、(5)コンのそれぞれについて、「よく言う」「言うこともある」「言わない」からあてはまるものを選ぶ。

回答者：[高年層]60–70代・大阪市出身者56名(図8)／大阪府出身者86名(図9)　[若年層]関西大学学生・大阪市出身者42名(図8)／大阪府出身者167名、奈良県出身者39名、京都府出身者30名、兵庫県出身者70名(図9)

調査時期：[高年層] 2012年　[若年層] 2011 ～ 2012年

7　キルコトガデキナイ類は記号化していない。
8　三重県8地点、滋賀県4地点、福井県(若狭)3地点、京都府8地点、奈良県8地点、和歌山県8地点、大阪府7地点、兵庫県7地点の計53地点。このうち福井県と京都府は例文が異なるため、地図化は行っていない。

引用文献

井上史雄(2003)『日本語は年速一キロで動く』講談社
楳垣実(1962)「近畿方言総説」『近畿方言の総合的研究』三省堂
金沢裕之(1988)「打消表現」(徳川宗賢・真田信治「和歌山県中部域の言語動態に関する社会言語学的研究」)『日本学報』7　大阪大学文学部日本学研究室
佐藤貴裕(2006)「方言周圏論の功罪」『国文学　解釈と教材の研究』51–4　學燈社
真田信治(1987)「ことばの変化のダイナミズム―関西圏における neo-dialect について―」『言語生活』429
真田信治(1990a)『大阪市方言の動向―大阪市方言の動態データ―』科研費研究成果報告書
真田信治(1990b)「解説」『柳田國男全集19』筑摩書房
真田信治・宮治弘明・井上文子(1995)「紀伊半島における方言の動態」『関西方言の社会言語学』世界思想社
柴田実(2001)「方言への愛着意識」『日本語学』20–8
日高水穂(1994)「近畿地方の動詞の否定形」『方言文法1』GAJ研究会
前田勇(1977)『大阪弁』朝日新聞社
宮治弘明(1997)「都市方言研究への一提言」『梅花女子大学文学部紀要　日本語・日本文学編』31　梅花女子大学文学部
柳田国男(1943)「蝸牛考」創元社(『柳田國男全集19』筑摩書房、1990年、所収)
山本俊治(1962)「大阪府方言」『近畿方言の総合的研究』三省堂

付　記

本論は、科学研究費補助金基盤研究(A)「方言分布変化の詳細解明―変動実態の把握と理

論の検証・構築―」(課題番号:23242024、研究代表者:大西拓一郎)および基盤研究(B)「日本語諸方言の文法を総合的に記述する『全国方言文法辞典』の作成とウェブ版の構築」(課題番号:21320086、研究代表者:日高水穂)の研究成果の一部である。

キリシタン文化と方言形成

Jesus の歴史社会地理言語学

小川俊輔

1. はじめに

1.1. 本論の目的と方法

「地方の時代」との標語が掲げられ、「地域主義」が叫ばれたのは 1970 年代のことであった。21 世紀に入り早くも 14 年が経過したが、最近では「地域主権」との用語も耳にするようになった。このような時代状況のもと、福田 (2007: 80) は、柳田国男の「方言周圏論」を次のように批判する。

> この考えは結局、歴史は中央あるいは都市で展開するものであり、地方はそれを受動的に受入れるものという前提があることを示している。民俗の周圏的分布は、単に中央の歴史的序列を空間的に反映しているだけに過ぎないことになる。(中略) 周圏論では、地方の主体性・選択性・創造性は無視され、ただ単に中央で発生した新しいものをそのまま受け入れる所とされてしまっているのは問題といえよう。

福田 (2002)「周圏説と民俗学」にも同じ内容の指摘があり、「方言周圏論」に対する同種の批判としては民俗学・文化人類学の立場から赤坂 (2000)、子安 (2003)、方言学の立場から高橋 (2008)、澤村 (2011)、小林 (2012) 等がある。

他方、柳田は創元選書版の『蝸牛考』(1943: 4) の冒頭「改訂版の序」において次のように書いている (引用は 1980 年に刊行された岩波文庫版による。なお旧字は新字に改めた)。

この国語変化の傾向は、わが邦においては最も単純で、これを掻き乱すような力は昔から少なかったように思う。たとえば異民族の影響が特に一隅に強く働くとか、または居住民の系統が別であったために、同化を拒んだり妥協を要求したりするという、『仏蘭西方言図巻』の上で説かれているような原因というものは、探し出そうとしてみても、そう多くは見つからないのである。

「方言周圏論」と同じく、柳田の「一国民俗学」に繋がる発想・言明である。しかし、網野 (2000) が詳しく記すとおり、日本列島には北方に先住民としてのアイヌ民族が暮らしてきたのであり、1429 年に成立した琉球王国は、1609 年に薩摩藩の侵攻を受け、支配下に置かれたものの、1879 年の「琉球処分」まで王政を維持し続けた。また、陣内 (2007: 4) などが指摘するとおり、日本列島は、古くから中国大陸・朝鮮半島の文化の影響を、明治以降は、欧米文化 (特に米国文化) の影響を強く受けてきた。

このような外国文化の影響により、上記の柳田の言とは異なり、日本列島には多様な方言圏が形成されてきた。たとえば井上 (2007: 90–98) には、中国語の「相思」が「シャンス」(恋人・情婦の意) として長崎県などで、「背心・背身」が「ホイシン・ポンチン」(袖なしの着物の意) として西日本で、韓国朝鮮語の「친구」が「チング」(仲良しの意) として九州・中四国で使用されてきたことが分布図によって示されている。さらに井上 (同前：99–101) には、16〜17 世紀のキリシタン伝来に伴って受容されて土着化した言葉として「banco バンコ」(腰掛けの意)、「abóbora ボウブラ」(カボチャの意)、「filhos ヒリョーズ」(がんもどきの意) の 3 語が挙げられている。「バンコ」は西日本に、「ヒリョーズ」は東京より西に、「ボウブラ」は西日本を中心に秋田と北陸に分布する。いずれも原語はポルトガル語である。

ところで、江端 (2006: 121) は、「地域における宗教と方言との密接な関係」について、特にキリシタンの伝来が日本語方言に与えた影響について地理言語学の課題として取り上げるべきだと述べている。但し、江端にはこれに関する具体的な実践はない。

本論の筆者は、キリシタンの伝来によって九州西北部地域に特異な方言文

化圏が形成されてきたことを、小川（2007a~d、2011、2012a~c、2013a）およびOgawa（2006、2010a、2010b）で記述してきた。取り上げたのはparaiso、contas、rosario、Christão、gentio、pater、padre、Santa Maria、oratioなどのキリシタン語彙である。これらの語はいずれも、九州の西北部、特に長崎県の沿岸・離島地域、熊本県の天草地方などで使われ続けてきた。

本論ではJesus（イエス）の受容から土着までの歴史を文献調査および臨地調査の結果から記述する。なお、Christ（キリスト）についても補足的に述べるところがある。また、キリシタン史・キリシタン文化を背景とする太平洋戦争終結後の方言圏形成についても触れる。

1.2. 本論の構成

第2節では、Jesusの文献史を概観する。第3節では九州地方におけるJesusの受容と変容の実態を臨地調査の結果から明らかにする。第4節ではキリシタン語彙とその他の外来語が、太平洋戦争終結後、新たな方言圏を形成している事例を紹介する。最後の第5節で柳田方言学の現代的意義と今後の研究課題について私見を述べ、まとめとする。

2. Jesusの文献史

2.1. キリシタン版におけるJesus

表1は中世末期から近世初期にかけて出版されたキリシタン版におけるJesusの訳語をまとめたものである。いずれも海老沢ほか校注（1970）による翻刻を利用した（以下の引用も同様）。表1のとおり一貫して「ゼズ」が用いられ、「ゼズス」も『妙貞問答』を除いて使われている。「ゼズ」が用いられる場合は「ゼズ - キリシト」の形であることがほとんどで、「ゼズス」が単独で用いられている

表1 キリシタン版におけるJesus

書名	刊行年	Jesus
『どちりいな - きりしたん』	1591	∩ ✖
『病者を扶くる心得』	1593	∩ ✖
『妙貞問答』	1605	∩
『サカラメンタ提要付録』	1605	∩ ✖
『御パシヨンの観念』	1607	∩ ✖

【凡例】∩ ＝ゼズ　✖ ＝ゼズス

のと対照的である。また、多くは「ゼズ-キリシト」であって、「ゼズス」の用例は少ない。但し、『御パシヨンの観念』の福音書の部分では、専ら「ゼズス」(踊り字と同じ字の繰り返しを区別しない)と表記されている。以下に、『どちりいな-きりしたん』より1例ずつ用例を示す(下線は小川による。以下同様。( )内は引用元のページ)。

御主ぜず-きりしと御在世の間、御弟子達に教へをき玉ふ事の内に(14)
弟　きりしたんの唱る事は何事ぞや。　師　貴きぜずゝの御名也　(25)

2.2. 排耶書における Jesus

表2はキリシタン排斥を目的として近世期に数多く書かれた排耶書における Jesus の訳語をまとめたものである。いずれも海老沢ほか校注(1970)による翻刻を利用した。『対治邪執論』は漢文(漢字)で書かれており、

表2　排耶書における Jesus

書名	刊行年	Jesus
『破堤宇子』	1620	∩
『破吉利支丹』	1642?	∩
『対治邪執論』	1647	是寸、是寸須

【凡例】∩ = ゼズ

正確な音価が分からないため、漢字の語形をそのまま示したが、表1と表2を見比べれば、おそらく、「是寸」は「ゼズ」、「是寸須」は「ゼズス」だったのではないだろうか。すなわち、Jesus はキリシタン版と同じように、「ゼズ」または「ゼズス」と書かれ、読まれていた。なお、キリシタン宣教師たちの共通語はポルトガル語であり、Jesus を当時のポルトガル語の原音に近づけてカタカナ表記すれば「ジェズス」になると考えられ、キリシタン版および排耶書における「ゼズ」「ゼズス」の「ゼ」は口蓋音の「ジェ」の可能性が高いが(これは当時の西日本方言のザ行エ段音と一致)、本論では、「ゼ」と「ジェ」は区別しない。

2.3. カクレキリシタンの写本およびオラショ(祈祷文)における Jesus
2.3.1. 禁教期のカクレキリシタンの写本における Jesus

次頁の表3は、禁教期にカクレキリシタンが伝えた写本における Jesus の訳語をまとめたものである。海老沢ほか校注(1970)による翻刻を利用した。

表3　排耶書における Jesus

書名	推定書写年代	Jesus
『天地始之事』	1818～1830 頃	ゼ十ス、ジスウス、ジユス、ゼジウス、ゼスス
『こんちりさんのりやく』	幕末（1860 年代）頃	ゼズス、ゼスス

　『天地始之事』は、長崎県外海地方のカクレキリシタンが伝えたもので、聖書やカトリックの伝承がもとになってはいるものの、その内容は土俗信仰・仏教などの影響が色濃く、キリシタン信仰の風土化・土着化を示す史料である。宣教師不在の中、口伝されていく間に、内容も、そこに現れる言葉そのものも変容していった。Jesus は「ゼスス」「ジスウス」「ジユス」「ゼジウス」「ゼ十ス」となっている。それぞれ用例を見てみよう。

　　ろそんの国帝王、さんぜん - ゼ十すといふ王あり。然ば其国の賤のむすめに、其名丸や、七才より学文を心がけ、十弐才までに上達し　　（388）
　　がらさ満々たもふ丸やに、御身に御礼なし奉る。御主は御身とともにましまして、女人の中において、まして御果報にみじきなし。又御胎内の御身にてましますじすうすは、たつとくまします　　　　　　　（391）
　　其時より、御主事じゆす - きり人とぞうやまいける　　　　　（395）
　　御たすけありて、夫婦となし、位をあたへせ、御身にぜじうすとならせたまふ　　　　　　　　　　　　　　　　　　　　　　（405）
　　あんめいぜすす　　　　　　　　　　　　　　　　　　　　（408）

　1つめの「さんぜん - ゼ十す」の部分では、Jesus が「ろそんの国」の王の名として使われている。意味・語形ともに甚だしく変化している。「じすうす」と変化している2つめの用例はカトリック教会では馴染みの深い Ave Maria の祈りである。この祈りについてはキリシタン版にも用例がある。5つめの「あんめいぜすす」はキリシタン時代の祈り Amen Jesus が変化したもの。「ぜすす」はキリシタン版の語形をとどめている。今日のカトリック教会では、祈りの最後に Amen とのみ言うが、キリシタン時代は Amen

Jesus と唱えていた。繰り返し使われる言葉だから、よく保存されたのだろうか。

次に『こんちりさんのりやく』に関して。この書については1603年に同名のキリシタン版が出版されている（刊本は見つかっていない）。『天地始之事』ではJesusの訳語がキリシタン版の語形から変化し、しかも、王の名に転用されている例もある一方、『こんちりさんのりやく』では、キリシタン版の語形が変化せずに伝わっている。なぜか。それは、この書がカクレキリシタンにとってどのような価値・意味を持つものであったかを述べた川村（2001: 97）の説明から推測できる。

> 『こんちりさんのりやく』では、司祭がいない場合、第一の「痛悔」を完全に果たせば、大罪の場合でさえ司祭への告白が省略できることが説明された。(中略)「完全な痛悔」さえおこなえばよいとの考え方は、17世紀以後の迫害下、司祭の存在しない日本のキリシタンたちにとっては救いとなった。(中略)それは、禁教後、200年以上、隠れキリシタンたちにとってもこの上ない精神的支柱となって信仰を支えつづけたと考えられる。

「精神的支柱」たればこそ、一言一句正確に写し、受け継いでいった、だから、Jesusもキリシタン版の訳語と同じ語形が保たれた―そのように解釈したい。

続いて、一気に時代をくだって昭和時代のカクレキリシタンのオラショ（祈祷文）におけるJesusについて見てみよう。

2.3.2. 昭和のカクレキリシタンのオラショ（祈祷文）におけるJesus

1873年にキリシタン禁制の高札が撤去された後も、カトリック教会とは一線を画し、潜伏形態のカクレキリシタン信仰は続けられた。本項では彼らが先祖から代々受け継いできたオラショ（祈祷文）におけるJesusを見てみよう。宮崎（1996）に採録された『生月旧キリシタンごしょう』（原本は1971年12月に編纂）から4例を引用する。

又此の流浪の後は、御体内はたあとくにてまします、<u>りょうす</u>は、我等に、見せ給いや (82)
でーうすとぱーてろ、ひいりよ、すべりとさんとーのみ名を以って、頼み奉る、あんめい<u>ぞー</u> (269)
御体内の御身にてまします、<u>じぞーすわ</u>、たっとくにてまします、れーうすの御母さんたまりや (273)
天地を造り給いて、御親でうすの、其の御一人子、我等が御あるじ、<u>ゼズキリスト</u>、まことに信じ奉る (273)

　禁教期の『天地始之事』と同様、「りょうす」「ぞー」「じぞーす」と大きく変容している。他方、キリシタン版と同じ語形の「ゼズ‐キリスト」も見える。これは、小川（2013a）で述べたように、明治以降のどこかの段階で、カクレキリシタン指導者の誰かがカトリック教会の教理書・祈祷文を読み、オラショを「再整備」したからだと考えられる。

2.4.　幕末維新期のプチジャン版における Jesus

　1864 年、長崎の大浦にカトリックの天主堂が建設された。その結果、カクレキリシタンとパリ外国宣教会のプチジャン Bernard Thadée Petitjean 司教との歴史的な「再会」が果たされることになる。プチジャンはカクレキリシタンを教会に呼び戻すため、彼らが伝えたラテン語・ポルトガル語を用いて教理書を編纂、配布した。これがプチジャン版である。次頁の表 4 はプチジャン版における Jesus の訳語についてまとめたものである（雄松堂から復刻出版された『本邦キリシタン布教関係資料 プティジャン版集成 第Ⅰ期』を調査した）。

　1865 年刊の『聖教要理問答』は最初のプチジャン版である。同書では、「耶穌（ゑすう）」と書かれている。耶穌という漢字に、ひらがなで「ゑすう」（「ゑすぃ」のようにも見える）とルビが施してある。この書はキリストを「基斯督（きすと）」とするなど、特異である。同書以降のものは基本的に Jesus を「ゼズス」としている。「セスス」「ゼスス」が「ゼズス」と併記されている文献においても、ほとんどの場合「ゼズス」である。なお、「ゼズス」「ゼスス」は第 3 章の言

語地図に分布が見られる一方、「セスス」は1地点も分布していない。このことから、「セスス」は表記のとおり発音されていたのではなく、濁音に濁音符号が完全には付されなかっただけなのかもしれない。

表4 プチジャン版における Jesus

書名	刊行年	Jesus
『聖教要理問答』	1865	耶鯀(ゑすう)
『聖教初学要理』	1868	ゼズス セスス
『聖教日課』	1868	ゼズス セスス
『天主降生千八百六十八年歳次戊辰瞻礼記』	1868	セスス
『御久類寿道行のおらしよ』	1869	ゼズス ゼスス
『胡無知理佐无の略』	1869	ゼズス ゼスス
『とがのぞき規則』	1869	ゼズス
『玫瑰花冠記録』	1869	ゼズス
『弥撒拝礼式』	1869	ゼズス
『聖教初学要理』	1869	ゼズス セスス
『ろざりよ十五のみすてりよ図解』	1871	ゼズス
『聖教日課』	1871	ゼズス
『プティジャン司教の司牧書簡』	1871	セスス
『聖教初学要理』	1872	ゼズス
『くるすのみち行』	1873	ゼズス
『御婆通志与』	1873	ゼズス

凡例 ■=ゼズス、U=セスス、▶=ゼスス

　以上のとおり、長崎で出版されたカトリック教理書プチジャン版においては「ゼズス」が標準的な語形であった。

2.5. 近現代の和訳聖書における Jesus

　ここでは、近現代に刊行された和訳聖書における Jesus の訳語について整

理する。もとより Jesus はキリスト教の創始者の名前である。近現代の聖書においてどのような訳語が用いられたかは Jesus の近現代史にきわめて大きな影響力を持つ。明治以降の主な和訳聖書の Jesus の訳語は以下のとおりである。

  ブラウン(1880)『志無也久世無志與』:「ゑすきりすと」
  翻訳委員社中(1880)『引照新約全書』:「イエスキリスト」
  日本正教会(1901)『我主イイススハリストスノ新約』:「イイススハリストス」
  ラゲ(1910)『我主イエズスキリストの新約聖書』:「イエズスキリスト」
  米国聖書会社(1917)『改訳 新約聖書』:「イエスキリスト」
  日本聖書協会(1954)『口語 新約聖書』:「イエスキリスト」
  共同訳聖書実行委員会(1978)『新約聖書 共同訳』:「イエススキリスト」
  日本聖書協会(1987)『聖書 新共同訳』:「イエスキリスト」

 ブラウン(1880)、翻訳委員社中(1880)、米国聖書会社(1917)、日本聖書協会(1954)はプロテスタント、日本正教会(1901)はロシア正教、ラゲ(1910)はカトリック教会の聖書である。共同訳聖書実行委員会(1978)と日本聖書協会(1987)の2つは、プロテスタント諸派とカトリックの共同作業による翻訳で、後者は今日最も権威ある聖書と見なされている。
 訳語について整理しよう。まず、プロテスタントでは、「イエス」であった。ブラウン(1880)の「ゑす」は古形と言える。他方、ロシア正教では「イイスス」、カトリックでは「イエズス」であった。共同訳では「イエスス」→「イエス」と変遷があり、1987年以降のキリスト教界においては「イエス」が標準的な語形となっている。
 ところで、鈴木(2006: 157–173)によると、共同訳聖書実行委員会(1978)は、人名についてできるだけヘブライ語・ギリシャ語の原音に近づけることを意図し、Jesus を「イエスス」とした。しかし、この語形はプロテスタントにもカトリックにも馴染みのないもので、信者から「使いにくい」との声があがり、改訂版である日本聖書協会(1987)では、プロテスタントの伝統

的な語形であった「イエス」が採用された。この事実は、信者は指導者側の教えや指示に盲従するのではなく、積極的に意見し、指導者とともに信仰共同体を維持・運営していることを教えてくれる。

2.6. 近現代の文筆家の著述における Jesus

ここでは、近現代の文筆家の著述において Jesus の訳語がどのように表記されてきたかを整理する。作者の死後 50 年を経て著作権の消滅した作品が掲載されるウェブ・サイト「青空文庫」を調査した (2013 年 8 月 29 日アクセス、http://www.aozora.gr.jp/)。アクセス時点で 600 人超の日本人作家 (翻訳者も含む) の作品が登録されていた (死後 50 年未満の作家、存命の作家も含む)。検索した 21 語は次のとおり (50 音順)。「イイスス」「イエース」「イエースス」「イエーズス」「ィエーズス」「イエス」「イエズ」「イエスス」「イエズス」「イエズツ」「イエヅツ」「エイジュー」「エースス」「エス」「ジーザス」「ジェス」「ジェズース」「ジェズス」「ゼス」「セスス」「ゼスス」「ゼズス」。すなわち、この 21 語以外の Jesus の訳語は拾われていない。21 語のうち、用例が見られたのは「イエス」「イエスス」「イエズス」「エス」「ジーザス」「ジェス」「ゼス」「ゼスス」「ジェズス」の 9 語であった。これを文筆家の生年順に並べて整理したのが次頁の表 5 である。

表 5 から、近現代の文筆家の著述における Jesus の訳語は「イエス●」が標準的な語形であったことが分かる。「イエス●」の次に目につくのは「エス☽」である。これはブラウン(1880)が採用した語形であった(2.5.)。

「ジーザス■」は英語の発音をカタカナ表記した語形である。内村鑑三と久生十蘭の 2 人が使っている。内村のものは英国人作曲家 Charles Wesley の賛美歌の題目、久生のものは太平洋戦争終結後、日本に来た占領軍の米兵に日本人が話しかける場面で使われている。すなわち、「ジーザス■」は英語文脈における使用に限られている。

プロテスタントとの共同訳の聖書ができるまで、明治以降のカトリック教会の聖書における標準的な語形であった「イエズス◉」は、北原白秋と永井隆の 2 人が使っている。白秋のものは、カトリック教会のシスター（修道女）を謳った詩編「童貞女」において使われている。永井隆は長崎医科大学（長

崎大学医学部の前身)の教授を務めた人物で、長崎原爆で被爆し、晩年数多くの著作を残したことで知られる人物である。島根県の出身であったが、長崎医科大学に進学し、長崎でカトリック信者となった。「イエズス◉」を使っているのはこのためであろう。つまり、「イエズス◉」はカトリック文脈における使用に限られている。

表5 近現代の文筆家の Jesus

文筆家名	生没年	Jesus	文筆家名	生没年	Jesus
内村鑑三	1861–1930	● ▰	柳宗悦	1889–1961	●
森鷗外	1862–1922	●	岸田國士	1890–1954	●
新渡戸稲造	1862–1933	● ☾	豊島与志雄	1890–1955	●
北村透谷	1868–1894	●	倉田百三	1891–1943	●
国木田独歩	1871–1908	☾	芥川龍之介	1892–1927	● ☾ ▰*
羽仁もと子	1873–1957		平林初之輔	1892–1931	
浅野和三郎	1874–1937	●	宮沢賢治	1896–1933	☾
上田敏	1874–1916	ⓖ	三木清	1897–1945	
沖野岩三郎	1876–1956	●	宮本百合子	1899–1951	● ☾
山川丙三郎	1876–1947	△	島田清次郎	1899–1930	☾
片山広子	1878–1957		小栗虫太郎	1901–1946	
有島武郎	1878–1923	☾	小熊秀雄	1901–1940	
齋藤茂吉	1882–1953	●	久生十蘭	1902–1957	☾ ▰
高村光太郎	1883–1956		三好十郎	1902–1958	●
阿部次郎	1883–1959	●	神西清	1903–1957	☾
野上豊一郎	1883–1950	●	林芙美子	1903–1951	● ☾
楠山正雄	1884–1950	☾	堀辰雄	1904–1953	●
北原白秋	1885–1942	● ◉	原民喜	1905–1951	●
中里介山	1885–1944	△*	坂口安吾	1906–1955	● ▰
石川啄木	1886–1912		中原中也	1907–1937	● ☾
萩原朔太郎	1886–1942		永井隆	1908–1951	◉
国枝史郎	1887–1943	● ☾	中島敦	1909–1942	●
賀川豊彦	1888–1960	☾	太宰治	1909–1948	● ☾
菊池寛	1888–1948	●	織田作之助	1913–1947	●
夢野久作	1889–1936		原田義人	1918–1960	●
和辻哲郎	1889–1960	●	片岡義男	1940–	●

凡例　イエス = ●、イエスス = ⓖ、イエズス = ◉、エス = ☾、ジーザス = ▰、
　　　ジェス = △*、ゼス = △、ゼスス = ▰、ジェズス = ▰*

キリシタン版およびプチジャン版の標準的な語形に近い「ゼスス▶︎」と「ジェズス▶︎*」は、前者を坂口安吾が、後者を芥川龍之介が使用している。芥川の「ジェズス」は、キリシタン時代に取材したいわゆる「キリシタン物」と呼ばれる作品の中で使われている。坂口は芥川に影響を受けて「キリシタン物」を書き継いだ作家である。「ゼスス」を使ったのも芥川の影響と考えてよいだろう。

以上、キリシタン版から近現代の著作物における Jesus の訳語について記述してきた。次に、本論の筆者が九州地方で実施した方言調査から、Jesus の訳語の受容と土着について考察を行う。

3. キリシタン文化と方言形成 (1)―Jesus の方言分布

3.1. 調査の概要と地図化の方針

言語地図の考察に入る前に、調査の概要と地図化(特に事象の符号化)の方針について簡単に記しておく。調査は 2003 年 8 月から 2005 年 11 月にかけて本論の筆者が単独で実施した。話者は原則として 2005 年 11 月時点における 60 歳以上の生え抜き(言語形成期の外住歴 3 年以内、言語形成期を含めて外住歴 10 年以内)を選んだ。調査は合計 300 地点で行い、最終調査票による 262 地点の調査結果を地図に載せた。対馬および屋久島以南の島々は調査していない。具体的な調査地点など、調査の詳細については小川(2007a、2012a)などを参照のこと。

Jesus の前の調査項目は「Santa Maria サンタマリア」(聖母マリアの意)、後の項目は「cruz クルス」(十字架の意)である。質問文は、Q1「(聖母マリアがイエスを抱いている絵を見せて)マリア様に抱かれている、この人をどのように言いますか? (十字架に磔にされている絵を見せて)同じ人です。」である。この質問に答えてもらった後、続けて Q2「キリスト様、ゼス様、ゼスス様、イエス様、イエズス様、ジーザス様、キリシタン様などとは言いませんか?」と尋ねた。

3.2. 言語地図の作成

次頁の地図1では、Q1とQ2の回答をまとめて符号化した。また、符号化にあたり、いくつかの語形を同じ1つの符号で示しているものがある。そのほか、符号化にあたって留意したことがらについて4点記す。

(1) キリシタン版に用例の見られる古形の「ゼスス」に最も目立つ▶、これに近い「ゼス」に▷を充てた。
(2) 「イエズス」「イエズスサマ」「イエズス・キリスト」「イエズス・キリストサマ」は「イエズス」系として一括し◎とした。そのほかの「イエズス」の変異形と見られる語形は◎に似た形の符号を充てた。
(3) 「イエス」「イエスサマ」「イエス・キリスト」「イエス・キリストサマ」は「イエス」系として一括し●とした。
(4) 「キリスト」「キリストサマ」「キリストサン」は「キリスト」系として一括し•とした。(2)と(3)に「キリスト」を含む語があるが、「イエズス」「イエス」がついている場合は、そのことを重く見て「イエズス」系、「イエス」系に回した。「キリスト」は宗教の名前(「キリスト教」)になっているので、「イエス」「イエズス」よりも一般的であると考えたからである。

なお、長崎県は調査地点密度が高いため、地図の上段に長崎を除く地域、下段に長崎県域の結果を示した。なお、小川(2005: Fig87–88)では、(1)～(4)のようにまとめて示した語形について、それぞれ別の符号を充てて地図化している。

3.3. 方言分布の概観

最も広く分布しているのは「イエス●」で、次いで「キリスト•」が多い。全域に分布するのはこの2つの事象のみである。これらに続いて多く分布しているのが「イエズス◎」である。佐賀県の離島(松島)と熊本県天草に「エーズス◯」が1地点ずつ分布している。長崎を除く地域では、以上の他、S(見たことはあるが名前を知らない)とN(見たことがなく分からない)の2つ以

278　第2部　方言形成論

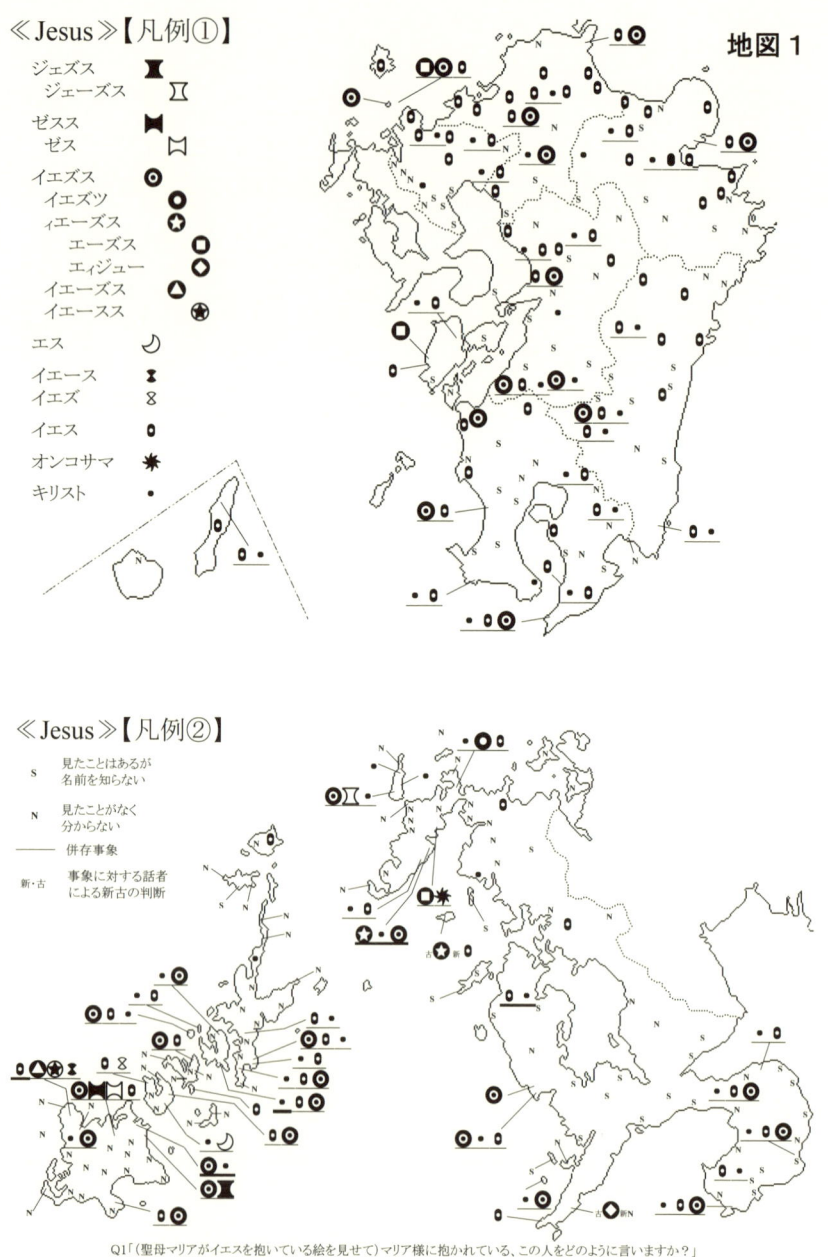

≪Jesus≫【凡例①】

ジェズス	⧖
ジェーズス	⧗
ゼスス	⋈
ゼス	⋊
イエズス	◉
イエズツ	●
ィエーズス	★
エーズス	■
エィジュー	◆
イエーズス	▲
イエーススス	✪
エス	☾
イエース	⁑
イエズ	8
イエス	◐
オンコサマ	✸
キリスト	・

地図1

≪Jesus≫【凡例②】

- S　見たことはあるが名前を知らない
- N　見たことがなく分からない
- ──　併存事象
- 新・古　事象に対する話者による新古の判断

Q1「(聖母マリアがイエスを抱いている絵を見せて)マリア様に抱かれている、この人をどのように言いますか？」
　　「(十字架に磔にされている絵を見せて)同じ人です。」
Q2「キリスト様、ゼス様、ゼスス様、イエス様、イエズス様、ジーザス様、キリシタン様などとは言いませんか？」

キリシタン文化と方言形成　279

地図２

カクレキリシタン組織の
存在が確認された土地

姉崎（1925），浦川（1927-28），
片岡（1967），純心女子短期大学
長崎地方文化史研究所編（1986），
田北（1954），古野（1959），
宮崎（1996, 2002）に基づいて
小川が作図

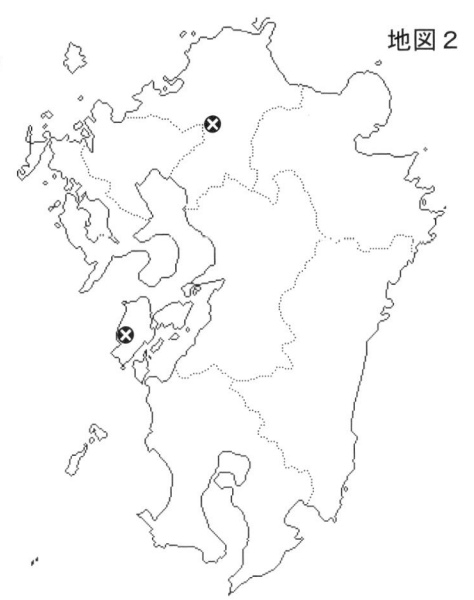

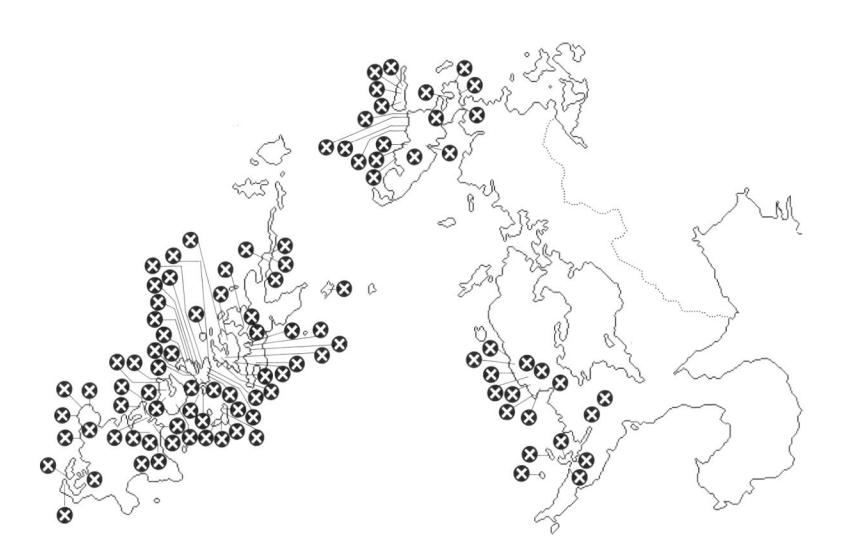

280　第2部　方言形成論

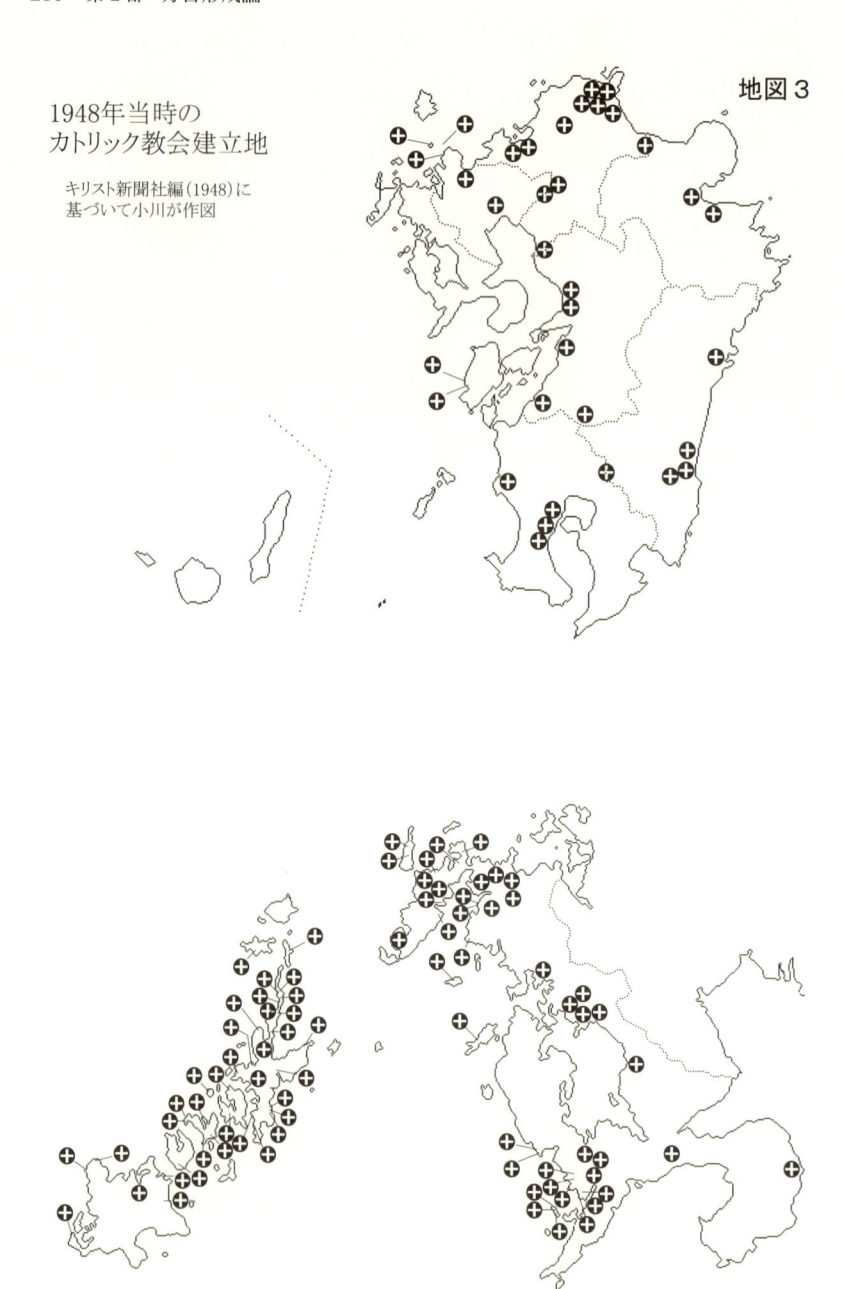

1948年当時の
カトリック教会建立地

キリスト新聞社編(1948)に
基づいて小川が作図

地図3

外の分布は見られない。

　他方、長崎県域の分布は多様である。キリシタン版やプチジャン版に源流を求められそうな「ジェズス■」「ジェーズス▨」「ゼスス▶◀」「ゼス▷◁」、「イエズス●」の変異形と見られる「イエズツ●」「ｨエーズス★」「エーズス●」「エィジュー◆」「イエーズス▲」「イエースス✪」、さらに「イエース✖」と「イエズ8」、「エス☽」、「オンコサマ✹」が分布している。百花繚乱の趣である。

3.4. 方言分布の歴史的解釈

　最古の事象は、16世紀末のキリシタン版の用例を先祖に持つと考えられる「ジェズス■」、「ジェーズス▨」、「ゼスス▶◀」、「ゼス▷◁」の4事象（「ジェズス」系）である。4事象とも1地点ずつのみの分布で、いわゆる「辺境古態遺存分布」を示す。日本列島西端の地である長崎の離島（五島列島および生月島）に化石的に分布していると解釈できる。

　最も新しいのは「イエス●」である。2014年現在、「イエス」はJesusの訳語の標準語形であり（2.5.）、近現代のほとんどの文筆家も「イエス」を用いていた（2.6.）。以上のことと分布の状況から、今後さらに分布域が拡大する可能性を秘める。

　残りの事象は、「ジェズス」系と「イエス」の中間段階のものと解釈できる。但し、「イエス」との前後関係は必ずしも明確ではない。たとえば、「イエース✖」と「イエズ8」は、「イエズス」と「イエス」が接触してできた新しい事象かもしれない。

　それにしても「イエズス」系の分布の多さが目をひく。カトリックとプロテスタント諸派による『新約聖書 共同訳』の発刊は1978年（Jesusは「イエススキリスト」、『聖書 新共同訳』の発刊は1987年（Jesusは「イエスキリスト」）で、それぞれ36年、27年が経過しているが、「イエズス」系は使われ続けている。2.5.の末尾に記したとおり、信者は指導者側の教えや指示に盲従し、受容するばかりではないのである。Ogawa（2010a: 99–100）は、カトリック信者が祈祷の際に用いる念珠について、教会の指導者から「「ロザリオ」と呼ぶように」と言われながらも、それに抗い、先祖伝来の伝統語形で

ある「コンタツ」を使い続ける意思を表明した1人のカトリック信者を紹介している。

このような「信者の抵抗」は日本に限ったことではない。第2バチカン公会議(1962〜1965年)まで、カトリック教会のミサはラテン語で行われてきたが、この公会議以降、教会所在地の現地語で執り行うことが決議された。Badone(1990: 3)には、フランスのある教会の信徒たちが、フランス語でのミサ執行に抗議し、ラテン語でのミサを求め、バリケードを造って教会に立てこもった事例を紹介している。1987年のことである。

こういう例もある。本論の筆者が、2009年3月24日に熊本県の天草にある崎津教会の主任司祭・牧山美好神父(当時)を訪ね、直接伺った話である。すなわち、教会の建物の中で、共同体として多数で祈る場合は、新しい祈りの文言による。しかし、信者が1人で祈るときは、慣れ親しんだ古くからの祈りの文言を唱えている。祈りの内容は同じである。新しい祈りの文言を知らない人もいる。家庭を訪問して信者と一緒に祈る場合は、伝統的な文言で祈ることもある。「その人に届く祈り」を選ぶ。教会の中で典礼を読むときは『聖書 新共同訳』に従って「イエス」と言っている。しかし、信者の中からは、「イエズス」と言っている声も聞こえる。

前段のフランスの事例も、第2バチカン公会議(1962〜1965年)以降もラテン語によるミサを続けていた司祭が死去し(1985年)、後任として赴任した司祭がフランス語によるミサに拘ったために起きた衝突であった。

カトリック教会はバチカンを頂点とする組織である。しかし、バチカンが何かを改めても、各地の司祭が改めない場合がある。司祭が改めても、信者が改めない場合がある。地図1に「イエズス」系が色濃く分布するのは、以上のような背景がある。そして「イエズス」系のヴァリエーションの豊富さは、各地で、各人が、「イエズス」を土着化させてきた歴史を物語る。

他方、「イエズス」はカトリック信者ではない話者からも多く回答されている。その背景には、カトリック教会の経営する幼稚園や高校、大学の存在がある。話者のコメントを引用しよう。( )内に、調査地と調査日を記す。

カトリックの幼稚園に通う孫のお遊戯会のときに「イエズスサマ」と聞

いたような気がする。
(長崎県松浦市福島町塩浜免播磨釜、2004.6.18)
鹿児島純心女子短期大学で過ごした学生時代に「イエズス」を知った。
(鹿児島県日置市日吉町日置榎園、2005.11.4)

1例ずつ挙げたが、前者(幼稚園)の場合が多い。これは九州全域で聞かれた説明である。

長崎の分布が複雑である理由については地図2(カクレキリシタン組織の分布地)と地図3(1948年当時のカトリック教会建立地)から説明できる。

キリシタン禁制の世にあって、長崎の沿岸・離島地域には密かにカトリック信仰を続けた人々＝カクレキリシタンがいた。幕末になり、カトリックの教会堂が建立されるやいなや、彼らは、教会に通い、カトリック信者となった(当時のカクレキリシタンの半数がカトリック信者になったと言われている)。だから、地図2と地図3の分布が似ているのである。他方、地図2よりも地図3の分布の方が分布域が広い。理由は2つある。1つは、長崎のカトリック信者が、明治以降、長崎県内や佐賀県の離島、福岡県の炭鉱町などに集団で移住し、そこに教会を建てたからである(このあたりの詳しい事情については小川(2013b)を参照のこと)。もう1つは、カクレキリシタンとは関係を持たない人々が、新たにカトリック信者となり、各地に教会が建てられたからである。

長崎の分布が複雑である理由は、以上の歴史から説明できる。長崎にはカトリック信者の数が多い。しかも、先祖代々のカトリック信者である。教会は「ゼズス」(プチジャン版)→「イエズス」(ラゲ訳)→「イエスス」(共同訳)→「イエス」(新共同訳)と繰り返しJesusの訳語を変更してきたが、信者は、自身の口に馴染んだ言い方を変えずに守ってきた。浄土真宗の念仏「南無阿弥陀仏」は、本来、「なむあみだぶつ」と読む。しかし、土地により、人により、「なもあみだぶ」と言う人もいれば「なまんだぶ」と言う人もいる。「なんまいだー」と言う人もいる。これと同じことである。

次に、調査時点においてカクレキリシタン信仰を続けていた話者および以前はカクレキリシタンであったが改宗した話者のJesusについて。前者・後

者とも3名いる。その回答はNが3名、「キリスト•」が1名、「キリスト•」と「イエズス◉」の併用が1名、「キリスト•」と「イエス•」と「イエズス◉」の併用が1名である。2.3.2.に記したとおり、彼らのオラショ（祈祷文）の中にはJesusの痕跡が認められる。しかし、宮崎（1996）の指摘するとおり、オラショ（祈祷文）は「呪文化」しており、文や言葉の意味は理解されてない。それ故、NとSばかりで、標準的な「キリスト•」や「イエス•」、カトリック教会の標準的語形であった「イエズス◉」がわずかに回答されるにとどまったのである（「イエズス◉」を回答した話者は、現在、カトリック信者）。

　以上、歴史・社会的な背景に基づいて、Jesusの訳語の方言圏形成について述べた。次章では、Jesusから離れ、戦後の新しい動きについて紹介する。

4. キリシタン文化と方言形成(2)―戦後の新しい方言形成

　次頁の地図4には2つの情報が含まれている。1つは、キリシタン語彙とその他の外来語（ここではキリシタンの伝来とともに受容された外来語。主にポルトガル語）が店名や商品名、イベント名などにつけられた例を検索エンジンGoogleで調査した結果を示してる（2013年9月1日アクセス）。キリシタン語彙が①〜⑲、その他の外来語が❶〜⓫である。いま1つは、本論の筆者による臨地調査の結果を示したもので、⬢と◉の符号で示されている。対象語は「クルス」である。順に見ていこう。

4.1. キリシタン語彙の利活用―「バテレン」「ザビエル」「クルス」の場合

　数多くあるキリシタン語彙の中から「padre バテレン」「Xavier ザビエル」「cruz クルス」の3語について調査した（但し、アパート名・マンション名については省略した）。

　まず「バテレン」について。①・⑨・⑩・⑰・⑱の5つが見つかった。①のみカクレキリシタンの歴史を持たない北九州市小倉に所在、⑨と⑩は天草、⑰は長崎、⑱は島原である。地図4と地図2・3とを見比べれば、カクレキリシタンの歴史を持つ土地、古くからカトリック教会が建っていた土地

キリシタン文化と方言形成　285

地図4

キリシタン語彙・渡来語の利活用

⬡　「クルス」はお菓子の名称である
⬢　「クルス」は観光地の名称である

① 「伴天連」（とんかつ屋）
❶ 「カピタン」（喫茶店）
② 「ザビエル」（赤ワイン）
③ 「ザビエルの道ウオーキング大会」（イベント）
④ 「ゆふいん伴天連バーム」（バームクーヘン）
⑤ 「ザビエルそっくり選手権」（イベント）
❷ 「カピタン広場」
⑥ 「ざびえる本舗」（洋菓子製造）
⑦ 「ドン・ザビエル スタウト 黒ビール」
⑧ 「ザビエルの誉」（洋菓子）
⑨ 「天草バテレン煮込み風鯛ソーメン」
⑩ 「バテレン食堂」
⑪ 「日向岬クルスの海展望台」
❸ 「アクアポット・カピタン」（洋食屋）
⑫ 「フルーツのクルス」（農園）
⑬ 「ザビエル公園」
⑭ 「ザビエル社」（不動産）
⑮ 「ザビエル書院」

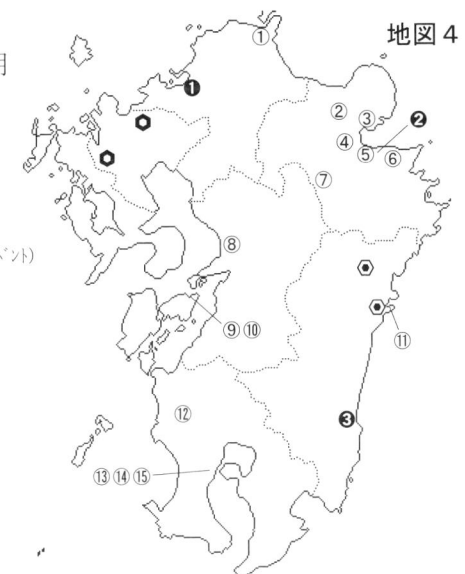

❹ 「かぴたん」（麦焼酎）
❺ 「カピタンコース」（観光コース）
❻ 「アート ギャラリー カピタン」
❼ 「クイズ！カピタン塾」（出島の紹介）
❽ 「カピタン珈琲」
❾ 「カピタン」（レストラン・居酒屋）
❿ 「旅の宿カピタン」（旅館）
⓫ 「プレゼントショップカピタン」（食料品）
⑯ 「ひろたかバテレン店」（土産物屋）
⑰ 「バテレン土鈴」
⑱ 「ばてれん長崎」（米焼酎）
⑲ 「クルス」（洋菓子）

※久賀島以北の五島列島は削除

など、キリシタン文化の歴史と各地における「バテレン」の利活用との間に関係を認めてよさそうである。

　続いて「ザビエル」。大分（②〜③、⑤〜⑦）と鹿児島（⑬〜⑮）に偏って分布する。1549 年、ザビエル Francisco de Xavier は鹿児島に上陸した。ここが国内最初の布教地となった。その後、大分に移り、キリシタン大名となる大友宗麟の庇護のもと、布教活動を展開した。その歴史を反映した分布であると言えよう。熊本の⑧「ザビエルの誉」は特異である。

　最後に「クルス」。宮崎の⑪、鹿児島の⑫、長崎の⑲の 3 地点に分布する。十字架を意味する「クルス」は、「バテレン」や「ザビエル」（この 2 つは義務教育の歴史教科書にも登場する）よりも一般の認知度が低いため、分布も少ないか。但し、新しい「クルス」の分布は拡がりを見せる。このことは 4.3. で述べる。

4.2.　その他の外来語の利活用―「カピタン」の場合

　キリシタンの伝来に伴って受容された外来語は多い。1.1. では「banco バンコ」「abóbora ボウブラ」「filhos ヒリョーズ」の 3 語を挙げた。本項では、「capitão カピタン」（商館長の意）の分布について述べる。黒丸に白抜きの数字❶〜⓫がカピタンの分布を示す。福岡、大分、宮崎に 1 つずつ分布（❶〜❸）するほか、長崎県平戸島に 2 つ（❹と❺）、長崎県諫早市に 1 つ（❻）、長崎市に 5 つある（❼〜⓫）。長崎市に多いのは、幕末まで出島に商館が置かれ、カピタン（商館長）が滞在していたからである（オランダ人だったが、ポルトガル語の「カピタン」が使われ続けた）。長崎市以外にもまばらに分布しているのは、キリシタン語彙と違って宗教色のない言葉だからだろう。九州の外では、徳島県の中華料理屋、浅草のホテルのレストラン、静岡のカフェ、千葉のバー、神奈川の居酒屋の名として「カピタン」が使われていた。

4.3.　「クルス」の新しい伝播と方言圏形成

　地図 4 の⬢と⬣をご覧いただきたい。本論の筆者による臨時調査において、⬢は「「クルス」と言えば小浜食糧株式会社の洋菓子（＝⑲）のこと」との教示が得られた地点、⬣は「「クルス」と言えば、日向岬にある「クルス

の海」（＝⑪）のこと」との教示が得られた地点である。⬢は製造・販売元である⑲を中心とする島原半島全域、長崎南部から佐賀県にかけて、また五島にも分布している。◉は「クルスの海」との名がつけられた景勝地⑪（以前は「十文字の海」と言われていた）の付近に２地点分布している。ともに戦後の命名である（小川（2011））。これは、「キリシタン語彙の新しい方言圏形成」と捉えられる。⑲は長崎のキリシタン文化や歴史を背景に持つ。⑪はキリシタン文化との関わりは薄い。

　以前、キリスト教の信者ではない若い女性の間で十字架型のネックレスが流行した。彼女たちはそれを「クルス」と呼んでいた。⑪はこれと同種の事象と位置づけられる。

5.　おわりに―柳田方言学の現代的意義

　以上、Jesus について、第２節で文献における訳語の変遷を追い、第３節で九州地方における受容と土着の実態を通覧した。第４節では「バテレン」「ザビエル」「クルス」「カピタン」の４語について、店名や商品名、イベント名へのキリシタン語彙・外来語の利活用について概観した。それは「戦後の新しい方言圏形成」として捉えられるものであった。

　さて、本論の冒頭、福田（2007: 80）による柳田国男の「方言周圏論」批判は、実は、次のように続いている。

> 本来柳田はそのような中央の歴史をあきらかにしようとして民俗学を切り拓いたのではないはずである。柳田自身強調したように、地方の「無歴史地域」の「無歴史住民」自らの歴史をあきらかにしようとしたのである。それは単なる中央文化受容の歴史ではなかったはずである。

　『蝸牛考』の全体を読めば、柳田が「中央文化受容の歴史」だけを求めたわけではないように思われるが、「方言周圏論」だけを取り出して議論すれば、やはり、上記の批判は免れないだろう。しかし、「方言周圏論」が方言圏形成の有力なモデルの１つであることは疑いなく、柳田の功績が色あせる

ことはない。それはそれとして、「地方の「無歴史地域」の「無歴史住民」自らの歴史をあきらかにしようとした」柳田の意思こそ重く受け止め、実地調査に従い、地域住民の声に耳を傾け、記録していくことが重要であろう。これは、記述そのものを目的とする地理言語学的な調査と研究、と言い換えることができるだろう。

参考文献・主要参考 web ページ

1. 参考文献

赤坂憲雄(2000)『東西 / 南北考―いくつもの日本へ』岩波書店

秋山憲兄監修(2008)『ネイサン・ブラウン訳「志無也久世無志與」覆刻版』新教出版社(原本は 1880 年刊)

姉崎正治(1925)『切支丹宗門の迫害と潜伏』同文館

網野善彦(2000)『「日本」とは何か』講談社

井上史雄(2007)『変わる方言 動く標準語』筑摩書房

浦川和三郎(1927-28)『切支丹の復活 前・後篇』日本カトリック刊行会

江端義夫(2006)「地理言語学の精神」In Oebel, Guido (eds.) *Japanische Beiträge zu Kultur und Sprache Studia Iaponica Wolfgango Viereck emerito oblata*, pp.111-124. Muenchen: Lincom Europa.

海老沢有道ほか校注(1970)『キリシタン書・排耶書』日本思想大系 25、岩波書店

エルピス編(1994)『日本語ヘクサプラ―六聖書対照新約全書』エルピス

小川俊輔(2005)『長崎県言語地図』私家版

小川俊輔(2007a)『九州地方域方言におけるキリシタン語彙の受容史についての地理言語学的研究』学位論文. 広島大学大学院教育学研究科

小川俊輔(2007b)「九州地方域方言におけるキリシタン語彙 Christão の受容史についての地理言語学的研究」『広島大学大学院教育学研究科紀要』55(2): pp. 173-182.

小川俊輔(2007c)「九州地方域方言におけるキリシタン語彙 pater/padre の受容史についての地理言語学的研究」『国文学攷』192・193: pp.15-25.

小川俊輔(2007d)「九州地方域方言におけるキリシタン語彙 Santa Maria の受容史についての地理言語学的研究」『国語教育研究』48: pp.38-51.

小川俊輔(2011)「日本社会の変容とキリスト教用語」『社会言語科学』13(2): pp.4-19. 社会言語科学会

小川俊輔(2012a)「九州地方における「天国」の受容史―宗教差、地域差、場面差」『日本語の研究』8(2): pp.1–14. 日本語学会

小川俊輔(2012b)「九州地方におけるキリシタン語彙の受容史」大石一久編『日本キリシタン墓碑総覧』pp.455–464. 長崎文献社

小川俊輔(2012c)「キリシタン語彙の歴史社会地理言語学―oratio オラショを例にして」陣内正敬ほか編『外来語研究の新展開』pp.78–96. おうふう

小川俊輔(2013a)「長崎・天草におけるキリシタン語彙の継承と変容」長崎県世界遺産登録推進室編『長崎県内の多様な集落が形成する文化的景観保存調査報告書【論文編】』長崎県文化財調査報告書 第 210 集. pp.428–449.

小川俊輔(2013b)「南米に移住した長崎のキリシタン家族―ボリビア多民族国サンフアン日本人移住地の事例」『キリスト教史学』67: pp.134–156. キリスト教史学会

片岡弥吉(1967)『かくれキリシタン―歴史と民俗』日本放送出版協会

川村信三(2001)「『こんちりさんのりやく』の成立背景と意義―キリシタンの精神的支柱としての特異性」『青山学院女子短期大学総合文化研究所年報』9: pp.97–125.

キリスト新聞社編(1948)『基督教年鑑』キリスト新聞社

小林隆(2012)「方言形成論の到達点と課題―方言周圏論を核にして」『東北大学文学研究科年報』61: pp.107–143.

子安宣邦(2003)『日本近代思想批判――一国知の成立』岩波書店

澤村美幸(2011)『日本語方言形成論の視点』岩波書店

陣内正敬(2007)『外来語の社会言語学―日本語のグローカルな考え方』世界思想社

純心女子短期大学長崎地方文化史研究所編(1986)『プチジャン司教書簡集』純心女子短期大学

鈴木範久(2006)『聖書の日本語―翻訳の歴史』岩波書店

高橋顕志(2008)「接触変化から見た方言の形成」小林隆編『シリーズ方言学Ⅰ 方言の形成』pp.83–121. 岩波書店

田北耕也(1954)『昭和時代の潜伏キリシタン』日本学術振興会

福田アジオ(2002)「周圏説と民俗学」馬瀬良雄監修『方言地理学の課題』pp.193–206. 明治書院

福田アジオ(2007)『柳田国男の民俗学』吉川弘文館

古野清人(1959)『隠れキリシタン』至文堂

宮崎賢太郎(1996)『カクレキリシタンの信仰世界』東京大学出版会

宮崎賢太郎(2002)『カクレキリシタン―オラショ―魂の通奏低音』第 2 版. 長崎新聞社

柳田国男(1943)『蝸牛考』改訂版. 創元社(1980 年岩波文庫に再録)

雄松堂書店編(2012)『本邦キリシタン布教関係資料プティジャン版集成 第Ⅰ期』全 23 点、

雄松堂書店
Badone, Ellen. (1990) Introduction. In Badone, E. (ed) *Religious Orthodoxy and Popular Faith in European Society*, pp.3–23. Princeton: Princeton University Press.
Ogawa, Shunsuke. (2006) A Geolinguistic Study on the History of Acceptance of the Christian Vocabulary in the Northwestern Area of the Kyushu District of Japan. In *Dialectologia et Geolinguistica* 13: pp.108–123.
Ogawa, Shunsuke. (2010a) A Geolinguistic Study on the History of Reception of 'CONTAS' and 'ROSARIO' in the Kyushu District of Japan after the 16th Century. In *Dialectologia* 4: pp.83–106.
Ogawa, Shunsuke. (2010b) On the Decay, Preservation and Restoration of Christian Vocabulary in the Kyushu District of Japan since the 16th Century. In *Slavia Centralis* 3 (1): pp.150–161.

2. 主要参考 web ページ

青空文庫呼びかけ人『青空文庫 Aozora Bunko』<http://www.aozora.gr.jp/>2013.8.29
清水勇吉『言語地図のひきだし』<http://chizunohikidashi.jimdo.com/>2013.8.29

付　記

方言を教えてくださった話者の皆様にお礼を申し上げます。言語地図および表で用いた符号は、清水勇吉氏が作成しインターネット上に無償公開している「紋字朗君」「紋字朗君（副）」を使わせていただきました。なお、本論は科研費による研究「九州地方域方言における渡来語の受容史についての地理言語学的研究」（課題番号 20820061）および「消滅の危機に瀕する「渡来語」の緊急調査」（課題番号 23720234）による研究成果の一部です。

敬語意識とその説明体系の地域性

中井精一

1. はじめに

　柳田は『民間伝承論』のなかで、「目は採訪の最初から働き、遠くからも活動し得る。村落・住家・衣服、その他我々の研究資料で目によって採集せられるものははなはだ多い。目の次に働くのは耳であるが、これを働かせるには近よって行く必要がある。心意の問題はこの両者に比してなお面倒である。自分は第一部を洒落て旅人学と呼んでもよいといっている。通りすがりの旅人でも採集できる部門だからである。」と述べている。また、「一般習俗が第一部門の内容である。第二部は言語芸術あるいは口承文芸のすべてを網羅する。これは目の学問と違い、土地にある程度まで滞在して、その土地の言語に通じなければ理解できない部門である。この部門は疑問の百出があり、自然次の部門との関聯が必要となって来る。第三部にはいわゆる俗信なども含まれており、これは同郷人・同国人でなければ理解のできぬ部分で、自分が郷土研究の意義の根本はここにあるとしているところのものである。」と述べている[1]。

　方言研究においても、第三部の同郷人、同国人の感覚によらなければ理解できない部分にアプローチすることが本義とも言えるが、外来者が調査をおこなう場合、そこには容易にたどり着くことはできない。

　1980年代以降、学の細分化が進行するなかで、方言研究においても、ことばをそれを使う人と人が暮らす社会との関係で分析する社会言語学的方言研究が試みられる[2]。この研究法を主導した真田信治は、故郷富山県五箇山地方における家格と敬語行動との関係をみごとに分析したが、敬語行動や敬語体系の研究は、まさしく同郷の人々の意識や感覚で理解しなければ発展させることのできない研究テーマであることを示している[3]。

日本人の敬語行動や敬語使用について、文化審議会の国語分科会は、2007年2月2日に「敬語の指針」を答申した[4]。そこには、

> 敬語は、古代から現代に至る日本語の歴史の中で、一貫して重要な役割を担い続けている。その役割とは、人が言葉を用いて自らの意思や感情を人に伝える際に、単にその内容を表現するのではなく、相手や周囲の人と、自らとの人間関係・社会関係についての気持ちの在り方を表現するというものである。気持ちの在り方とは、例えば、立場や役割の違い、年齢や経験の違いなどに基づく「敬い」や「へりくだり」などの気持ちである。同時に、敬語は、言葉を用いるその場の状況についての人の気持ちを表現する言語表現としても、重要な役割を担っている。例えば、公的な場での改まった気持ちと、私的な場でのくつろいだ気持ちとを人は区別する。敬語はそうした気持ちを表現する役割も担う。

と記され、加えて、

> このように敬語は、言葉を用いる人の、相手や周囲の人やその場の状況についての気持ちを表現する言語表現として、重要な役割を果たす。

としている。

また、「敬語の指針」には、「東京の大学に通う地方出身の大学生だが、先日、クラスのコンパのことで、担任の先生に「先生も行かれますか。」と尋ねたのだが、敬語の使い方として、これで良かったのだろうか。」という質問に対して、2つの解説がなされている。

【解説1】ここでは、「行かれますか。」よりも「いらっしゃいますか。」の方がふさわしかったと思われる。「行かれますか。」も尊敬の表現として決して間違いではないが、東京圏における尊敬語としては「行かれる」よりも「いらっしゃる」の方が、敬語の程度が高く、より一般的だと言える。

【解説2】同じ敬語であっても、その使用状況や意識については、様々な地域的な違いがある。「行かれる」で先生に対する十分な配慮が表せる地域もあれば、そうでない地域もある。地域の言葉には、それぞれに敬語の仕組みが備わっており、それを理解し尊重することが大切である[5]。

とあって、敬語とその行動は、地域的差異のあることを前提としている。

日本全国には、地域ごとにいくつもの方言があって、特有の敬語がある。よく知られているところでは、関西で使用される「ハル・ヤハル」は、共通語の「レル・ラレル」と似た意味の尊敬語として広く用いられているが、「うちのお母さんは、買い物に行ったはります。」のように、共通語では身内には敬語を使用しないが、用いることがある。また、「読マハル」「行カハル」のような動詞＋助動詞で表現する敬語形式は、東北から静岡にかけての太平洋側と紀伊半島南部や四国にはないという報告があって、これらの地域では、終助詞使用と命令・依頼の場合以外に敬語の枠がゼロの単純な形式しかない敬語運用の希薄な地域も存在する[6]。

近年、民俗学の分野を中心に、民俗知といった観点から人々の暮らしや社会、歴史によって形成された知の体系を把握し、その体系にもとづいて顕在化する諸現象を理解しようとする動きが盛んになっている。そこでは、歴史学や考古学、地理学や文化人類学の研究者も参加して、各分野の長所をもって共通のテーマや共同調査に取り組んでいる。共同研究は、長期間にわたって共通の調査地に異なる分野の研究者が、フィールドワークを実施することで、多角的な観点から分析が可能となり、柳田のいう同郷人、同国人の感覚によらなければ理解できない部分に、効果的にアプローチすることもできる。

本論では、2007年度より取り組んだ高知市史民俗部会における共同研究にもとづいて、当該地域の敬語行動および敬語意識の特徴を地域特性との関係から分析するとともに地域特性が方言の形成におよぼす影響について考えてみたいと思う。

2. 共同調査から見えてきた城下町高知

2.1. 共同調査の目的と方法

『高知市史民俗編』にかかわる資料収集活動が開始されたのは 2007 年のことである。市史編さん事業の中で『民俗編』の刊行を先行させたのは、東海・東南海・南海地震による津波によって高知市の大部分が被災し、地域社会の崩壊が想定されたためである。

民俗学や方言研究は、生活者の体験や伝承に耳を傾け、ムラやマチの民俗事象を観察し、それらの結果を資料として日本および日本人、地域のありようなどを考えてゆこうとする学問である。日本人のあり方や、地域のあり方をより深く考えるためには、高知市の風土に根ざした個性的な民俗をより豊かに掬いあげ、記録しておくことが必要となる。広域に及ぶ高知市の、個性的な民俗事象を記録し、その特質を把握するためには、既存文献による情報の整理ならびに調査者たちの当該地域への視点が明確でなければならない。私たちは、高知女子大学の髙岡弘幸氏をリーダーに、地元の民俗学者坂本正夫氏（高知県立歴史民俗資料館前館長）ならびに高知市立市民図書館の筒井秀一前館長を顧問として、文化人類学の岡田浩樹氏（神戸大学）・社会学の島村恭則氏（関西学院大学）・歴史民俗学の中西裕二氏（日本女子大学）および中井精一が民俗部会を構成し、高知市および坂本、筒井両氏の全面支援のもと調査に入った。

2.2. 県都高知市の近現代

高度経済成長期以降、日本人の生活様式や価値観の急激な変化に伴って、伝統的な生活様式や民俗が急速に失われていった。また、明治維新や敗戦といった歴史の転換点で、日本社会は大きく変容したと言われる。高知市も明治維新では、薩長土肥の一角を占め、多くの人材を中央政府や陸海軍に送り出した。また各地の城下町と同様、支配階層であった士族は、新たな生活の糧をもとめてこの地を去って、そこには周辺部から新たな住民が移り住み、新しい時代にふさわしい社会を築いていった。

戦争末期の 1945（昭和 20）年 6 月以降、高知市は米軍の空襲を受け、特

に7月4日未明の空襲では、120機のB-29が飛来し、400人余の死者と12,000戸の罹災家屋を出すとともに、これらの空襲で坂本龍馬の生家など江戸時代以来の高知市の貴重な街並みが失われたと言われる[7]。また、1946(昭和21)年12月21日には、昭和南海地震が発生し、高知市は、地盤の沈降による海面上昇の影響と地震動により河川堤防の法面の亀裂によって、数カ所で堤防が決壊し高知市内は水浸しとなった[8]。

空襲と震災。そして敗戦による日本社会の大きな転換によって、高知市は新しい時代を迎えた。それを大きく加速させたのは高度経済成長であるが、高知県の人口は、1955(昭和30)年国勢調査で88万人をピークに、大都市圏への人口流出が続いた。1970(昭和45)年代には増加に転じ、1980(昭和55)年に約84万人まで回復したが、その後再び減少傾向をたどり2010(平成22)年の国勢調査では76万人余である。高知県には、34の市町村があるが、都市機能を有する都市圏としては、高知市が唯一であって、高知都市圏域への一極集中が進んでいるといわれる[9]。

全国の県庁所在地はかつての城下町であることが多く、特に近畿以外の地方では、城下町は今でもその地域の政治や経済、文化の中心地であって、歴史を背負った「ご城下」といった意識をもつ人がたくさんいる。県庁所在地などの地方都市は、地域の中心として方言や物質文化、宗教行事、経済組織などの結節点になっていることが多い。高知市の場合も周囲には豊かな水田地帯と黒潮流れる土佐湾がひかえていて、周囲からあつまってきた物産が取引きされる市場や日曜市や木曜市などがある。ここには、県庁をはじめとして裁判所や国の出先機関、金融機関や商工会議所、放送局や新聞社、大学などがあつまっていて高知県の中心地である。

明治維新と敗戦、高度経済成長が、日本人の暮らしの変質や伝統的な民俗の喪失につながったと言われるが、1990年以降から始まった東京一極集中の流れは、高度経済成長期以上にイエ・ムラ・マチにおいて民俗の伝承基盤を衰退させ、生活様式の平準化・均質化を加速させた。

広域に及ぶ高知市の地域特性と民俗事象との関係を把握するために、文化庁作成による民俗調査カードを参考にするとともに、調査に必要な文献や情報、調査にふさわしい話者の選択と交渉は、坂本・筒井の両氏がおこない、

われわれは高知市中心部からの調査に入った。

　高知市の中心部は城下町として発展してきた。城下町には商人、職人、宗教者、文化人、武士などが居住し、多彩な生活が展開することは自明であるが、城下町の人口の多数を占める商人、職人すなわち町人の生活は民俗そのものであり、民俗学による都市研究の重要性が指摘されるところである。城下町は政治、経済の中心都市であり、城下の村々との交流も盛んにおこなわれた。私たちの調査でも、まずは都市特性の把握からはじめた。

　近代以降、高知市の中心部である帯屋町などで和菓子や洋菓子、和服や結納用品、仏具や家具を販売する商店のあったことがわかっていて、こうした生業が高知のマチで成立していたということは、地方の中心都市の高知の力を象徴するものであり、高知市の自己完結性を示すものと考えた。一方、高度経済成長期を転換点とし味噌・醤油醸造販売が消えたのも、地方都市単位で製造販売が成立していた形が大手企業によって広域化したことを示し、1990年以降、郊外に展開した高知イオンやスーパーマーケット、コンビニエンスストアの増加は、商店街のドーナッツ現象を引き起こし中心部の衰退を加速させたこともわかった。

2.3. 違和感と希薄な中心性

　われわれは、共同調査を通じて、この城下町が極めて異質な地方都市であることを感じ続けた。その理由のひとつとして、高知市中心部の住民が、地域の文化や経済の中心地に居住しているという意識が、極めて希薄であることがあげられる。この意識の形成には、所得や生活レベル、伝統文化などで周辺を凌駕することで明確になる中心と周辺の格差によって中心部の住民の優越性が生じ、それらが大きくかかわると言われるが、なぜこれほど希薄なのであろうか。

　文化人類学者の岡田浩樹は、「何かしら他の地域とは非常にはっきりと異なったものがあるように漠然と考えていました。たとえば異文化の調査をするときは、文化や社会のなかで特色のある部分を見つけると、そこを手掛かりに色々な謎が解けてくる。そこを見つけるのが最初の仕事なのですが、高知市では、どこまでいってもその手掛かりが見つからない。この手掛かりの

なさは何故かと。」と述べている。

　また、民俗学者の髙岡弘幸は、「よその地域、たとえば加賀藩の前田とか、松江の松平とか、その地域を200年以上治めた家筋を、ひとつの流れとしてとらえて、自分たちのマチの歴史、マチが生み出してきた文化、そしてそれが今につながっていることを一種の誇りとして語っていく。ところが、高知は中世から近世のあいだの長宗我部から山内へと、幕末から明治初期にかけての自由民権という、点から点に飛んでいくような話が非常に多い。」と述べ、他の城下町とは異なっていて、歴史的連続性を語ることの少ない特異な歴史観のあることにふれている[10]。

　筆者の聞き取り調査でも、「高知というところは愛媛なんかと違ってですね、非常に文化性が乏しいんですね。お茶、お花、能、踊りなどの芸能は、高知にはないわけではないんですけども、非常に弱い。酒飲んでるだけ。」「金沢なんかは、お能や文学が盛んですよね。愛媛は正岡子規に代表されるように俳句、香川も菊池寛が出るくらいですから文学が盛んです。高知と徳島は漁師文化といったらいいんでしょうか。芸事なんかは発達しにくい。お茶なんかはね、特に道具を大事にせんといかんですが高知は金がない。高級なものはあまり発達しません。」（高知市天神町・男・昭和14年生まれ）、「高知にも伝統文化やお稽古ごとをする人がないわけではないんですけども、弱い。それよりも活発に仕事に励んでいく女性が評価される。一歩下がって、というような京都的な女性は少ない。男も女も汗水たらして働く。お侍の高い教養文化というのは高知では弱いと思います。」「昔のこと言ったって始まらんやんというのが高知風やないかな。因縁を引きずって若者までが生きる時代やないんやないかなと思うけど。新しい時代がきちゅうわけでさ。」（高知市寿町　女　昭和8年生まれ）。

　また、高知ではこんな説明を聞いた。「高知のお城下ができたのは山内一豊ね。長曽我部は、関ヶ原で負けて山内が土佐を支配した。土着の長曽我部元親の郷士たちから言わすと進駐軍の野郎が来たと。だから高知の人間にとっては、お城があるから城下町ぐらいにしか思っておらず、そんなの特に意識したことはないと思うんだけどもね。」「仙台では戦後一番先に復興したのは伊達政宗の銅像でしょ。でも高知では違う。ここでは戦後一番先に復興

したのは片岡謙吉の銅像でこれは自由民権運動をやった人。次に板垣退助。山内一豊の銅像というのはこのあいだようやっとできたんです。高知というのはそういうところです。」高知市帯屋町　男　昭和7年生まれ）。

　歴史に淡泊という回答が多い一方で、髙岡氏が言うように、中世から近世への移行期と明治維新前後および自由民権運動のことは、誰もがよく知っている。他の城下町と比べて感じる違和感と中心性のなさは、このあたりに起因するのではないか。

　平成25年3月、高知市はマスタープラン案を作成したが、高知市中心部を「都心」あるいは「中心部」と表示されていて、松江や金沢、仙台や盛岡といった城下町に礎を置く県庁所在地が、中心部を「ご城下」といった歴史意識で見つめていることとは対照的な状況となっている[11]。

3. 高知市における敬語運用の実態

3.1. 調査について

　敬語運用ならびに敬語意識の調査は、2008年2月20日〜2009年3月30日までの期間に高知市在住の9名の話者に実施した。

　話者の選択にあたっては、これまでの研究で、①性別では、男性より女性のほうが著しくていねいな敬語形式を使う。②年齢では、年長になればなるほどていねいな敬語を使うようになる。③学歴では、学歴の高い方が運用能力は高く、また社会階層では、階層の中と上とのあいだの差はほとんどないが、下層との格差ははっきりしていることがわかっている[12]。これらをもとに調査では、高知市在住で、50歳以上の中等教育以上の学歴を有するミドルクラスの話者を対象とした。なお、比較のため奈良市中心部で同様の調査をおこなった。

　　話者①
　　　住所：高知県高知市横浜西町　男　昭和5年12月21日　78歳　外
　　　住歴：西宮（大学4年間）　職業：県立高校教員（36年）→公民館長（16年）　学歴：旧制海南中学校→海南高校→神戸市外国語大学

話者②
　住所：高知県高知市帯屋町　男　昭和 7 年 11 月 23 日　76 歳　外住歴：大阪(大学 4 年間)　職業：自営業　学歴：高知市立第三小学校→旧制城東中学校→海南高校→関西大学

話者③
　住所：高知県高知市天神町　男　昭和 14 年 7 月 14 日　69 歳　外住歴：東京(40 〜 44 歳)、高松(47 〜 52 歳)　職業：新聞記者　学歴：高知大学付属小学校→高知大学付属中学校→海南高校→高知大学

話者④
　住所：高知県高知市桜井町　男　昭和 25 年 2 月 12 日　59 歳　外住歴：京都(大学 4 年間)　職業：自営業　学歴：高知市立新堀小学校→城東中学校→高知学芸高校→同志社大学

話者⑤
　住所：高知県高知市追手筋　女　昭和 3 年 9 月 20 日　80 歳　居住歴：高知市升形→高知市本町→高知市追手筋　職業：自営業　学歴：高知市立第六小学校→県立第一高等女学校

話者⑥
　住所：高知県高知市南久方　女　昭和 4 年 10 月 25 日　79 歳　居住歴：佐川町斗賀野(〜 23 歳で結婚するまで)　職業：県職員→主婦　学歴：斗賀野尋常小学校→県立第一高等女学校

話者⑦
　住所：高知県高知市寿町　女　昭和 8 年 1 月 25 日　76 歳　居住歴：高知市潮江町→高城町(3 〜 12 歳)→小津町(〜 20 歳)→寿町　職業：自営業　学歴：高知市立第六小学校→県立第一高等女学校→丸ノ内高校

話者⑧
　住所：高知県高知市旭天神町　女　昭和 19 年 10 月 29 日　64 歳　居住歴：高知市旭天神町(〜現在)　職業：保育士　学歴：高知市立旭東小学校→城西中学校→丸ノ内高校

話者⑨
　住所：高知県高知市横内　女　昭和31年6月19日　52歳　居住歴：高知市上町一丁目→東京(21～40歳)　職業：自営業　学歴：高知大学附属小学校→高知大学附属中学校→土佐女子高等学校

奈良話者
　住所：奈良県奈良市今御門町　女　昭和10年1月6日　79歳　居住歴：奈良市佐紀町→奈良市今御門町　職業：自営業　学歴：奈良師範学校附属小学校→附属中学校→一条高校

図1　高知市調査の調査地点

3.2. 調査項目
　調査は、出身校の校長、近所の目上の人、父親、自分より少し年長者、友

達、自分より少し年少者、子供や弟、見知らぬ人のそれぞれに対して「どこに行くのか」を尋ねるとともに、敬語使用に対する意識を聞くものである。

3.3. 調査結果の概要

- 出身校の校長先生に対しては、オイキデスカ・イカレルンデスカ・オイデルンデスカといったオ＋動詞あるいはレルが伴う形式にデス・マスが付加した回答、イキユーガデスカのようなデス・マスのみが付加された回答、イキユーガゼヨ・イキユーゾネのような文末詞のみでの待遇をおこなう回答があった。
- 近所の目上の人に対しては、オイデルンデスカ・イカレルンデスカといったオ＋動詞あるいはレルが伴う形式にデス・マスが付加した回答、イクガデスカ・イキユーガデスカのようなデス・マスのみが付加された回答、イクガー・イキユー・イキユーガゼヨ・イキユーゾネのような文末詞のみでの回答であった。
- 父親に対しては、オ＋動詞あるいはレルが伴う形式やデス・マスが付加した回答はなく、イクガー・イキユー・イキユーガゼヨ・イキユーゾネのような文末詞のみでの回答がすべてであった。
- 自分より少し年長に対しては、オイデルンデスカといったオ＋動詞にデス・マスが付加した回答、イクガデスカ・イキユーガデスカのようなデス・マスのみが付加された回答、イクガー・イキユー・イキユーガ・イキユーガゼヨ・イキユーゾネのような文末詞のみでの回答であった。
- 友達に対しては、オ＋動詞あるいはレルが伴う形式やデス・マスが付加した回答はなく、イクガー・イキユー・イキユーガ・イキユーガゼヨ・イキユーゾネのような文末詞のみでの回答がすべてであった。
- 自分より少し年少者に対しては、オ＋動詞あるいはレルが伴う形式やデス・マスが付加した回答はなく、イクガー・イキユー・イキユーガ・イキユーガゼヨ・イキユーゾネのような文末詞のみでの回答がすべてであった。
- 子供や弟に対しては、オ＋動詞あるいはレルが伴う形式やデス・マスが付加した回答はなく、イクガー・イキユー・イキユーガ・イキユーガゼヨ・

表1 調査結果:「行くのか」(対者敬語)

話し手＼話し相手	出身校の校長	近所の目上の人	父親	自分より少し年長
①横浜西町(長浜)・男・78歳	オイキデスカ/イカレルンデスカ	イクガデスカ	イクガデヨ	イクガデヨ/イクガデスカ
②帯屋町(高知街)・男・76歳	イクガゼヨ/イキユーガゼヨ	イクガゼヨ/イキユーガゼヨ	イクガゼヨ/イキユーガゼヨ	イクガゼヨ/イキユーガゼヨ
③天神(潮江)・男・69歳	イキユーゾネ	イキユーゾネ	イキヨリマスカ/イキユーカネ	イキヨリマスカ/イキユーカネ
④桜井町(北街)・男・59歳	オイデルンデスカ	オイデルンデスカ	イクガデヨ	イクガデスカネ
⑤三園町(秦)・女・80歳	オイデルンデスカ	イキユー	イクガー	オイデルンデスカ/オイデユー
⑥南久万(秦)・女・79歳	イカレルンデスカ/オイデルンデスカ	イクガー/イクー/イキユーガ	イクノー/イクガー	イクノデスー
⑦寿町(江ノ口)・女・76歳	イキユーガデスカ/イカレルンデスカ	イキユーガデスカ	イキユーガ/イキユーゾネ	イキユーガ/イキユーガデス
⑧旭天神(旭街)・女・64歳	イラッシャルンデスカ	イクガー/イキユーガネ	イキユーガ	イキユーガ
⑨横内(旭街)・女・52歳	イキユーガデスカ	イキユーガデスカ	イキユー	イキユーガ
奈良市今御門町・女・77歳	イカハリマスカ/イカレマスカ	イカハリマスカ/イカレマスカ	イクノ	イカハリマスカ/イカレマスカ

話し手＼話し相手	友達	自分より少し年少	子供や弟	見知らぬ人
①横浜西町(長浜)・男・78歳	イキユーゼ	イキヨリヤ/イキユーゼ	イキヨリヤ/イキユーゼ	イカレルンデスカ
②帯屋町(高知街)・男・76歳	イクガゼヨ/イキユーガゼヨ	イクガゼヨ/イキユーガゼヨ	イクガゼヨ/イキユーガゼヨ	オイデルンデスカ
③天神(潮江)・男・69歳	イキユーガ/イキユーノダネ/イキユーガゼヨ	イキユーガ/イキユーノダネ/イキユーガゼヨ	イキユーガ/イキユーノダネ/イキユーガゼヨ	イキヨリマスカ
④桜井町(北街)・男・59歳	イクガナ/イクガナヤ/イカーヤ	イクガナ/イクガナヤ/イカーヤ	イクゼ/イクガデ	イクガデスカ
⑤三園町(秦)・女・80歳	イキユー	イキユーガ	イクガー/イキユーガ/イキユーゾネ	イキユー
⑥南久万(秦)・女・79歳	イキユーガ/イクー/イクガー	イキユーガ/イクー/イクガー	イクガー/イクー	イクノー/イクガー
⑦寿町(江ノ口)・女・76歳	イキユーガ/イキユーゾネ	イキユーガ/イキユーゾネ	イキユーガ/イキユーゾネ	イラッシャル/イキユーガデス
⑧旭天神(旭街)・女・64歳	イキユーガ	イキユーガ	イキユーガ	イカレルンデスカ
⑨横内(旭街)・女・52歳	イキユー	イキユー	イキユー	イキユーガデスカ/イカレルンデスカ
奈良市今御門町・女・77歳	イクノ/イカハルノ	イクノ/イカハルノ	イクノ	イカレマスカ

イキユーゾネのような文末詞のみでの回答がすべてであった。
- 見知らぬ人に対しては、オイキデスカ・イカレルンデスカ・オイデルンデスカといったオ＋動詞あるいはレルが伴う形式にデス・マスが付加した回答、イキユーガデスカのようなデス・マスのみが付加された回答、イキユー・イクガー・イキユーガゼヨ・イキユーゾネのような文末詞のみでの待遇をおこなう回答があった。

調査結果は、表1にまとめた。回答から吉田（1982）で述べられているように、土佐方言は、総じて、敬語表現には淡白な傾向が見受けられるとあるが、今回の調査でも、敬語体系は極めてシンプルであると言えよう。

土居（1997）によれば、尊敬動詞では、オイデル（「行く」「来る」「居る」の敬語）がよく用いられているとあるように、「イラッシャル」に比べ「オイデル」の使用が圧倒的に多い。また、丁寧表現では、方言が含まれる場合が多いのに対し、尊敬表現ではあまり方言は含まれない。

尊敬表現に注目すると、対：出身校の校長先生（以下対：校長）、近所の目上の人、自分より少し年少、見知らぬ人で使用されている。特に対：校長、見知らぬ人では、半数以上が尊敬表現を使用している。

近畿地方中央部の奈良市と比較すると、自分より少し年上・友達・自分より少し年下といった同等にあたる人物への待遇において、ミドルクラスの話者であっても敬語形式の使用が見られない。以上から高知市は、近畿地方中央部に比べて敬語使用がかなり希薄な地域と判断される。

3.4. 敬語行動とその意識

調査に際しては、話者から敬語意識について、尋ねたところ以下のようなものが回答された。

話者①
- 私なんか子供の頃には、長幼の序をしつけられましたので、ことばづかい、特に敬語は意識していました。けれども今は対等、平等になっていますからね。目上の人であるとかそういうことで、ことばや態度を変えないようになっています。土佐の場合は独立不羈の思想が流れていますし、京都からも遠いでしょ。だからあんなふうに遠回しで丁寧な言い方はしませ

ん。ここは自由民権記念館ですが、明治の板垣退助や片岡健吉は、時の政府や権力にものすごく抵抗したんです。「自由土佐の山間より」が県の言葉になっとるがです。だから上下関係を強調するようなことはないんです。
・土佐は自由平等という思想が昔から普及していました。それは関が原の戦いまでは長曾我部元親の支配下だったんですけど、掛川6万石から山内一豊がきたでしょう。山内の300の上士が長曾我部の家来であった郷士を下において、上下関係がものすごい厳しい社会をつくった。そこで、明治維新の前後に自由平等だということで、土佐勤皇党を作って抵抗したんです。そういう明治のあたりからのいわゆるいごっそうの気風がことばづかいにも反映しているので、敬語はあまり使わんようです。

話者②
・ことばでいえば高知の人は若干荒いね。率直なわけ。よくいえば平等か。そういった点では敬語が少ない土地です。教授だろうが、誰だろうが「行きますか」ぐらいで、「ます」が付いてるから、まだええ。「行く」になってもそれが特別に失礼にならない。
・だから高知の言葉は、全国で一番平等性がある言葉じゃないかな。敬語もあるんだけど、敬語を使うことは少ない。素の人間同士で、すぐ付き合う。言葉でいえば敬語のような封建制がない。自由民権の土地でみんなが平等で、対等の対話がされている日本のなかでも珍しい土地かもわからん。

話者③
・ふだんの生活では、人をあまり持ちあげない。だれとでも同じしゃべり方でしゃべります。同郷意識ですね。高知県民同士で分かり合う同郷意識です。高知と言うところは、あまり身分意識はないし、差別をしない。同じ家の中にいるような感じがしておるわけですから、相手によって言葉を変えないとところに土佐の傾向があります。

話者④
・そりゃ尊敬しちゅー人やったら敬語使うけど。年上でも親しい人やったらそんな土佐弁や。全部。

- ほんでもう知事でも市長でも選挙の応援に行くし。もう親しいき。全部土佐弁や。向こうも高知の人やきな。

話者⑤
- 普段近所の人と話すとき、言葉遣いに気をつけることはありません。高知の人間というのは平等意識があるわけです。宴会やなんかでもね、皿鉢料理というのがありましてそれは車座になって、とって食べる。身分の高い人も低い人も、新入社員もベテランもみんな一緒になって車座で食べる。会席膳ならそうはいきません。ところが皿鉢料理は大皿に盛ったものをみんなで食べて、ほうぼうで杯を持って移動する。一種のバイキングですね。バイキング方式のものをずっとやってきたんで、高知では上下意識はなく平等なんです。酒飲みだしたら人間通し。酒の場で課長、部長と威張るのを非常に嫌うんですね。

話者⑥
- 丁寧な言葉を使うと言うことは少しよそよそしいことになるんですよね。年上か年下かではなくって、親しくお付き合いがある人にはあんまり敬語を使わないと思います。
- みな平等っていうか、あのだから敬語を使うと言うことは親しみが少し薄れるんですよね。方言でしゃべる方がもっとリアルにもっと自分の感情を表に出しながらしゃべれるんですよ。敬語を使うとよそよそしく感じるって言うか。だから親しみを込めてなるべく敬語は、よほどのことがない限り敬語を使わずにおしゃべりをするように心がけていますし、そうすることが、人間関係を縮めることに私はなると思ってます。

話者⑦
- 高知では、あんまり丁寧語は使わないんじゃないかな。ものすごく封建的な社会じゃないわけだから高知って意外と。
- 仕事の場合は、上司とか部下とかがあるかもしれんけど。仕事離れると、上も下もなくなっちゃうのが高知の特徴かなと思う。言いたいことははっきり言うという社会かな。

話者⑧
- 男の人って先輩後輩という関係を意識するんですけど、女性ってね、そう

いうのあまりないですね。私だけかもしれないですけど。だから日常的に親しい間柄なら親しいことばで、年上だろうが年下だろうが同じように話しますけど、あんまり先輩だとか後輩だとかいう意識は私にはないですね。普通の言葉でしゃべります。
・<u>高知は庶民の町ですから、働く女性が多い。男女平等の思想が強いんですよ。</u>ご存じやと思いますけど、ハチキンという女性が多くて、上手に世の中を仕切るやり手のおばちゃんが多いところで、社会を元気にしているのも女性なんですね。私らから見たら男性は鎧兜を着て威張りたいのだと。肩書をいっぱい持って威張りたいんやと。これ悪口ですけど。

このように高知市内は、敬語使用が極めて淡泊であり、上司とか部下といった上下関係であっても言いたいことははっきり言う、平等性を背景にした言語行動がおこなわれている。
　そして敬語意識の背景には、Ⅰ土佐は上下関係が淡泊であり、平等意識が発達している(男女のあいだでも平等意識が発達している)こと。Ⅱ土佐の平等意識の根底には、自由民権思想が大きくかかわっていること。Ⅲ土佐の自由民権思想の背景には、近世期の上士下士の関係に対する反発と幕末の倒幕運動が関与していること。というようなことがある。

4. 敬語意識の形成とその背景

4.1. 敬語のあるべき姿

日本の古い社会では、下位の者が上位の者に敬語を使う。また下位の者に対して、上位の者は敬語を使用しない。尊敬語の場合、直接的には相手が上位や強者であることを言葉の上で表明することになるが、間接的には自分が下位者や弱者であることを表明する。謙譲語はこの逆で、直接的には自分が下位者や弱者であることを表明し、間接的には相手が上位者や強者であることがあらわにする。一方、上位者が無敬語で話すとは、直接的には相手が下位あるいは弱者であることを、間接的には自分が上位者や強者であることを表明する。敬語とは言葉遣いから上下関係や親疎関係などの人間関係を明示

する機能をもつが、高知にはこのような敬語が発達していない。
　「敬語の指針」には、

> 　敬語は、話し手が、相手や周囲の人と自らの間の人間関係をどのようにとらえているかを表現する働きも持つ。留意しなければならないのは、敬語を用いれば、話し手が意図するか否かにかかわらず、その敬語の表現する人間関係が表現されることになり、逆に、敬語を用いなければ、用いたときとは異なる人間関係が表現されることになるということである。敬語をどのように用いるとどのような人間関係が表現されるかについて留意することはもとより必要であるが、それと同時に、敬語を用いない場合にはどのような人間関係が表現されるかについても十分に留意することが必要である。
> 　言語コミュニケーションは、話し言葉であれ書き言葉であれ、いつも具体的な場で人と人との間で行われる。そして敬語は人と人との間の関係を表現するものである。注意深く言えば、意図するか否かにかかわらず表現してしまうものである。そうであるからには、社会生活や人間関係の多様化が深まる日本語社会において、人と人が言語コミュニケーションを円滑に行い、確かな人間関係を築いていくために、現在も、また将来にわたっても敬語の重要性は変わらないと認識することが必要である。
> 　ちなみに、平成16年に文化庁が実施した「国語に関する世論調査」において、「今後とも敬語は必要である」という意見が回答者全体の96.1%によって支持されている。国民一般の間で、敬語の重要性が将来に向けても強く認識されている。

と記されている[13]。文中、「敬語を用いない場合にはどのような人間関係が表現されるかについても十分に留意することが必要である。」とあるが、このルールは高知では通用しないようだ。

4.2. 地域特性と敬語行動

　「いごっそう」に「はちきん」。豪放磊落で明るく細かなことを気にしない。こういった高知県人のイメージが全国に広がっている。確かに性格も明るく細かなことも気にしない。上にへつらうこともなければ、下にこびることもない。高知では、役所でも会社でも上司と部下、先輩と後輩はフランクで、明るい雰囲気に満ちあふれている。全国的に見て、西日本の各地は、東京を中心とした東日本に比べてフランクと言われるが、高知は突出しているようで、上司と部下、先輩と後輩のあいだに敬語を使った会話もほとんど聞くことがない。

　国民的作家と呼ばれる司馬遼太郎は、『街道をゆく27　因幡・伯耆のみち 梼原街道』で、

> 土佐の奇妙さは、侍と自作農の区別がつかぬところにあった。そのもとは、長曾我部元親の四国征服にあった。元親は、この大規模作戦をやるための兵数が足りぬために、農民の壮健なる者を、耕作者のまま武士にした。一領具足といわれた。たいていの家の一族のだれかが一領具足になったため、どの土佐人も長曾我部侍であるという意識をもつようになった。近代的な用語でいえば、フランス革命の果実である国民軍というにちかい。土佐人の平等意識の萌芽はここにあるといっていい。

さらに土佐人を結束させてしまったのは、山内一豊の入部のしかたにあるといっていい。

> かれは土佐人を怖れるあまり、現地採用主義をとらず、二十余万石の人数を、上方でそろえてしまったのである。上方には関ケ原の敗戦による浪人が充満していたから、採用する上では不自由はなかった。しかしかれらは、土佐人にとってはみな他国人だった。それらが進駐軍として土佐に入り、土佐人の反乱を鎮圧しつつ、いわば敵のなかで居すわった。
> 　長曾我部侍は、元来半農半士の者が多かったが、すべて「地下」とよばれる農民になった。その「地下」の上に占領者の威権とともに存在し

たのが「山内侍」(掛川侍)だった。土佐人が、支配者に対して慢性的に不快をもつ感情は、ここからうまれた[14]。

と記されていて、事実かどうか不確かな部分もあるが、高知県が東京とはかなり異なる社会であることを説いている。そしてこういった上下関係の少ない社会のあり方が、明治期の自由民権運動につながったと指摘している。

司馬の記述は、高知市内で聞き取りをした話者の「土佐は上下関係が淡泊であり、平等意識が発達している(男女のあいだでも平等意識が発達している)こと。」、「土佐の平等意識の根底には、自由民権思想が大きくかかわっていること。」、「土佐の自由民権思想の背景には、近世期の上士下士の関係に対する反発と幕末の倒幕運動が関与していること。」といったコメントと酷似している。

また、司馬は、『竜馬がゆく』のなかで、「土佐言葉は発音が明瞭なうえに、上方語のような意味不明瞭な情感だけのことばがすくない。」でコメントし、京・大阪とのことばの違いにふれている[15]。

高知と同じように敬語運用の希薄な和歌山県について、司馬は『街道をゆく8 熊野・古座街道種子島みちほか』で、「方言の専門家のあいだでは、紀州方言に敬語なしと言われている。」「紀北の和歌山旧城下では大規模な武家社会が形成されたから自他の階級を明示する敬語は存在したが、在のほう―とくに紀南(熊野)―ではそういうものはほとんど発達しなかった。」「私などのせまい経験でも、二十年ばかり前熊野の川湯というひなびた温泉にとまっていたとき、品のいい若い女中さんの世話になったが、彼女は育ちのいい顔に似合わず話しかけにはかならず、「あのにょ(あのねぇ)」という呼びかけ」ことばを発し、つねにまったくの無敬語で終始した。」と記述している[16]。また『街道をゆく32 阿波紀行・紀ノ川流域』には、「上下の関係がゆるやかで、その気風が中世日本にめずらしく市民的だったということである(このことは、紀州方言において敬語が稀薄ということとしてのこっている)[17]。」と和歌山県方言における敬語行動の希薄さの理由を説明しているが、同じく『街道をゆく9 信州佐久平みち、潟のみちほか』には、和歌山県沿岸部の敬語運用について「この地方の人々は古来、仲間が力を合わせ山

仕事や漁業、ことに鯨漁においては個人の能力とチーム結束が無ければ命取りになる。血統とか、家柄、仕来たりに拠ると、自分だけでなくチーム全体に死神がやってくる。こういった社会環境が、京・大阪のような格式世界で使われる敬語の必要性を無視し、仲間達の連帯を強靭に保つために敬語が発達しなかった。」と書いている[18]。

　方言の研究者ではない司馬の記述を鵜呑みにすることはできない。ただ、和歌山県方言が、極めて敬語運用において希薄であることは疑う余地はなく、高知県方言における敬語運用と和歌山県方言のそれは近似していると言える。それでは、なぜ、高知の敬語の希薄性を和歌山のような「この地方の人々は古来、仲間が力を合わせ山仕事や漁業、ことに鯨漁においては個人の能力とチーム結束が無ければ命取りになる。血統とか、家柄、仕来たりに拠ると、自分だけでなくチーム全体に死神がやってくる。こういった社会環境が、京・大阪のような格式世界で使われる敬語の必要性を無視し、仲間達の連帯を強靭に保つために敬語が発達しなかった」と社会の特質をもとに説明しなかったのであろうか。

4.3. 説明体系としての自由民権

　司馬遼太郎は、長宗我部盛親を描いた『戦雲の夢』はじめ、山内一豊とその妻千代を描いた『功名が辻』、山内容堂を描いた『酔って候』そして2400万部を発行した『竜馬がゆく』で高知県とそこの暮らしをもとに人々をいきいきと描いた。また、『街道をゆく』や『歴史を紀行する』などの紀行やエッセイでもたびたび高知県を取り上げ、いかにも高知の歴史や風土、人びとが好きで愛情をもって描いている。司馬の作品は、映画や大河ドラマでもたびたび取り上げられ、その時代と場所の多くは、戦国期ならば愛知や岐阜、滋賀が、幕末から維新期では鹿児島、山口、高知などが主な舞台となる。われわれは、司馬の作品とともに、会ったこともない鹿児島や山口、高知の人々やその地の風土をわかったような気になっていく。

　1990年以降、全国の自治体は、地域間競争にさらされ、地域のイメージアップにしのぎをけずるようになって、観光ポスターの作成のみならず、フィルムコミッションなどの立ち上げ、ドラマや映画を誘致し、地域イメー

ジの向上と露出度を上げることに努めた。ただ、司馬作品によって保証された鹿児島県や山口県、高知県などでは、特別な活動はせずともよく、司馬作品で描かれたイメージの保持に努めるだけでよかったとも言える。しかしながら、観光地のイメージと地域イメージは不即不離の関係にあるため、他者に対する自画像は自己イメージとなってのしかかってくる。つまり「選ばれるまちづくり」とは他者である県外住民によって「選んでもらう」という他者からの評価に基準をあわせたものになってしまう危険性をはらんでいる。

　高知では、坂本龍馬に代表される幕末・維新前後の時期が、高知にとっての全盛期であったととらえている者が数多くいる。市民の多くが、司馬遼太郎の作品を見たり読んだりしたとき、高知に関する説明を見つけたり、その理由を思いついたりしたのか、そして、司馬の考えが高知の人びとに受け入れられ、定着してしまったのか。あるいは、司馬にそのような話を語った市民がいたのかもしれない。ただ高知の人びとの説明は、「真実」であるか別にして高知の人びとにとっては「事実」であり、1つのフォークロアを再生産し続けているととらえることができる。

　敬語の希薄性は、日本語の辺境性を明確に示しているが、高知の長い歴史のなかで、中央の規範と渡り合える唯一の思想が、「自由民権思想」である。辺境の人々が自ら新しい規範や方針、思想を創ることはありえない。高知の人々は、維新の代償で転がり込んだこの金看板を、公平性や平等性といった自らのあり様と敬語の希薄性の根拠としてくり返し用いている。表層的な敬語行動を観察するだけでは理解できない敬語意識を探ることで、当該地域の地域特性と地域方言の特徴が見えてくる。

5. 敬語のあり方から見えるいくつもの日本

　敬語行動は言葉遣いから上下関係や親疎関係などの人間関係を明示する機能をもつが、高知にはこのような敬語が発達していない。

　敬語は、このような上下関係にもとづく運用のほかに、京都や大阪のように「考えておきますわ。」「また今度にしますわ。」と相手の依頼や要請を間接的に断ることがルールとなっている社会で発達している。京都や大阪など

に古くから住んできた人びとは、人間関係に一定の距離をたもち、必要以上に接近しようとしないが、距離を保つのに敬語は重要な役割を果たしている。また、京都や大阪は政治の中心地としてわが国でもっとも古い都市が形成され、地方から多くの産品が運び込まれ交易がおこなわれた商業の地でもあった。商業は、モノとカネが交錯する場であり、商人はカネを受け取るために客を丁重に扱うことが基本であって、商談中は、客と商人のあいだには上位者と下位者のような関係が生じている。また、商業の盛んな地域では、おおむね言葉遣いが丁重で、敬語が発達していることが少なくない。これは、ながい歴史のなかで形成された都市的なルールであり、京都をはじめ日本の歴史のある都市には、同じようなルールがあって、日常生活にすみずみまではりめぐらされたしきたりがある。

　日本文化を芸術や文学、思想や宗教の観点から見るとき、明らかに「西高東低」と言える。最初の稲作文明である初期弥生社会は、伊勢湾沿岸を東端として東日本に及ばなかった。また弥生社会を基盤に形成された初期ヤマト政権も近畿地方を中心に西日本一帯を支配領域としており、東日本は影響力の及ばない土地であった。そのため畿内で形成された制度やしきたりは、西日本には比較的早くに広がったが、東日本はそれらを受け入れる機会が少なかった。終助詞使用と命令・依頼の場合以外に敬語の枠がゼロの単純な形式しかない「無敬語」あるいはそれに準じる敬語運用をおこなう地域は、東日本一帯に広大に広がるとともに、沿岸部に濃厚に認められる。

　規範をどちらに置くかによって、見方は真逆にもなるが、都で使用される言語運用を規範とすれば、「無敬語」は正しい日本語を使用できない状態であり、そのエリアが都から遠い地域に偏在していれば、「言語の辺境性」と理解されても仕方がない。

　高知のように敬語の発達していない地域は、東北から北関東および房総から伊豆、駿河、遠江や三河、紀州、和泉、土佐などの太平洋沿岸といったエリアにあって、この地域は、中央から遠く、貨幣経済の浸透も遅かった。また、沿岸には、漁業を生業の中心とする農村社会とは異なる社会が形成されてきた。中央のような敬語体系を保持しないのは、中央とは異なる価値観を有する平等を基調とした社会がその背後にあって、そこにはその社会に応じ

た無数のルールと価値体系もある。

　高知の基層文化の特長が、明治期、近代国家の建設時に吹き荒れた「自由民権思想」と気脈がつうじ、この地で大きく花を咲かせた。高知における敬語の希薄さは、自由民権思想による平等の浸透ではなく、中央とは異なる平等な社会基盤ゆえ敬語も希薄であったのであり、そういった社会の特長を「自由民権」と言うひと言で表すことができることこそ高知の特徴である。

　民俗学は、生活者の体験や伝承に耳を傾け、ムラやマチの民俗事象を観察し、それらの結果を資料として日本および日本人、地域のありようなどを考えてゆこうとする学問である。日本人のあり方や、地域のあり方をより深く考えるためには、高度経済成長期以降の、均質化・平準化されたものではない、高知市域の風土に根ざした個性的な民俗を掬いあげ、記録しておくことが必要となる。

　高知市史民俗部会における6年余の共同調査は、戦前から現在にいたるおよそ80年の期間を中心に、この地で起こった暮らしの変化と人びとの記憶を記録したが、筆者は都市の地域中心性を言語から分析する方針でこれに参加した。

　調査の初頭は、地元の研究者からの情報収集や図書館・資料館での文献複写からはじまったが、市史編さん室の支援を受け、都市の地域中心性を理解するために、筆者だけでも旧家や名望家、地元の文化人や新聞記者、茶道・華道・土佐一弦琴の師匠や俳句の主宰者、表具店、和菓子店。また旧制高知高校同窓会事務局や第一高等女学校の関係者、および地元帯屋町商店街の人びとから長時間の聞き取り調査をおこなった。リーダーの髙岡氏は高知における14年の生活をもとに、岡田氏、島村氏、中西氏も外来者として筆者同様に多くの人びとへの聞き取り調査をしながら、ひたすら同郷人の感覚に近づく努力をつづけた。柳田の第三部の観点に、この先も容易に近づくことができるとは思わないが、その求めるところは理解できたように思う。

　人文研究は、人の織りなす社会で生じる諸現象を記録し、分析する。高知を分析した筆者は、50年前に奈良県の地方都市で生まれた人間であり、筆者がこれまで培った感性と視点でしか高知という都市と高知市の敬語行動を理解できない。日本各地には、高知と同じような、近畿地方中央部とは異質

な社会が存在する。高知での6年におよぶ共同調査をつうじて、あらためてそのことを強く感じるとともに、敬語行動を顕在化させる敬語意識は、当該地域の地域特性が大きく関与していていることがわかった。今後は、高知での経験を生かして、日本各地の敬語行動をその社会的基盤との関係から分析し、敬語運用からみた日本語の地域性とその形成のモデルについて、考えを深めていきたいと思う。

注

1　柳田国男(1990)「民間伝承論」『柳田国男全集』28 筑摩書房 pp.370–371 による。
2　中井精一(2012)『都市言語の形成と地域特性』和泉書院 pp.22–28 による。
3　真田信治(1990)『地域言語の社会言語学的研究』和泉書院 p.5 による。
4　文化審議会(答申)(2007)『敬語の指針』p.5
5　文化審議会(答申)(2007)『敬語の指針』p.50
6　中井精一(2007)「地域研究と『方言文法全国地図』―日本語方言研究の新しい可能性をもとに―」『方言文法全国地図をめぐって　日本語学』9月臨時増刊号　明治書院 pp.67–68
7　高知市立自由民権記念館 35 回「戦争と平和を考える資料展」リーフレットによる。
8　沢村武雄(1967)『日本の地震と津波―南海道を中心に―』高知新聞社 p.24
9　高知市都市整備部都市計画課(2003)『高知市都市計画マスタープラン　新・土佐の城下町づくり』高知市 p.15
10　平成 25 年 7 月 14 日開催の「高知市史民俗部会座談会」(高知市立自由民権記念館にて)による。
11　高知市(2013)『都市計画マスタープラン(本編)案』による
12　国立国語研究所(1957)『敬語と敬語意識』pp.146–148 による。
13　文化審議会(答申)(2007)『敬語の指針』pp.5–6
14　司馬遼太郎(1990)『街道をゆく 27　因幡・伯耆のみち　檮原街道』pp.212–213
15　司馬遼太郎(1982)『竜馬がゆく(7)』p.324
16　司馬遼太郎(1995)『街道をゆく 8　熊野・古座街道種子島みちほか』p.5・p.11
17　司馬遼太郎(1993)『街道をゆく 32　阿波紀行・紀ノ川流域』pp.245–246
18　司馬遼太郎(1979)『街道をゆく 9　信州佐久平みち、潟のみちほか』p.194

参考文献

加藤正信(1973)「全国方言の敬語概観」『敬語講座6(現代の敬語)』明治書院
加藤正信(1977)「方言区画論」『岩波講座日本語11　方言』岩波書店
金沢市(2009)「第4章重点地区のまちづくり方針(旧城下町区域)」『金沢市都市計画マスタープラン』
岸江信介、太田有多子、中井精一、鳥谷善史編(2013)『都市と周縁のことば　紀伊半島沿岸グロットグラム』和泉書院
旧制高知高等学校同窓会(1972)『高知、高知あゝ我母校：旧制高知高等学校五十年史』
高知大丸50周年社史編纂委員会(1993)『高知大丸50年史創業50年・もっと、大きく未来へ。』
高知市(2013)『都市計画マスタープラン(本編)案』
高知市史編纂委員会(1985)『高知市史　現代編』高知市
高知市企画財政部企画調整課編(2008)『平成20年度版　高知市統計書』高知市
高知市総務部総合政策課(2009)『高知市の商業(平成19年商業統計調査結果)』高知市
高知市都市整備部都市計画課(2003)『高知市都市計画マスタープラン　新・土佐の城下町づくり』高知市
高知市立自由民権記念館35回「戦争と平和を考える資料展」リーフレット
国立国語研究所(1957)『敬語と敬語意識』
国立国語研究所(1983)『敬語と敬語意識　岡崎における20年前との比較』
国立国語研究所(1986)『社会変化と敬語行動の標準』
真田信治(1990)『地域言語の社会言語学的研究』和泉書院
沢村武雄(1967)『日本の地震と津波―南海道を中心に―』高知新聞社
司馬遼太郎(1982)『竜馬がゆく(7)』文藝春秋
司馬遼太郎(1995)『街道をゆく8　熊野・古座街道種子島みちほか』朝日新聞社
司馬遼太郎(1979)『街道をゆく9　信州佐久平みち、潟のみちほか』朝日新聞社
司馬遼太郎(1990)『街道をゆく27　因幡・伯耆のみち　檮原街道』朝日新聞社
司馬遼太郎(1993)『街道をゆく32　阿波紀行・紀ノ川流域』朝日新聞社
土居重俊(1997)「土佐の方言」『日本列島方言叢書　四国方言考』ゆまに書房
中井精一(2005)「日本語敬語の地域性」『日本語学』24-11　明治書院
中井精一(2007)「地域研究と『方言文法全国地図』―日本語方言研究の新しい可能性をもとに―」『方言文法全国地図をめぐって　日本語学』9月臨時増刊号　明治書院
中井精一(2012)『都市言語の形成と地域特性』和泉書院
西尾純二(2013)「無敬語地帯の素材待遇表現」『都市と周縁のことば　紀伊半島沿岸グロットグラム』和泉書院

浜田数義(1997)「幡多の方言」「土佐の方言」『日本列島方言叢書　四国方言考』ゆまに書房
文化審議会(答申)(2007)『敬語の指針』
宮治弘明(1996)「方言敬語の動向」『方言の現在』明治書院
柳田国男(1990)「民間伝承論」『柳田国男全集』28　筑摩書房
吉田則夫(1982)「高知県の方言」『講座方言学 8―中国・四国地方の方言―』国書刊行会

接触言語学から構想する方言形成論

ハワイの日系人日本語変種を例にして

渋谷勝己

1. はじめに

　標題を「接触言語学から構想する方言形成論」としたが、柳田が提唱した方言周圏論はもともと、各地で方言接触が起こることを前提とした方言形成モデルである。基本的なアイディアは、中央で発生した新たな記号が、池の真ん中に石を投げ入れたときに波紋を描くように、次々と隣接地域に伝播していくとするものだが、その伝播の現場をクローズアップしてみると、そこでは、その新たな記号をすでに受容している話者と、その記号の存在をまだ知らない話者が会話を交わし、そのなかで後者がその新たな記号を耳にしてそれを受容(習得)する、そしてさらには使用するという方言接触が起こっている、と考えるものである。

　このような方言周圏論の考え方の根底には、さらに次のような前提がある。

(a) 人は移動せず、ことばが隣接地域に波及していくという「ことばの地を這う伝播」が、方言を形成する基本的なメカニズムである。
(b) ある社会において使用される方言がどのようにして形成されるのかというモデルであり (philogeny)、個人が使用する方言(個々の話し手の脳のなかにある文法)がどのようにして構築／変容されるのか (ontogeny) というところにはあまり注目しない。

　方言形成をめぐる方言周圏論の以上のような視点と方法は、方言の形成過

程を解明するのに大きく貢献したところである。しかしまた一方では、方言周圏論の限界がうかがわれるところでもある。いま、方言の形成にあずかるメカニズムについて、(自律的な変化ということを脇において)方言接触ということだけに焦点を当てたとしても、方言の形成過程を解明するためには、上の(a)と(b)の対極にある、次の視点をもつモデルがあってもよい。

(c) <u>人が移動した場合</u>の方言形成のメカニズムを考える。
(d) <u>個々の話し手をハイライトした</u>方言の形成モデルを考える。

　本論ではこの(c)と(d)を前面に出し、文法事象を中心にして方言形成のメカニズムを考える。その事例として、本論では、明治以降ハワイに移住した日系一世の人々が作り上げた日本語変種とその形成のメカニズムを取り上げて分析することにしよう。ハワイ日系一世の日本語変種は大規模な方言接触のなかで形成されたものであり、それを分析することは、方言周圏論に欠けている、今後の方言形成論に必要な視点を明らかにするものと思われる。
　以下、本論では、第2節でこれまで行われてきた言語接触を視野に入れた方言形成論の特徴とその問題点をまとめたあと、第3節でハワイに日本語が根づいた経緯および本論で分析対象とする談話データについて述べる。続く第4節では、4つの言語変項を選んで、当該談話資料のなかでの使用実態を記述するとともに、当該話者の使用する日本語変種の形成過程を探ることを試みる。最後の第5節では、本論が構想する方言形成論について、あらためてまとめることにする。

2. 先行研究と問題のありか

　第1節で方言周圏論の採用する視点を確認したが、本節では、より広く言語接触ということを前面に出して方言形成過程を追究することを試みた先行研究について、もう少し具体的に整理してみることにしよう。

2.1. 言語接触研究の視点

　一般に言語接触のメカニズムを解明しようとする場合には、社会レベルと個人レベルの両者において、次のような問題に取り組む必要がある（金水・乾・渋谷 2008: 5 〜 6 章）。このことは、個別の言語項目を対象として分析する場合であれ、言語システム全体を対象とする場合であれ、いずれについても言えるのであるが、ここでは、前者の、2 つの言語項目が接触した場合のメカニズムを考える場合を例にする。

　① 2 つの言語が接触したのはなぜか。（マクロの要因（学校教育、話し手の移住など）、ミクロの要因（社会的ネットワーク、コミュニケーションの必要性など）。社会的問題）

　② 2 つの言語が接触する現場においてどのような言語事象（言語の変容・再編成など）が起こったのか。（新形式の受容、新旧両形式の使い分け、旧形式の消滅、新旧両形式の混交、旧形式の維持など。言語的問題）

　③ ②のような言語事象が起こった理由は何か。（社会的問題、言語的問題）

　④ ②の事象が起こる際に、話し手個々人の頭のなかではどのようなことが起こったのか。（心理的問題）

　⑤ ④の個々の話し手の頭で起こったことが、どのようにして社会レベルの事象となって広がったのか。（社会的問題・心理的問題）

　次に、この枠を参照しつつ、柳田の方言周圏論をベースにしてその後に発展した日本の言語地理学（2.2.）や、海外で発展した変異理論（2.3.）が、言語接触のどのような側面に注目してきたかを整理してみよう。

2.2. 日本の言語地理学

　まず、柳田の方言周圏論を発展的に継承した日本の言語地理学は、一方では日本全体や広い地域を取り上げてその方言分布の形成過程を明らかにしようとするとともに、また一方では個別の地域を取り上げて、そのなかで起こった言語変化をつぶさに解明しようとすることを試みてきた。そしてこのような研究のなかで、ある地域で同じ意味を表す複数の形式が接触して競合したとき、その調整のあり方として、取り替えや混交、棲み分けなどが起こることが指摘されてきた（徳川 1978 など）。これらはいずれも、上の②の問

題を追究したものである。

　また、上のような事象が起こった理由を明らかにしようとする③の課題については、社会的な理由として、それぞれの方言がもつ威信や、それぞれの方言に対する話者(受容者)のイメージなどが関与する要因として取り上げられ、言語的な理由として同音衝突などのことが指摘されてきた。

　⑤の、個人レベルで起こった言語変容がいかにして社会レベルの事象として定着していくかという伝播(地理的、社会的伝播)の問題についても、日本の言語地理学には一定の成果がある。個々の発話の現場において、会話参加者のあいだでどのようにして伝播が起こるかといったミクロの伝播事象については未解明の部分が多いものの、ひとつの言語共同体や地域に新たな言語事象がどのように広がっていくのかといったことについては、共通語化の研究や、グロットグラム(地理×年齢図)を利用した研究などによって、多くのことが明らかにされている。

　これに対して、①の、2つの言語が接触した理由ということについては、全国あるいは地域の中心都市で発生した新たなことばが、地を這うようにして波状的に、あるいは鉄道などの経路に沿って飛び火的に伝播し、その伝播先でもともと使用されていた形式と接触したという、ごく大まかなモデルが採用されているにすぎない。ここには、異言語接触が起こるコミュニケーションの現場に対する視線は伺えない。

　また、④の、言語接触の際に話者の頭のなかで起こるプロセスについても、たとえば類推のひとつである過剰修正や、真田(2001)がネオ方言の形成にかかわるメカニズムとして指摘した対応置換などについての言及があるものの、膨大な蓄積のある第二言語習得論や接触言語学の成果を踏まえた議論はほとんどなされていない。新たな言語形式や言語変種の受容とは、新たな言語形式、言語変種の習得であるということを考えると、この観点からの議論が不足しているのは問題であろう。

2.3. 変異理論

　次に、変異理論の立場からなされた言語接触研究を見ておこう。
　日本の言語地理学的な研究は、音声、語彙、文法、アクセントなど、さま

ざまなレベルを対象としたのに対し、主に欧米で行われてきた変異理論の立場からする研究の多くは、音声レベルのバリエーションを対象としてきた。音声レベルのバリエーションを研究する場合には、同じ語の異なった音声的実現を研究対象とするために、そもそも意味の問題がハイライトされることがない。したがって、両者のあいだには分析のための視点や方法が異なっているところがあるのだが、共通するところもまた多い。

　たとえば、②の、新形式の受容、新旧両形式の使い分け、旧形式の消滅などについては、日本の言語地理学と同様に注目され、使い分けについてはスタイル（発話への注意度）といった概念のもとにその実態が解明されている。

　また、③の、上のような事象が起こった理由についても、標準形式がもつ顕在的な威信や、非主流社会で使用されることばがもつ潜在的な威信などの概念を導入して、説明を試みている（Trudgill 1972 など）。

　⑤の、個人レベルで起こった言語変容がいかにして社会レベルの事象として定着していくかという伝播の問題についても、変異理論は大きな成果を残している。というよりも、変異理論は、個別の言語事象が発生する側面（瞬間）は言語変化とはみなしていない。言語変化とは、社会のなかで新たな言語事象が受容されていくプロセスであり、そのプロセスをいわば目の前で捉えようとするのが変異理論である。変異理論研究では、この点について、日本の言語地理学では十分な取り組みがなされていなかった、小さな社会集団における社会的なネットワークを伝播の要因として取り込んだ微細な研究も行われている（Milroy 1980 など）。

　一方、④の、受容する際に話し手のなかで起こる心的メカニズムをめぐる研究は、変異理論からもやはり遠い位置にある。

2.4. 問題のありか

　以上を踏まえれば、言語接触事象を研究対象としてきたこれまでの言語地理学や変異理論に不足していたのは、話者が新たな言語事象を受容（習得）する段階で、あるいはそれを受容して話者のなかで2つの言語項目が競合したときに、話者のなかでどのようなことが起こるのか、その心的メカニズムを解明するという作業である。

本論ではこのことについて正面から論じる用意はないが、そのための準備的な作業として、大きな言語接触を経験したある一人の話者（ハワイに移住した福島県出身の日系一世話者）に注目し、その発話の構成要素にどのような種類の言語事象があるかを整理してみることにする。

3. ハワイ日系人日本語変種と分析データ

具体的な言語事象の分析に先立って、ハワイ日系人日本語変種の形成過程と(3.1.)、本論で使用するデータについて(3.2.)、簡単にまとめておこう。

3.1. ハワイ日系人日本語変種の形成過程

日本人のハワイへの移住は、1868年に、153人のいわゆる「元年者」と呼ばれる人々が渡ったのが最初である。この時代のハワイでは、白人の資本による大規模なサトウキビ農場が運営されていたが、労働力が不足しており、海外から労働者を導入することにしたものである。当時の日本は、欧米の社会をモデルとして近代的な国民国家を建設することをめざしており、外貨を獲得することや、各地、とくに農村の困窮状態を改善することなどを目的として、海外への移民が奨励された。1885年には日本政府とハワイ王国政府の話し合いで成立した官約移民の制度による渡航がはじまり、第1回の移民船で944人（山口県420、広島県222、神奈川県214など）がハワイに渡っている。以後、1924年の移民法（通称排日移民法）によって移民の渡航が禁止されるまでのあいだ、20万近くの日本人がハワイへ渡ったという。

1920年におけるハワイの人口は255,912人で、その構成は、ハワイ人23,723、混血ハワイ人18,027、白人（プエルトリコ・ポルトガル・スペイン・他）54,742、中国人23,507、日本人109,274、韓国人4,950、黒人348、フィリピン人21,031、その他310といった構成であった（王堂・篠遠1985: 18-19。分類は出典にしたがう）。日本人は4割以上にのぼっている。

また、1924年の時点でハワイに居住した日系人116,615人の出身県は、1,000人以上のところをあげれば、広島30,534、山口25,878、熊本19,551、沖縄16,536、福岡7,563、新潟5,036、福島4,936、和歌山1,124、宮城1,088

である(王堂・篠遠1985: 50、井上1971)。この数字から、移民の出身地は全体的に西日本が多かったことがわかるが、とくに上位2県(広島、山口)が占める割合は多く、全体の半数近くを占めている。

このようにして現地に渡った日系人の言語状況、言語変容のあり方をごく大まかにまとめれば、図1のようになる。典型的には、図の(a)と(b)が一世、(c)が二世、(d)と(e)が三世以降で、日本語は、三世代で英語への移行が完了することが多い。

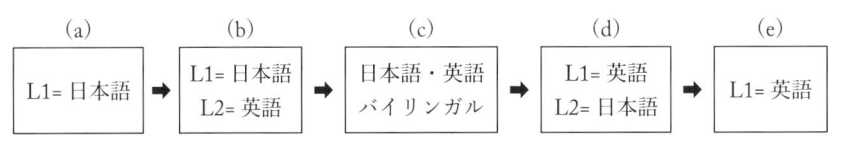

(a)	(b)	(c)	(d)	(e)
L1=日本語	L1=日本語 L2=英語	日本語・英語 バイリンガル	L1=英語 L2=日本語	L1=英語

図1　日系人の言語シフト　(L1=母語、L2=第二言語)

なお、この図には、次のような注釈が必要である。

① (a)および(b)のL1(第一言語)の日本語は、標準語ではない。上で見たように一世の出身県はさまざまで、したがって使用する方言も多様である。現地の日系人コミュニティでは複数の方言が接触した。

② (b)のL2(第二言語)の英語も、標準英語ではない。次のようなピジン英語であることもある(Nagara 1972、小林1989。太字は日本語の要素)。

（1） Us Japan come **wakaran**(おれたち日本から来たものは わからん)
（2） No money **nara** no can **yo**(お金がないならだめですよ)

日系人が標準英語を習得するようになるのは、基本的に、二世が現地の学校に通いはじめてからのことである(上記図1の(c))。

3.2.　分析データ

本論では、ハワイに移住した日系一世の談話データとして、前山隆編著『ハワイの辛抱人―明治福島移民の個人史―』(御茶の水書房、1986)を使用する。これは、編著者の前山が一世のライフ・ヒストリーを研究するために

収集したもので、この書では 1892 年に福島県で生まれ、1907 年に 14 歳でハワイに移住した日系一世の渋谷正六氏を対象としている。データは語り手の発話を忠実に再現したものではなく、「全体として読めるものにする編集の作業」(290 ページ)が加えられているが、「ほとんど完全に語り手のオリジナルの語りを残すように最大の努力を払った」(289 ページ)とある。ハワイの日系人社会に六世や七世が誕生している今、一世の日本語の実態を調べるためには、こうした談話文字化データや、かつて収録した音声データを資料とした研究 (Hiramoto 2010, Hiramoto & Asahi 2013) を行わざるを得ない段階に入っており、工藤 (2014: IV部 6 章) も、本論で分析の対象とする前山のデータを使用して当該日本語変種のアスペクト体系を分析している。

　さて、上の①の注釈において、現地の日系人コミュニティでは複数の方言が接触したことを述べたが、日系一世においては、その使用する日本語変種のなかで(実際にはそれを使用する話者の頭のなかで)次のような言語要素が競合し、徐々にひとつの共通体系(コイネー)に収束していったものと思われる。そこにできあがったハワイの日本語変種は、次のような構成要素をもつものであった(渋谷・簡 2013)。

(A)　第一方言として身につけた日本語母方言の要素
(B–1) 日本語方言話者と接触して受容した他の日本語方言の要素
(B–2) 英語母語話者や英語非母語話者等と接触して受容した(ピジン)英語の要素
(B–3) マスメディア等を通じて接触して受容した日本語標準語の要素
(C)　話者自身による独自の創造(ただし、他の話者が創造したものを受容した場合もある。その場合は(B–1))

　本論で取り上げる日系一世の日本語変種においても、上のような要素が競合している。
　まず、(A)について、談話データのなかには、語中のカ行音の濁音化など、この話者の母方言である福島方言の要素が随所に観察される(以下、用例末尾の数字は掲載ページ)。

（３）　うちのじじさんがなんにも聞きとれんがら　　　　　　（19）
（４）　わし一人して行がれんけえ、ね、年が足らんもんだから。　（50）

　一方、この話者の日本語変種には、この話者がハワイに来てから接触したと思われる(B–1)の他方言の要素も、数多く見いだされる。次の例を見てみよう（〔　〕内は本論の筆者による補充）。

（５）　クリームがなっちょらんのよ。　　　　　　　　　　　（257）
（６）　わたしの名前は正六。正月生れだから、正月の正、五男だが、女も入って六番目だから六で正六。それで六だげな、ハーハッハ。見易いもんだよ。　　　　　　　　　　　　　　　　　　　　　　　　（29）
（７）　わたしはこまくて〔仕事〕もらわれん。　　　　　　　（66）

　上の発話のなかには、アスペクトのチョル、伝聞・様態を表すゲナ、ミヤスイやコマイ（小さい）などの西日本方言（とくに山口、広島方言）の要素が顕著である。その他、数は多くないが、

（８）　とにかく日本の方は、貧乏になっちゃって百姓のしようがないんだから、呼ばれるだけ呼んでおこう、なんてことで、〔母親や兄弟を〕呼んだわけですたい。　　　　　　　　　　　　　　　　　（107）
（９）　あれは、一番大きいカントラッキ・ボーシでないと、ほんとはしきらん仕事だっけ。　　　　　　　　　　　　　　　　　（105）

のなかの文末詞タイ、可能のシキランなど、九州方言の要素も見いだされる。
　さらに、上の発話のなかのカントラッキ・ボーシ（contract boss）や、次のユー（you）、オッピス（office）、アイ・テンク（I think）などは、(B–2)の、英語からの借用要素である。

（10）　よし、ユーが行かれるんだったら、行って奮闘セェ。　　（113）
（11）　わたしの金吉兄もそこのオッピスで働いたんよ。　　　　（39）

(12) 〔頼母子講は〕大きいのが二〇ドル位ね。それより以上のは、<u>アイ・テンク</u>、無かったね。　　　　　　　　　　　　　　　　　(118)

　(B–3)の標準語要素と(C)の独自の創造については、第4節で述べる。
　なお、ハワイの日本語変種にこのようなさまざまな言語要素の競合と淘汰が起こった背景には、ハワイにおける、次のような社会的状況があった。

① 現地では、多方言、多言語接触状況のなかで否応なくコミュニケーションを行う必要があった。
② 移住初期の一世たちの多くは、ハワイに来る以前には十分な学校教育を受けておらず、標準語能力は低かった（どの形式が標準語かがわからなかった）ものと思われる。
③ 戦前は現在のようにマスメディアが発達しておらず、日本からの情報があまり入らなかった。
④ 戦後に実施された日本の言語政策の力は及ばない。

　このうち、①の状況について、話者は次のように述べている。

(13) …日本人同志が、話が通じなかったんですゾォ。山形県であろうが、新潟県であろうが、福島・宮城であろうが、一遍ですぐ話が分るなんて奴はおらんかったから。そこさきてからに、山口だ、広島だときたら、もう分らん。九州なんかときたら、もっと分らんかった。　(68)

　以下、本論においては、この話者の発話のなかから、日本語の複数の方言の要素が競合する言語項目を取り上げて分析してみることにしよう。話者の発話のなかには、

(14) そんなものがステーキ<u>じゃ</u>。　　　　　　　　　　　　　　(140)
(15) 〔真珠湾攻撃の前は〕みんな連れて〔日本に〕帰るつもり<u>じゃった</u>。
　　　　　　　　　　　　　　　　　　　　　　　　　　　　　　(240)

(16) 〔カフェをやった〕二度目は赤嶺いう人だった。　　　　　(126)
(17) わしら来た時分にや、こっちでひどいごとやりよったですよォ。(59)
(18) わし、子供だったが、ちゃんと聴いとりましたよ。　　　　　(4)
(19) お前らをダクター〔doctor〕に連れて行くからのォ、ちうて、(154)
(20) ヨーシ、それじゃ、わしが四五エンで食わしたらい。　　　(193)

の例に見るように、コピュラのジャ(14)(15)、引用のトの不使用(16)、アスペクトのヨル・トル((17)(18))、間投助詞ノー(19)、終助詞ワの融合(20)などの西日本方言の要素も観察されるが、本論では、比較的多くの用例が得られる否定辞、移動の到着点を表す格助詞、ウ音便形、理由の接続助詞を取り上げて、その使用状況、競合のあり方を具体的に分析してみることにする。なお、否定辞と理由の接続助詞については Hiramoto (2010) でも分析されているが (一人称詞、コピュラ、文末詞、アスペクト (存在動詞) も。対象は福島・新潟出身の一世)、本論では Hiramoto (2010) を参照しつつ、それとは少し異なった観点も加えて分析することにする。

4. ハワイの日系人日本語の実態

　以下、本節では、この話者の発話データのなかから、否定辞(4.1.)、移動の到着点を表す格助詞(4.2.)、音便形(4.3.)、理由の接続助詞(4.4.)の 4 つの言語変項を選び出し、できるだけ網羅的に整理することを試みる。用例の収集に当たっては、他者の発話の引用部分も含めた。また、本論は文法事象を分析の対象としているので、語中の濁音化の有無は区別しない。その他、個々の言語変項ごとの採集方針についてはそれぞれの項で述べる。

4.1. 否定辞

　最初に、否定辞の使用実態から見てみることにしよう。
　まず、話者が用いた否定辞を整理すると、表 1 のようになる。表 1 には、以下の表 2 〜表 4 に整理した過去形、バ条件形、当為・禁止表現を除いた形式を整理してある。

表1　否定辞（非過去形、他）

ネエ	ナイ	ナクナル/スル	ン	ンクナル	ナラン	イカン
5	24	5	364	2	7	12

　ここで個別に取り出したナランは、ドモコモナラン（5例）、ドモナラン（1例）、名詞＋デナクテハナラン（1例）のような慣用的なもの、イカンは、「よくない」の意を表す評価的なもの（10例）とスルワケニハイカン（2例）である。アカンは使用されていない。その他、動詞＋マセンが4例、ズニが4例使用されている（表からは除外）。
　この表および話者の発話例からは、次のようなことがわかる。
　(a-1)『方言文法全国地図』（以下 GAJ）80図「書かない」等によれば、母方言である福島方言においては基本的にネエが使用されるはずであるが、この形式の使用は少ない。むしろ、標準語的なナイのほうが多い。
　(a-2) 使用がもっとも多いのは西日本方言のン系否定辞である。これは、Hiramoto（2010）の結果と同じである。同じ西日本方言の形式でも、ヘンは用いられていない。
　(a-3) 2例だけではあるが、ナクナルのナ（イ）の部分をンに置き換えたンクナルが使用されている。
　(a-4) なお、

(21)　あまり調べんと行っちまったそうな。　　　　　　　　　　　(24)

のントのような、ナイには置き換えられない例（12例）があるが、これらはントというチャンクで受容されているようである。
　次に、否定辞過去形の使用実態をまとめると、表2のようになる。

表2　否定辞（過去）

ナカッタ	ンカッタ*	ンダッタ**	ナンダッタ	ナンダ	センデシタ
17	16	35	3	1	1

＊ニャナランカッタ1例を表4の当為表現と重複してカウントした。
＊＊条件形ンダッタラ4例を含む。

ここからは、次のような実態が観察される。
(a–5) やはりナイ系よりもン系の方が多用されている。
(a–6) ン系のなかでも、ンダッタが多用されている。

(22) 養子に行って、名前が変わっておったために、リスト見ても分らンだった。　　　　　　　　　　　　　　　　　　　　　　　　　　　(32)

　このンダッタという形式は、GAJ151図「行かなかった」によれば、イカダッタ・イカザッタ・イカンカッタ等が分布する中国地方で、他の形式と併用されて6地点でのみ使用される形式である。それがこの話者において最も多用される形式となっていることには、分析化ということがかかわっていよう。ハワイにおいて否定辞をンにシフトさせた際に、山口方言や広島方言で使用されるイカダッタのダッタを切り出して、ンダッタを創り出したものと思われる。ただし、このダッタは、中国方言の否定過去のダッタとは異なって、否定の意味をもっていない。東日本方言のコピュラのダッタと同じ性質のものだと思われる。
　(a–7) なお、関連して、この話者は、西日本方言で使用されるナンダのほかに、同じく否定辞ンを明示するかたちで創り出したと思われるナンダッタといった形式も使用している。

(23) どうしていいやら、わしらァ見当つかなんだった。　　　(242)

　以上のようなン系を多用する傾向は、さらに、以下に示すようにバ条件形の融合形（表3）や、当為・禁止表現のような複合形式（表4）のなかでも観察される。

表3　バ条件形

ナキャ	ニャ	ンニャ
3	5	1

表4　当為・禁止表現

ナキャイケン	ニャナラン	ニャイカン	ニャイケン	チャイカン	チャイケン	トイケン
1	6	2	19	7	2	1

　否定辞ンは、この話者の日本語変種のなかに最も根づいた西日本方言的な要素である。

4.2. 移動の到着点を表す格助詞
　次に、移動の到着点を表す格助詞（ニ・ヘ・サ）の使用実態を見る。
　この話者は、母方言である福島方言の格助詞サ（GAJ第2集）を、次のような場合にも使用しているが、

(24)　いろりさ（わらを）くべる（移動対象物の到着点、26)
(25)　乱杭さ掴まる（対象、61）
(26)　そこさ仕事貰いさ入る（目的、95）

ここでは、分析の対象を、動作主自身が意志的に移動する場合の到着点を表す場合に限定する。具体的には、

(27)　わしらふたりして、そっちさ行ったわけですよ。　　　　　　　　(5)

のように、非能格自動詞を述語とする文において到着点をマークする格助詞である。採集した用例の述語は、行ク・来ル・出ル・入ル・出入リスル・着ク・戻ル・帰ル・上ガル・降リル・出張スル・転航スル・ムーブスル・飛ビ出ス・飛ビ込ム・引キ揚ゲル・廻ル・進駐スルであった。ただし、これらの動詞が用いられていれば、次のように具体的な移動を表さない場合も含めた。

(28)　わしは学校さ行っとらんから、わかんねえが。　　　　　　　　(6)

(29) 東京さ戻って商船学校さ入っちゃった。　　　　　　　　　(32)

さて、この話者が使用した移動の到着点を表す格助詞は、次の表5のようである。使用頻度の多い行クと来ルを個別に取り出して示した。

表5　移動の到着点を表す格助詞

	行ク	来ル	その他	計
ニ	62	31	51	144
ヘ	11	0	0	11
サ	82	32	45	159

この表および発話例からは、次のことがわかる。
　(b–1) 動詞行クの場合には若干格助詞サの使用に偏るが、標準語・西日本方言形のニ・ヘと福島方言形のサが競合する状況である。
　(b–2) 上の(28)の例の「学校さ行っとらん」のように、福島方言のサと西日本方言の形式(この場合アスペクトのトラン)が共起することがあるが、アスペクト形以外に、ウ音便形なども近接して用いられた例がある。

(30) わたしら、そこさ仕事貰いさ入って、貰うてね。　　　　　(95)

4.3. 音便形

次に、同じく西日本方言的な形式である、ワ(ハ)行五段動詞のウ音便形(4.3.1.)と、形容詞のウ音便形(4.3.2.)の使用実態を見てみることにしよう。

4.3.1. ワ行五段動詞のウ音便形

ワ行五段動詞のタ形やテ形に見られるウ音便形の、話者の使用実態は、表6のようである。この表では、使用頻度の高い「言ウ」「思ウ」「(動詞＋テ)モラウ」「動詞＋テシマウ」を個別に取り出し、その他の動詞を「その他」として提示した。なお、「言ウ」には、動きを表すもののほかに、「食べ物ちったら」(61ページ)や「一膳めし屋といったあんばいのもん」(126ページ)の

ような機能語化しているものも含んでいる。機能語化したもののなかには、促音便形のチッテ、ウ音便形のチウテのいずれからの変化形とも判断できるチテが20例ほどあるが、以下の集計からは除いてある。

表6 ワ行五段動詞のウ音便形

	言ウ	思ウ	(テ)モラウ	テシマウ	その他	計
ウ音便形	122	8	29	1	33	193
促音便形	85	65	30	144	94	418

テシマウの促音便形はテシマッタ・チマッタ・チャッタ・チッタなど、ウ音便形はテシモウタ。

　この表および使用された用例からは、次のようなことが観察できる。
　(c-1)動詞によって、ウ音便形が多用されるもの（言ウ）と促音便形が多用されるもの（思ウ、テシマウ）、両者の使用頻度がほぼ同じもの（(テ)モラウ）がある。話者がハワイに来る前からウ音便の知識をもっていたかどうかはわからないが、徐々に（語彙的な伝播として）ウ音便形を使用するようになったことが推測される。
　(c-2)話者の発話のなかには、

(31) 「ユーらァ、だれのためにテップもらわれるかァ。オールメン〔一般労働者、ここではレストランの調理方〕にも、ちと、タバコ位買って来い」なんて、いいよったのよ。気の利いた奴らは買うて来ますよ。
(149)

のように、促音便形とウ音便形が近接して用いられているものがある。上の例では方言形であるウ音便形がマスと共起しているが、話者のなかでは促音便形とウ音便形は自由変異として理解されているか、あるいは使用者の多いウ音便形のほうが標準語としてとらえられているのかもしれない。次のような、促音便形（本動詞）とウ音便形（補助動詞）が共起している例も、両者が自由変異であるとする見方を支持するものである。

(32) わしゃ夜逃げして、有田さんとこさ飛び込んで拾ってもろうて、(140)

なお、このような例からは、ウ音便形の受容は［本動詞＋補助動詞］を単位として起こるのではなく、［本動詞］と［補助動詞］を別々の単位として起こるものであることがわかる。使用頻度の違いも考慮に入れなければならないが、これは、先に見た当為表現の場合、前件と後件の両者にン系否定辞がほぼ固定して使用されているのとは性格を異にする。

4.3.2. 形容詞のウ音便形

次に、形容詞のウ音便形と非音便形の使用状況をまとめると、表7のようになる。

表7　形容詞のウ音便形

	ヨク	その他	計
ウ音便形	19	10	29
非音便形	26	84	110

動詞の場合よりも非音便形の使用率が高いが、ウ音便形のなかでは副詞ヨクのウ音便率が高く、また、その他のウ音便形も、遅ウナル4例、動詞＋トウナイ2例、高ウナル/スル2例など、語彙的に限られているようである。話者の日本語変種のなかでは、東日本方言の形式（母方言・標準語）のほうが優勢なところである。

4.4. 理由の接続助詞

最後に、理由を表す接続助詞の使用状況を見てみよう。

ハワイの日本語変種では、理由の接続助詞として、カラとノデに加えて、主に中国地方で使用されるケエが使用されている。

(33) わたしの二番兄が測量師のステッキ持ちの仕事しとったから、あれに会おうと思うて、(4)

(34)　わたしも身体が惜しくなったんでェ、止めることにしました。（179）
(35)　おれはまだ若いから、世話ないけェ、待つから〔おまえがアメリカに
　　　行って奮闘せェ〕　　　　　　　　　　　　　　　　　　　　（113）

データのなかのそれぞれの使用数を整理すると、表8のようになる。

表8　理由の接続助詞

カラ	ノデ・ンデ	ケェ
449	33	57

なお、ケェについては、話者は、

(36)　わしら大きくなった時分には、もうぜんぜん仕事しなかったっけ(24)

のような、福島方言の文末詞ケも使用していて、ときに、接続助詞なのか文末詞なのか判断できないことがあった。次の例も同様。

(37)　どういうもんだか、もう、ペイデーからペイデーまで、お金なんか無
　　　いんだっけね。〔貰ったその日のうちに〕使っちゃって。　　　（106）
(38)　そのころには、一週間一八ドルになったっけ。一八ドルになったっけ
　　　え、女房もっても大丈夫だってなものよ。　　　　　　　　　　（150）

　本論においては筆者(山形市出身。文末詞ケを使用)の判断で両者を区別したが、迷う例もあった。したがって、判断によってはケェの用例数に増減があるかもしれない。
　また、表には含めていないが、このほかに、カラとケェには接続詞の一部として使用されている場合がある。具体的には、カラ系が39例あり(ダカラ(17例)、ソレダカラ(5例)、ソンダカラ(7例)、ソイダカラ(7例)、ンダガラ(1例)；ソレジャカラ(1例)、ジャカラ(1例))、ケェ系が1例(ソンダッケ)あった。

以上の用例分布および発話例によって、理由の接続助詞に見る話者の特徴を整理すると、次のようになる。

　(d–1) 全体的には母方言で使用されるカラが基調となっており、そこにノデやケエが混じるといった実態を見せている。ちなみに Hiratmoto (2010) の結果では、接続助詞と接続詞をあわせて、日常的に東北方言話者以外と接することが多かった話者のケエの使用率は 42%、それほどなかった話者は 25% という数字で、本論の話者よりもケエの使用率が高い。本論の話者にカラが多いことには、この話者が「～ダカラ。」で終える発話を多用して談話を進めているということがかかわっているかもしれない。

　(d–2) カラについては方言的に中立的な使用がなされており、共起する前接形式や後接形式に偏りがない。具体的には、

　(d–2–1) カラの前接形式には、東日本方言に特徴的な形式 (習ッテルカラ、ヤラレッチマウカラなど) だけでなく、西日本方言的な形式 (足ランカラ、酔ウトルカラ、行キヨルカラなど) も共起している。

　(d–2–2) 前後に丁寧語デスが使用される場合にもカラが選択されている (～デスカラ、～カラデスなど、11 例)。

　(d–3) ノデについても、前接形式に東日本方言形式 (思ッタノデなど)、西日本方言形式 (足ランノデなど) の両者が使用されるが、言ウの終止形と共起して固定的な表現で使用されることがやや目立つ (～ッテ言ウンデ、～ッテンデ、～チュウンデ、～チウンデなど 8 例)。ただし、このような例 (～テイウカラ、～チウカラ) は、中立的としたカラにも 6 例あるので、この環境でノデが排他的に使用されるというわけではない。

　(d–4) ケエは、前接形式に東日本と西日本で対立する形式が使用される場合には、コピュラ (ダ 9、ジャ 2) を除いて、ほぼ西日本方言形が選択されている (否定辞ン 16、ナイ 0 など)。なお、ショウナイケエ 2 例、ドモコモナランケエ 2 例などの表現はケエ専用で、カラは使用されていない。本資料だけでは十分に明らかにすることはできないが、この話者のなかではケエは何らかのモーダルな意味を帯びているのかもしれない。

4.5. まとめ

　以上、本節では、話者の発話に現れた否定辞(4.1.)、移動の到着点を表す格助詞(4.2.)、音便形(4.3.)、理由の接続助詞(4.4.)を整理した。その使用実態をあらためて整理すると、表9のようになる。太字は非標準語的要素である。太字でないところには、標準語的要素と固有の方言要素の両者の可能性があり、明確には区別できない場合がある。表では便宜的に福島方言要素と西日本方言要素の2つに分けた。

表9　話者の発話の構成要素一覧

	福島方言要素		西日本方言要素	
4.1. 否定辞	ナイ系	10.4%	**ン系** *	89.6%
4.2. 移動の到着点	**サ**	50.6%	ニ・ヘ	49.4%
4.3. ワ行動詞音便形	促音便形	68.4%	**ウ音便形**	31.6%
4.3. 形容詞音便形	非音便形	79.1%	**ウ音便形**	20.9%
4.4. 理由の接続助詞	カラ・ノデ	89.4%	**ケエ**	10.6%

*表1と表2を集計したもの。

　この表およびこれまで整理したことをまとめれば、次のようになる。

　(e-1) この話者の使用する日本語変種には、母方言である福島方言の要素、標準語的要素に加えて、西日本方言の要素が多く含まれている。その西日本方言の要素は、使用者の多い広島・山口方言を中心とするが、九州方言の要素なども観察される。第3節で述べたようなハワイの多方言状況を踏まえれば、日本国内において福島方言話者が山口県に移住して山口方言を習得するような第二方言習得のメカニズムとはまた異なった方言混交のメカニズムが、そこには働いているかと思われる。

　なお、本論のデータでは明らかにできないが、Hiramoto (2010) が中国地方出身者の発話データも分析することによって明らかにしたように、習得の方向は、福島方言母語話者が西日本方言要素を習得するという一方向的なものである。このことには、Hiramoto (2010) の指摘にあるように、以下のような要因がかかわっていよう。

・先にハワイに定着したグループが西日本出身者であること。
・その後も、福島出身者は日系人社会ではマイノリティであったこと。
・福島出身者は、自身の方言にコンプレックスを抱いていたこと。

　(e–2) 西日本方言要素に注目した場合、その使用頻度は言語項目によって異なる。本論で取り上げた項目については、ン系否定辞の使用率は 90% 近くにのぼるのに対して、理由の接続助詞ケエは 10% 程度にすぎない。

　(e–3) また、これらの言語項目の使用のあり方は、ひとつのルール／形式が関連する言語項目に一律に適用／使用されるといった種類のもの（否定辞ンがこれに近い）だけではない。たとえばワ行五段動詞ウ音便形の場合には、動詞言ウについては 59% ほどが使用されるのに対して、（テ）モラウについてはほぼ半数の 49%、思ウについてはわずかに 11%、テシマウについてはほとんど使用されていない。このような状況からはむしろ、個々の語ごとに、促音便形とウ音便形のうちの使用しやすいものが使用されているということが推測される。

　(e–4) 他の形式との共起関係ということについても、発話のなかで複数の具現形から選択することが可能な場においていずれかの具現形がローカルに選択される場合と、(a–4) で述べた否定辞のントやニャイケンのようないわばセット（大きな単位）の一部として選択の可能性なしに固定して使用されるものがある。

　(e–5) なお、話者は、西日本方言などの他の方言を、母方言話者が使用するままに受容、習得しているわけではない。否定辞をめぐる (a–6) のンダッタや (a–7) のンナンダのような形式や、(d–4) の（可能性としての）ケエのモーダル化など、独自の特徴を創り出しているところがある。

　(e–6) 以上を総合すれば、本論で取り上げた話者の日本語変種は、いわば西日本方言と標準語をベースにしたハワイの共通日本語（コイネー）へと収束する過渡期にあるシステムであり、そこでは独自の創造も行われている。また、それぞれの発話場面における具現形の選択は、典型的な東北方言の形式は社会的に下位に位置づけられている（Hiramoto 2010）という社会的条件のもとでなされている、ということができる。

さて、以上のように話者の使用実態を整理してみると、次に問題になるのは、(e-2)や(e-3)に関連して、西日本方言の要素のなかで「使用(受容)しやすいものは何か」(方言周圏論的な用語でいえば「伝播しやすいものは何か」、福島方言の要素から見れば「容易に西日本方言の要素に置き換わるものは何か」)、また、それはなぜかということを明らかにすることである。これは、Thomason & Kaufman (1988) や Matras (2009: ch.6) などが明らかにしてきた借用スケールを解明する試みと同じ種類のものである。

しかし、このことについては、本論では十分な答えが用意できていない。ン系否定辞、移動の到着点を表すニ・ヘ、ウ音便形、接続助詞ケエがなぜこの順序で使用頻度が高いのかということを明らかにするためには、

① 当該言語要素を耳にする頻度(インプットの量)

などの外的な要因や、

② 認知的な要因(当該言語要素の処理の難易度、談話的な役割など)
③ 意識上の要因(当該言語要素についての好悪や方言としての認識度)
④ 話者の性格的な要因(どの程度アコモデーションを行うかなど)

などの内的、心理的な要因を個別に検討する必要があるが、②のなかの普遍的な要因や、談話データから復元できるかもしれない①などの問題を除けば、その形成期の状況を復元できない今となってはむずかしい課題となろう。これらはむしろ、現在起こっている言語変化を分析対象とする言語地理学や変異理論が、そのヒントを提供できるところである。

5. 方言形成論の展開に向けて

以上、本論では、柳田の方言周圏論、およびその後の言語地理学研究の視野からは漏れている、

・人が移動した場合の方言形成のメカニズムを考える。
・社会の次元における言語の形成モデルではなく、個々の話し手をハイライトした方言の形成プロセスを考える。

という2つの目的を設定し（第1節）、その目的にとってはそのメカニズムが観察しやすいという点で最適の、一人のハワイ日系人の日本語変種を分析の対象として、方言形成のひとつの側面を解明することを試みた。人が生まれた故郷から別の土地へと移住し、その地の方言と接触するということが頻繁に行われるようになったいま、方言が形成されるプロセスを論じるためには、本論が採用したような視点も必要になってくるであろう。また、これまで議論されてきた方言の形成過程についても、言語接触・言語習得といった視点を前面に出して、あらためて捉え直してみることも有用かもしれない。

　最後に、本論では十分に取り上げなかったが、方言周圏論や方言形成論を再考するにあたって、日系人日本語変種を分析することが貢献できる可能性のあることを2点だけ追加しておこう。

　(a) 移住した先で使用される日本語変種には、日本では使われなくなった古いことばが残ることがある。いわゆる colonial lag という現象である。地を這う伝播によるものではないが、いわば海外という日本語使用地域の周辺部でどのような古い日本語が使用され続けるのか、グローバルな視点で方言周圏論を論じてみることも可能かもしれない。

　(b) 日系人日本語変種では、(a)のように古いものを残すだけではなく、日本の言語政策が及ばないという社会的な条件のもと、自由な改変も頻繁に起こっている。本論では、4.1. で否定辞の使用実態を見た際に、ンダッタやナンダッタのような新たな形式が創造されていることを指摘したが、新たな創造が起こるのは形式面だけではない。小林（2004: 476）が、「中央から伝播した古典語は、西日本ではそのまま受容される傾向が強いために自然に衰退が進み、その過程で古態が残存する。一方、東日本では古典語を大きく変容させ、新しい形式や意味として積極的に「再生」する作用が強いことから、生まれ変わった古典語があらためて広範囲に広まりやすい」という傾向があることを指摘しているが、東日本について述べられている「再生する作用」は、ハワイについても言えるはずである。

　これまでの第二言語習得論が明らかにしてきたように、意味や言語行動面での特徴も含め、第二言語（方言）を習得する際には、母方言からの転移や、習得者言語に独自の特徴が加えられるのが一般的である。そもそも柳田は、

方言の形成ということを論じる際には、方言周圏論だけではなく、新語の発生にかかわる児童の役割ということも重んじた。今後の方言形成論を構想するためには、話者が新たな言語事象や言語体系を創り出すプロセスに、大いに注目すべきであろう。

参考文献

井上史雄(1971)「ハワイ日系人の日本語と英語」『言語生活』236
王堂フランクリン・篠遠和子(1985)『図説ハワイ日本人史 1885–1924』ハワイ移民資料保存館人類学部バニース・パウアヒ・ビショップ博物館
金水敏・乾善彦・渋谷勝己(2008)『シリーズ日本語史 4 日本語史のインタフェース』岩波書店
工藤真由美(2014)『現代日本語ムード・テンス・アスペクト論』ひつじ書房
小林隆(2004)『方言学的日本語史の方法』ひつじ書房
小林素文(1989)『複合民族社会と言語問題』大修館書店
真田信治(2001)『関西・ことばの動態』大阪大学出版会
渋谷勝己・簡月真(2013)『旅するニホンゴ―異言語との出会いが変えたもの―』岩波書店
徳川宗賢(1978)「単語の死と生・方言接触の場合」『国語学』115
前山隆編著(1986)『ハワイの辛抱人―明治福島移民の個人史―』御茶の水書房
Hiramoto, Mie (2010) Dialect contact and change of the northern Japanese plantation immigrants in Hawai'i. *Journal of Pidgin and Creole Languages* 25: 229–262.
Hiramoto, Mie and Yoshiyuki Asahi (2013) Pronoun usage of Japanese plantation immigrants in Hawai'i. *NINJAL Research Papers* 6: 19–28.
Matras, Yaron (2009) *Language Contact.* Cambridge: Cambridge University Press.
Milroy, Leslie. (1980) *Language and Social Networks.* Oxford: Basil Blackwell.
Nagara, Susumu. (1972) *Japanese Pidgin English in Hawaii.* Honolulu: The University Press of Hawaii.
Thomason, Sarah G. and Terence Kaufman (1988) *Language Contact, Creolization, and Genetic Linguistics.* Berkeley: University of California Press.
Trudgill, Peter (1972) Sex, covert prestige and linguistic change in the urban British English in Norwich. *Language in Society* 1: 179–95.

方言形成論の到達点と課題

方言周圏論を核にして(改定版)

小林隆

1. はじめに

　「方言周圏論」は柳田国男の『蝸牛考』(1927)の中で「かたつむり」の名称を例に提案された。この理論は、現在でも方言の成立を解き明かす有効な原理である。しかし、その後、この理論に対する反論や修正案が提出され、さまざまな問題点が検討されてきた。その中で、日本の方言形成についての議論が繰り返され、方言学の発展が促されてきた。方言学とは、狭義には地域差の論であり、究極的にはその成立を明らかにするものである。方言学の興味の中心に方言周圏論があり続けたことは、その意味で当然とも言えるのである。

　しかしながら、方言周圏論は、方言の形成について扱う、より大きな研究の枠組みの中でとらえるべき段階に来ている。そのような広義の研究概念を「方言形成論」(小林隆2008a)と名付けることにする。この方言形成論は、近年、大西拓一郎(2008)、小林隆編(2008)などによって活性化しつつあり、最近では澤村美幸(2011)のように正面からこのテーマを取り上げる研究書も現れている。それぞれの立場の違いはあるものの、それらに共通するのは、方言周圏論的な方言形成を批判的にとらえる問題意識である。

　ここでは、それらの研究に導かれながら、方言周圏論のもつ問題点をあらためて整理し、それが今日、方言形成論の中でどのように扱われてきているかを鳥瞰していく。すなわち、方言周圏論を核にして、現代における方言形成論の到達点と課題を示すことが本論の目的である。

　ただし、ここでは方言周圏論をめぐる研究史を全体的に語ることはしな

い。現在議論が続いており、今後も重要な課題となると思われる問題点を中心に、私見を交えながら論じたのが本論である。

なお、本論の内容は2011年11月20日、東北大学で行われたシンポジウム「柳田国男と東北大学」において「方言周圏論の現在」と題して行った口頭発表をもとに、一旦、『東北大学文学研究科研究年報』61（2012年3月）に掲載したものである。その内容は本書のテーマと深く関わり、方言周圏論の現代的課題を整理したものであるため、一般の利用の便を考えて、あらためて本書に収めることとした。ただし、考えを整理し直したり、その後の成果を取り込んだりするなど、各所に加筆・修正を行っている。題名に「改定版」と入れたのはそうした理由による。

2. 方言周圏論の考え方

方言周圏論では、言葉は文化の中心から周囲に向けて伝播するものであり、方言分布はその伝播の産物として形成されると考える。これは、ちょうど池に小石を落とした際、そこから波紋が広がるように、中央で生まれた言葉が順次地方に伝播することにより、同心円的な分布ができあがるという理論である。この理論に従えば、図1のように中央から離れた地域ほど古い言葉が分布することになる。

以上のような方言周圏論の考え方を、理解しやすいように分割してとらえてみよう。この理論には、新たに生まれた言葉が中央を離れて地方に定着するまで、「伝播」「受容」「保存」という3つの局面が含まれている。すなわち、次のように整理できる。

（1） 伝播の局面：中央の言葉が地方に伝播する。
（2） 受容の局面：地方は中央の言葉を受容する。
（3） 保存の局面：地方は古い中央の言葉を残す。

ところで、このように3つの局面に分けて考えると、方言周圏論は、複数想定される方言形成のパターンの中で、ある特定のパターンを選んで理論化

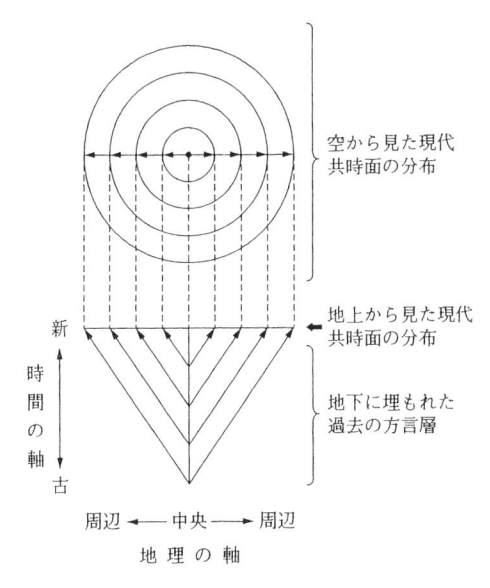

図1 方言周圏論の模式図

されたものであることが見えてくる。すなわち、まず、「伝播の局面」においては、方言周圏論は中央の言葉が地方へと伝播することが前提になっているが、一方で、伝播が起こらないというケースが考えられる。次に、「受容の局面」においては、中央の言葉が地方に受容される場合だけでなく、拒否される場合もありうるであろう。さらに、「保存の局面」においては、一旦受容がなされた言葉も、中央語の古い状態のまま保存されるのではなく、新しく地域独自の再生を被ることがあるのではないか。これらをまとめれば、

伝播の局面　　受容の局面　　保存の局面

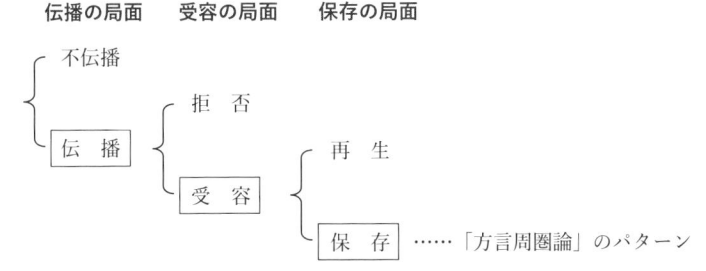

　　┌ 不伝播
　　│　　　　　┌ 拒否
　　│　　　　　│　　　　　┌ 再生
　　└ 伝播　　 └ 受容　　 │
　　　　　　　　　　　　　 └ 保存 ……「方言周圏論」のパターン

図2　伝播論的方言形成における方言周圏論の位置付け

図2のようになる。
　すなわち、方言周圏論は基本的に伝播─受容─保存というパターンを取り上げたものであり、そうした方言周圏論を、これらの全体像の中でとらえ直すとどういうことになるのかという点が重要な課題として浮かび上がる。つまり、「はじめに」で述べたように、この理論を、より大きな方言形成の枠組み（＝方言形成論）の中で相対化してみることが必要になってくるのである。
　また、伝播─受容─保存という方言周圏論のパターン自体についても、考えるべきことは多い。この理論の魅力は、そのシンプルさにあると言っても過言ではないが、それだけに、現実的なレベルでの肉付けが求められる。すなわち、「伝播」といってもいろいろな伝わり方がありうると思われ、「受容」「保存」の場面についても実際にはさまざまな様相が観察されると考えられる。方言周圏論をより具体的なあり方として綿密に検討していくことが、もう1つの課題として提示できるのである。
　以下では、これらの局面ごとに検討を加えていくことにする。

3. 伝播の局面について

　伝播の局面は、中央から新しい言葉がまさに放射されようとする局面と、その放射された言葉が地方へと伝わって行く局面とに分けてとらえることができる。前者を「伝播発生の局面」、後者を「伝播進行の局面」と呼んでおく。

3.1. 伝播発生の局面について

　まず、「伝播発生の局面」から問題にしてみよう。この局面においては、方言周圏論では、中央の言葉が周囲へと送り出されることが前提となっているが、この前提についてまず検討し直す必要がある。つまり、中央の言葉ならどのような言葉でも周囲へ放射されるのか、という問題である。これは見方を変えれば、方言形成の材料となる中央語が、いかなる性格をもったものであるかを明らかにすることとも言える。
　これについては、「位相」という視点が重要になることが指摘されてきた。位相とは言語使用者の階層のことであり、また文体のことでもある。単純化

して言えば、上層階層の言葉か庶民階層の言葉か、あるいは、書き言葉か話し言葉か、といった違いである。

　結論的には、小林隆（2004）で明らかにしたように、中央から放射されるのは、上層語や書記言語ではなく、庶民層の口頭言語である。すなわち、中央に存在する言葉の中でも、もっぱら貴族が使用したり、書き言葉専用であったりする言葉は、文献には頻繁に登場しても、方言には伝わらない。方言への伝播力を備えているのは、同じ中央の言葉でも、庶民層が日常的に使用する話し言葉なのである。

　このことを端的に示すのが、馬を意味する「コマ」という語である（小林隆 2004 第2部第6章）。この語は、歴史的に見て、図3のように大きくは2つの、細かくは3つの位相をもち、互いに意味が異なっていた。このうち、方言に伝播し各地に分布を形成したのは庶民の話し言葉であった「雄馬」の意味のコマである。文献に頻繁に登場する「馬」（歌語・雅語）や「子馬」（漢文的）の意味のコマは、その位相的性格のゆえに方言には広まらなかった。

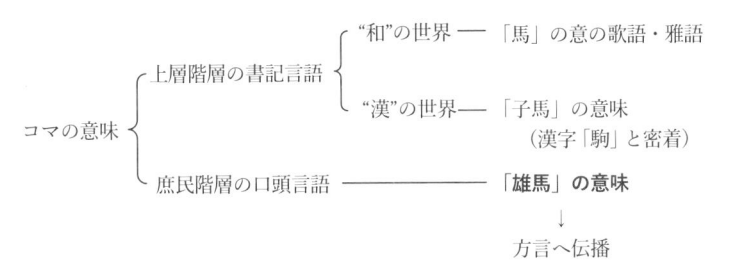

```
                          ┌ "和"の世界 ── 「馬」の意の歌語・雅語
         ┌ 上層階層の書記言語 ┤
コマの意味 ┤                  └ "漢"の世界 ── 「子馬」の意味
         │                                  （漢字「駒」と密着）
         └ 庶民階層の口頭言語 ──────────── 「雄馬」の意味
                                                    ↓
                                                方言へ伝播
```

図3　日本語史におけるコマの位相

　また、薬指の名称である「クスシユビ」も、文献では中世を通じて頻繁に用いられはしたが、上層の書き言葉であったらしく、方言には伝播した形跡が見当たらない。同じ時代、庶民の話し言葉ではすでに「クスリユビ」が使われており、この呼び方が方言上、広範な分布を形成している（小林隆 2006 第4章）。

　このほか、古典として有名な『徒然草』の「ツレヅレ」も方言には形跡がなく、意外にも「トゼン（徒然）」という漢語の方が庶民レベルで方言に伝播

している。さらに、現在、日本の周辺部に残る感動詞「アバ」の類は、古代、中央でも驚きの感情を表す感動詞として庶民に使用されたと推定されるが、それが貴族層に取り込まれ、文学用語「アワレ」に作り変えられてからは、方言へ広まる活力を失ってしまったと考えられる。

　このような中央語と方言との関係についての考察は、日本語史研究への位相的視点の導入につながり、「位相論的語史」として発展した（小林隆 2004）。しかし、後に取り上げる「シャテー（舎弟）」や「ソーシキ（葬式）」の事例のように、特定のメカニズムによって、上層階層の言葉が位相を越えて方言に広まることも指摘されるようになってきた。つまり、もともとは庶民の口頭語という性格を備えていなくとも、社会的な必要性に応じて位相間の流動性が生じるのである。そうした位相の問題は、方言形成論の中でもあらためて検討すべき課題となっている。

3.2. 伝播進行の局面について
(1) 地を這う伝播と飛び火的伝播

　伝播進行時における言葉の伝わり方を佐藤貴裕（1985）にならって「伝播様式」と呼んでおく。この伝播様式としては、いわゆる「地を這う伝播」が一般的なものと考えられてきた。これは、近年「接地伝播」（高橋顕志 2008、110頁）や「接触性伝播」（熊谷康雄 2008、210頁）、「隣接伝播」（大西拓一郎 2008、44頁）などとも言われるものであり、隣り合った地域間で、あたかも地を這うように伝播が進んでいくという伝播様式である。

　この「地を這う伝播」という用語は、方言周圏論において、中央から地方へと新しい言葉が広まっていく様子を、いわば比喩的に表現したものと言ってよい。それだけに、大西拓一郎（2008、89～93頁）が疑問を投げかけるように、現実的にそのような伝播が起こり得るのかということが問題になる。確かに、限定的な中心地をもつ狭い地域を想定した場合には、「地を這う伝播」は現実のものとして起こり得るが、複数の中心地をもつ広い地域を考えた場合にはそれが成り立ちにくい可能性がある。

　しかし、これに対しては、「飛び火的伝播」という伝播様式の存在が明らかになってきている。この「飛び火的伝播」とは、近くの地域を飛び越して、

離れた地域にあたかも飛び火のように言葉が伝わる伝播様式を指すが、その伝わり方の1つに熊谷康雄(2008、171頁)の言う「階層性伝播」を含んでいる。これは、図4に示すように、中心的な都市間の交流をもとに、中心地から次の中心地へと不連続に伝播が起こることを指している。そして、そのような伝播の進行とともに、それぞれの中心地から周囲に「接触性伝播」つまり、地を這う伝播が広まると考える。

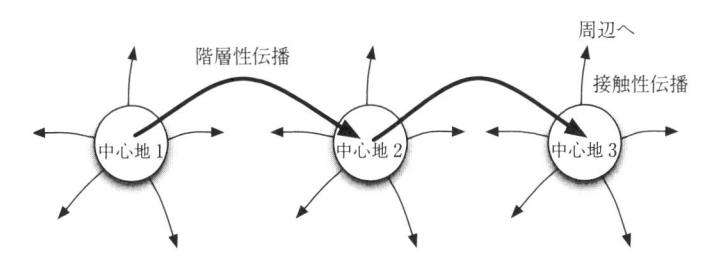

図4　階層性伝播の模式図（熊谷康雄 2008 による）

このような伝播様式の存在は、例えば、佐藤貴裕(1985)が『日本言語地図』における近畿と関東の分布状態をもとに考察している。そこでは、京都および東京の中心部の語形と一致する地点の数をカウントし、その分布状態をそれぞれの中心地から言葉が広まる様子に見立てて理解しようとした。図5にはその結果の一部を載せたが、佐藤によれば、近畿における伝播は京都を中心とした同心円的なものであり、大局的に見ていわゆる地を這う伝播の様相を認めることができる。一方、関東における伝播は、近畿に比べて一見拡散的であり、地を這う伝播のほかに地方中心地への飛び火的伝播（階層性伝播）が生じたと考えられる。そして、地方中心地が二次的な放射の中心となり、周辺地域にさらに伝播（接触性伝播）が起こったと推定される。佐藤はまた、このような関東における伝播様式が交通網と関係があり、交通の要所を中心に階層性伝播が起こったと結論づけている。

　方言周圏論における地を這う伝播とは、現実にはこのように階層性伝播と接触性伝播とが融合的に繰り返され、全体として伝播が進行するというのが真の姿のように思われる。問題は、このような階層性伝播がどのくらいの地

348　第2部　方言形成論

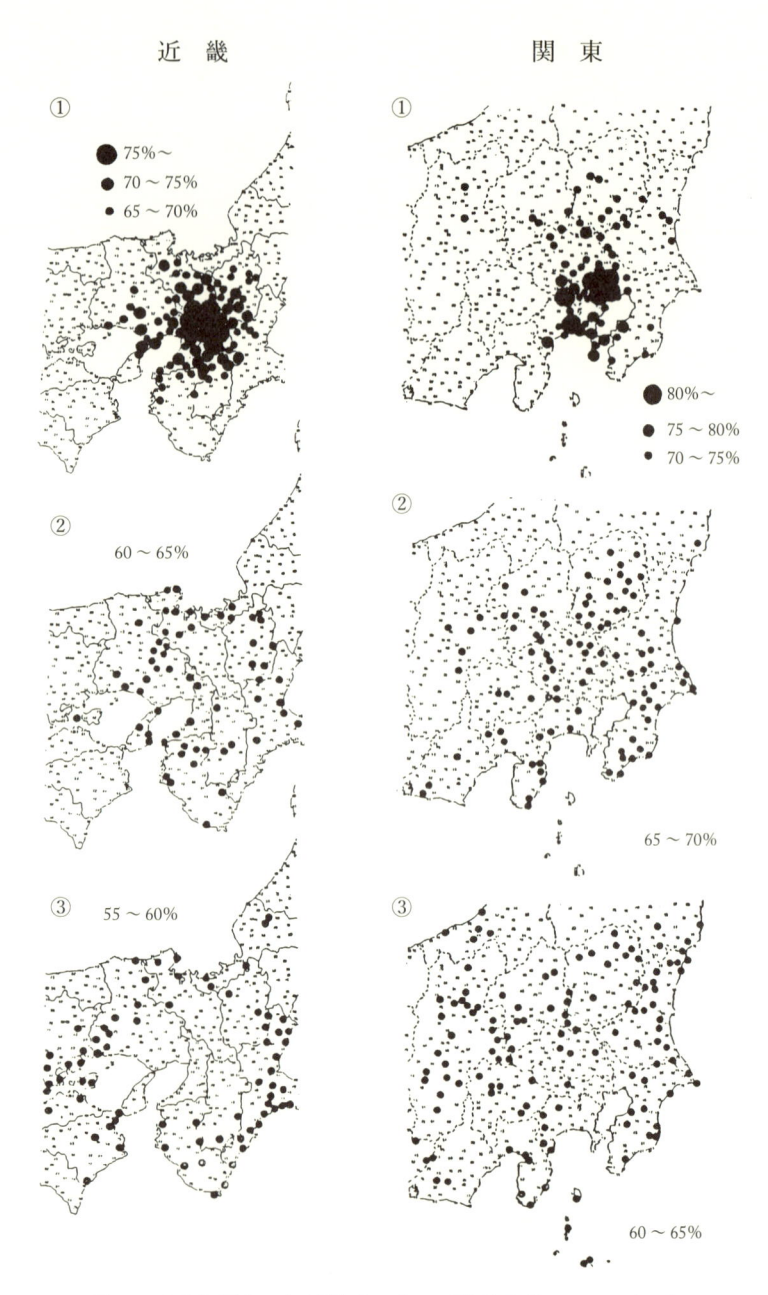

図5　近畿と関東の伝播様式の違い（佐藤貴裕1985による）

理的規模で生起し得るかという点である。一般には、隣り合う市町村における中心地同士の間の伝播が想像されるが、近世語に観察される上方から江戸への言葉の流入などもその一種とみなせば、階層性伝播の地理的規模は相当広範囲なものとなる。4.3.節・4.4.節で取り上げる言語的発想法の方言形成においては、そのような大規模な階層性伝播が生じた可能性が推定される。

　いわゆる「飛び火的伝播」は、離れた地域間で人的な交流が行われることによって起こる。場合によっては、人が物を運び、その品物に関する言葉が遠隔地にもたらされることもある。西日本に分布する南瓜のボーブラの類が、東日本では秋田に見られるにあたっては、この地域の南瓜が九州から持ち込まれたことが1つの要因となっている（佐藤亮一 2001、157・158頁）。このケースが示すように、人が運ぶ物の移動についてもその実態と方言の伝播との関係を検討していく必要がある。

(2) 言葉を運ぶもの

　言葉の伝播が何によって行われるのかという点については、大西拓一郎（2008、30〜34頁）に整理がある。そこでは、「経済活動」「人的資源の移動」「教育活動」「大都市と後背地」「通婚圏」「宗教活動と旅」「芸能」といった要因が指摘されている。これらの中でも、経済活動は人の移動における最も大きな要因と思われる。そこでは、売り手・買い手の移動と物の移動が重要であり、それを実現するための交通手段にも注目しなければいけない。

　そのような交通手段としては、道路や鉄道といった陸路と、海の道である海路が考えられる。このうち、道路と伝播との関係は以前から話題になっていたが、最近では大規模な方言データを活用してこのことを再検討しようとする研究が現れている。例えば、熊谷康雄（2013）は、明治中期の道路網の地図を『日本言語地図』の分布と重ね合わせることにより、標準語の伝播ルートとして中山道や三州街道（伊那街道）などが有効に機能していたことを指摘している。

　上で述べた飛び火的伝播においては、特に海路の果たす役割が大きかったと考えられる。これについては、「薬指」を表すベニサシユビの伝播がよい例となる（小林隆 2006 第4章）。図6は、ベニサシユビが近畿から東進する

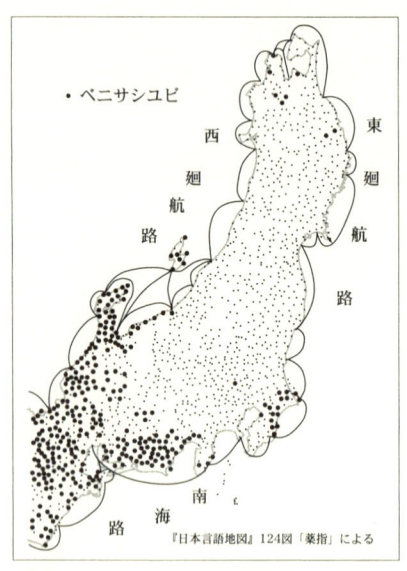

図6 ベニサシユビの海路による東進
（海路は『角川新版日本史辞典』による）

様子と、近世の海路の状況を重ね合わせたものである。これを見ると、佐渡、青森・岩手、房総、伊豆と、いずれも西廻り航路や東廻り航路の寄港地付近にベニサシユビが分布しているのがわかる。ベニサシユビは日本海側では北国路沿いに、太平洋側では東海道沿いに、日本アルプスを迂回するように東側に突き出して分布するが、これは陸路を介して西から東へベニサシユビが攻め込んでいる伝播状況を示すものである。そして、その先の伝播については、いわば先兵にあたるベニサシユビが海路を伝って北方へ送り込まれつつあるものと見て取れる。

　こうした海路による伝播については大西拓一郎（2010）の接続助詞サカイについての研究もあり、最近あらためて検討が開始されたテーマである。有元光彦（2007）の九州西部の島々における"海の道"の論は、動詞テ形に起こる形態音韻現象の地理的共通性を解明しようとしたものであるが、そうした共通性の形成には、1つの要因として船による交流が関わっている可能性が指摘されている。

(3)伝播の原動力

　伝播はそもそもいかなる力によって起こるのかという根本問題についても、議論が必要となってきている。伝播が送り手（の言葉）と受け手（の言葉）の力学によって起こることは明白であるが、それをより具体的に掘り下げて検討しようという課題である。これについては、言葉のもつ「社会的性質」と「言語的性質」の両面から説明がなされる必要がある。

　このうち「社会的性質」とは、端的に言えば、言葉を送り出す地域と受け

取る地域とが、文化的・経済的・政治的にどのような力関係にあるかということを指す。都会化の進んだ地域は、そうでない地域に対して上のような力関係において優位に立ち、周辺地域はその地域の中心都市の言葉を真似ようとする。これは、ファッションや商品、あるいは慣習や娯楽など、都会がいち早く更新するさまざまな生活様式を、遅れて周囲の地域が取り込もうとするのと同じことである。いわゆる都会志向の1つの現れとして、言葉についても同様の行動がとられると考えられる。

このような中心地の言葉の優位性を「威光」という用語で表現することがあるが、そのような社会的性質が地理的にどの範囲で及ぶものなのかという点も問題になりうる。例えば、中央の言葉が全国に伝播する際にそれが本当に都の言葉であるという威光によって広まり得るのか、という疑問である。大西拓一郎（2008、93頁）が指摘するように、伝播する言葉に「都（みやこ）の言葉」であるというレッテルが付いて回るわけではない。中央から離れた地域に到達する頃には、そうした社会的性質は忘れ去られてしまっている可能性がある。しかし、「都の言葉」というレッテルは、そのまま言葉に付いて伝わる必要はない。先に述べたような階層性伝播が繰り返される中で、はるか遠くの「都の言葉」というレッテルが、すぐ近くの「都会の言葉」というレッテルに張り替えられていてもかまわないのである。ここで重要なのは、送り手の側が受け手の側に対して社会的に優位に立つことで影響力を行使し、伝播が進行するという点である。

また、次のようなことも考えるべきかもしれない。一般に小さな中心地から大きな中心地へは「威光」の観点から見て伝播は起こりにくい。しかし、その小さな中心地が交通の要所に当たり、そこを通して都の品物が大きな中心地に入り込むとしたらどうだろう。そこには、都市自体の規模による単純な力関係のほかに、文化や経済の流れという一定の方向性に基づく力関係が働く可能性がある。つまり、小さな中心地の言葉であっても、そこが中央からの文物の通り道に当たっていれば、その先の大きな中心地が受容することがあるのではないかと思われる。さらに言えば、言葉の伝播は日常的な生活圏の範囲で起こるだけではなく、商人の行商や芸人の巡業などによって遠くにまで及ぶこともありうる。そうした人々の移動は、まさに「都の言葉」と

いうレッテルが貼られた言葉を、日本の各地へと運んで行ったと考えられる。

　伝播の原動力となるもうひとつの力は言葉自体がもつ「言語的性質」である。これは、言葉自体にそれを受容へと向かわせる何らかの魅力が備わっているということである。この点については、小林隆(2004第1部第3章)で中央語の「威光」とは何かについて考えた際に、それが標準的な良い言葉であるという価値観だけを指すのではないことを指摘した。では、どのような言葉の魅力が考えられるかといえば、それは合理性であったり、面白みであったり、あるいは時代にふさわしい感覚であったりする。例えば、「雄馬」を表すのに語源不詳のコマよりはオトコウマという分析的な語の方が合理的と感じられたであろう。また、「旋毛」を指すのにツジ・ツムジよりギリギリのほうが愉快な印象が伴う。また、「薬指」の名称として、当時庶民にも普及の始まった紅を名前に取り込み、ベニサシユビとかベニツケユビなどと呼んだ方が流行に沿った満足感が得られたにちがいない。こうした魅力を備えた言葉であれば、たとえ自分の住む大都市に比べてより小さな町からの伝播であっても、それを受け入れることは十分あり得たのではないかと思われる。

(4)空からの伝播と位相的伝播

　以上の伝播様式は、「地を這う伝播」にせよ「飛び火的伝播」にせよ、地域間の何らかの地理的な連続性に基づいて起こるものと言える。そうした意味で、これらを「地理的伝播」と称してもよい。一方、戦後の共通語の普及は、マスメディアや教育によるところが大きく、ラジオやテレビを通じて、あるいは学校などの場を介して一気に全国に広まる傾向がある。このような伝播の仕方は、地理的連続性に左右されないものであり、比喩的に「空からの伝播」とか「空から降るような伝播」などと呼ばれている。

　この伝播様式は共通語に適用されるものであり、全国一律に進行するものであると考えられているが、方言の形成においても、これと一部で類似する伝播様式が認められる。それは、澤村美幸(2011第3章)が「葬式」の名称の方言形成を論ずる中で明らかにしたもので、「位相的伝播」と名づけられた伝播様式である。澤村によれば、図7に示すように、「葬式」の名称の方言分布は、基本的に中央語の地理的伝播を受容するかたちで形成されたが、

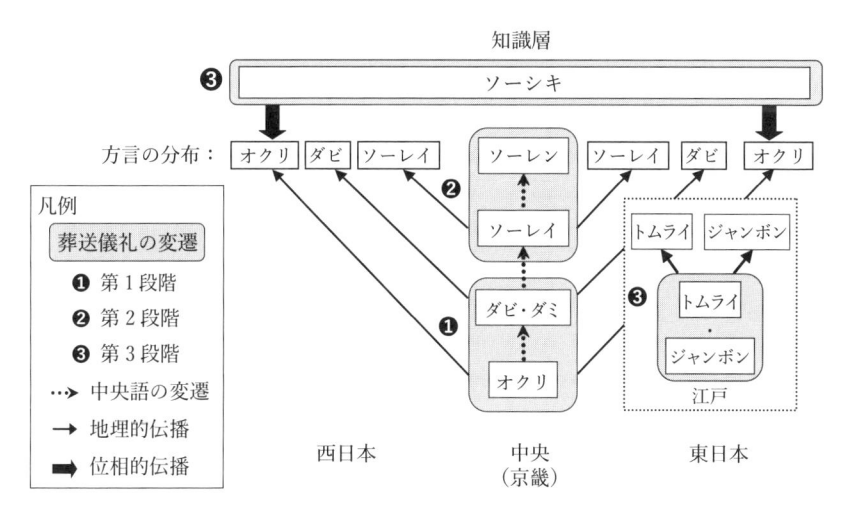

図7 「葬式」を表す名称の方言形成（澤村美幸2011による）

「ソーシキ」という語の分布はそれとは異なる方法でできあがったという。すなわち、歴史的に最も新しい言葉であるソーシキが、分布上、東北や九州南部という日本の周辺部に一定の領域を形成するのは、それらの地域では、原始的な葬送とその名称「オクリ」が比較的遅くまで勢力を保っていたところへ、新たに儀式化された葬式の仕方が持ち込まれることになり、それと対応した新しい名称ソーシキが、豪農や商家、村役人などの知識層から一般の庶民層へと、一気に広まったからだという。

　位相的伝播とは、このように、中央語が地域ごとの事情に応じて上層から庶民層へと階層差を超えて取り込まれ、分布を形成するというシステムである。これは、渋谷勝己(2008、148・149頁)の解説する「社会的伝播」、すなわち、同一地域内において異なる属性(階層もその1つ)を持つ人々の間で起こる伝播が、地域によって起こったり起こらなかったりすることで、結果として地域差が生じるケースとみなしてよい。もし、ソーシキが上層から庶民層に取り込まれることで、改まった言い方から日常的な言い方に変わるという文体上の変化も同時に起こしているとすれば、それは渋谷の示す「スタイル的伝播」にも該当する。この場合、スタイル的伝播を果たした地域がソーシキの方言領域として地図上に浮かび上がることになる。

この位相的伝播は 4.2. 節で取り上げる「シャテー(次男以下の男子)」の方言形成にもあてはまる。このような伝播様式がどの程度の一般性をもつのか、さらに類例を蓄積する必要がある。おそらく社会的な制度や儀礼に関する分野に特徴的なパターンではないかと思われるが、一方で、言語内的な要因によっても起こり得る、普遍的な伝播様式である可能性も検討しなければいけない。

ところで、上では「空からの伝播」は共通語に適用されると述べた。このことについては佐藤亮一(1986)が『日本言語地図』の「酸っぱい」の地図を例として、共通語形にも「地を這う伝播」が認められるのではないかと指摘し、半沢康(2003)もグロットグラムによって共通語形の広まりに地理的要因が関係することを述べている。

最近では、小林隆・熊谷康雄(2013)が『日本言語地図』の「併用処理語形」(方言形と併用で回答されたために地図から省かれた共通語形)の分析よって、共通語形にも「地を這う伝播」が存在することを明らかにしている。すなわち、図 8 に見られるように、併用処理された共通語形(図の凡例では「▲：併用処理」)を復活させると、その分布は全国一律に現れるのではなく、もともとの共通語形(図の凡例では「△：標準語形」)の分布の周辺部に出現する。これは、共通語形は空から降るように伝播するという見方では説明できないものであり、共通語形も「地を這う伝播」によって普及する場合があることを意味する。この場合、共通語形は、使用場面のうちまず上位場面に入り込むことで方言形と併用され、その後、下位場面にも進出することで伝播を完成させ、次の地点へと前進すると考えられる。おそらく、マスメディアや教育等による「空から降る伝播」というのは、知識(理解語彙)としての共通語の普及をとらえてそう言ったものであり、日常語(使用語彙)レベルの共通語化は以上のような「地を這う伝播」によって行われるという状況が、つい最近まで続いていた可能性がある。この問題は、言葉の伝播に場面差(文体差)が関わることを教えるとともに、かつての共通語に当たる歴史的中央語の伝播・普及の様子を想像するのにも役立つ。

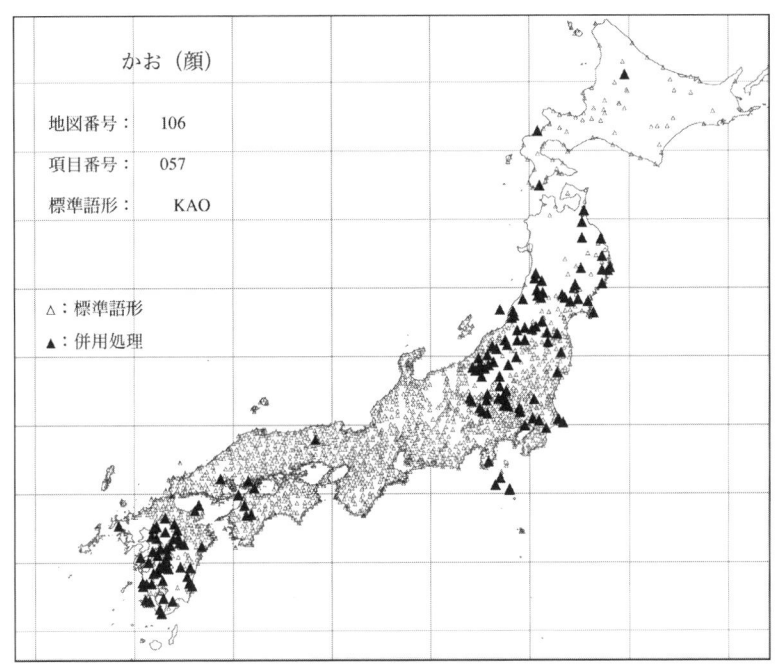

```
           かお（顔）
  地図番号：  106
  項目番号：  057
  標準語形：  KAO

  △：標準語形
  ▲：併用処理
```

図8 併用処理された共通語形の分布－カオ（顔）の場合－
（小林隆・熊谷康雄 2013 による）

(5)伝播速度の問題

　伝播速度の問題については、ここまで見てきたような伝播様式によって大きく異なることが考えられ、簡単には議論できないものである。ただ、ひとつの目安として、徳川宗賢(1996)が『日本言語地図』を使い、畿内中央語の伝播速度を年速 0.62km と計算しており、方向・時代によっても異なる可能性を指摘しているのが注目される。

　徳川の試みは近畿を中心とした全国規模のものであるが、関東を中心に東日本に広まる伝播はどうであろうか。この点については、関東の言葉の古い姿を知るための文献が乏しく検討が難しいが、わずかな手がかりは存在する。例えば、「背負う」の意のショウや格助詞のサは関東で成立した語と推定され、かつ、それを載せる古い文献も見つかっている（江口泰生 1992、小林隆 2004 第3部第1章）。また、近世に入ると江戸の言葉を使用する文

語	発生年代	初出文献	伝播速度（年速）
ショウ（背負う）	13C初	『日蓮遺文』（1280年）	1.05km
サ（格助詞）	15C中	『実隆公記』（1496年）	1.43km
シャテー（弟）	18C初	『当世穴さがし』（1769年）	3.59km
ホッペタ（頬）	18C初	『誹風柳多留』（1777年）	3.76km

図9　関東から東日本への伝播速度

献も増えるので、それらの文献を手がかりに、その頃、関東から発信されたと目されるシャテー（次男以下の男子）とホッペタ（頬）の例を取り上げてみる（澤村美幸 2011 第 2 章、小林隆 2004 第 2 部第 1 章）。徳川にならい、文献初出時期を遡ること50年前をその語の発生年代とみなし、インフォーマントの生年（平均）である1900年までの間に、関東の中心部から下北半島までの約650kmをどのくらいの期間をかけて伝わって行ったかを概略計算すると図9のようになる。

　上で紹介したように、近畿からの伝播速度が年速0.62kmであるから、関東からの伝播はそれよりは明らかにスピードが速い（この計算方法は、下北半島への語の到達時期を上記のように1900年と仮定してのものであるが、それ以前に到達した場合には、これよりさらに速度が速まる）。ただし、徳川によれば近畿からのものも時代によって速度が異なり、9世紀の語で0.26km、16世紀の語で0.65km、18世紀の語で1.46kmと計算している。つまり、時代が新しくなるほど伝播速度が速まる傾向があるが、この点は、関東からの伝播についてもあてはまる。しかし、それにしても全体として関東からの伝播の方が、近畿からの伝播に比べ足が速いと言えるのである。

　以上の事例のうち、ショウ、サ、ホッペタはそれぞれ畿内中央語の(セ)オウ、サマ（ニ・ヘ）、ホーベタが関東で作り直されたもの、すなわち、5.1.節で述べる「再生」形式である。これは、関東に到達した畿内中央語がそこで再生を受けると、その先の伝播速度が急激にスピードアップする可能性を示唆する。その理由としては、畿内中央語の東日本への伝播にとって、「都の言葉」から「関東・江戸の言葉」へのレッテルへの張り替えが有効に作用するということが考えられる。あるいは、ショウ、サ、ホッペタという再生形

式が、東日本の話者の言語的好みに合った特徴（例えば融合的な形態、短い形態、詰まった形態）を備えているからかもしれない。また、シャテーの事例は、4.2. 節で説明するように、社会的な要因から東日本での積極的な伝播が促された可能性が高く、上記の語とは事情が異なると考えられる。

ただし、東日本における語の伝播速度の速さは、もっと根本的なところにも原因がありそうである。その原因の１つとして挙げられるのが、関東を除く東日本の人口密度の希薄さである。すなわち、西日本に比べ人口が少ない分、伝播によって等質的な言語状態が作り上げられるのに時間がかからなかったという可能性が指摘できる。もう１つの原因は地域による文化圏の広さである。西日本は畿内を中心とする強大な文化圏に組み込まれながらも、各地に核となる都市を抱え、それぞれが独自の小規模な文化圏を形成するという二重の構造をもつと考えられる。そのような文化圏のあり方においては、畿内からの言葉の伝播は小規模な文化圏の壁に阻まれつつ行われるので、全体に行き渡るのにある程度の時間を要する。一方、東日本は西日本のような小規模な文化圏は成立しにくく、全体として関東（江戸）を中心とした比較的単一の文化圏を形成するので、言葉の広まり方も非常に速かったのではないかと思われるのである。

一方、地域単位の細かなレベルで見ると、伝播速度が極端に遅いケースのあることが井上史雄（2003 第 5 章・2009）で指摘されている。すなわち、山形県庄内地方における新方言の伝播速度は 0.1 〜 0.4 km 程度と遅く、その原因として伝播の中心地が小さな地方都市であることやバスの便などの交通網が発達していないことが挙げられている。このことは、京阪や江戸などの大都市から交通の大動脈を通じて広まる伝播と、それらが各地域に到達した後、それぞれの地域内に浸透する伝播とで速度が異なることを示唆するものである。同時にこれは、先に見た階層性伝播の各段階における速度の問題としても理解できるかもしれない。

伝播速度については、伝わる言語現象の種類によってもスピードが異なる可能性を検討しなければいけない。井上史雄（2009）は、音韻やアクセント、文法、敬語なども語彙と同程度の速度とみなしてよいと述べるが、なお検討が必要である。例えば、澤村美幸（2011、102・103 頁）は、感動詞の伝播速

度が一般的な語に比べて格段に速かったのではないかと指摘している。感動詞は他の品詞に比べて独立性が高いため、文法体系や語彙体系が異なる地域の言語に入り込み、その一員となるのにそれほど時間を要しないからだと考えられる。感動詞やオノマトペ、さらには決まり文句の類は、ある意味、流行語のような性格をもっているとも思われ、そうした言葉の伝播については、一般の形式とはまた別の見方をする必要が出てくるかもしれない。このような品詞による違いという観点も、今後、伝播速度について検討する際には重要になってこよう。

4. 受容の局面について

次に、「受容の局面」について問題にしてみよう。これについては、最初、言語内的な側面と言語外的な側面とに分けて見ていき、その後、前者と後者とが積極的に関係する問題について論じていく。

4.1. 受容に関わる言語内的要因

方言周圏論に従えば、地方は中央語の伝播を受容することになっている。しかし、そのあり方は、実際にはかなり複雑であることがわかってきている。特に、この問題は受容側の言語体系と、そこに入り込もうとする新たな言葉との、言語内部の関係の問題として検討されてきた。それらの研究は、地域レベルの方言地図をもとに、伝播の様子を詳細に観察するところに特色があり、同義衝突や同音衝突、多義化、類音牽引、混淆、民衆語源などの現象の解明を通して、一般言語学に寄与しうる成果を挙げてきた。高橋顕志（2008）にはその1つの到達点が示されているが、同論文106頁に掲げられたまとめに私見を交えて整理し直せば次のようになる。これは、ある地域に別の地域から新たな言葉が入り込もうとするとき、その言葉がどのような扱いを受けるかをパターン化して示したものである。

    1. 伝播の完成
        1.1. 既存の形式と交替する（＝同義衝突に勝つ）。

【同音形式が存在する場合】
　　a. 同音衝突を起こし、既存の同音形式を別形式に交替させる。
　　b. 同音衝突は起こさず、既存の同音形式と同音異義の関係で共存する。
　1.2. 既存の体系の空き間に入り込む(＝同義衝突は起こさない)。
　　【同音形式が存在する場合】
　　上記 a・b と同様。
2. 伝播の失敗
　既存の形式と交替できない(＝同義衝突に負ける)。
　【同音形式が存在する場合】
　同音衝突を起こし、既存の同音形式に排除される。
3. 妥協的な伝播
　3.1. 既存の形式と、形態上、混淆を起こす。
　3.2. 既存の形式と、意味上・場面上、棲み分ける。
　3.3. 同音形式が存在する場合、それと、意味上、多義の関係を結ぶ。
　3.4. 既存の体系の別の形式から民衆語源による類音牽引を受け、形態を変える。
　3.5. 既存の体系の枠組み(語構成など)に合わせて、形態を変える。

　これによれば、伝播していこうとする言語形式は、相手方の言語形式や言語体系との関係によって、うまく受容されたり、逆に拒否されたりすることがわかる。また、受容がなされる場合も、「1. 伝播の完成」のような完全なかたちでの伝播だけでなく、「3. 妥協的な伝播」のように、相手方の影響を受けながら不完全なかたちで受容される場合もある。さらに、この整理では、受容の側の言語体系への影響も考慮されており、そうした視点も伝播論には重要になる。
　このように、方言周圏論における「伝播→受容」という単純な図式には修正が加えられつつある。そして、その背景には、伝播論における考え方の問題として、発信者側ではなく受信者側の視点に立とうという姿勢が見受けられる。すなわち、澤村美幸(2011 第 2 章・第 8 章)が強調するように、これ

までの伝播論は中央の側に視点を置くものであり、地方の側から伝播を論じるという発想に乏しかった。象徴的に言えば、"送り手の論理"が優先されてきたのであり、"受け手の論理"は後回しになっていたということである。この点は、日高水穂（2008、426頁）にも同方向での主張が述べられている。そもそも、このような反省は、民俗学の分野では周圏論の根本的な問題として認識されていたものである。福田アジオ（2002、203頁）は、伝播してきた事象に対する地域の主体性、選択性、創造性の観点が周圏論に欠落していることを挙げるが、こうした問題への取り組みの必要性が、方言学の世界においても強く意識されるようになってきたと言える。

　ところで、高橋顕志（2008）には、上のような整理に続けて、次のような関係が描かれている（同論文107頁を一部改変）。

・伝播への圧力＞受信者側の抵抗　→　伝播の完成
・伝播への圧力≒受信者側の抵抗　→　妥協的な伝播（異変種の発生）
・伝播への圧力＜受信者側の抵抗　→　伝播の失敗

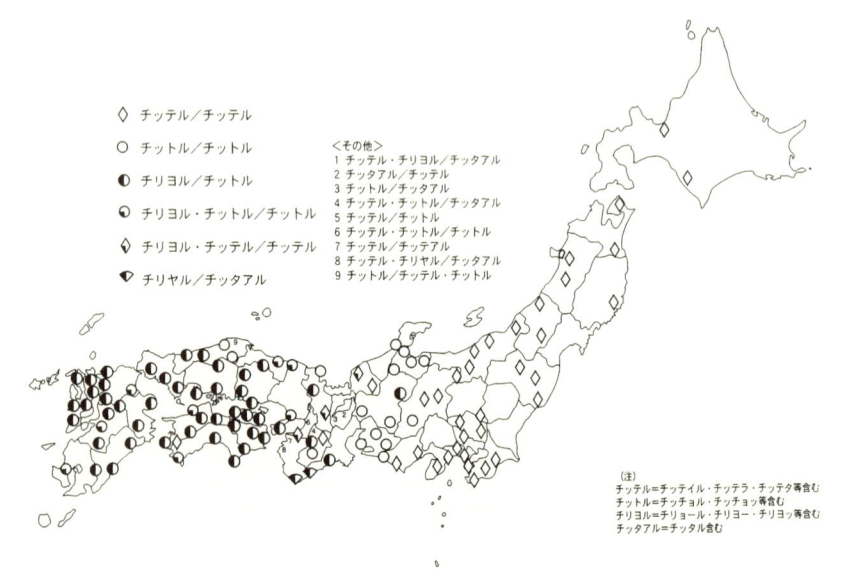

図10「散っている」〈進行相／結果相〉の方言分布（日高水穂2008による）

これは、上で述べた受信者側に立った伝播論の基本構想とも言えるものである。今後は、"受信者側の抵抗"、あるいは"受け手の論理"などと抽象的に語られるものの内実を明らかにすることと、それらが、具体的に日本語方言にどう適用されるのかを検討することが重要な課題になってこよう。また、高橋の研究は言語内部の要因に注目したものであり、特に語彙の分野を念頭において検討を行っているが、さらに、音韻体系や文法体系など他の言語分野にも視野を広げ、上記の伝播と受容のパターンを補強していく必要がある。

　このうち、文法については、日高水穂(2008)がいくつかの実践を行っている。例えば、アスペクトにおける進行相と結果相は、図10に示すような分布を描く。大まかに言って、西日本には両者をヨル／トルで区別する体系が、東日本には両者を区別せずテルのみで表す体系が分布するが、注目すべきはその中間の富山・岐阜・愛知中心に、両方をトルで表示する体系が認められることである。この体系の成立は、図11に示すように、西日本的なヨル／トルの地域が、両者を区別せずテルで表す東日本の体系の伝播を受け、それを受容する際に、意味の区別は発信側の体系(区別なし)を採用し、形式は受信者側の既存の形式(トル)を採用した結果と推定されている。

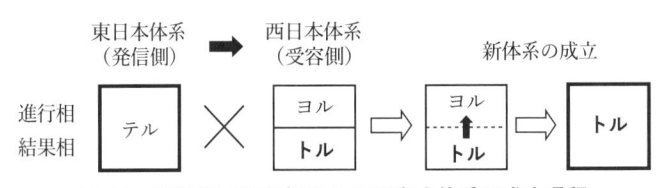

図11　進行相／結果相をトルで表す体系の成立過程

　このような新体系の成立は、高橋の整理では妥協的な伝播にあたるものである。ただし、形態の伝播が拒否されるが、枠組みの伝播は受容されるというパターンは高橋の「3.妥協的な伝播」の中にはない。語彙においても、より体系的な視点から伝播を眺めることで、このような意味的枠組みと具体的形式とが異なった振る舞いを見せるパターンが確認される可能性は十分にあるだろう。

4.2. 受容にはたらく言語外的要因（社会的要因）

　中央語が簡単に地方に受容されない原因は、言語の外部にもある。自然的要因と社会的要因とがそれである。

　このうち、社会的要因に着目する研究は、近年、地域の社会構造と伝播との関係を論ずる方向での展開が見られる。例えば、澤村美幸（2011 第2章）では、親族名称と相続制度の関係が取り上げられている。まず、「弟（次男以下の男子）」を表す「シャテー（舎弟）」の分布は、図12に示すように東日本に領域を占めるが、これは中央からの伝播がその方向に偏っていたためだと考えられる。そして、このシャテーの分布は、図13との対比から明らかなように、長子相続が優勢な地域とかなりよく対応しており、逆に、均分相続が認められる西日本にはほとんど見られない。これは次のように推定される。すなわち、図14に示すように、長子相続の盛んな東日本では、長子ではない次男以下の男子をまとめて呼ぶ名称を必要としたために、同じく長子相続を基本とする武士社会の言葉、すなわち、シャテーを積極的に受容した。一方、均分相続などの目立つ西日本では、そもそも次男以下をまとめて表すような言葉の必要性が低かったために、受容もほとんどなされなかった。このように、シャテーという中央語の伝播は、受け手の側の社会構造によって、東日本では受容され、西日本では拒否されたため、方言の分布に極端な東西差が形成されたと考えられる。

　こうした社会構造との関係については方言学でも研究がなされてきたが、それらは記述方言学的な立場からのものが多かった。今後は、方言形成論の立場から社会構造との関連を究明するとともに、事例研究に留まらない一般化をめざすような研究が現れることが期待される。また、澤村（2011、139頁）が言うように、社会と言葉との関係に注目することは、次に取り上げる言語的発想法の問題も含めて広く文化の形成を解明することにつながるものと思われる。

4.3. 言語的発想法と方言形成

　上で見た「シャテー（舎弟）」の事例は、相続制度という社会構造が直接的に伝播の促進・抑制に働くケースと言える。ところが、最近では、こうした

方言形成論の到達点と課題 363

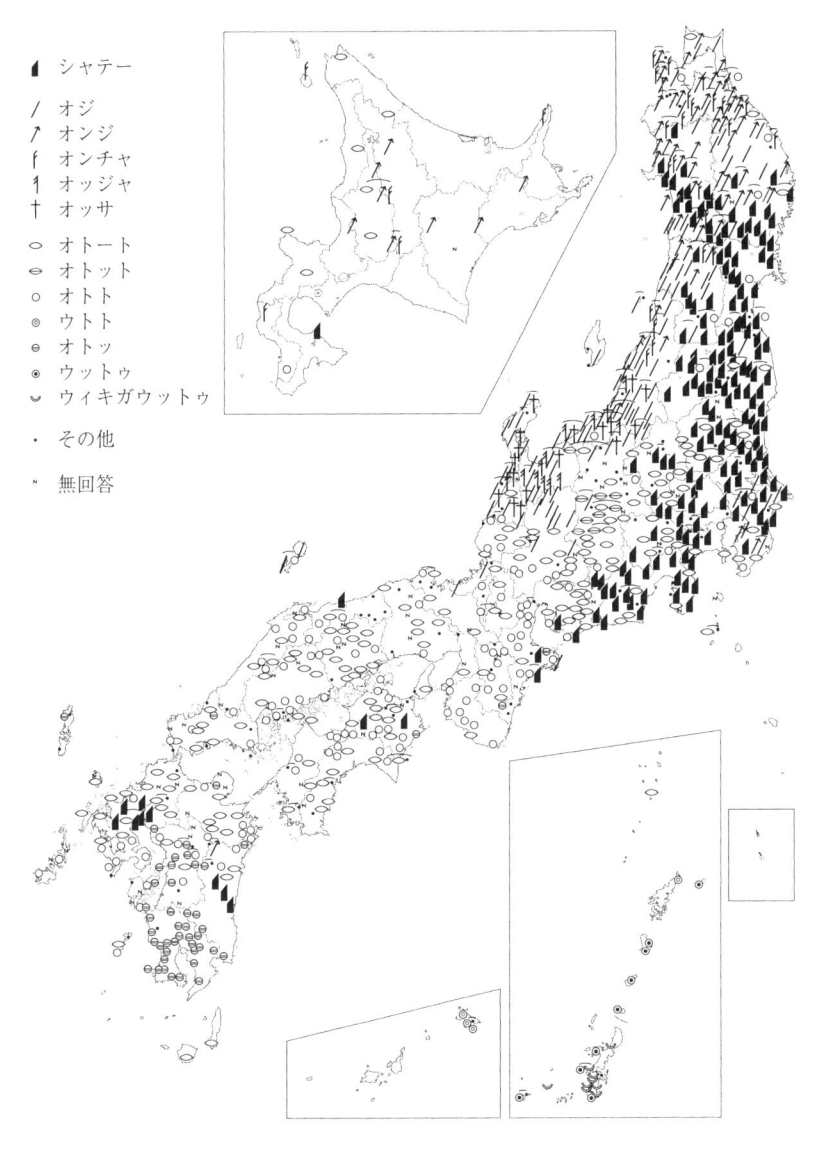

- シャテー
- オジ
- オンジ
- オンチャ
- オッジャ
- オッサ
- オトート
- オトット
- オトト
- ウトト
- オトッゥ
- ウットゥ
- ウィキガウットゥ

・ その他
" 無回答

図12 「弟」の方言分布（澤村美幸 2011 による）

364　第2部　方言形成論

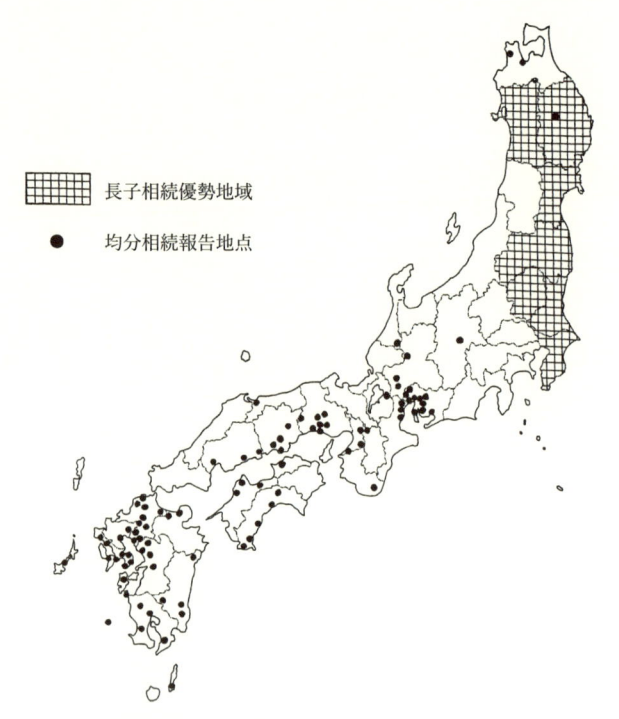

図13　相続制度の東西差（澤村美幸2011の図を一部改変）

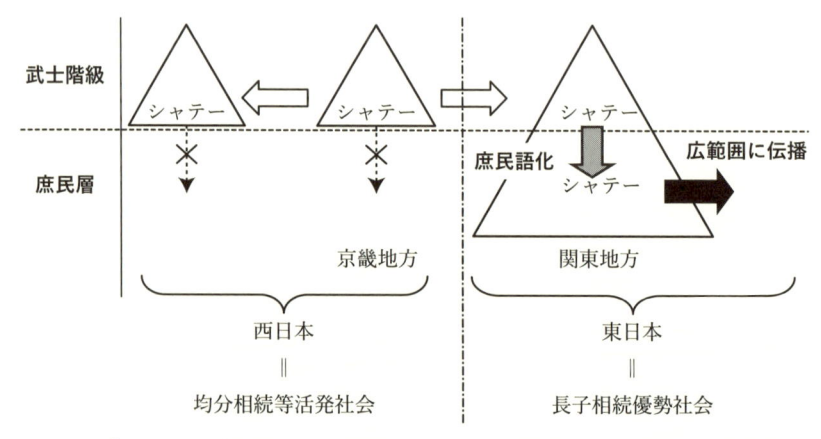

図14　「シャテー（舎弟）」の伝播の東西差（澤村美幸2011の図を一部改変）

社会構造の地域差が、人間が言葉を操る際のある種の発想法を生み出し、それが言葉の運用面に現象として現れてくるという、間接的な影響に注目する考え方が提出されている。

すなわち、小林隆・澤村美幸(2010a・b)によれば、日本語方言に見られる表現法や言語行動を観察すると、そこには大きく７つの言語的発想法が抽出できる。その７つとは、「口に出す(言語化)」「決まった言い方をする(定型化)」「細かく言い分ける(分析化)」「間接的に言う(加工化)」「客観的に話す(客観化)」「言葉で相手を気遣う(配慮化)」「話の盛り上げに気を配る(演出化)」という発想法であり、これらについて、日本列島には大局的に見て次のような地域差が認められる。

　　Ⅰ.近畿を中心とした西日本、および関東地方
　　　　→７つの言語的発想法が活発
　　Ⅱ.東西の周辺部、特に東北を中心とした東日本
　　　　→７つの言語的発想法が不活発

　このような地域差の背景には、弥生時代以降の人口密度や社会組織のあり方に加え、中世以降の商工業の活発化とそれに伴う階層の流動化、あるいは交通の発達といった社会構造の変化がある。それらの社会構造の変化がコミュニケーションの複雑化や活性化を促し、言語に対する人々の依存性を高めた。そして、そうした言語環境や言語態度の変化が、７つの言語的発想法を顕在化させ、具体的な表現法や言語行動となって現象面に現れてきたと考えられる。上記ⅠとⅡの地域の違いは、そうした特徴が顕著に現れた地域とそうでない地域との違いである。

　こうした言語的発想法は主として言語の運用面から抽出されたものであるが、音韻や文法・語彙など言語の構造面にも適用が可能ではないかと思われる。すなわち、小林隆(2007・2010)では、文法を中心に、音韻・語彙なども含めた観察から、東日本方言には次のような言語的特徴の認められる可能性を指摘した。

①　複雑な言葉の仕組みを嫌い、単純な体系を志向する。
②　論理的な表現が未発達で、心情的な表現を志向する。
③　事態の概念化が不得意で、現場重視の表現を志向する。

　これらの特徴は上記の7つの発想法のうち「定型化」「分析化」「加工化」「客観化」などが東日本で概して不活発なことに通じるものである。言葉の構造から運用面に至るまで、各地の方言の特性を言語的発想法のレベルで一貫して説明できれば興味深い。
　さて、このように言葉を操る発想法の存在と、それに影響を与える社会構造の性質を想定するモデルを採用したとき、方言形成のあり方は単純な方言周圏論では説明が難しくなる。1つには、似たような社会構造をもつ地域においては、地域独自に上記のような発想法を発現させ、同様の言語現象を生み出す可能性が考えられるからである。すなわち、自律的な多元発生の可能性を考慮する必要がある。
　また、伝播論的に考える場合でも、中央語の伝播が各地域に入り込もうとする際、受け入れ側の発想法の違いに応じて受容が促されたり拒まれたりして均質な伝播が起こりにくくなる可能性に注意しなければいけない。つまり、中央語的な発想法を背景にもつ言語現象は、それと同質の発想法をもつ地域には容易に受容されるが、そうでない地域にはなかなか入り込めなかったり、シャットアウトされたりするということが起こり得る。さらに、5節の「保存の局面」に関わることでは、一旦、受容がなされた中央語であっても、地域ごとの発想法の影響を受け、その発想法に沿ったかたちで作り替えられる（再生される）ことも考えられる。上のⅠ・Ⅱに示した地域差からすれば、中央（近畿）に近い発想法をもつ西日本や関東では中央語の伝播が受容されやすく、そうでない東日本や日本の周辺部では中央語の伝播は拒絶されたり再生されたりしやすいと思われる。
　例えば、中央ではある時期、叙述形式（例：痛イ）と感動形式（例：アイタ）の区別が確立し東西に広まろうとしたが、東日本では単純な体系を志向する発想法によって受容が拒否され、両者区別なく「痛イ」で表す非分析的な状態が続いている。また、「こそ―已然形」の係り結びは、論理的な表現が不

得手な東日本にはまともに入り込むことができず、「こそ」の部分のみが限られた表現の中で単独に受容された。あるいは、「しまった（シモータ）」といった失敗の際の決まり文句の成立は、定型性重視の近畿や西日本では歓迎されても、そうした発想法の希薄な東日本にはなかなか広まることができていない。さらに、挨拶をするとか、感謝や恐縮を述べるなどといった言語習慣が中央から伝播したとしても、口に出して物を言ったり、言葉で相手を気遣ったりする発想が弱い東日本では、そうした言語習慣の取り込みは十分徹底せず、形式的には「ドーモ」一語に集約されてしまうなどの簡略化が生じている。近畿に盛んなボケ・ツッコミなどの高度な話術も、興味の対象にはなるものの、そもそも会話を演出するという発想に乏しい東の世界では、実際の言語生活の中に容易には溶け込まないようである。

4.4. 都市型社会と言語的発想法

　言語的発想法の地域差について、前節では、東日本の中で唯一、関東が西日本と類似の傾向を示すことを指摘した。これには小林・澤村（2010b）で述べたように、都市化という共通の要因が大きかったと思われる。7つの発想法は、その背景から見て都市型発想法としての性格を帯びており、都市化の進んだ地域を中心に発達すると考えられる。すなわち、社会構成員が既知の間柄であるウチに閉じられた社会から、未知の人々が多数混在するソトに開かれた社会へと移行することに伴い、7つの発想法は育まれていったと推定される。その点、関東は東日本の中でももともと人口が多く、商工業や交通の発達も早かったため、都市型社会への移行は周囲の地域に対して先行し、7つの言語的発想法を発現させる素地が整っていた。そして、近世以降、江戸・東京を中心に起こった急激な都市化が、発想法の活性化を強力に推し進めたと考えられる。そのような中で、発想法を具体化する表現法や言語行動が近畿から飛び火的に取り込まれたり、独自に生み出されたりしたものと推定される。

　ここでは、以上のように7つの言語的発想法が社会の都市化と密接に関ることを述べたが、その地理的視野は、日本の中心と周辺、東日本と西日本、あるいは東日本の中の関東といった巨視的なものだった。しかし、都市化と

いう視点は、微視的なレベルでも有効に働くはずである。西尾純二(2009)は、言語行動の地域差を分析する際に、いわゆる地理的な地域差のほかに、都市部と農村部という社会的な地域差の観点が重要であることを説いている。また、中西太郎(2011)は、青森・秋田のあいさつ表現において、相手の行き先を尋ねたり、調子を伺ったり、あるいは天気を話題にしたりするという非定型的な表現から「オハヨー」を主体にした定型的表現への移行が都市部で進み、非都市部で遅れていることを明らかにしている。

このことは、言語的発想法を背景にもつ表現法や言語行動が広まる際には、非都市部を迂回し、先に都市と都市の間を飛び火的に伝わるような伝播が起こりうることを示唆する。これは、先に見た階層性伝播にあたるものであるが、特に、都市化の度合いといった地域の社会構造が方言形成に関わる場合には、この伝播様式の重要性が高いと言える。結局のところ、言語的発想法が関わる地域差は、図15に抽象的に示すように、中央と周辺の対立など全国レベルで形成される地域差と、都市と農村といった地域レベルで形成される地域差とが絡み合い、従来捉えられてきたような言語形式の分布に比べて複雑な様相を呈することが予想される。

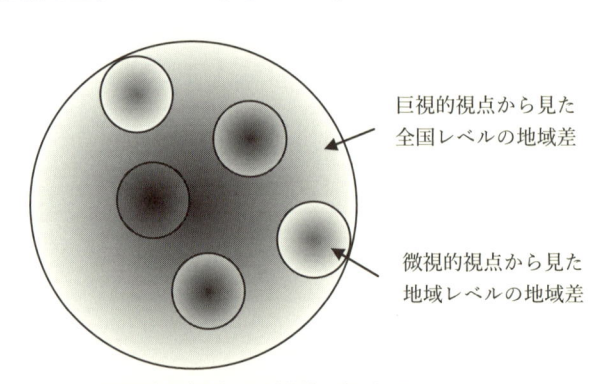

巨視的視点から見た全国レベルの地域差

微視的視点から見た地域レベルの地域差

図15　言語的発想法の地域差の概念図

5. 保存の局面について

5.1. アンバランスな周圏分布と中央語の再生

方言周圏論に従えば、地方には中央の古い言葉が残るということになる。

本居宣長が「すべて田舎には、古の言の残れること多し」(『玉勝間』巻7)と述べ、越谷吾山が「辺鄙の人は(中略)まことに古代の遺言をうしなはず」(『物類称呼』序)と述べたことは、方言周圏論によって説明が付く。しかし、地方は中央の古い言葉を残すだけなのであろうか。

　この点については、中央語の伝播後、それが地域独自の変容を被り、新たな言葉に生まれ変わるという現象が観察される。これを小林隆(2004)では歴史的中央語の「再生」と呼んでいる。この概念は、東北方言の格助詞「サ」の成立を説明する際に提出したものであり、同(2008b)において、その種類や要因、地理的メカニズムなどについて総合的な検討を行っている。詳細はそれに譲るとして、ここでは、その後の研究を取り込みながら、この「再生」という現象が方言周圏論に提起する課題について見ていきたい。

　まず、具体例として、東北方言として有名な格助詞の「サ」(どこどこサ行く)を取り上げてみよう。この文法形式は、図16に掲げるように、東北のほか、主として九州にも存在する。その東西が呼応する周圏的な分布の姿は、その根源が中央に存在したことを推測させるが、確かに、この形式は、平安・鎌倉時代に京都で使われた「さまに」ないし「さまへ」という形式に由来するものである。ただし、図16をよく見ると、九州には東北のようなサの形そのものはほとんど分布しない。語頭にサをもつものの、もっと長めの形式が豊富に分布する。また、この図からはわからないが、九州のサの仲間は、意味の面で「方向」という語彙的な意味も担っており、その点で、格助詞として機能する東北のサとは異なる。実は、平安・鎌倉時代の中央語「さま(に・へ)」も「方向」の意味をもっており、それを九州方言が保存しているのである。形態の面でも、九州の「サミャー」「サメー」などの形式は「さま(に・へ)」に非常に近いものであると言ってよい。つまり、東北と九州は同じくサの類を使うと言っても、その形態・意味において内実は大きく異なる。このような周圏分布を、東西が等価である典型的な周圏分布に対して、「アンバランスな周圏分布」と呼ぶ。それでは、なぜ、そのような不均衡が生ずるのかといえば、それは中央語の伝播後、その形式への対応が東西で異なったからだと考えられる。この場合、九州は中央語「さま(に・へ)」を保存しようとしたのに対し、東北はこれを再生し、新たな格助詞「サ」として

370　第2部　方言形成論

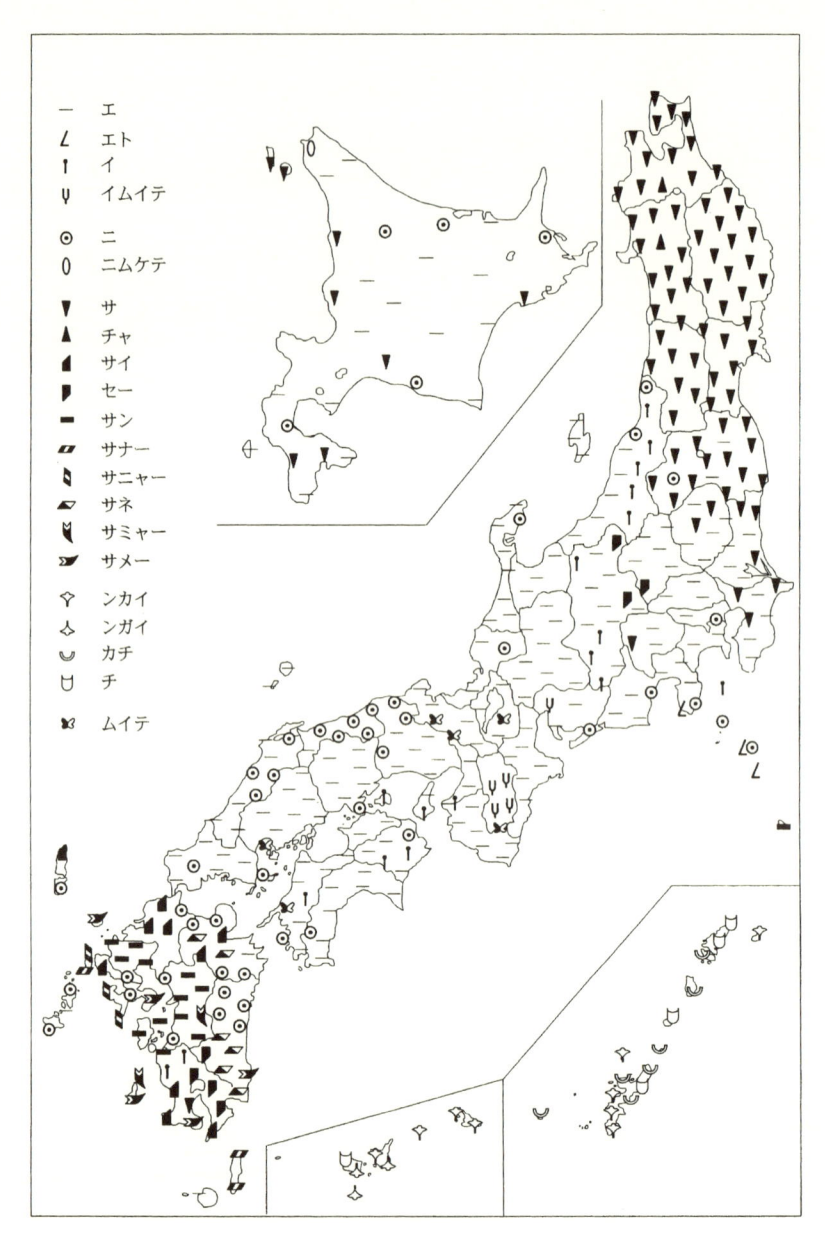

図16　「サ」の類の方言分布（『方言文法全国地図』19図「東の方へ行け」による）

生まれ変わらせようとした。そうした東西差が、この語のアンバランスな周圏分布を生み出したのである。

5.2. 方言孤立変遷論と逆周圏分布

　方言周圏論へのアンチテーゼとして、金田一春彦(1953)・楳垣実(1953)の「方言孤立変遷論」がある。これは、方言は中央からの伝播によらずとも、各地で独自に発生するという考え方である。その点で方言孤立変遷論は、一見、方言周圏論と相容れないもののように思われる。しかし、前節で示した「再生」の現象は、実際の方言形成を論じるときに、周圏論(伝播論)と孤立変遷論(自律的変化論)の融合的な考え方が必要であることを意味している。「さま(に・へ)」からサへの再生のほか、文法では助動詞「けり」がケに、「べし」がベー・ペに再生される、あるいは、語彙では「めぐし」がメンコイに、「えずし」がイズイに、さらには「無慚(むざん)」がモゾコイに再生される、といった現象は、中央からの言葉の伝播と、東日本独自の自律的な変化との両方の見方を組み合わせなければ説明が難しい。すなわち、周圏論のみ、あるいは孤立変遷論のみでは解けない現象なのである。見方を変えれば、「再生」という概念は、方言形成についての議論に複眼的な視点の導入を促すものとも言える。

　ところで、もう一度、図16を見ると、関東の西の縁に沿った地域と八丈島に、わずかながらサの類が点在するのが見つかる。このサの類は形態と意味の両面で九州のサの類と通じるところがあり、東北のサとは一線を画する。このことは、中央語に近い古い形式が九州と関東に残ることを示し、よく言われるような九州と東北との周圏的対応ではなく、九州と関東とが対応するパターンが存在することを意味する。この場合、東北はこの対応の東側の圏外にあり、中央語(＝中央的規範)から開放されたある種の別世界を形成するように見える。

　一般に、方言周圏論では周圏分布の内側ほど新しく、外側ほど古いと考える。しかし、サの類では、東日本の状態を見ると、内側より外側が新しいという状況を呈している。このように、周圏的な分布でありながら周辺部の方が新しいという分布を「逆周圏分布」と称する。動詞における一段活用のラ

行五段化の傾向はその典型であり、図17に黒丸記号の大きさで示すように日本の周辺部に目だって見られる。ただし、注意しなければいけないのは、周辺部といっても東北の日本海沿いの地域や九州中央部など、ある程度開けた地域で変化が進行している点であり、その部分に焦点を当てれば地域レベルで周圏論が成り立つと言える。それを図式化したのが、図18である。

逆周圏分布はアクセントの分布においても見られる。そこでは、最も新しい段階を示すと言われる無型アクセントが東北と九州以南という日本の両端に見られるものの、その位置は全くの周辺部とは言えない。動詞活用のラ行五段化と同様の傾向が認められるのである。逆周圏分布がこのような微妙な位置に形成されるのは、根本的には中央から離れることで中央的な言語規範が緩み、自律的な変化が進行することに原因があるが、しかし、ある程度の人口を擁する都市的な地域でなければ、その変化を推進し普及させるだけの十分な力をもたないからだということで説明がつく。

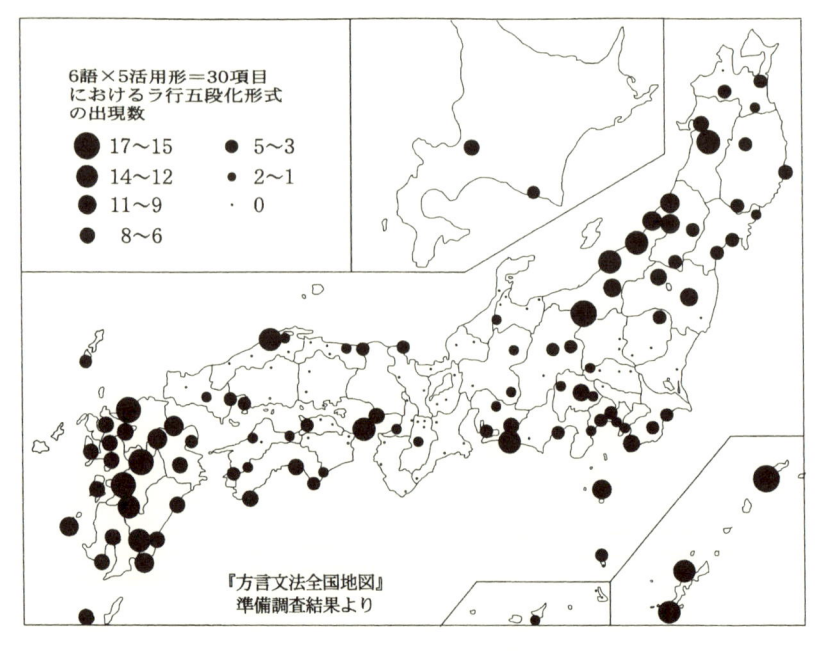

図17 ラ行五段化傾向の地理的分布

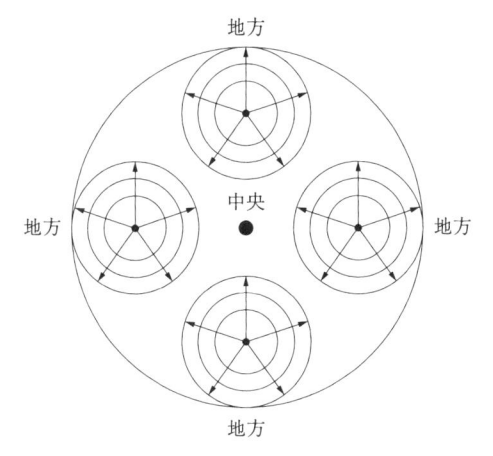

図 18　逆周圏分布形成の模式図

5.3. 再生の方向性と段階的再生

　再び東北方言の「サ」に話を戻そう。分布の外側にある東北方言が関東方言より変化の進んだ状態を呈するのには、中央語の「再生基地」としての関東方言の性格が関与する。すなわち、図 19 に示すとおり、東北の「サ」の原型はいったん関東で作られており、それが東北に伝播することでさらなる再生が起こったと考えられる。このように、伝播の途上で順次再生が繰り返される様子を「段階的再生」と呼ぶが、関東は中央語の東日本への伝播において、第 1 次の再生を引き起こす場として重要である。

　このような段階的再生については、櫛引祐希子（2009）が「エズイ」の事例について報告している。すなわち、中央語「えずし」の東日本への伝播にあたっては、図 20 に示すように、まず関東で「変化Ⅰ・Ⅱ・Ⅲ」が発生し、

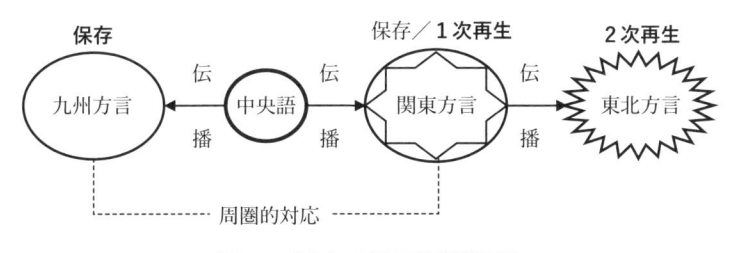

図 19　「サ」の類の段階的再生

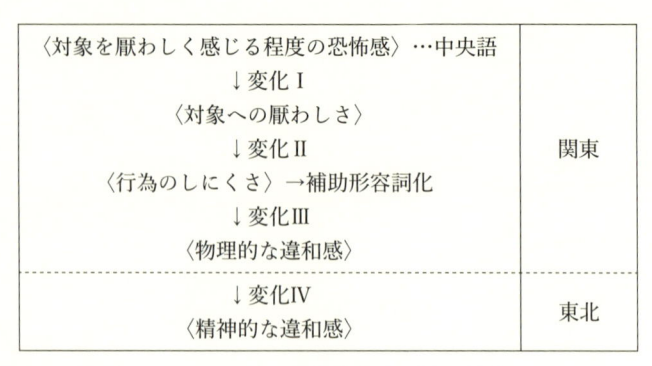

〈対象を厭わしく感じる程度の恐怖感〉…中央語	
↓変化Ⅰ	
〈対象への厭わしさ〉	
↓変化Ⅱ	関東
〈行為のしにくさ〉→補助形容詞化	
↓変化Ⅲ	
〈物理的な違和感〉	
↓変化Ⅳ	東北
〈精神的な違和感〉	

図20 東日本におけるエズイの意味変化（櫛引祐希子2009による）

続いて東北で「変化Ⅳ」が生じるという2段階の再生を経ていることがわかる。ここでは、恐怖感から厭わしさ、行為のしにくさ、物理的な違和感へと、かなり大がかりな意味変化が1次再生で起こっており、それに比較すると、2次再生における精神的な違和感への変化は小規模であるように思われる。これは、「サ」の場合にも、1次再生で生じた接尾辞的機能の放棄（格助詞化）という変化が飛躍的であるのに対して、2次再生で発生した格助詞内での意味拡張は連続的な流れの中にある変化のように考えられる。このように、関東における再生では、その先の東北における再生に比して質的に重要な変化が起こりやすいという傾向が見出せるかもしれない。

　上記のように、サの類の1次再生は関東で起こるが、これは関東という地域が、中央的な規範力の及びにくい東日本に属していると同時に、その地域の中心的な存在であったからである。それに対して2次再生は東北で起きたものであるが、この場合は、宮城の仙台や山形の庄内など、ある程度開けた地域を核にして多元的に再生が進んだと考えられる。

　ところで、九州においては、先のサの類の話では保存の面のみを強調したが、都市化の進んだ北西部を中心に、形態が単純化するとともに、「方向」という接尾辞的意味を希薄化させ格助詞化に向かう現象が進んでいる（詳しくは小林隆2008b参照）。この点を重視すれば、進行度は大きく異なるものの、東日本と九州で同方向への再生が起こっていることになる。複数の地域で同じ方向への変化が進むのは、再生の本質のひとつに言語の合理化を基調

とした自律的変化（この場合は「文法化」）があるためである。これは、上で見た動詞活用のラ行五段化やアクセントの無型化など文法や音韻・アクセントの分野に顕著に観察される現象であり、語彙の形態変化や意味変化にも同様の傾向が認められるのではないかと思われる。こうした同方向への再生が複数の地域で発生する場合を「一方向性再生」と呼んでおこう。

　しかしながら、再生はかならずしも一方向にのみ進むとは限らない。櫛引(2009)によれば、上で紹介したエズイは、サの類の場合と同様、九州方言で中央語に通じる恐怖感の意味を保存しているが、同じ九州の北部を中心に程度副詞の用法を派生させるという一面も見せる。また、サイズや量の大きさを意味するようになったり、狡猾さを経て賢さを表す意味が生じたりと、西日本各地でさまざまな方向への再生が起こっている。このように、再生の方向が各地で異なる場合を「多方向性再生」と名付けることにしたい。

　このような多方向性再生のありさまを明瞭に見せてくれるのが、「スガリ」という語の再生である。澤村美幸(2011第4章)によれば、この語の意味の地理的分布は図21のようになるが、これは中央語で地我蜂を意味していたスガリが東西に伝播した際に、図22に示すとおり、東日本では蜂の総称化に向けた変化が起こり、九州では蟻の意味への変化が生じたからだと説明される。九州では総称をめざす変化も指向されはしたものの、結局、蟻への変化が勝り、この点で、東日本とは異なる方向への変化が進んだ。これには、九州方言における音韻傾向が関与しているという。なお、スガリの東日本における意味拡張は、地域によってたどったルートは異なるものの、蜂の体型・体色や生態の共通性をもとに別の蜂の意味を取り込みつつ進行したものであり、最終的に蜂の総称化をめざす変化である。これは、先に見た格助詞のサが地域差を伴いながらも共通語の格助詞「に」の意味領域をゴールとしてめざす意味拡張を見せていることと共通性があり、興味深い。全国的な視野に立てば、スガリの再生は東日本と九州で異なる様相を示す多方向性再生にあたるが、東日本のみを見れば、サの場合と同様、一方向性再生が起こっていると理解される。

376　第2部　方言形成論

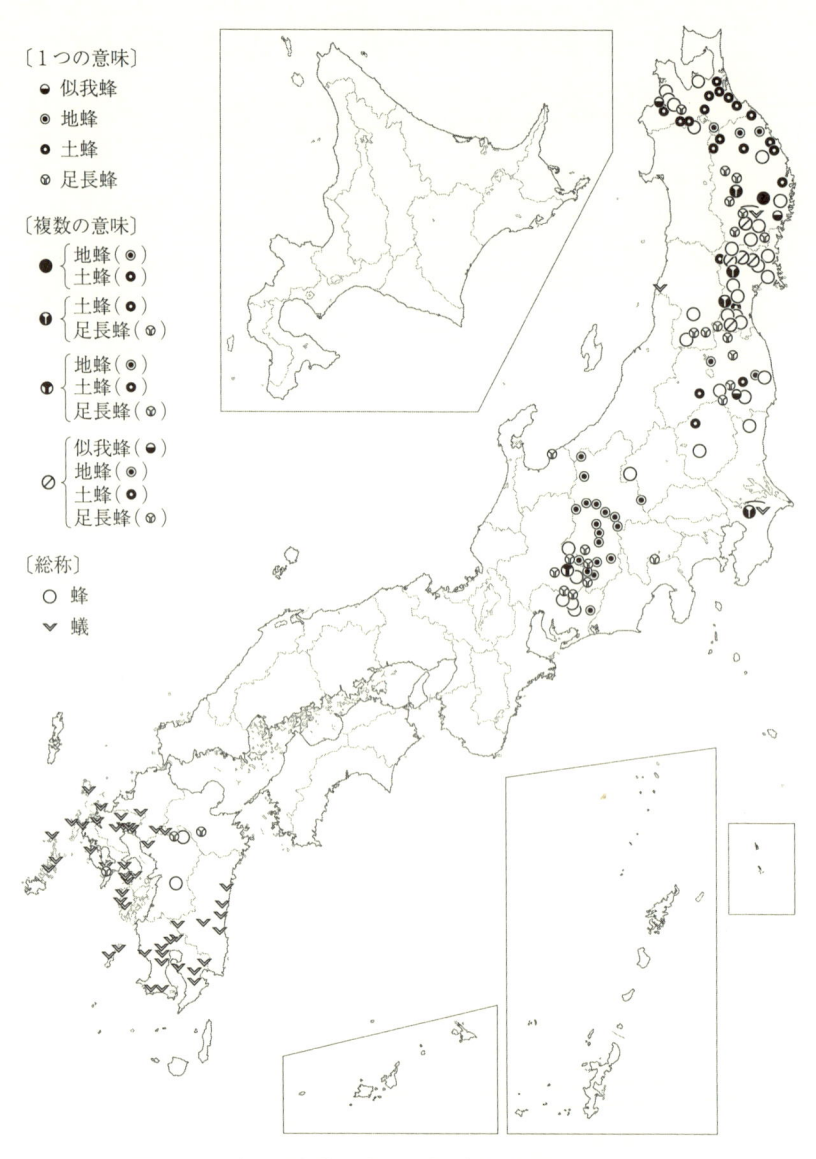

図21　スガリの意味の方言分布（澤村美幸 2011 による）

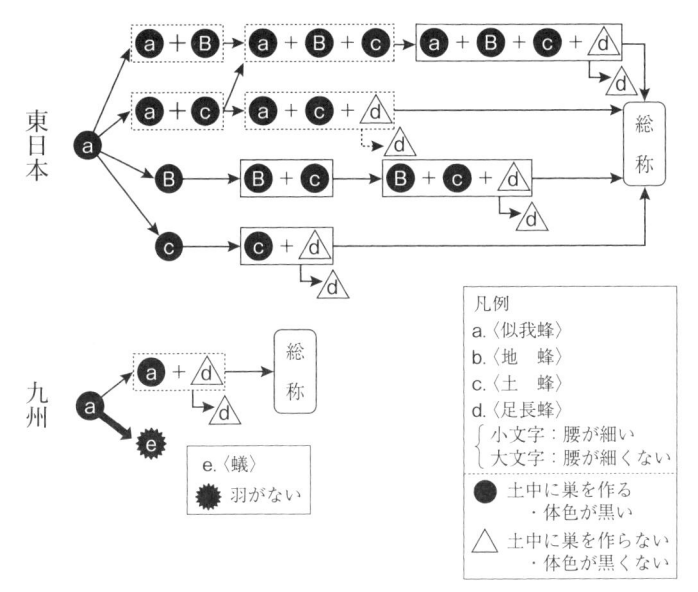

図 22　スガリの意味変化の東西差（澤村美幸 2011 による）

5.4. 再生の東西差

　方言周圏論に従えば、中央語は地方へと運ばれ方言を形成する。それがそのまま残れば方言に中央語が保存されることになるが、もし再生が起こるならば、方言に新しい状態が出現することになる。この両者の関係から、方言形成における各地域の性格について検討することができる。すなわち、「保存傾向」が強い地域であるのか、それとも「再生傾向」が強い地域であるのか、あるいは、その両者が認められる地域なのか、といった問題である。

　このような点については、まず、小林隆（2004、449・450 頁）で述べたように、西日本と東日本を比べた場合、中央語の保存は西日本に根強く見られ、逆に再生は東日本で活発であるという傾向を指摘できそうである。これは、西日本には、畿内に対抗し得る大規模で独自の文化圏が形成されにくく、中央語の影響を比較的容易に受けやすかったのに対し、東日本は、東西境界線を境に固有の文化圏が成立し、中央語が変質しやすい傾向にあったからだと考えられる。特に、東日本においては、関東（江戸）という一大中心地が存在し、畿内（上方）に対抗し、独自のものを広めるだけ活力を持っていたと思われる。

しかし、このような考えに対しては反証が挙がるかもしれない。澤村美幸（2011、70頁）は、上で見たスガリの再生において、「蟻」の意味を生じさせた九州の方が「蜂」という原義からの逸脱が激しく、「蜂」の範疇内での変化が見られる東日本より、再生が活発とも言えるのではないかと疑問を述べている。「エズイ」の事例においても、程度副詞化など、複数の再生が九州を中心とした西日本で起こっていることは先に述べた。「である」の係り結び形式「デコソアレ」が終助詞化や間投助詞化を果たす再生も、日本の中で九州に特有のものである。保存と再生の東西差については、澤村が言うように、事例を蓄積したうえで慎重に検討していく必要がある。

ただし、気をつけておかなければならないことは、九州方言の場合、再生形式と同時に古い中央語も同時に保存する傾向が見られることである。エズイにおいては中央語にあった恐怖感の意味が九州方言に保存されていた。「デコソアレ」も終助詞化・間投助詞化した形式とともに、原形も九州周辺に発見される。そもそも、元になったコソ—已然形の係り結びを保存するのは、九州を中心とした西日本である。この形式の再生が東日本で見られないのは、4.3.節で指摘したように、東日本方言が複雑な言葉の仕組みを嫌う性格をもつため、そもそもコソ—已然形の係り結び自体が東西境界線を越えることができず、東日本へ伝播しなかったからではないかと思われる。

以上のように、中央語の保存傾向と再生傾向という両面を併せ持つ九州方言の特性は、図23に示すような動詞活用の分布に端的に現れている。九州方言はナ行変格活用や二段活用が残存する一方、ラ行五段化が顕在化しているという複雑な状況を呈していることがわかる。九州方言のこうした特性は、中央的規範力の働き方に起因したものであろう。すなわち、九州は西日本に属するという点では中央的規範力の影響下にある。しかし、中央（畿内）から遠く離れているため、他の西日本地域ほどその影響力は強くないと考えられる。そうした微妙な位置にあることが、保存と再生の両面を同時に見せる九州方言の特異な性格を生み出しているものと思われる。

ここまでの検討を踏まえ、中央語の東西への伝播と地域ごとの保存・再生の関係をまとめれば、次のようになる。

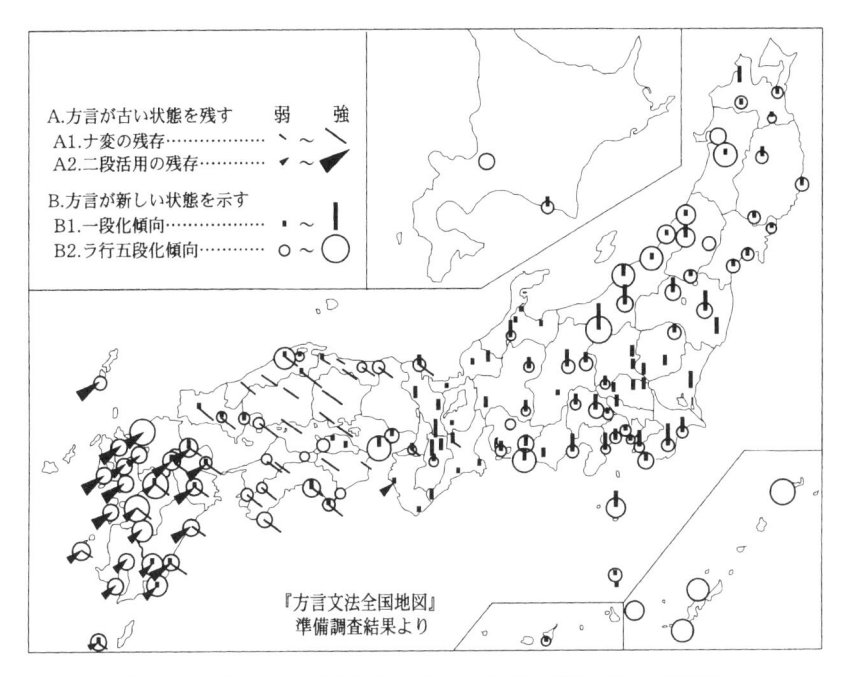

図23 中央語史を基準にした方言における動詞活用の諸傾向

- 西日本への伝播：中央語の西への伝播は、小規模な文化圏の境界で速度を落とすことはありながらも、比較的容易に進む傾向がある。その間、再生は不活発であり、あっても爆発的な広がりとはならない。九州に到達した中央語は保存されやすいが、同時に再生される傾向も強く、両者が混在した状況を呈する。
- 東日本への伝播：中央語の東への伝播は、日本における大規模な文化圏の障壁、すなわち東西境界線で進行が阻まれ、そのまま先へ進めないものもある。しかし、一旦、その難所を越え関東に到達すると、今度は、そこから急速に東日本に広まる。その際、中央語と同じ状態が伝わり、保存される場合もあるが、東日本は全体に再生が活発であり、更新された中央語が広まる傾向が強い。特に、関東は東日本における再生基地としての役割を担っており、そこで再生を受けた形式や体系が普及することも多い。東北においては、関東で再生されたものがさらなる再生を起

こすことがあり、ますます中央語らしさが失われ独自性が強化されていく傾向にある。

　以上は、全国を視野に入れた把握であるが、地域レベルの違いも見られる。例えば、日高水穂（2005・2006a）は、東北地方において、太平洋側に比べて日本海側で再生が進みやすい傾向のあることを、格助詞の「サ」や「コト・トコ」の意味変化、過去形式の「テアッタ」の文法化の事例をもとに指摘している。また、九州では、先に見たような「さま(に・へ)」の格助詞化や動詞活用のラ行五段化、そして係り結び形式「デコソアレ」の終助詞化・間投助詞化の状況（小林隆 2004 第 3 部第 3 章）などから見て、東側に比べて西側の地域で再生がより活発な傾向がうかがえる。こうした地域ごとの傾向についても、事例の蓄積を重ねた上であらためて検討を行う必要がある。中央語の保存傾向と再生傾向とが日本列島にどのように展開するのかは、以上のように巨視的な視点と微視的な視点の両方から考えなければならない。

5.5. 再生の内実と地域特性

　前節で述べたように、保存と再生がどのようなバランスで実現されるのかという点に方言形成における各地域の性格を読み取ることができる。ところで、このような問題をもう一歩進めると、今度は、再生の有無だけでなく、いかなる種類の再生が起こっているかという点が問題になってくる。すなわち、同じく再生傾向の強い地域であっても、その再生の内実を見ることで、さらに地域ごとの特性が浮かび上がる可能性がある。

　そのような地域特性を、日高水穂（2006b）は「フィルター」という一種の言語受容装置として想定し、保存と再生の関係からその地域らしさをとらえようとした。そこでは、上でも触れたように、東北地方、とりわけ北日本の日本海側の地域に文法体系の単純化や文法化の促進といった傾向が強く、そうした再生を志向する性格があることが指摘されている。また、本論の 4.3. 節では、東日本方言の地域特性として、文法面に限らず言語全般に単純な体系や心情的な表現、現場重視の表現を好む傾向があることを述べたが、これらの点も再生の方向性を決めるものとして作用することが考えられる。

さらに、同じく 4.3. 節で取り上げた 7 つの発想法についても、地域による
それらの活性度の違いが再生のあり方に影響を及ぼす可能性を見逃せない。
すなわち、7 つの発想法が最も活発な中央（畿内）において作り出された言語
現象が、逆に最も不活発な東北地方などに取り込まれる際には、それらの発
想法に基づく特徴が著しくトーンダウンする方向で再生を受けるのではない
かと想像される。

　このような再生の内実と地域性との関係について、小林隆（2008b）では一
般的なモデルを提示してみた。つまり、地域性をもたらす条件を「中央的規
範力」と「都市型社会化」という 2 つの社会的要因に限定し、それらの強
弱と再生のタイプとの関係を考えた。そこでは、再生のタイプとして大きく
「自律的再生」と「創造的再生」の 2 種を設定したが、前者は主として言語
の合理化・経済化の流れに沿った自律的要因に基づく再生であり、後者は表
現の正確さや効果を言葉の上に追求しようとする創造的要因に基づく再生で
ある。そして、再生のタイプと社会的要因との関係を見たときに、自律的再
生は中央的規範力の強弱に対応し、創造的再生は都市型社会化の程度に呼応
すると考えた。

　図 24 で詳しく見てみよう。この図では×印が再生が起こりにくい場合
を、○印が再生が起こりやすい場合を表しており、特に◎印は再生された形
式に普及力が備わっていることを意味する。全体として(1)から(4)までの 4
つの類型に分けられるが、まず(1)は自律的再生も創造的再生も生じにくい
場合であり、中央語はそのまま保存されやすい。これに対して、(2)は創造
的再生が生じやすい場合であり、再生形式の普及力も強い。一方、(3)は(2)
とは逆に、自律的再生が起こりやすい場合であるが、その普及力は弱い。さ
らに、(4)は自律的再生も創造的再生も共に活発で再生形式の普及力も強い
場合であり、中央語の変容がもっとも激しいケースにあたる。

　これらの 4 つの類型に具体的な地域を当てはめることは簡単ではないが、
おおよその見通しは次のようになる。すなわち、(1)の類型には、中央語の
影響を受けやすい西日本の各地が該当しそうである。(2)には西日本の都市
部が当てはまるが、その典型は中央としての畿内である（ただし、畿内の場
合は伝播の受容による再生ではなく、中央語そのものの内部で通時的に生じ

社会的要因	中央的規範力	強		弱	
	都市型社会化	弱	強	弱	強
再生のタイプ	自律的再生	×	×	○	◎
	創造的再生	×	◎	×	◎
		(1)	(2)	(3)	(4)

図24　再生のタイプと社会的要因との関係

る再生ということになる)。一方、(3)の類型には、中央語の拘束力が弱い東日本の各地が該当するが、西日本の中でも中央から離れた周辺的な地域になると、(1)よりはこの(3)の類型に入る可能性が出てくる。最後に、(4)は東日本の都市部であり、とりわけ江戸・東京にその性格が強いと考えられる。

ところで、このような分類によれば、東北方言は(3)の類型に属し、しかもその特徴がとりわけ顕著に現れる地域ではないかと予想される。この方言に体系や規則の単純化、あるいは文法化といった言語の一般的な変化に従う現象が目立つのはその1つの現れと見てよい。形態が磨滅し型が崩壊する傾向や意味が拡散する傾向が観察されるのも自律的再生のなせるところと理解される。

ただし、一方で感動詞やオノマトペによる表現力の豊かさに注目すると、東北方言には言語の感情的・感覚的な側面をより増幅・拡大する方向での再生が起こりやすいのではないかとも思われる。すなわち、東北方言の感動詞やオノマトペを見ると、素材としては中央語の形式や表現を受容しながらも、それらに対してさまざまな形態的操作を加えたり、イントネーションや力み(ストレス)、呼気、スピード等を調整したりするなど、多種多様な方法でそのバリエーションを豊富にしている様子が観察される。このような特徴は、上で指摘した心情的な表現や現場重視の表現を志向する東日本方言の特徴と通じるものであり、東北方言においてはそうした特徴がより先鋭化され、感動詞やオノマトペの発達をもたらしたとも考えられる。

なお、この種の再生は感情・感覚の赴くままに任せたある意味自由奔放な

ものと言え、制度化された言葉としての創造性とは異なるもののようにも思われるが、特定の表現効果を積極的に追求した営みである点からすれば、創造的再生の一種とみなすことができるかもしれない。

さて、一般に方言学では方言を言葉の地域差と定義する。方言周圏論では、中央からの距離に応じて同心円的な言葉の地域差が認められると考える。この場合、言葉の地域差は中央語の歴史を写し出す鏡であり、ある地域がある言葉を使用する必然性は地域そのものには備わっていないことになる。この点が、4.1. 節でも言及した方言周圏論における地域の主体性欠如の問題である。これに対して、以上で見てきたような受容の拒否や再生についての検討は、方言形成を地域の側からとらえたものと言える。そうした視点による議論は、方言周圏論では中央の作用が一方的に生み出すものと考えられていた地域差を、地域ごとの主体的性質、すなわち地域特性によって把握し直そうとするものであると言ってもよい。地域差の議論から地域特性の議論へと踏み出すことは、今後の方言形成論が進むべき1つの方向を示していると思われる。

6. おわりに

以上、方言周圏論を核に据え、そこから派生する問題を検討しながら、現代における方言形成論の到達点と課題を示してきた。ここでは方言形成を3つの局面に分けて検討するという方式をとったが、伝播の局面においては伝播様式のあり方に、受容の局面においては社会的背景に、そして、保存の局面においては再生という現象に、それぞれとりわけ焦点を当てて論じた。本論で取り上げた課題は、今後の方言形成論の中でも重要な位置を占めるテーマとなっていくと考えられる。

一方、上記のような論述形式をとったために、本論では十分論じることのできなかった課題も多い。例えば、澤村美幸（2011）が1つの指針を示すように、研究対象を表現法や言語行動など運用的な側面に広げることと、方言形成に影響を与える社会背景を積極的に視野に取り込むこととは、これからの方言形成論にとって不可欠の課題であろう。社会と方言との関係について

は、方言研究全般について他分野との学際的研究の必要性を強調する中井精一（2007）の発言にも耳を傾けなければならない。日本語の方言形成をモンスーン・アジアの言語全体の中でとらえ直そうとする安部清哉（2008）の壮大な構想も注目される。

　本論では、方言形成論を支える方法論についてもほとんど触れることができなかった。この点では、地理情報システム（GIS）（大西拓一郎 2007）とシミュレーション（熊谷康雄 2008）の開発を挙げなければならない。前者は方言の分布と自然・文化といった言語外情報との対比を容易にし、研究の客観化や精密化に効果を発揮することが期待される。後者はプログラムに与える条件をさまざまに変えることで、方言形成に関わる要因や要因間の関係を見出そうとするものであり、方言形成の理論化に貢献するものと考えられる。

　方言はいかにして成立したか、この問いは古くて新しい。その深遠な問いに正面から向き合うためには、方言周圏論という魅力的な理論を、一旦、方言形成論というより大きな枠組みの中に位置付け、相対化・精密化していくことが必要であろう。そうした作業の中で、方言形成論自体が今後取り組むべき課題も姿を現してくるものと思われる。

文　献

安部清哉（2008）「アジアの中の日本語方言」小林隆編『シリーズ方言学１　方言の形成』岩波書店
有元光彦（2007）『九州西部方言動詞テ形における形態音韻現象の研究』ひつじ書房
井上史雄（2003）『日本語は年速一キロで動く』講談社（講談社現代新書）
井上史雄（2009）「ことばの伝わる速さ―ガンボのグロットグラムと言語年齢学―」『日本語の研究』5-3
楳垣実（1953）「方言孤立変遷論をめぐって」『言語生活』24（柴田武・加藤正信・徳川宗賢編 1978『日本の言語学６　方言』大修館書店に収録）
江口泰生（1992）「「背負う」「担ぐ」の表現」『国語学』171
大西拓一郎（2007）「地理情報システムと方言研究」小林隆編『シリーズ方言学４　方言学の技法』岩波書店
大西拓一郎（2008）『シリーズ現代日本語の世界６　現代方言の世界』朝倉書店
大西拓一郎（2010）「日本海と畿内の方言分布をむすぶもの」内山純蔵・中井精一・中村大

編『東アジア内海の環境と文化』桂書房
金田一春彦(1953)「辺境地方の言葉は果して古いか」『言語生活』17(金田一 1977『日本語方言の研究』東京堂出版に収録)
櫛引祐希子(2009)「意味変化の東西差―方言「エズイ」を例として―」『日本語の研究』5–2
熊谷康雄(2008)「方言形成研究の方法としてのシミュレーション」小林隆編『シリーズ方言学 1 方言の形成』岩波書店
熊谷康雄(2013)「『日本言語地図』のデータベース化と計量的分析―併用現象、標準語形の分布と交通網、方言類似度の観察―」同編『大規模方言データの多角的分析成果報告書―言語地図と方言談話資料―』国立国語研究所共同研究報告 12–05
小林隆(2004)『方言学的日本語史の方法』ひつじ書房
小林隆(2006)『方言が明かす日本語の歴史』岩波書店
小林隆(2007)「文法的発想の地域差と日本語史」『日本語学』26–11
小林隆(2008a)「方言形成論への誘い」同編『シリーズ方言学 1 方言の形成』岩波書店
小林隆(2008b)「方言形成における中央語の再生」同編『シリーズ方言学 1 方言の形成』岩波書店
小林隆(2010)「日本語方言の形成過程と方言接触―東日本方言における"受け手の論理"―」『日本語学』29–14
小林隆編(2008)『シリーズ方言学 1 方言の形成』岩波書店
小林隆・熊谷康雄(2013)「共通語形の分布と伝播について」熊谷康雄編『大規模方言データの多角的分析成果報告書―言語地図と方言談話資料―』国立国語研究所共同研究報告 12–05
小林隆・澤村美幸(2010a)「言語的発想法の地域差と社会的背景」『東北大学文学研究科研究年報』59
小林隆・澤村美幸(2010b)「言語的発想法の地域差と歴史」『国語学研究』49
佐藤貴裕(1985)「地理的伝播様式の地域差―関東と関西を例に―」『国語学研究』25
佐藤亮一(1986)「地域社会の共通語化」飯豊毅一・日野資純・佐藤亮一編『講座方言学 8 方言研究の問題』国書刊行会
佐藤亮一(2001)『生きている日本の方言』新日本出版社
澤村美幸(2011)『日本語方言形成論の視点』岩波書店
渋谷勝己(2008)「ことばとことばの出会うところ」金水敏・乾善彦・渋谷勝己『シリーズ方言学 4 日本語史のインターフェイス』岩波書店
高橋顕志(2008)「接触変化から見た方言の形成」小林隆編『シリーズ方言学 1 方言の形成』岩波書店

徳川宗賢(1996)「語の地理的伝播速度」言語学林1995–1996編集委員会『言語学林1995–1996』三省堂

中井精一(2007)「地域研究と『方言文法全国地図』―日本語方言研究の新しい可能性をもとに―」『日本語学』26–11

中西太郎(2011)「あいさつ表現の使用実態の地域差―朝の出会い時を中心に―」『日本方言研究会第93回研究発表会発表原稿集』

西尾純二(2009)「再検討・日本語行動の地域性」『月刊言語』38–4

半沢康(2003)「現代の方言」小林隆・篠崎晃一編『ガイドブック方言研究』ひつじ書房

日高水穂(2005)「方言における文法化―東北方言の文法化の地域差をめぐって―」『日本語の研究』1–3

日高水穂(2006a)「文法化」小林隆編『シリーズ方言学2方言の文法』岩波書店

日高水穂(2006b)「方言変容のフィルターとしての地域社会(日本語学会2005年度春季大会シンポジウム報告：リンクする方言研究)」『日本語の研究』2–1

日高水穂(2008)「方言形成における「伝播」と「接触」」山口幸洋博士の古希をお祝いする会編『方言研究の前衛』桂書房

福田アジオ(2002)「周圏説と民俗学」馬瀬良雄監修『方言地理学の課題』明治書院

柳田国男(1927)「蝸牛考」『人類学雑誌』42–4～7(改訂版：言語誌叢刊刀江書院版1930、創元社版1943、岩波文庫版1980、柳田国男全集19(筑摩書房)1990)

あとがき

　本書では、柳田方言学の現代的な意義とそこからの発展を、あいさつ表現と方言形成論の2つを軸に考えてみた。17篇の論文の読み応えはいかがだっただろうか。

　ところで、みなさんは、本書のカバーをどう思われるだろうか。最初、ひつじ書房からこのデザインを提案されたときには、正直、面を食らった。本書の内容とのミスマッチがはなはだしいと感じたからである。しかし、じっくり眺めてみると、非常に意味深長なデザインに思えて来て、結局、これを採用することにした。

　高校生らしき男女が出会い、あいさつを交わしている。この絵のどこが意味深長なのか。それは、この構図が、本書が扱えなかった柳田方言学の重要課題を示しているかのように思えることである。柳田が『毎日の言葉』であいさつを取り上げたのは、市民の言語生活に対する啓蒙がひとつの目的であり、これからの世代に向けたメッセージでもあったからだ。また、周圏論ばかりが有名になった『蝸牛考』では、新語創造における子供たちの役割にも力が入れられており、柳田がそれを方言生成の重要な原動力と考えていたことはまちがいない。

　次世代の言語生活の向上と、若い世代の言語的創造力への注目、これらが柳田の意図したものだとしたら、本書のカバーに高校生のペアに登場してもらうことは、あながち不自然とは言えない。牽強付会のそしりを恐れずに言うならば、本書から抜け落ちた視点を、このカバーの絵が暗示してくれていることになる。

　さて、本書を終えるにあたり、力作をお寄せくださった執筆者のみなさまにあらためてお礼を申し上げる。また、上で述べた装丁の点も含めて、本書の刊行に力を尽くしてくださったひつじ書房の松本功さん、渡邉あゆみさんにも感謝したい。

小林　隆

索引

あ

あいさつ　3, 79, 125
あいさつ観　125
あいさつことば　3, 13
『あいさつことばの世界』　5, 7
あいさつことばの発想　8
あいさつことばの分類　8
あいさつ発想　85
あいさつ表現　3, 13, 14
あいさつ表現の形成過程　74
あいさつ表現法　13
あいさつ論　iv
朝のあいさつ　14, 20
朝のあいさつ表現　61
朝の出会いの場面　59
天草　282
アリガタイ　41
アリガトウ　38
アンバランスな周圏分布　369

い

イエス（Jesus）　267
意外・驚き　52
「行かない」　228, 231, 232, 240, 252
「行かなかった」　240
イカヘン　228, 232, 240
イカン　235, 249, 253
イケヘン　228, 232, 240
威光　179, 351
意志表示　85
意志表示型　86
意志表明類　102, 104, 117–119
位相　344
位相間の流動性　346
位相的伝播　352
位相論的語史　346
労り　52
労り表現　45
一方向性再生　375
「一国民俗学」　266
移動の到着点を表す格助詞　330
依頼表現　128, 138
慰労　66

う

"受け手の論理"　360
海の道　195, 202, 350
売り手・買い手の移動　349
うわさ話の伝播　170

え

エージェントベースシミュレーション　171
エ段シフト化　235, 238
江戸　47, 116, 349
江戸・東京　57

お

オーキニ　46, 49
オカタジケ　47
"送り手の論理"　360
オソレガマシイ　44
オノマトペ　382
オハヨー　59, 61, 71
お誉め　52
オラショ（祈祷文）　270
音韻ルール　192
音韻ルールレベル　191

か

下位者　43, 45
外住歴　88
階層性伝播　115, 347, 357
買物言葉　99, 126
海路　349
『蝸牛考』　146, 227, 245, 265
革新性　180
学歴　298
カクレキリシタン　268
加工化　117, 119
鹿児島県　191
稼ぎ誉め　65
カタジケナイ　41
カピタン（capitão）　286
上方　116, 349
関西　49, 57, 224
関西方言的要素　218
感謝のあいさつ　37
感謝表現　41
感謝表現の発想　54
関東　216, 224, 365, 366, 371, 373
感動詞　382
感動詞の伝播速度　357

願望を用いた働きかけ　132
慣用句的あいさつ　90

き

キーヒン　230, 235, 256
帰宅を告げる時のあいさつ　20, 30
疑問の働きかけ　130, 131, 133, 134
逆周圏分布　371
キヤヘン　235
九州　371
九州西部方言　189
九州地方　276
九州方言　378
休息促し　66
急速伝播　114
恐縮・困惑　52
共通語化　225
共通語形　210, 354
京都　216
京都からの伝播　211
京都語　213, 214
京都方言　213
許可要求類　102, 106, 117, 118
キリシタン語彙　284
キリシタン版　267
『近畿言語地図』　231
近畿地方　228, 232, 246
近畿中央部　228
均衡化　203

く

熊本県　191
クルス(cruz)　284
クレル／クダサル表現　130

グロットグラム　153
クヮブンナ　41

け

敬語　292
敬語意識　298
敬語運用　298
敬語行動　307
経済活動　349
形態音韻現象　189
京阪語　215, 224
ケーヘン　232, 235, 256
結婚式・祝宴に招かれてのあいさつ　20, 32
形容詞のウ音便形　333
言語地理学　145, 156, 319
『言語地理学の方法』　156
言語地理学の目的　158
言語的革新の普及　180
言語的性質　350
言語的中心　209
言語的発想法　116, 119, 365
言語的発想法の地域差　119, 120
言語的発想法の歴史的性格　119
言語内的要因　358
言語の島　224, 247
言語の辺境性　312
言語変化における周辺　175
言語変化における中心　175

こ

構成的アプローチ　197

高知市　294
『高知市史民俗編』　294
交通手段　349
交通網　347
肯定疑問文　138
口頭言語　345
コーヘン　230, 238, 257
ゴクロー　45
語源・造文発想　79
個人レベル　319, 320
ゴタイギナ　45
五段化現象　235, 238
ゴチソーサマ　47
五島列島　281
断り表現　56
「来ない」　230, 257
ゴメンナサイ　48
コヤン　257
『孤立国』　163, 164
孤立変遷論　110
コン　235, 257
コンニチワ　61, 71

さ

再生　339, 356, 366, 369, 371, 380
作業誉め　64
座・席などを勧める時のあいさつ　19, 29
ザッタ　240
ザビエル(Xavier)　284

し

四国地方　228, 232, 240
仕事から先に帰る時のあいさつ　19, 27
辞退のあいさつ　20, 31
「しない」　232
シミュレーション　169

社会階層　298
社会形態差　90
社会構造　362, 365
社会構造の地域差　120
社会的機能　79
社会的性質　350
社会的伝播　353
社会的な地域差　368
社会的要因　362
社会と言語運用の関係モデル　121
社会ネットワーク　175
社会レベル　319, 320
謝罪　66
謝罪表現の利用　53
謝辞のあいさつ　18, 27
就学経験　88
周圏性　201
周圏分布　211
周圏論的解釈　71, 72
周圏論的発想　167
就寝時のあいさつ　20, 31
周辺　180, 247, 254
周辺から中心への伝播　258
周辺日本　119
周辺農村部　90
周辺分布の原則　156
自由民権思想　311, 312
授受形式　136, 139
授受的発想　136
受容の局面　342, 358
上位者　43, 45
賞賛　83, 85
賞賛型　86
上層階層　345
「消滅する方言語彙の緊急調査研究」　101
書記言語　345
食事の時のあいさつ　20, 31
庶民階層　345
自律的再生　381
自律的変化　375
自律的変化論　371
進行誉め　65
人口密度　357
親族名称　362

す

勧奨　83, 85
勧奨型　86
スタイル的伝播　353
スミマセン　39, 48

せ

性別　298
セーヘン　232, 238
世代分布　83
接触性伝播　346
接地伝播　346
『瀬戸内海言語図巻』　81
セン　238
宣言文による働きかけ　133
『全国方言資料』　51, 55

そ

創造的再生　381
相続制度　362
空からの伝播　352, 354
存在確認類　102, 104, 117–119

た

第二言語習得論　339
大変さ共感　65

妥協的な伝播　359, 361
多元発生　366
多元発生仮説　152
種子島方言　13
頼みかた　128
多方向性再生　375
タマワル表現　132
段階的再生　373
単語レベル　191
ダンダン　46
談話論　127

ち

地域特性　307, 383
地方の側に立つ伝播論　122
中央語　211, 344, 354, 371, 382
中央語の再生基地　373
中央語の再生傾向　377, 378
中央語の伝播　362, 366, 369
中央語の保存傾向　377, 378
中央的規範力　378, 381
中央日本　119
中央の視点に立つ伝播論　122
中心　180, 247, 254
中心性　202, 296
チューネン　163, 164
中部地方　232
弔問のあいさつ　33
チョージョー　46
チョーダイ表現　132
地理的伝播　352
地を這う伝播　346, 354

つ
ツカワス表現　132

て
出会いがしらのあいさつ　16, 22
出会いのあいさつ　15, 21
出会いのあいさつ表現　59
定型的あいさつ表現　62
定型化　74, 76, 118, 119
定型・形式化　79
定型性　79
定型性重視　367
定型的なあいさつ　80
定型的表現　71, 101
程度副詞　45, 46, 56
程度副詞の独立　53
デカイタ　44
テ形音韻現象　189, 190
鉄道距離　212, 215
伝播進行の局面　344
伝播速度　210, 355
伝播の完成　358
伝播の局面　342
伝播の原動力　350
伝播の失敗　359
伝播の促進・抑制　362
伝播発生の局面　344
伝播様式　346
伝播論　371

と
同位者　45
東京からの伝播　211
東京語　213, 214, 224
同郷人　291

東京方言　211, 213
東西差　377
東西対立　119
東西の周辺部　365
動詞否定形式　228
動詞否定辞　249
東條操　145
東北　365, 371, 373
東北地方　119, 122, 380
東北方言　382
都会の言葉　351
都市化　76, 101
都市型社会　115, 116, 120, 367, 381
都市型発想法　367
都市性　91
都市部　84, 86, 115, 368
飛び火的伝播　346
とりたて否定形式　232

な
「ない」　231
長崎県　191, 281, 283
奈良市　298
ナンダ　240

に
西日本　119, 357, 362, 365, 366, 377, 379, 381
西廻り航路　350
日中のあいさつ表現　61
日中の出会いの場面　62
『日本言語地図』　181, 210, 347, 355
日本語変種　318
日本の周辺部　366
『日本の方言区画』　155
『日本方言学』　148
入店のあいさつ　100

人間関係の構築　73
認知　83, 85

ね
ネガウ表現　133
年齢　298

の
農村型社会　116, 120
農村部　115, 368
能美島大君集落　81

は
排耶書　268
配慮化　118, 119
発想　4, 7, 23, 51, 56, 57, 82, 127, 136, 138
発想法　86, 99, 100
バテレン (padre)　284
ハバカリサマ　47
ハワイ日系一世　318
ハワイ日系人日本語変種　322
『ハワイの辛抱人―明治福島移民の個人史―』　323
晩のあいさつ　15, 21
販売要求類　102, 105, 117–119

ひ
東日本　119, 357, 362, 365, 366, 377, 379, 380
東廻り航路　350
否定過去形式　242
否定疑問文　138
非定型的な表現　101

索引　393

非定型のあいさつ表現　62
否定辞　327
非テ形現象化　196
表現意図　102
表現型　4
表現的組み立て　136
表現の転用　110
表現発想　81
表現類型　7, 81, 130
平等意識　306
昼のあいさつ　14, 21
『広島県太田川流域方言地図集―広島市域編―』　86
広島市宇品　84
ヒン　230

ふ

フィルター　380
藤原与一　4, 6
プチジャン版　271
符丁表現類　102, 106, 117–119
文化圏　357
文献初出年　210
分析化　118, 119
文表現の訴え性　8
文法化　375, 380

へ

併用処理　354
ヘン　230, 231, 238, 240, 249, 253
変異理論　320

ほ

方言学　147, 157, 341

『方言学講座』　151
『方言学の話』　148
方言学の目的論　150
方言区画論　145, 154
方言形成論　341
方言研究　294
方言孤立変遷論　152, 371
方言周圏論　v, 108, 145, 149, 156, 163, 189, 209, 227, 245, 265, 287, 317, 341, 366
方言接触　317
方言タイプ　194
『方言と方言学』　147
『方言の研究』　147
「方言」の定義　148
『方言文法全国地図』　51, 59, 128, 210, 249
訪問のあいさつ　16, 23, 110
保守性　180
保存の局面　342

ま

『毎日の言葉』　iv, 3, 4, 5, 8, 37, 59, 76, 79, 99, 126, 139
前置き表現　56

み

ミーヒン　235, 240
ミーヘン　235, 240
ミクロの伝播事象　320
認め型　86
「見ない」　232, 240
南近畿方言　256
ミャウガモナイ　41
都の言葉　351

ミヤヘン　235
『民間伝承論』　291
民俗学　10, 151, 293, 294, 313
民俗周圏論　151

む

無敬語　312

め

命令　83, 85
命令形による働きかけ　130, 132

も

モーシワケナイ　48
モッタイナイ　40, 42
物の移動　349
モラウ／イタダク表現　131

や

ヤヘン　249, 256
ヤル表現　133
ヤン　254–256

よ

ヨコス表現　133
呼びかけ　66
呼びかけ類　102, 105, 117–119
喜び　52

ら

ラ行五段化形式　259

ラン　255
ランダムウォークによる
　　シミュレーション
　　169

り

陸路　349
理由の接続助詞　333
リョグヮイ　44
隣接伝播　346
隣接分布の原則　156

わ

和歌山県　309
別れのあいさつ　17, 24
ワ行五段動詞のウ音便形
　　331
詫びのあいさつ　19, 29
和訳聖書　272

ん

ン　231, 238, 240, 249,
　　253
ンカッタ　240

執筆者紹介(50 音順　*は編者)

有元光彦(ありもと　みつひこ)
岡山県生まれ。1990 年九州大学大学院文学研究科博士後期課程退学。博士(学術)。現在、山口大学教育学部教授。
(主著・主論文)『九州西部方言動詞テ形における形態音韻現象の研究』(ひつじ書房、2007 年)、「若年層における感動詞の独立性」『山口大学教育学部研究論叢』63 (1) (共著、2014 年)。

大西拓一郎(おおにし　たくいちろう)
大阪府生まれ。1989 年東北大学大学院文学研究科博士後期課程退学。現在、国立国語研究所時空間変異研究系教授。
(主著・主論文)『現代方言の世界』(朝倉書店、2008 年)、「方言文法と分布」『日本語文法』8 (1) (2008 年)。

小川俊輔(おがわ　しゅんすけ)
福岡県生まれ。2007 年広島大学大学院教育学研究科博士後期課程修了。博士(学術)。現在、県立広島大学人間文化学部准教授。
(主論文)「キリシタン語彙の歴史社会地理言語学―oratio オラショを例にして」陣内正敬・田中牧郎・相澤正夫編『外来語研究の新展開』(おうふう、2012 年)、「南米に移住した長崎のキリシタン家族―ボリビア多民族国サンフアン日本人移住地の事例」『キリスト教史学』67 (2013 年)。

沖裕子(おき　ひろこ)
長野県生まれ。1986 年東京都立大学大学院人文科学研究科博士課程単位取得満期退学。博士(文学)。現在、信州大学学術研究院人文科学系教授。
(主著・主論文)「近隣社会の言語行動」北原保雄監修・荻野綱男編『朝倉日本語講座 9 言語行動』(朝倉書店、2003 年)、『日本語談話論』(和泉書院、2006 年)。

岸江信介（きしえ しんすけ）
三重県生まれ。1978年愛知大学文学部文学科国文学専攻卒。現在、徳島大学大学院ソシオ・アーツ・アンド・サイエンス研究部教授。
（主著・主論文）「4. 自由記述によるアンケート調査からことばの地域差を探る 」『コーパスとテキストマイニング』（共立出版、2012年）、『都市と周縁のことば』（共編著、和泉書院、2013年）。

熊谷康雄（くまがい やすお）
東京都生まれ。1984年埼玉大学大学院文化科学研究科修士課程修了。現在、国立国語研究所時空間変異研究系准教授。
（主著・主論文）「計量的方言区画と方言地理学―計量的方言区画のためのネットワーク法の開発を通して」馬瀬良雄監修『方言地理学の課題』（明治書院、2002年）、『シリーズ方言学1 方言の形成』（共著、岩波書店、2008年）。

小林隆*（こばやし たかし）
新潟県生まれ。1983年東北大学大学院文学研究科博士後期課程退学。現在、東北大学大学院文学研究科教授。
（主著）『方言学的日本語史の方法』（ひつじ書房、2004年）、『シリーズ方言学』全4巻（編著、岩波書店、2006年～2008年）。

渋谷勝己（しぶや かつみ）
山形県生まれ。1987年大阪大学大学院文学研究科博士後期課程退学。現在、大阪大学大学院文学研究科教授。
（主著）『シリーズ日本語史4 日本語史のインタフェース』（共著、岩波書店、2008年）、『旅するニホンゴ―異言語との出会いが変えたもの』（共著、岩波書店、2013年）。

瀬戸口修(せとぐち おさむ)

鹿児島県種子島生まれ。1977年広島大学博士課程前期修了、鈴峯女子短大講師、鹿児島女子大学助教授、志學館大学教授を経て、現在、鹿児島女子短期大学児童教育学科教授。
(主著・主要論文)「種子島の方言」『講座方言学第9巻九州地方の方言』第12章(国書刊行会、1983年)、「種子島方言のシキー」『方言研究年報　通巻29巻(1986)—方言研究の体系的推進』(和泉書院、1987年)、「鹿児島の方言を考える」『隼人学』第3章文学と言語(南方新社、2004年)。

田島優(たじま まさる)

愛知県生まれ。1987年名古屋大学大学院文学研究科博士後期課程満期退学。博士(文学)。現在、宮城学院女子大学教授。
(主著)『現代漢字の世界』(朝倉書店、2008年)、『漱石と近代日本語』(翰林書房、2009年)。

中井精一(なかい せいいち)

奈良県生まれ。1998年大阪外国語大学大学院日本語学専攻修士課程修了。博士(文学)。現在、富山大学人文学部教授。
(主著)『都市言語の形成と地域特性』(和泉書院、2012年)、『都市と周縁のことば』(和泉書院、2013年)。

中西太郎(なかにし たろう)

茨城県生まれ。2011年東北大学大学院文学研究科博士課程修了。博士(文学)。現在、明海大学外国語学部日本語学科講師。
(主論文)「「あいさつ」における言語運用上の待遇関係把握」『社会言語科学』11(1)(2008年)、「人々をつなぐ方言情報ネットワーク」東北大学方言研究センター編『方言を救う、方言で救う—3.11被災地からの提言』(ひつじ書房、2012年)。

灰谷謙二(はいたに けんじ)
広島県生まれ。1995 広島大学大学院博士課程後期単位取得退学、広島女学院大学講師・助教授を経て、現在、尾道市立大学芸術文化学部教授。
(主著・主論文)「広島方言における関西方言受容」『関西方言の広がりとコミュニケーションの行方』(和泉書院、2005 年)、「小津安二郎『東京物語』における尾道方言使用の意味」『尾道市立大学芸術文化学部紀要』12 (2013 年)。

日高水穂(ひだか みずほ)
山口県生まれ。1997 年大阪大学大学院文学研究科博士後期課程修了。博士(文学)。現在、関西大学文学部教授。
(主著)『授与動詞の対照方言学的研究』(ひつじ書房、2007 年)、『方言学入門』(共編著、三省堂、2013 年)。

町博光(まち ひろみつ)
鹿児島県生まれ。1978 年広島大学大学院博士課程後期中途退学。博士(文学)。現在、安田女子大学文学部教授。
(主著・主論文)『これからの語彙論』(共著、ひつじ書房、2011 年)、「日本語方言文末詞の生成と発展」『国文学攷』217 (2013 年)、「奄美語の現状と課題」『日本語学』29 (8) (2013 年)。

鑓水兼貴(やりみず かねたか)
埼玉県生まれ。2005 年東京外国語大学大学院地域文化研究科博士後期課程退学。博士(学術)。現在、国立国語研究所時空間変異研究系プロジェクト非常勤研究員。
(主論文)「活用形における共通語の分布パターン―『方言文法全国地図』第 2・3 集データの多変量解析」『計量国語学』26 (1) (2007 年)、「首都圏若年層の言語的地域差を把握するための方法と実践」『国立国語研究所論集』6 (2013 年)。

柳田方言学の現代的意義―あいさつ表現と方言形成論

The Modern Significance of Yanagita Kunio's Dialectological Studies:
Greeting Expressions and Dialect Formation
Edited by Takashi Kobayashi

発行	2014年7月31日　初版1刷
定価	5700円+税
編者	© 小林隆
発行者	松本功
装丁者	萱島雄太
組版所	株式会社 ディ・トランスポート
印刷・製本所	株式会社 シナノ
発行所	株式会社 ひつじ書房
	〒112-0011 東京都文京区千石2-1-2 大和ビル2階
	Tel.03-5319-4916　Fax.03-5319-4917
	郵便振替 00120-8-142852
	toiawase@hituzi.co.jp　http://www.hituzi.co.jp/

ISBN978-4-89476-719-5

造本には充分注意しておりますが、落丁・乱丁などがございましたら、小社かお買上げ書店にておとりかえいたします。ご意見、ご感想など、小社までお寄せ下されば幸いです。

山田文法の現代的意義
斎藤倫明・大木一夫編　定価 4,400 円＋税
本書は、2008 年 11 月に、山田孝雄没後 50 周年・『日本文法論』刊行 100 周年を記念して東北大学で開催されたシンポジウム「山田文法の現代的意義」を基にした論文集である。当日のパネリスト 4 名(仁田義雄・斎藤倫明・山東功・尾上圭介)の他に、山田文法を含む近代文法学に造詣の深い 10 名の研究者に新たに声を掛け、あらためて山田文法の有する現代的意義について様々な観点から究明した。

方言の発見—知られざる地域差を知る
小林隆・篠崎晃一編　定価 3,600 円＋税
日本の方言にはまだまだ知られていない地域差がたくさんある。本書は、方言の地理的変異について、これまで十分取り組まれてこなかった分野を開拓し、方言に関心のある人たち、特に、これから方言研究に取り組もうとする若い人たちを、知られざる日本語方言の世界へと案内し、新たな研究へと誘う。イントネーションや感動詞、オノマトペ、あるいは、言語行動や談話展開などを対象に、今後の方言研究の萌芽となるような発見やアイデアを豊富に盛り込む。

方言を救う、方言で救う──3.11被災地からの提言
東北大学方言研究センター著　定価1,600円+税
東日本大震災は、方言にどのような影響を与えるのだろうか。また、方言は、地域の復興にいかなる役割を果たし得るのだろうか。そして、この震災を機に、今後方言をどうしていくべきであろうか。本書はこのような問いのもと、危機的な方言の把握と記録・継承に向けた提言、支援者のための方言パンフレットの作成、被災者と支援者・研究者をつなぐ「方言ネット」の構築など、さまざまな課題に取り組んできた東北大学方言研究センターの活動をまとめたものである。